西洋占星術哲学

Philosophy of the astrology

by Mr.Kessler & Mr.Count

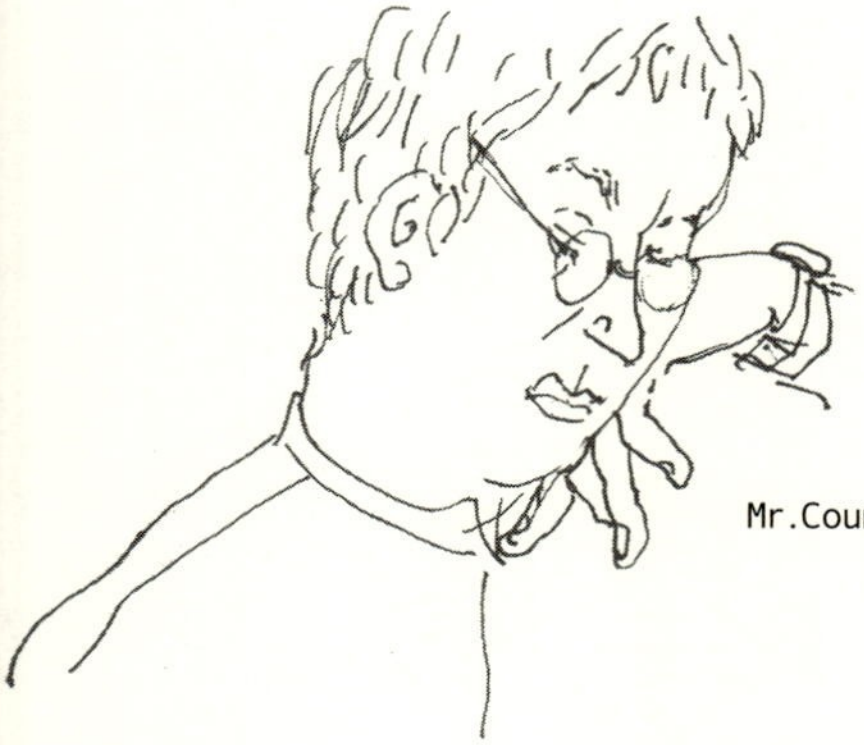

Mr.Count

Mr.Kessler

プロローグ

私がマンディーン占星術の本（『マンディーン占星術』説話社）を書いた後は、本を書くときに、フィクションの形式で書くのがいいのではないかと、短編などを書いていたのですが、本格的にフィクションとか小説にしてしまうと、小説という形式に軸足を置くことになり、これはまた趣旨がずれてしまいます。

小説の分野では、その分野独自の伝統とかが根づいていて、この鋳型に入ってしまうと無駄なことをしなくてはなりません。

そこで思いついたのは、プラトンのような対話篇を書くことでした。説明を書いていながら、そこにフィクション性も入り、好きなことを盛り込むことができます。一人称でなく対話形式にすると、自分を二人に分裂させることになり、この応報は話を加速させるのに都合がいいと思いました。

というわけで、しばらくは「カウント君」と「ケスラー君」という二人の対話形式で書いていました。

カウントという名前は、ジャズピアニストのカウント・ベイシーから取ったもので、ケスラーは、ドイツの詩人で作家のエーリッヒ・ケストナーをもじったものです。最近、シャンバラから来たという存在に、「左足を浮かせる」ということを強調されました。左足というのは受信であり、それを浮かせることで、物証や史実、事実に見えるもの、実在データなどを取り入れないということを提唱されていることになります。

多くの人は真実ということを考えたとき、実在するデータなどを考慮に入れることを当たり前のことだと思いますが、でも、目に見えるものを大切にすると、この物質世界特有の偏りや偏見、見落とし、不注意などが問題になり、実は正しいものから遠ざかるということをあらためて考えさせられました。

フィクションで書くということは、この実際のデータをいっさい無視することもできます。つまり、左足を浮かせることができるのです。すると考える作業においてはむしろ理想的な状況が出来上がります。

正しく考えるには中空に浮いたところで、中空を中心にして取り組むのが一番正しいのです。事実と思われているものがどうあれ、それらを考慮に入れないで考えると、その人の冷静さ、中立性は強化されていくでしょう。

ということならば、今後、私が何か書くときに、左足を浮かせて書く、すなわちフィクションで書くのなら、それはこれまでよりも正確さを増すということになります。

カウント君とケスラー君の二人だと不足の場合には、もう一人、またさらにもう一人……というふうにメンバーを増やすことができます。

ユングは六つのアーキタイプについて書いています。これはオールドワイズマン、グレートマザー、アニマ、アニムス、ペルソナ、シャドーですが、個人はこのすべてを持つことで、小さな自己から大きな自己に昇格することができます。最大、6人くらいまで増やしていくと、この賑やかな交流を展開することもできるのではないかと思います。

事実、私の夢の中では、たくさんの人が登場します。

占星術とタロットカードに関しては、これは進化のための重要な体系でしょう。なので、この二つについて詳しく展開していくことはとても役立つものだと思います。

いろんな角度からこれについて書いていくのは興味深いものですが、書けば書くほど旧来のイメージを壊すことにはなります。

占星術とタロットについて旧来のイメージというものは、よけいなものが多すぎるので、これを壊していくことは良きことだと思いますが、後になればなるほどとんでもない内容になっていくとは思われます。

この題材をカウント君とケスラー君の二人でかき回すのは面白そうです。

それでは、はじまります。

目次

対話篇

～12サインについて語る

意識は射出されることで働く

カウント　ところで、意識というものは何かに射出することで働く。射出する行為そのものを意識というので、停止したままで自分はあるということはできない。考える、思う、見る、これらの行為の中で、意識の存在は証明されるが、止まっている場合には、意識は限りなく縮小し、無に等しくなり、いや、無となり消えていくと思うのだ。何故といって、射出するという動的状態の中で存在するということは、射出しないのならば存在しないということだからね。

ケスラー　確かサルトルとか、その前のフッサールとかの話だったね。デカルトの「我思う、故に我在り」というものだと、射出する対象は思うというものでいいわけだね。思うと思いを区別して、意識が思いに射出している状態であると。

ただ思うという場合も、何を思ってるの？　ということは問題になるかもしれない。思考だったり感情だったりすることもあるからだ。

解剖学の三木成夫は、「思」という漢字は脳に関係する思考と、心臓に関係する気持ちとか心が、対話しているのだといった。

こんなこと言い始めると、意識の射出する対象も複雑になるね。

たいていの人は意識と思考を混ぜて考えてしまうし、そこに感情とかも混ぜてしまって分類できないので、これらを細かく区別しないことには議論も暗礁に乗り上げるだろう。

カウント　古代ギリシャでデモクリトスなどが分割不可能な物質の最小単位を議論していたが、この段階では哲学的な概念として考えていた。こういう哲学的な概念として考えるというのは、私は大好きなんだよ。

まずはいかなるものも空中楼閣的に考えないとね。

ただこの物質の最小単位ということと、意識は射出される対象を失うとどんどん小さくなり最後には無になるというのはまた違う話だ。

ケスラー　それはもちろん違う議論だ。でも関係はしているかもしれないね。そのためには意識と物質の関係はなんだということをはっきりさせなくてはならないね。この関係はとても頭を悩ます問題なので、一部の物理学では意識というものは存在しないということで話を進めたりする場合もあるね。

キリスト教も後期になると霊は存在しない、また魂は肉体が生まれてから後に発生するなどといっているし。つまり物質が意識を生み出すといっているに等しいね。こうしたものは偶然論と考えてもいい。意味や意図など宇宙には存在しないというものだから。

カウント　経験的検証によって実在が証明された認識対象としての物質だと、このギリシャで哲学的に考えた最小物質よりもはるかに重く大きく粗雑になってしまうだろうね。というのも、科学では誰もが確認できるものだけを認めようという話になってしまうからだ。

ある人が気づき、ある人は気づかないというものは認められない。意識は物質から生まれることはないが、物質は意識が投射されるたくさんの対象のうちの一つではある。多数の投射対象のうちの一つでしかないので、もっぱら物質への投射によって意識の存在を証明するというのは難しい。意識が働く対象として妄想でも事足りるからね。これだと素材は物質の最小単位よりも小さいかもしれず、軽くて応答性が高い素材を使っている。

ケスラー君がいったデカルトの言い方だと、「我妄想する、故に我在り」だね。馬鹿も休み休み言えという日本語をネタにしたアメリカ人コメディアンは、ときどき馬鹿を言うことに決めたら、先輩から叱られたと笑いを取っていたが、意識の働きを継続するには馬鹿も言わないより言う方がマシだ。

で、私には珍説に見えるのだが、意識は射出された対象の側によってのみ証明されという考え方がある。誰かを叩いた。すると叩かれた側は「痛い!」といい、「いま叩かれた」という。しかし叩いた側は「いや、叩いてない」というかもしれない。これが一部の脳科学の、意識は存在しない、あるのは物質だけで、物質が意識を作り出すという発想にもなったのかもしれないね。

因はなく果だけがあるという完全受動型の思想だ。

それはともかく、意識が射出するのを例として図示する場合、あれこれと想像してしまうよ。

例えば、意識の拠点から放射状態に広がっているような印象も持つことができる。つまり対象は、意識を取り巻いているような図だ。

この場合、ターゲットは大きいし、特定のターゲットのイメージはつかみにくく、漠然と広がったという実感だけがある。この図はあり得るのかな、それともあり得ないのかな。

ケスラー　まあ、その前に意識の射出の一番シンプルなモデルは、線だね。意識の射出される対象は必ずしも物質だけとは限らないといったが、しかし物質を対象にして意識が働くというのは、実に、わかりやすい。

私たちはものに囲まれて、これらを見てあちこちに目線を動かすことで自分の存在がはっきりしていると感じる。視線があちこちに動かないで一点に集中するとたいてい昏睡するね。

例えば、日曜日に妻と一緒にスーパーマーケットとかあるいは洋服屋さんに行って、妻があれこれと物色しているのを壁のそばで待っているとき、徐々に眠くなってしまう。しまいに自分が消えていくのではないかと感じるよ。

これはスーパーマーケットとか洋服屋さんに関心がないからだね。つまり意識を射出する対象に、自分の意識を十分に投げかけないので、意識が活発に働かない。1時間も待たされたら、きっと私は存在しなくなっているのではないかと思う。

人間は死んだらもうその後は存在しないという発想は、意識が物質をターゲットに働いていると信じているからかもしれない。

物質というターゲットに射出されていることのみで意識の存在が証明されるという姿勢の人からすると、肉体がなくなるともう意識は証明されえないからね。どこかでまだ生きていても、それを目撃できないんだから。

1と2の数字

カウント　日曜日の午後スーパーで死すというのもまたおおげさだね。

自分の意識が、何かの対象に向かって投げかけられるときのことを数字の2としてみよう。最初の意識は1と決めてみる。このように概念を数字で表すのはピュタゴラス派の数はロゴスであるという考え方だ。それは無理数の発見以後廃れた考え方かというと、全く違う。

そもそもタロットカードにそれぞれ穿(うが)たれた数字もこの類で、決して整理番号ではない。

で、2にしたのは自分と対象の2点ということにしてみたわけだ。

でも、この段階では、意識は唯一のターゲットとの関係性に振り回されて、自分自身を意識するというのはできないだろうね。

そもそもデカルトの「我思う、故に我在り」という話にしても、思うことの中に没入した挙句、われを自覚できるのかというと、それは怪しいぞと。

考え事をしている人に、自分を意識していますかと問うても、問いかけられて初めて自分を意識できるだろう。それまでは考えの中に自分を失っているはずだ。

ケスラー　2の数字は眠りであると説明されているのはこういうことだね。

眠り、無知とか説明が書かれているが、まだ2は無意識の中で動いているものだろう。その前の1は意識が射出されていないので、もちろん意識として働いていない。

カウント　そうだ。対象との関係でのみ成立するということは、自分は対象だと思い込む傾向も出てくる。これが意識は存在しない、あるのはターゲットの物質だけだという姿勢を作り出すのかもしれない。

私は前から脳を切り刻んで、思考作用について探求しようとしていることについては笑い話としか思っていないと言い続けてきた。

で、２の段階では自分の連続性はなく相手次第で変化していくが、おそらくこの変化にも気がつかない。

中国の陰陽魚図（いんようぎょず）はオーラソーマみたいに瓶の中に二つの液体を入れているような図なのだが、一つが上がると、それに押しやられてもう一つは下に降りる。丸い瓶の中に入れられた二つの液体は、互いに相手次第で変化し、決して自分を安定した状態に保つことはできない。

意識は射出されることで成立するということからすると、相手のことを自分と思っているに違いない。

まあ、私としては、この１なるものが、２になったということも不思議な話で、その経過とは、一体、どんなものだったか興味津々だ。

道教の陰陽太極図では、太極の中に陰陽が生じた様子が描かれているが、なぜ１なるものとしての太極が、陰陽という２に分かれたのか根拠を示せといいたい。

１のままだと世界は生まれない。しかし生まれる理由がないかもしれず、生まれなくてもよかったと思う。

また2の陰陽になってからこそ1の概念もあるね。
最初の太極は0であり、決して1ではないね。

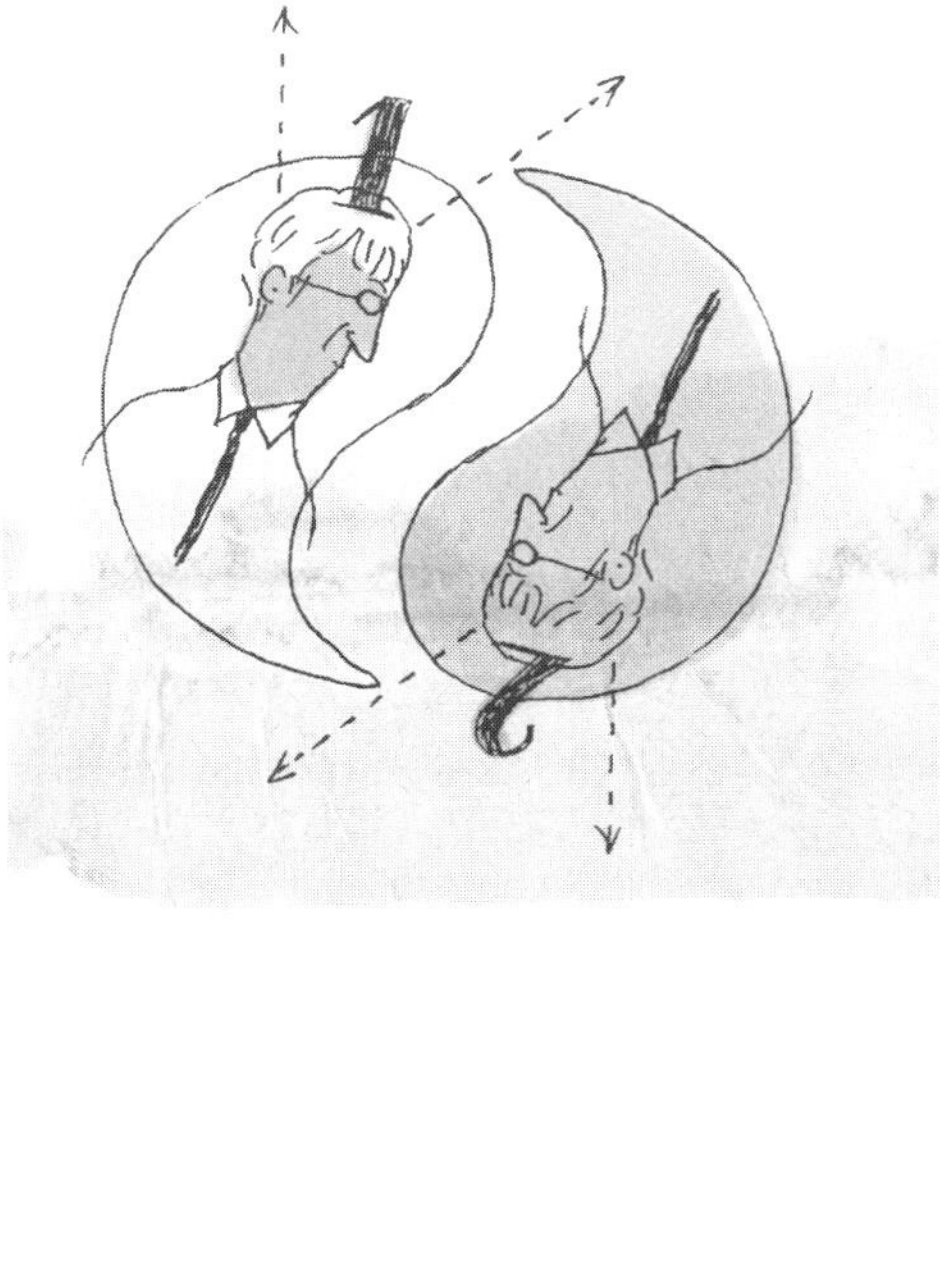

分離したふりをする

ケスラー　そういえば、占星術で使う太陽の記号は、円の真ん中に点がある形だね。中心の点が意識だとすると、ちょっと離れたところにある周囲の円がターゲットなのかな。

ヘルメス思想だと、これは中心が本質で、周囲の円が質量だ。これは原子の形とか、あるいは太陽系の太陽といくつかの惑星の関係かもしれない。

意識と射出する対象という分離はいかにして生じたのかわからないというのがカウント君の主張だが、太陽の記号では既に分離の経過を見せるつもりはないらしく、料理の過程を見せない普通のレストランだが、私はキッチンを見せてくれた方が楽しい。

カウント　意識は何かに射出されないと働かないといったが、この射出されるべき対象は一体、誰が、どうやって用意したのかというと、意識が自分で用意するのだと思う。

つまり自分を割ったわけだ。

意識は外部の何かに射出されるということだと加算するような感じだが、意識が自分で割れて対象を内部に作り出したとなると分割だ。

そもそも意識の他に何かがあるというのは信じられない。何かあるとすると、意識が自分で自分の腹の中から作り出したのだと思う。

分割という点では、意識と射出対象、すなわち主体と客体は分離したふりして、実は、分離していないというのが現実ではないかと思う。

中国の陰陽魚図は黒い部分と白い部分がくっきりと分かれているが、これはあからさますぎて不自然だ。

別れたふりをしているが、実は、別れていないというと腐れ縁とか、ばれちゃった不倫のその後みたいな関係だが、例えば円形のどこかを凹ませて、白い領域と黒ずんだ部分を演出するのはどうかなと考える。

黒い部分はそもそも存在しておらず、不均衡を黒の部分「のように見える」と想定する。概念を考えるのにこういう図を思い浮かべるのはよくあることだが、概念を図にしちゃいけないとシュタイナーはよくいうね。概念がいつの間にか純度を失うからだ。

しかし概念だけだと、きっとケスラー君にも伝わらない。

私はある時期から図形を作るのが好みではなくなったので、ますます伝わりにくい人になった。

ケスラー　太陽を分割することで七つの惑星が生まれたという古代哲学の考えで言うと、この分割のプロセスを太陽という中心から外に広がる渦巻きとして描くことも可能だな。惑星軌道は渦巻きのそれぞれの節目で生じた残像だ。

カウント君が常々いうように、時間を一方方向に進むものでなく、双方向性で見ようという観点からすると、この主体と客体の分割は時間を逆行すると分割されていない段階に戻る。

また分割の途中段階も再現されていく。

今でも覚えているのは、カウント君の例の金星からのチャージという話があったね。

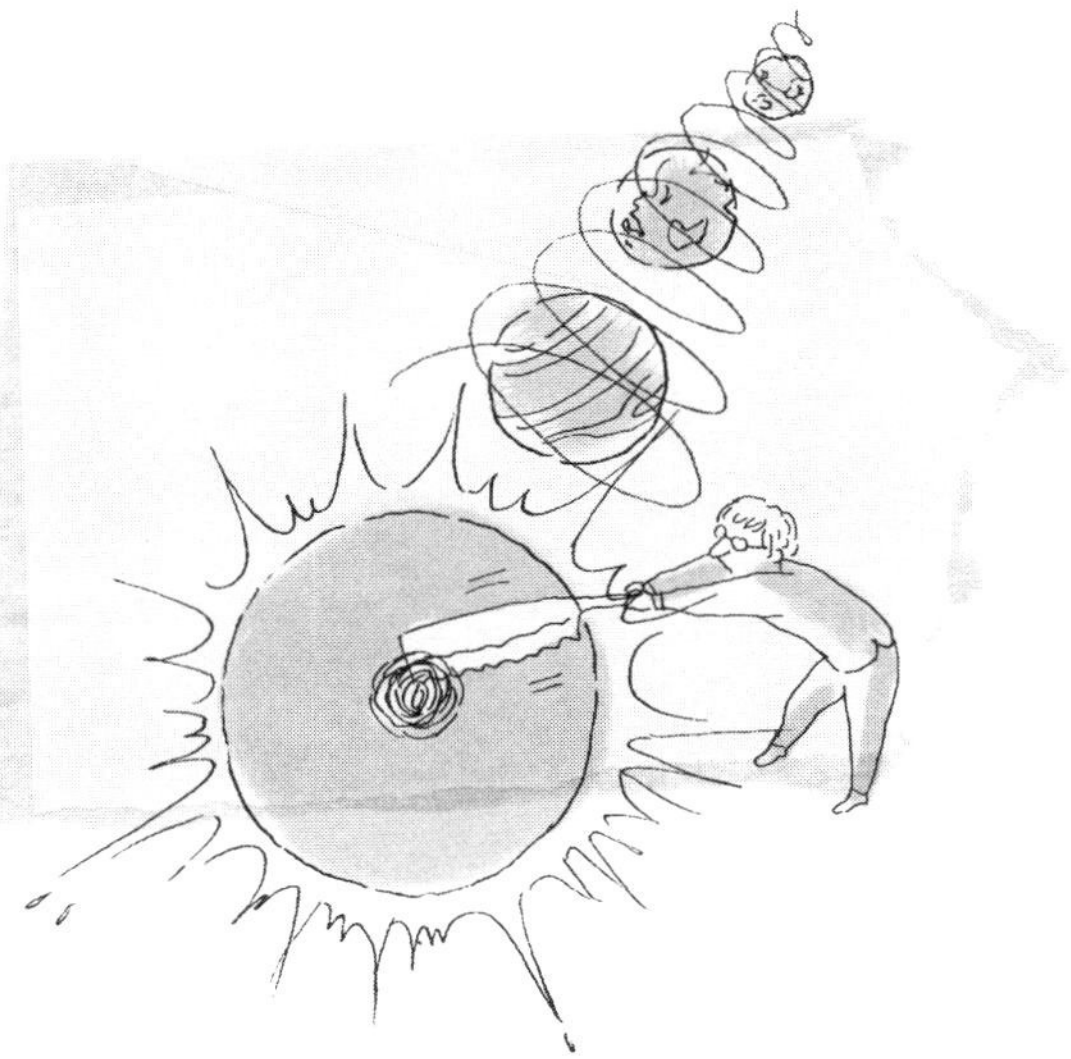

カウント　あ、話が飛ぶね。しかしそれについてあらためて話してみよう。

私がある日とても疲れているときに、どうやったら回復できるのかをヘミシンクの会で、ヘミシンクを聞きながら質問した。

するといつもの声が、「金星からチャージすればいい」と答えてきた。

で、金星から、「へ」の字型のへこんだ虫のようなものがたくさん飛んできた。カース・マルツゥから飛んでくるウジ虫みたいなものかもしれない。

これは後になって、私は太陽系の外にある暗黒物質のＷＩＭＰと結びつけた。なぜなら原子を構成しない物質という概念がＷＩＭＰだからだ。

この虫の形は、ハンバーグのタネの真ん中をへこませたような感じで横から見ると「へ」の字型にしたものだよね。

原子は原子核と電子雲が分離している。しかし太陽系の外から来た虫は中心と外側が分離していないと考えてもいい。

太陽系の外の宇宙のある部分は原子が存在せず、かわりにこの虫が充満していると考える。なぜならそこは太陽系ではないのだから。

太陽系は宇宙の中に生じた自己分割妄想のエリアだ。これはレミニスカート記号の変形みたいなものかな。

もともと一つの円でありながら、二つの円に分かれているように見える。

二つの円に分けて、その一つの側をもう一つの内側に折り畳んで、りんごのようにすることもできる。それでも原子のように真ん中と外は分離していない。

私はケスラー君に、太陽系は内部で閉鎖して、外とつながらなくするような迷路があり、太陽系の中にある生き物は外には脱出できないと説明していた。

これはタロットカードの「１魔術師」の頭上に描かれていて、魔術師を示すヘブライ語はベト、家という意味を示している。

このカードは母親の中にいる胎児を表している。

家、子宮とか地球の中だ。この母の小部屋の中で、机の上に置かれた玩具で模擬的な遊びをする。

「1魔術師」以後、世界に閉じ込められたことに諦めて、世界内でいろいろ活動する経過が描かれている。

太陽系の太陽と惑星の関係は、原子の構造のように中心と周縁が分離しており、この分離がある限り、太陽系の外には出られない。

太陽系の外に出るには、太陽系という陰陽分離の構造で作られている身体組成をＷＩＭＰに総入れ替えしなくてはならない。というのも、すべては型共鳴によって成り立っているのならば、太陽系の中に住む人間は、よその宇宙の構造に変身しないと外に出ることはない。

金星は太陽系の中にあるが、外との手引きの役割だ。

太古の時代に外から飛び込んできたからだ。そこではへこんだ奴、弱っちい虫ＷＩＭＰが出入りする。

ケスラー　金星から持ち込まれた弱虫を食べて元気になるのだとすると、それがない間はずっと疲れているということだね。

金星人たちは弱虫なのか？　というか、金星は中心と周縁という構造をレミニスカート、さらに一つの円に戻すような作用がどこかにあるのかな。

太陽系の外から、ある時期、太陽系の中に飛び込んできたという発想でもいいが、カウント君が前にいったかもしれないが、公転周期よりも自転の時期の方が長いというのも、何か鍵がありそうだね。なぜならば、折り畳まれたレミニスカートは公転と自転の関係としても表現されていると思うからだ。

綿飴を作るときに、反対に回しながらぐるぐる動かしていたような記憶がある。

あ、金星が太陽系の外から飛び込んできたということと同じ意味か。

外にあるとき、また中に入ってきたとき、この経過で、円、レミニスカート、中心と周辺という本質・質量の関係が作られたという段階的プロセスが全部記録されているわけだね。

カウント　まあ、金星についていつまでもだらだらと議論していれば、この謎の根底の部分は確実に発掘できるだろう。

ちゃんと考える頭があれば解明するが、しかし、おそらく新しい謎がまた作られていく。太陽と惑星の関係が折り畳まれたレミニスカート。惑星の公転と自転がレミニスカート。集団意識と個人としての人間。これらがいくつも重なると、小さな円の奥地に入り込んだ人は、宇宙に抜け出すには何重もの迷路を抜けなくてはならない。

ケスラー　分離はそのふりをしていただけで、実は何も切り離されていないとわかると、おそらく一緒にいたいとか共生したいとは思わないだろうな。

私の知り合いの男性は、家族と一緒にいたがらない。娘はドイツにいて、息子はカナダでサーカスをしている。妻は香港らしい。一か月に一度はＺＯＯＭ（ズーム）で会話するらしいよ。絆があるから、もう会わないんだろうね。

彼の話だと、今後、一生会わなくても気にしないという感じだ。でも送金はしているらしいのがなかなか愉快な話だが。

で、カウント君のいう、この太陽系から外に出られないように鍵がかかっているというのは、要するに、この太陽系の中にある原子の構造そのものが鍵と考えてもいいのかもしれないね。

外に出るには、この原子を違うものに変換しなくてはならない。それは謎解きをすればいいということか。

そういえば、カウント君が夢の中でよく遭遇する「オレンジ色のエビ星人」と名づけた金星存在はウジ虫を大きくしただけなのかな。


カウント　弱虫とエビ星人は同じだよ。

というかエビ星人の身体の中に、同じ構造の細胞がいっぱい詰まっているというところか。

ヘミシンク会のときに、金星からたくさん虫が飛んできたので、あの頃から私の身体にはあの虫が侵食してきているんだろうな。

しかし時間を逆行させると1なるものが2に分離する途中にこのモデルがあるのだ

から、古い時代を思い出せば外来種を輸入しなくても、そのままこの弱虫に戻るはずだ。

シュタイナーは太古の時代、まだ大地も海も空も分離しておらず、全部混じったゲル状の地球があったというが、卵の黄身と白身がくっきり分かれていない段階では、陰陽がくっきりとは分離していない弱虫体が普通だったのでは。

分離が始まってから、地球においても空や海や陸地が分離を始めた。

で、太陽系の外に出るには、中心と周辺という分離の構造から、目的の宇宙の構造に型共鳴としてシフトしなくてはならないといったが、行きたい宇宙の構造がはっきりしていれば行けるのでは。

つまり意識は射出することで成り立ち、しかも射出された側に染まるということからすると、太陽系から外に出たいのなら、射出する外宇宙はどこなのかをはっきりさせなくてはならない。

漠然と外に行きたいというだけではどこにも行かない。変更する型モデルがないんだから。

私たちはこの太陽系の中にずっと休みなく射出し続けてここに生きているので、外を想像するというのはあり得ないようにも見える。つまり嫌な人は一瞬で出ていくはずなので、ここにいる気がなくなると一瞬で解体するはずなのだ。

ケスラー まあ、確かにアンドロメダに行くという場合も、アンドロメダでは、1と2の数字の関係がどうなっているのかわからないと行けないだろうね。アンドロメダはこの銀河と違って時間とか空間の組み立て方が全く違うといわれているので、私たち自身がその構造に変身しないといけないわけだね。

中心点の意識の喪失

カウント　レミニスカートは二つの円の真ん中に交点があり、この点が意識消失の無の場だね。というのも意識の連続は違う流れがそこに干渉することで断ち切られ記憶喪失する。

いきなり想定外のことを聞かれて一瞬判断力を失うのと似ている。

つまり線としてはつながっているのだが、線の流れとして成り立っていた意識は気絶し、気絶の後目覚めると二つの円があるように感じてしまうのだ。

気絶しているのだからこの十字型に似た接合点は意識に上がらない。二つの円の交差しているクロス点で、そこだけ意識喪失すると、結果として二つの円があり、これがもともとはつながっているとは信じることができない。

「1魔術師」はもう自分が元の大宇宙にいたことを自覚できない。しかもレミニスカートでは右回りが左回りに、左回りが右回りに変わっていて、元の大宇宙と今住んでいる小宇宙は同じ法則で動いているように見えない。

クロス点で気絶するということからすると、原子は記憶喪失したレミニスカートだね。というか、原子は私たちが思い描くイメージが物質化したものなので、これは私たちの構造のこと以外の何物でもない。となると、科学で原子を物質の最小単位にしなくなったので幸いだ。

意識のターゲットを原子にしなくてはならないという頸木(くびき)がなくなったので、私たちはこの二極化、二つに分離ということに永遠に縛られるというわけではなくなった。でもこのレミニスカートの作用がないと世界創造はありえない。

自己分割として、意識とターゲットの分離を起こして、さらに意識がターゲットに射出されることで、意識が働きかけることのできる世界が発生する。しかし意識とターゲットは分離しておらず、もともとは同じものだとすると、世界という思い込み、幻想が発生しているだけで、これらはまたある日消えていくだろう。

消えたらまた作ればいいわけだね。休めば消える。しかし休まないのならば、いつまでも続く。

ケスラー　大きな宇宙から、小さな宇宙が生まれていく細胞分裂が、この折り畳んだレミニスカートの図に表されているとすると、大きな宇宙は小さな宇宙を生み出すことで、自分が対象化できるターゲットを自分の腹の中に生み出し、そのことで自分の意識を保つことが可能となる。

しかしまだ分離はしていないので、はっきり子供になる段階ではなく、腹の中に小さな円が膨らみつつあることを感じている。

仙道では、腹の中に陽神を作り出すが、これもレミニスカートの折り畳みで、対象化可能な円を腹の中に育てることだね。

2の意識は、まだ眠りとしての意識なので、対象に閉じ込められていることとさえ自分ではわからない。

『グノーシス文書』の、アントロポースは世界造物主の作った世界に好奇心を抱いた。すると直後に、彼は世界の中にいたというものだね。世界というものを対象化してしまった。そこで彼はもう世界と自分の関係を断ち切ることができなくなった。対象化していなければ世界に飲み込まれることはなかった。

カウント　さっきのケスラー君がいっていた金星の公転周期と自転の周期の話だが、太陽系の天体の多くは自転も公転も反時計回りなんだよね。

ところが金星は自転が２４３日で、公転の２２５日よりも長い。

結果的に一日の長さは１１６日だ。

朝のコーヒーとクロワッサンの時間だって、一体、何日かかるんだというところだ。しかも自転は公転とは逆向きに回っている。

それに惑星内部の潮汐変形が自転にブレーキをかけたり、ときには自転軸の向きも変えたりする。

古代の金星について研究しなくても、今の金星のことを考えるだけで、太陽系から外に飛び出すキーワードはいくらでもあるんじゃないかと思った。

もしかして金星って極端にあてにならない怪しげな惑星なのかな。

ケスラー　そうか。ならこれから金星のことについてもっと興味を向けよう。

カウント　君の奥さんの行動をじっと観察しているだけでいいのでは。猫は金星の象徴だ。君の奥さんは猫みたいではないか。

ケスラー　確かに猫みたいだ。家の中にじっとしているので家猫だね。

自転の方が公転よりも長いということは、内面が外面を凌駕（りょうが）するということだね。

世界が滅びそうになるときも、自分が飲むお茶の時間の方がはるかに大切というドストエフスキーの命題を実践している。

テレビで深刻な世界情勢のニュースを思わず見てしまうときに、今日の昼に買った冷凍食品があまり美味しくなかったという話をしてきて、私が本気で聞いてないと怒り始める。

なんせ働いていないし、忙しい作業はないし、娘は海外にいて自立しているし、外との接点はあまり多くはないので、身近なことは一大事だ。

3の数字の成立

カウント　ところで、幼児のときには、幼児はタオルになったり、コップになったり、機関車になったり、椅子になったり、猫になったりしているよ。

この対象との関係の牢獄から自分を解き放つには、2の数字から3の数字に移行する必要がある。

鉄ちゃんと機関車という二つの関係性を、第三地点から見ている私がいると、自分は鉄ちゃんであり、機関車でもないとわかる。

つまり意識は対象に射出することでしか働かないという点で、この第一の意識が対象に射出している様子を第三者的に見ていることでも意識は働く。ここで鉄ちゃんが機関車になることを防止できる。

そもそも3の数字は生産とか創造とか豊穣とかいわれるが、これはA点からB点へ動くものをC点が見ていることができるために、AからBへの動きを知ることができるからだ。
2の数字では対象に飲み込まれるのでこの動きが見えていない。3の数字、つまり三角形は上から下へとか、右から左へとかの線的な動きを認識できる。
お金がない人がお金が増えると、ないところから多いところに移動している事実を第三の視点は意識することができてお金が増えていることがわかる。2の数字の意識ではこれらは全くわからない。ただ3の数字には動きをコントロールする力はないのだがね。

ケスラー　すると、3の数字のステップに入ると、幼児はタオルになったりコップになったりしなくて済むのかな。
幼児の年齢の時期のことを多くの人が記憶していないことに関係あるね。

カウント　そうだ。ケスラー君は幼児がタオルに同化しているときを見たことがあるか？

ケスラー　いや、まだ居合わせたことはないな。そもそも最近は近くに幼児がいない。

カウント　自分の昔を思い出せばいいだろう。

幼児がついさっきまで口にくわえていたタオルやコップには、その周囲にふわふわした磁場みたいなもの、気の渦がある。それはまだ呼吸しているようだ。

この渦には幼児と同じ温みとか気配が漂っている。幼児は自我が固まっていないので、なんとなく光の塊、気の雲のような存在にとどまっていて、物質に閉じ込められていない。

つまり物質をメインの対象にしていないということだ。

そしてこの状態でタオルとかコップを持つと、そこに自分の一部がそのまま乗り移り、運命共同体みたいに共生することになり、自分は自分でもあり、コップでもタオルでもあるというアメーバのような集合体ができてしまうのさ。

肉体の形をくっきりと認識できていないので、つまり肉体というターゲットに意識が射出されていないので、あちこちに自分を飛ばす。

こういうとき、親がこのタオルは汚いとか、コップにひびが入っているとかで捨ててしまうと幼児は引き裂かれる。捨てた場所まで自分が飴のように伸びていくだろう。そして幼児が自分はタオルでもコップでもないと自覚するには、３の数字のプロセスが必要だ。

タオルをくわえている私。タオル。その二つを少し違う角度から見ている私。意識とターゲットの動線からはずれた私の地点を作り出す。

ケスラー　カウント君はいろんな生き物を見て、生き物の意識がどう働いているのか、いつも観察しているね。道端の猫を見てもかわいいなんて思っていない。猫の意識がどういうふうに広がっているのかを観察しているだろう。

以前、猫を魚か？　と妙なことをいっていた。

カウント　それは猫が人間には見えない気の流れの川の中を泳ぐように移動するからさ。それは魚だよ。魚は水から独立できておらず、水と一体化しているので、この水を認識できないのだ。魚は生涯自分が水の中にいるとわかっていない。

意識はターゲットとの関係で働くが、この2点では無意識的すぎて記憶するという作用がない。記憶するには、対象との関係に振り回され、その都度、変化していくところに自分を置くのでなく、この対象との関係から一歩引いたところに自分を置いて、継続する自分、この継続する自分から見て、外界との関係が変化していくことをしっかり認識するという作用が必要だ。

水の流れを見るには水の中に杭を打たなくてはならない。

幼児の時代の記憶がないのは、この時期、2の数字にあるからだ。タオルやコップとつき合っていて、タオルやコップに変身するので自分というものがない。

ケスラー　カウント君はほとんどの人が記憶していない生まれる前、そして1歳とか2歳くらいまでの記憶もあるといった。物心ついてから人は記憶力が出てくる。で、カウント君は確か、生まれる前の日食の時期を自分の始まりだといっていた覚えがある。すると受肉した瞬間のことも、あるいは、その後のことも対象化できるので記憶に上がってくるということだね。

他の人が2の状態を体験しているときに、既に3の状態になったということだね。足場が一つ多いのか。

カウント そうだ。スタート点が早いのでちょっと余裕ができるのさ。

自分が新聞紙にくるまれており、新聞紙に自分の手が当たったのでカサカサと音を立てたことも覚えているが、その頃の時代は子供が生まれると大人に踏まれないように、新聞紙にくるんで机の下に入れるという習慣があったらしい。つまり病院で出産するのでなく産婆さんがやってくる時代だね。

自宅がどたばたした場になるので、幼児は蹴っ飛ばされたり踏まれたりする危険がある。

新聞紙に包まれた焼き芋のような自分は記憶している。

複数の投射対象、水晶の話

カウント　で、話戻るが、意識は対象がないと働かないということで、この対象はどんなものがあるのかということを考えたい。

ケスラー君のスーパーマーケットや洋服屋さんでは意識が働きにくいというのは理解しやすいが、例えば、夢の活動はどうだ？

人は暗闇（くらやみ）の中で寝ているので、意識が射出する対象なんかなくなってしまい意識は働かないので昏睡（こんすい）する。でも夢を見るね。

今日、夢では、私はある女性に水晶を渡した。で、その女性は水晶の料金らしき封筒を私に手渡し、私は中身を確かめないまま左手に持っていた紙袋に放り込んだ。その水晶は他の水晶よりも正確に映像を映し出すのが特徴らしくて高級品なんだ。

そもそも水晶は何かイメージを肉眼で見えるように映し出すのが特徴だから、童話とかファンタジーなどでは今でもよく登場する。なのに、ほとんどの人はこの水晶の映像を見たことがないのだ。

夢の中での水晶は、ことさらこの正確さというものが強調されたもので、特別な水晶だった。

このように夢の中で意識活動がある。しかも体験的にいえば、目覚めて活動しているときに比較して、はるかに意識は強烈に感じたり、思ったりしているね。

それに比較して、起きているときには、むしろ半分寝ているようなもんで、ケスラー君がスーパーマーケットの地下生鮮食品売り場の前にいるようなものだ。

正確な水晶というのは、印象を正確に映し出す。

これは以前話した立方体の六つの面が均等に揃うと軸が通り、さまざまな印象は意味、象徴、映像などが同軸になり、正確な情報になるということに関係する。中心点の無と周辺性の陰陽の対が本来あるべき位置関係に戻る。あ、これは話の脱線だね。

水晶が出てきたのは、この正確さの前に、まずは映像という対象性を水晶の中に作り出すことができるということだ。

例えば頭の中であるイメージを思い浮かべる。しかし水晶では、この脳内イメージの対象としての素材よりももっと重く、動きにくい素材をキャンバスにして、そこに映像を映し出す。だから水晶の中にいったん映像を映すと急に崩れたりしない。

私なんか一度立ち上がって違う用事をして、戻ってきてもその続きの映像を見ることができる。脳内イメージだと細部は曖昧かもしれないし、すぐに消えてしまうかもしれない。しかし水晶に映し出す映像はもっとハイレゾで早くは動かない。

私は冬のマンハッタンのアパート前の道路を見ることにはまっていたことがあるよ。デカルトが思う時の対象よりも、水晶の作り出す対象性はもっと重い。

ケスラー　空想イメージとか、思考、思念とか、物質的でないものも、意識の働く対象として扱うが、これらについて軽い、重いの序列を作ろうという話か。

物質よりも軽い質量性を使うと反応が早いので、すると意識の働きとしては敏感な相方を持った高速漫才みたいになるね、言った直後に瞬時に返しをしてくる相手だ。

カウント　実は、私がケスラー君とばかり話をして、他の人と話をする気がないのは、君の反応が速いということもある。

高速漫才には程遠いかもしれないが、夢路いとし・喜味こいしみたいに、すぐに返してきて、「それはどういう意味なんですか？」などという鈍い反応をしないからだ。

多くの人は思考とか考えをつかんで離さないので、これらを対象と見ていないことがある。しかし思考は意識が射出される立派なターゲットにほかならない。

私は思考ではない、私は感情ではないというような分離の練習が必要だね。すると意識は思考を対象化していることがわかる。

この水晶の、意識をそのまま反射する作用ということを夢で見たのは、物質世界の物質はこのように意識を正確に反射したりはしないからで、つまり水晶とは夢のようなものでもあると説明しているのだ。あるいは夢のような素早く変化せず、牛のようにじっくりと反射するのかもしれない。

意識の対象として考えてみると、金属は呼びかけても答えるのに数年かかるかもしれない。むしろこの世界では、物質は正確には反射しないことを頼りに、意識の働きというものを固定的に扱うことができるのかもしれない。
もし物質世界が意識にすぐに反応してくれるのならば、この世界は驚くほど不安定になるね。精神が不安定な人は不安定な世界を作り出し、そこでは多くの人との共生なんかできないね。

夢の中での対象素材は柔らかいので、激しく揺れ動くが、物質世界はじっと動かない。なので意識が働きかける時、それに応じるということより、常に拒否して跳ね返すということばかりに目が行ってしまう。

じっと金を見ても金は何も変わらない。すると、対象によって自分を認識するという意識は、自分が変わらないものだと思ってしまう。

目覚めた後の固い大地の領域と、ぬかるみの夢の世界はかなり違うので、この対比は面白い。

水晶を私から買った夢の中の女性は、高額なお金を払った。お金というのは、この物質世界の象徴だ。それは物質世界の中で捏造(ねつぞう)された人工的なものだからね。それを払って引き換えに正確な反映をする水晶を手に入れる。払う金額が高いほど、意識を拒否する物質性が減り、水晶の応答力は高まるということだ。

一万円札がつまった分厚い封筒だったが、彼女は本気なんだろうね。固い物質の世界から、水晶のぬかるみの世界にようこそ、という感じか。


ケスラー　カウント君は純粋意識のことを言いたいわけだね。

意識が働きかける対象は物質ではなく、可塑的なまだ物質になり切らないもの、さらにはもっと突き詰めると、概念とか思考を対象にしていく意識作用があり、それは純粋意識といえる。原初的にはこの方が先か。

意識が行う思考は、ものを対象にしておらず、概念を対象にする。そこで冴え冴えとした働きを保つ。その後にもっと重たい質量が作られていく。

私は哲学的なことを考えていれば、スーパーマーケットでも洋服屋さんでも死にかけなくて済むということだね。

18世紀以前では水晶の映像を見て、そこで印象活動が維持され、冴え冴えとした意識活動をする人々がいた。そして彼らは山の中に閉じこもっていても、いろんなことを知っていた。物質だけを意識の反射器にしないような人々は、そのような暮らしをすることができた。

今ではテレビがあるから、もうこういう人はいない。いや、違うね。最近は妄想的な人が増えているのは、意識の反射器を物質にするという決まりきったスタイルに抵抗していることだね。

ひきこもりは妄想しか射出対象にしない。そういう人たちにカウント君は水晶を買えといってるのか。


カウント　ま、私は業者ではないが。

ケスラー君がスーパーの地下の生鮮食品売り場の近くで野垂れ死にする必要なんかない。魚を見ないで、魚という概念を見ていればいい。まあ魚という概念というか象徴のほうだね。魚とはなんであるのかということを考えていれば退屈しないよ。

ケスラー君は、魚という象徴は好きでも、実際の魚についてはほとんど興味はないよね。

ケスラー　確かにない。たくさんの種類の魚も違いがわからない。私がわかるのは白身と赤身くらいだ。

しばらく赤身の鮭ばかり食べていたので飽きてきたので、サバの塩焼きにしたいが、ローソンではこれは２２５円だ。紅鮭は２９８円なので安い。

手持ちの一円玉のストックが少なくなってきたので、支払いはカードにしたいが、どのカードがいいのか、今、検討中だ。Suica のカードでもいいしね。

日曜日の生鮮食品売り場で、魚を見て、そこから魚の概念に遡行し、この概念を相手に、魚の意義、そもそもなぜ魚が生まれてきたのかを考えて、それをスマホにメモしていると、１時間は生き生きとしていられるね。

どこかよその調査員だと思われないように、気をつけながらスマホに話しかけてるよ。後ろの階段のところでメモしてもいいしね。

シリウス伝説だと、海の中から魚の宇宙人が来たという話がある。魚はシリウス人の場合もあるね。

しかしカウント君が言いたいのは、対象とか質量が複数の層を作っていくのは、３

の数字の結果といいたいのだろうね。2だと対象に縛られて、そこから身動きできない。しかし3になると、この束縛から逃げ出すので、逃げ出すために、たくさんいろんなものを投げつけていくことだね。これを創造の法則というのは驚きだ。

4の数字の意義、受動の側に入り込む

カウント　キリストは魚を象徴するということを述べていた人がいる。多分、魚座の時代の始まりを作り出したのはキリストだと思われているからかもしれないね。

ユングは魚座の記号である双方向の魚は、一つは宗教で、もう一つは科学と定義した。魚とキリストの関係性について考えてみても退屈はしない。

でも数字の3だと、自分の定性的な意識の位置を保つにはまだ不安定なんだよ。2種類の液体の入った陰陽魚の動きを見ているのは自分だが、増やす方向に、あるいは減らす方向にコントロールすることはできない。なんせ互いに振り回され続ける二つを見てるだけなんだから。

で、大胆なチャレンジとして、最初の2点のうち射出される対象から見る視点も取り入れようと思った。

数字は一度進展を始めると、もう止まらない。3は次に4に行こうとする。でも、4は危険なんだよね。自由な3の数字の働きは、射出する意識、射出される対象の両方から離れたものだった。

意識は対象に射出することで成り立つのならば、2の射出された側は、第三の意識を対象とみなすことが可能で、そこに意識の新たな目覚めがある。三つの点の三角形はそれぞれの点が対象を持つことが可能なので、三つが全部目覚める可能性を持つのだ。最初の二つの視点にあらためて入ってみようとするので、これは既存の固定的な場の中に入って、つまり世界の中に入って、そこから現象を見ようとする姿勢にもなる。これはアントロポースが世界の中に閉じ込められた後、もうそのことに諦めて、そこで何か活動しようとしているともとれる。

1が2に捕獲されたように、今度は、3は4に捕獲されるので、自由を得ようとしたらそれまでの4を対象にした5に行くしかないだろうな。

4は意識の働きの生産的な作用を保つためにどこかの具体的な世界の中に拠点を求めるだけでなく、この部品にもなろうとする。世界の中でこそ自分が成立する。自分の中の能動側、受動側という両方を自分のものとしようとする。

こんな4は牢獄(ろうごく)ではないかと感じることもあるので、西欧の神秘学分野では、ある時代、いかに4に捕まらないかということをテーマにしていた時期がある。これは4の数字を物質世界と関連づけたからでもある。

火、風、水、土という四つの元素では四番目は土の元素だ。あるいは火、風、水、土という四つの元素が物質世界だ。

肉体に閉じ込められた存在から解放されたい。そういう人々は4という数字を憎悪する。ゲーテもそのようなことを書いていた記憶がある。

ケスラー　3の逃げる性質と、4の世界に組み込まれる性質からすると、3と4の間には大きな溝があるということか。
中沢新一の本に限らず3と4は数字の作用の代表格みたいな言い方がされるね。ということは、この3と4のはっきりとした違いを識別することで応用ができるということだね。

3と4を足して7、3掛ける4で12。さらに3掛ける7（つまり、3足す4のこと）でタロットの21。これらはみな3と4の組み合わせで作られているということだね。

7も12ももとは味噌から作りましたみたいなものか。

意識と、意識が射出される対象、これを見ている第三の地点。この第三の地点をさらに対象化する第四の地点を求めるときに、新しく第四の地点を考えるのでなく、今まで使っていた古い立脚点を採用するのは、牛の胃みたいだ。

第一の胃、ミノはまず繊維を分解し、第二の胃、ハチノスではそれを食道まで押し戻す。第三の胃、センマイでは次の胃に送り込む量を調整し、第四の胃、ギアラではやっと人間の胃と似た作用を持つ。

カウント　アラビア数字の4の形は、十字の四つの先の2点に斜めの線を入れて、4つの区画のうち、任意の二つを結んで三角形を作り出したような図だ。

アラビア数字の前身であるブラーフミー数字では4はまだ十字の記号にとどまっていた。これだと、意識と投射する対象の関係を表す線が二種類あり、互いに直交している図だね。アラビア数字は面白い。

3の数字を示す三角形では、有利な第三の視点というものがあったが、これを対象化するために、3の数字の手前にあった2の数字の二つのうちの一つを意識の側、すなわち対象を観察する場に利用してしまったので、これは今まで敵だったものを味方にし、これまで味方だったものを敵にするような感じだ。

タロットカードの「4皇帝」の絵では、皇帝は足を組んでアラビア数字4を作っているね。

皇帝は椅子に座っておらず立っているが、しかし脚を組んでいるので行動する準備があるが行動しておらず、大地に立っている。

4の数字は世界に足を着けている。「9隠者」は3掛ける3なので3の数字の系統で、これだとうろうろ歩いているね。

ケスラー　1と2への進展は、意識が射出される。これは線に例えられると思うんだ。とはいえ外から見ることはできないので、直線かもしれず、また円形の一部の線かもしれない。ぐにゃぐにゃしているかもしれない。

これは2の段階では全く自覚できない。点はそのままだとやがて無になる。物理学では物質の最小の点は無ではないと、無を先送りにしているのは、最小の点に無を持ち込んでしまうと、これまでの二極化の上で作られた法則が対消滅していくので、重力も存在しないという話になってしまい、無を仲介点にしてすべての物理学的原理が崩壊するからだよね。無の向こうには何もないのでなく、全く違う世界がある。

しかし世界はここにしかないと信じている人は、無が入り込んでしまうとあらゆる可能性が途絶えてしまうので、無は決して受け入れない。

なので、今でも、自爆しないために最小の点はまだ無ではないと言い続ける。で、意識が射出する関係性を線とみなしたとき、3の数字はこれに対して線上にはない任意の場所に自分を置いた。でも、ブラーフミー文字だと、直交する二つの線の作り出す十字が4の数字を示している。この直交はどこから出てきたんだ？　2にも3の段階でもまだこの直交の概念は発生していないぞ。

カウント　第三の地点は、点に対してでなく、線に対して直交の位置から見ていると考えてもいいかもしれない。

なぜといって、直交という概念は線に対しては成立するからね。

スーパーマーケットの肉売り場にはたくさんの肉があり、この中でアンガス牛が二か所置いてあると、アンガス牛という共通点を持つ線が引かれる。このアンガス牛をひと括りにしたものを対象とする第三の意識があるとすると、右のアンガス牛より左のアンガス牛の方が大きいなど細かい違いはどうでもよくて、アンガス牛類という対象をまとめて見る。これが直交する第三の視点では。

つまり、第三の視点からすると、最初の意識、意識の対象というのは同類でそれらはあたかも点なんだ。

これも物理的にそれを図示するとよくわからなくなるので、あくまで概念の話だ。

最初の意識、それと対象の両方を見たい時には、一番都合のいい席を探す。すると最初のAと対象のBを均等に見ることのできる場所となると、AとBを結ぶ直線に直交する場所の座標を作り出すね。で、第四の地点は、このAかあるいはBを出発点とした線を引く。

線路から少し離れた場所で、速く走る新幹線を見ている。新幹線自身は、自分は走っていることを自覚しても、走る新幹線を観察することはできない。でも、走っている最中に線路から離れて見ている観察者Cを見ることができる。既に4だ。この4の数字の特徴って、能動の側と受動の側のどちらからも見ることが可能ということだ。

3の数字ではAにもBにも入り込むことはなかった、というより、入りたくなかった。しかし、4の数字ではAにもBにも入れる。でも、4では2の数字の相対性の眠り、互いに相手に縛られる関係性というのを、3の数字の次の段階であらためて作ってしまう。二つの対立する視点の両方に入ることができるのは進化かもしれない。

十牛図では、第四図で牛と牧童が戦うのだが、これは牛の視点、牧童の視点の葛藤があるからだ。

一年は春夏秋冬という四つのポイントがある。

で、これは春と秋を結ぶ線があり、夏と冬を結ぶ線があるのだが、春から秋にまっしぐらに走る線に対して夏が割り込み戸惑う。今度は、夏は冬に直線的に走ろうとして、途中から秋に割りこまれて驚く。

人間って、春夏秋冬のどれにも入り込んでしまうが、その都度緊張があり、葛藤があり、春から夏は嫌だといいつつ、夏に入り込むし、これから秋は嫌だといいつつ、秋に入る。

この四つの緊張した関係に交互に入り込むことで、人は世界の中に閉じ込められ、どこにも行けなくなるんだ。

というのも、4とは対立を利用して足止めする数字だ。飛ぼうとすると対立勢力がつかんで離さない。


ケスラー　ピュタゴラスが音階を考えたときのモノコードでも、三分割の上昇5度は解放し、四分割の上昇4度は落ち着けるという対比がある。

飛んでいく3の象徴としては死者の額に三角形の布をつけるというのがあったか。これから飛んでいくぞと。

三拍子で歩くようになると死期が近いという話もあったね。

カウント　奇数は飛び出し、偶数は捕まえるというリズムができる。

これは基本的には、１は主体で、２は対象というふう基本のかたちを繰り返していると考えてもいい。

占星術の12サインでは、奇数は男性サイン、偶数は女性サインということで、呼吸作用でいえば、奇数の吐く息、偶数の吸う息の交互運動だと考えるといい。

飛び出すものに対して、飛び出しすぎないように、必ず偶数が捕まえて、家に戻す。

アラビア数字の４の形は、四つの点のどれかに斜め線を引くが、その都度、この斜め線とは、２点を比較していることだ。で、四つの点のどれにも順番に斜め線を引く。四つの区画にそれぞれ三角形を作る。つまりは３掛ける４の12だ。

４の数字の特徴とは、世界に自身が参加しているということだったが、世界の内部で三角形の創造的な法則、増やす力を小さく発揮する。４の世界に３の法則を持ち込むが、決して３が主役ではない。

これまで説明した１と２と３と４をピュタゴラスのテトラクテュスを参考に考えてもいいね。

ピュタゴラスはこのテトラクテュスで世界を説明しようとした。これ以上いらんと。で、1と2と3と4を足すと10だ。十進法の成立だ。

しつこいようだけど、ピュタゴラスの数字は概念としてロゴスとして考えたもので、今日、計量とか大きさ、寸法などに使われている数字とは全く扱いが違うことを注意しなくてはならない。今日の数字は、意識の働きとわけて考えている。しかしロゴスとしての数字は意識の働きそのものを説明している。

ケスラー　ピュタゴラス数秘とか数霊には意味がないと考えている人は多いね。特に数学をしている人とか。

こういう場合、数字と自分の意識の働きには何の関係もないと確信しているからというのはわかる。その根源には、2の数字に捕獲されてしまった、つまり質量性を本質だとみなしてしまった誤認があるとも思う。

占星術の12サインなどの12という数字は、意識の働きと関係したロゴスの側だが、これを物質の世界で、例えば空間を12個に分割してみたり、寸法で均等に12に割ったりすると、これは本来の12のロゴスとは違う意味になるのか。

12サインは黄道を正確に30度で区切って成立する。なので、これに「星座」という名前をつけてはいけないのは前からわかりきっていることだが、そもそも星座という名前を使うと、もう12個にはならないしね。


カウント 12のロゴスと空間的に配置した12区画は混同してはいけないし、慎重にならないといけないいんだよね。この段階で間違うとその先はない。

12の数字を考えた時、「一つ、二つ、三つ……」と増やしていく考え方と、今度は空間を12に割るというものがある。

これを石並べ算と砂描き算とか、時間と空間の違いと考えてもいいが、12サインという段階でこの両方が使われている。

ロゴスの12は、このように時間とか空間にまだ当てはめていない段階のものだ。ロゴスの段階では時間と空間がまだ生まれていない。つまり意識は二極化されていない。

例えばピラミッドを考えたときに、あの図形は概念としては線があり点があり面がある。

しかし実際の物質のピラミッドを見るとどこにも点などなく、丸い角があるだけだ。ロゴスとしての12を、具体的な場に適用した12区画は同じものではない。個人として生きる人は、まずは感覚的現実を重視するかもしれない。概念はまだ遠い。子供は、まずは身近なものを触り、舐めたりして知覚を成長させるからね。すると物質的な数字、つまり寸法とか重さとか、距離とかを考える時に便利なものとして数字を考えていく。

ロゴスとしての数字は、概念とかイメージを対象にして成り立つものでもあるので極度に精神的なものだ。古来からの神秘学では、意識とか宇宙は四つの次元の組み合わせとして説明されている。

思考とか概念とかロゴスをメンタル界。これを象徴化した記述にしてしまう、いわば神話とかミュトスの領域がアストラル界。そして非局在的なメンタル界とアストラル界を局在的なところにつないでいくのがエーテル界で、線路とか道路とたとえていいかもしれない。その後、局在的な限定空間を物質界と呼ぶ。

この段階で初めて時間と空間が生まれる。ここで初めて個人というものが存在可能だ。

特定の時間、特定の空間に存在するのが個人であり、集団意識とは個人よりももう少し非局在に近いものだ。

日本人という場合、日本地図のサイズまで広がっているわけだから。古代の人々はこの個人意識ということがまだよくわかっていなかったので、記憶は共有され、先祖の記憶はそのまま思い出すことができた。

しかし物質界ができて、個人ができることで、個人を守り、他人を排除するようになり、自分の主観の中に閉じこもるようになった段階で記憶も共有されるものではなくなった。

ヨガでなら、この四つの階層は主人、御者、馬、馬車と説明される。

で、私たちは物質界に生きているのだが、夢は、残りの三つ、つまりエーテル体、アストラル体、メンタル体の体験をしていく領域だ。

夢は三つの段階がある。概念としての数字はメンタル界にある。計測に使われていく数字は、物質界にあり、物質の寸法、大きさ、重さ、あるいは時間の順番などに使われることになる。

エーテル体、アストラル体、メンタル体では、この物質が持つ固有の因果法則は成り立たない。

夢では、例えば結果が先に出て、その後に原因が出てくるということもあるし、時間の因果律がない。だから夢の体験の意味と現実の体験は全く違うし解釈も変えなくてはならない。

剣で人を刺すのは現世では暴力的で残酷だ。だが夢でなら、剣は意味をつらぬく座標線なので、同じ意味のものは剣で刺す、つまりそこで理解したという意味なのだ。

タロット占いで、赤いハートに3本の剣が刺さっているのは夢とか象徴性として読むならば、角度の違う三種類の意義が成り立っていることになる。

しかし、あれを心が傷つくと読む人がいる。

確かに一つの塊でいたいという気持ちからすると、そこに三種類の分類が発生すると傷つく。

アンガス牛を色、重さ、鮮度という三種類で分類するようなものかな。夢を現世と同じように読むとほとんどが間違いになる。ロゴスは夢の世界に属しており、物質世界の秩序、因果には全く無関心だ。

ケスラー　占星術の12サインは、もとは12のロゴスで、それでいて黄道の円を空間的に12に分けるので、メンタル界と物質界にまたがるハイブリッドだね。おそらくどちらかが少し犠牲になる。

これはある意味、奇跡的なものといえるだろうか。物質界はメンタル界にまで上がれない。だが12サインは梯子（はしご）になるのか、と。地上にロゴスの残滓（ざんし）があるというのは稀なことかもしれない。

いまだに物質の世界と、意識を混同する人がいるが、このあたりの関係は、ギリシャ時代のプラトンあたりではまだ純粋な哲学として考えるという姿勢が残っていたね。

今は、意識は物質の随伴機能だという時代だ。なので、意見が対立すると意識の方が間違いという話になる。

つなぎ作用

カウント　前に見た夢を話したいが、私はある女性と祭りを見ていた。で、彼女は左側にいて、二人ともしゃがんでいたのだが、私は彼女の太ももの上に自分の脛（すね）のあたりを乗せていた。

祭りの格好だったので､彼女は短パンのようなものを履いていて､足はむき出しだった。その上に私が足を乗せていて、彼女の脛が砂利に押しつけられていて彼女は「痛い」といった。私は砂利に触りたくなくて､彼女の足を踏み台にしていたともいえる。

ケスラー　この女性はどういう象徴的意味なのか、今のところ見当がつかないな。まあ、他人が夢の意味を考えてもわかるわけはないだろうし。

カウント　夢の意味は本人でないとわからない。

足は占星術の12サインでは魚座かな。人間の思考・感情・感覚という三分節連合体を、物質の大地に接触させる。

で、魚座は味覚であり舌だという説からして、ズスマンは魚は舌そのものが水の中を泳いでいる姿だという。外部から持ち込んできた食物を味わうのが舌だ。

私は常々、足は巨大な舌だといってる。それは大地を嘗め回すのだ。

占星術の太陽は1年で1回転するという地球の公転周期を持った太陽なので、これは地球のことを表しており、地上での創造的な活動ということを意味する天体だ。決して本当の太陽でないことに注意すべきだ。

実際の太陽は、一つの惑星のことなんかに構っていられない。

この夢を見た時期、トランシットの太陽は魚座の22度にあり、A man bringing down the new law from Sinai. すなわちシナイから新しい法則を持ち降りてくる男というものだった。シナイはエジプトから逃げた人々が一時住んでいた場所で、モーゼは山の上から地上に法の書物を降ろしてくる。

魚座は12番目のサインなので、タロットカードの12の「吊られた男」に似ていて、宇宙原理を上空から降ろしてくるために吊られている。

モーゼは言葉とか法の書の段階までは降ろしてくるが、大地までは降ろしてないはずだ。すると法を大地に降ろしてこようとしたら、さらにもう一つ必要になってくる。22度の後には23度の Spiritist phenomena. すなわち精神主義的な現象という度数がある。これは精神が物質に降りていくことで、物質に変化が生じる心霊現象を意味する。

精神が物質に降りないのならば、物質には決して変化は訪れない。それは独自のルールで冷たい時計として動くだけだ。

夢の中の女性はこの魚座23度を示したもので、彼女の足は砂利に接触するところにあり、しかし魚座22度に同一化してしまった私は、自分が直接物質に関係する場所にないので、この女性の足を踏み台にするしかない。

脛はまだ足の裏に遠いので、脛が直接砂利に当たると痛いだろう。でも、このことで明確になる話というのは、意識は物質を直接射出対象にせず、別の何かを梯子(はしご)にしていくということだ。

意識はデカルトみたいに思うことに射出する。次に、この思うことは、それ自身が主体になって、もう少し重たい物質に射出する。さらにこれはもっと重い何かを主体にして、さらに重たいものに射出される。

意識と対象、すなわち本質と質量は階層宇宙としてミルフィーユのように重なるので、これははっきりと階層化して定義しておかなくてはならないだろう。

ケスラー　ウィリアム・ブレイクは女性というものをサタンの仲間で、固い物質を作り出すものとみなしていた。もちろん、実在の女性はこれと違うものだ。

この女性の根源とはグノーシス文書の湿潤なるフュシス、すなわち世界そのものだね。それはアントロポースを死なせる立場にある。しかし世界原理と、意識の原理の間には、段階的な層ができて、つまり近づくときの経過が残像のように残り、ここでは、意識とか主体に協力的な女性もできるということだね。

世界の中に深く沈んだ女性もいると思うと、かなり意識に近いところにいる女性もいる。
カウント君が足を乗せた女性はソフィアとかダキニのことだね。物質に支配された人は神の世界には直接行けない。仲介者としてソフィアがやってくる。ソフィアは人を救い上げるが、彼女自身は世界に属するものなので神の世界に行くことはできず、適当に真ん中にいろといわれる。

とはいえ、世界造物主が世界を作っていない段階の時間まで戻れば、湿潤なるフュシスも、女性も、ソフィアも、冷たい雪が作り出す世界の卵の殻も存在しない。神が世界造物主デミウルゴスを作ってしまった動機を探求したいね。あるグループの思想では、デミウルゴスが水に映った至高存在としてのアイオーンの像を自己の鏡像と錯覚した挙句に、人間を創造したという話になっている。人間はひずみ成分だ。ソフィアは水鏡の中で、人間の女性として生まれてくる。デミウルゴスの妄想によってだ。

カウント　意識と対象の関係に第三者として割り込むC地点の意識だが、これはAと

Bの関係の線に対して直交する。これはAからしてもBからしても、見えないものだね。

虫が地面を這(は)っているときに、どこからともなく鳥がやってくる。鳥は虫の移動に対して直交している。虫がどこに行こうとしているのか鳥にはわかるが、虫はそれを自覚していない。ただ前に進むということだけが自分を認識する手段だ。

祭りって陰陽が結びつくハレの時間だ。そこで陰陽は祭りの現場で直交する中和原理としての第三の地点との接触をする。

でも、私のソフィアは、私がのしかかると「痛い」というんだよ。「砂利に近づきすぎたくない」というんだよ。自分の立場をわきまえろ、と。

ケスラー　カウント君がいいたいことはわかった。

一つの世界は陰陽で成り立っている。それに対して、次の次元は直交する領域から介入する。この介入してくる上の次元の力は、上位の次元においての陰陽の一つである。

祭りの現場で、カウント君とソフィアはこの上から降りてくる力、その仲介者を表していたが、カウント君とソフィアはこの一つ上の次元においての陰陽的な関係かもしれないということかな。

陰の側、女性側が大地に行けと。カウント君はグルジェフの人体工場の話をしてくれた。頭では印象の呼吸があり、胸では空気の呼吸があり、腰では食物の呼吸、すなわち吸収と排泄がある。これらは同じ構造を持っているので、意識はまず想念とか印象をターゲットにして活動し、これは胸の段階で、感情の陰陽呼吸に中和的な力として介入し、さらに感情は物質の陰陽の呼吸にゼロ地点から介入していく。

カウント　そう、そしてそのとき、三つの階層で、陰陽活動が成り立っているが、陰の側は下の階層にインターバルショックとして降りていく作用があるのではないかという話だったね。

グルジェフの水素表が面白いのは、振動密度が高く物質密度が低いものから、振動密度が低く物質密度の高いものまで階層的に配置したことで、これは古代哲学の特徴だ。振動が高いものはより振動が低いものを対象化できる。つまりは物質として認識する。

神は私たちが高次意識とみなしているようなものを物質として対象化している。つまり意識の水準が違うと、その意識が対象の物質とみなしているものは違うということだ。

人間はいきなり物質を相手にするわけにはいかないので、頭で印象を扱い、次に胸で感情まで降りて行き、腰で物質にまで接触しようとする。それぞれの階層に、本質と質量の陰陽関係があり、ヘルメスの「太陽は上に向かって月であり、下に向かって太陽である」という言葉通りに、ある階層の陰は下の階層では陽になる。

ケスラー　カウント君が考える純粋意識は、まずは通常の物質を相手にしていない。じゃあイメージを相手にしているかというと、イメージも実は質量性として重たいので、純粋意識はそれを相手にすると、息苦しいというだろうね。

純粋意識は対象としてイメージ、思い、感情などを扱うことなどない。純粋意識は概念を投射対象に使う。

カウント　そうだよ、純粋意識はロゴスとか概念とかを相手にしている。するとと意識は穢(けが)れのないピュアな働きを保てる。で、純粋意識を受け止めた受動体である概念とか思考は、今度はイメージとか象徴性を投射対象に選ぶ。これはもう純粋意識とはいえない。

象徴性は感情作用に乗るかもしれない。さらに感情作用は物質の手前にある「気」のレベルの物質に乗る。この気のレベルの物質は私たちがいう物質に乗る。

アマテラスに乗られたヤマトヒメは人々の上に乗る。太陽は上に向かって月であり、下に向かって太陽であるというのは、つまりはいくつもの階層の太陽があるという話になってしまい、私の夢の中で左にしゃがんでいたソフィアは物質界では太陽にほかならない。

この夢の中の祭りだが、老人が列をなして歩いていた。彼らは物質的に死にゆく人で、霊的には再生する人たち。祭りがその扉なのだ。つまりこの老人たちの列は三途(さんず)の川と考えてもいい。

ケスラー　カウント君の夢でのソフィアは「砂利が痛い」というので、もしかしたらさらに自分が対象化できる中間物質をクッションに置きたいのかな。まだソフィアの段階では砂利は荒すぎて扱えないと。

カウント　そうだ。擦りむかないように座布団が必要なのかもしれない。座布団を幾重にも積むと『笑点』みたいだね。

私の立ち位置は、ソフィアの足の上に足を乗せることで、彼女が自分で何を用意するかはあずかり知らないが、グノーシス文献では、ソフィアは自分の位置が不満で、もっと上に行きたいということを訴えるらしい。つまり砂利の上に座るのは嫌だと。キリストはそれを許さないという記述があって、私も彼女の主張に「ノー」といわなくてはいけないかもね。

神智学のブラヴァツキーは、シークレット・ドクトリンなどの思想書を書きつつ、心霊現象を行い、調子が悪いときには詐欺までやった。分業しないで、全部やってしまおうとしたことがおかしな結果を作り出した。

魚座の22度だと、思想書を書く、あるいは山から降ろしてくるが、砂利と接触する心霊現象までは扱わない。それは23度にしてもらう。

世の中には、この心霊現象的な、つまり「気」のレベルから物質に働きかけることについて天才的な能力を発揮する者はたくさんいるんだから、そこに任せたい。

ただ、魚座の22度のシンボルはモーゼを暗示しているが、モーゼはブードゥ教の始祖の弟子になって、呪術的なもの、思い切り濃密な物質レベルを扱うこともしている。これは欲張りすぎではないかと思う。

サビアンシンボルでは、22度と23度ではっきり分かれているんだから、分業した方がいいのでは。でないと、ブラヴァツキーみたいになってしまう。

ケスラー　胴体という実体と大地をつなぐ足の部分を三つに分けて、さらには足の裏も三つに分けてしまうというあたりは、頭、胸、腰という三つをそのまま一番下の領域に反映させたものだろうが、ユングは、魚は千年ごとに二つに分かれ、一つは宗教の、もう一つは科学のという分類をした。

魚を足だとすると三つに分割するべきだね。これは脳の人脳、羊脳、虫脳という三分節にも対応しているということだね。

カウント　もちろん対応させて考える。

夢の中の女性は足の三つのパーツのうち、上から二番目の脛が砂利に当たっていて、本来、砂利は足の裏で接触するものだ。

思考・感情・身体性という三分節で考えて、上から二番目は感情だとすると、感情で物質を扱うようなスタイルになり、痛いに決まっている。目には目を、というように、砂利には足裏で対応しなくてはならない。

そもそも足裏も三つに分けて、真ん中のへこみは大地に接触しないようにできている。脛が砂利に当たるのは、土踏まずが砂利に当たるも同じで、これは問題だろうね。土踏まずが大地に当たると、人間は大地に支配されるといわれている。

握手するときに、手のひらだけは相手に触れないようにしているのも、相手に入り込まれすぎないようにしているのだから。

ケスラー　そもそもお祭りをしゃがんで見ていたので、脛が砂利に当たるのは当たり前だ。しゃがんだのがよくなかったのか？　腰を大地に近づけすぎた。

カウント　お祭りという陰陽が一体化するハレの時間には、上の次元の力が、インターバル地点を通じて、この世界に接近してくる。

お祭り以外では、特別なタイミングのときにしか接触してこない。このタイミングについてはケスラー君にはもう説明したはずだ。

しゃがむ行為は特別なもので、腰を地面に近づけて無理なことをしている。そして年寄りたちは列をなして死んでいく。

魚座を象徴する足を三つに分けるということでは、魚座のものを三つに分けることも可能だし、これは任意の数字で分割してもいい。

割り切れない場合には、割り切れないところの意義がある。

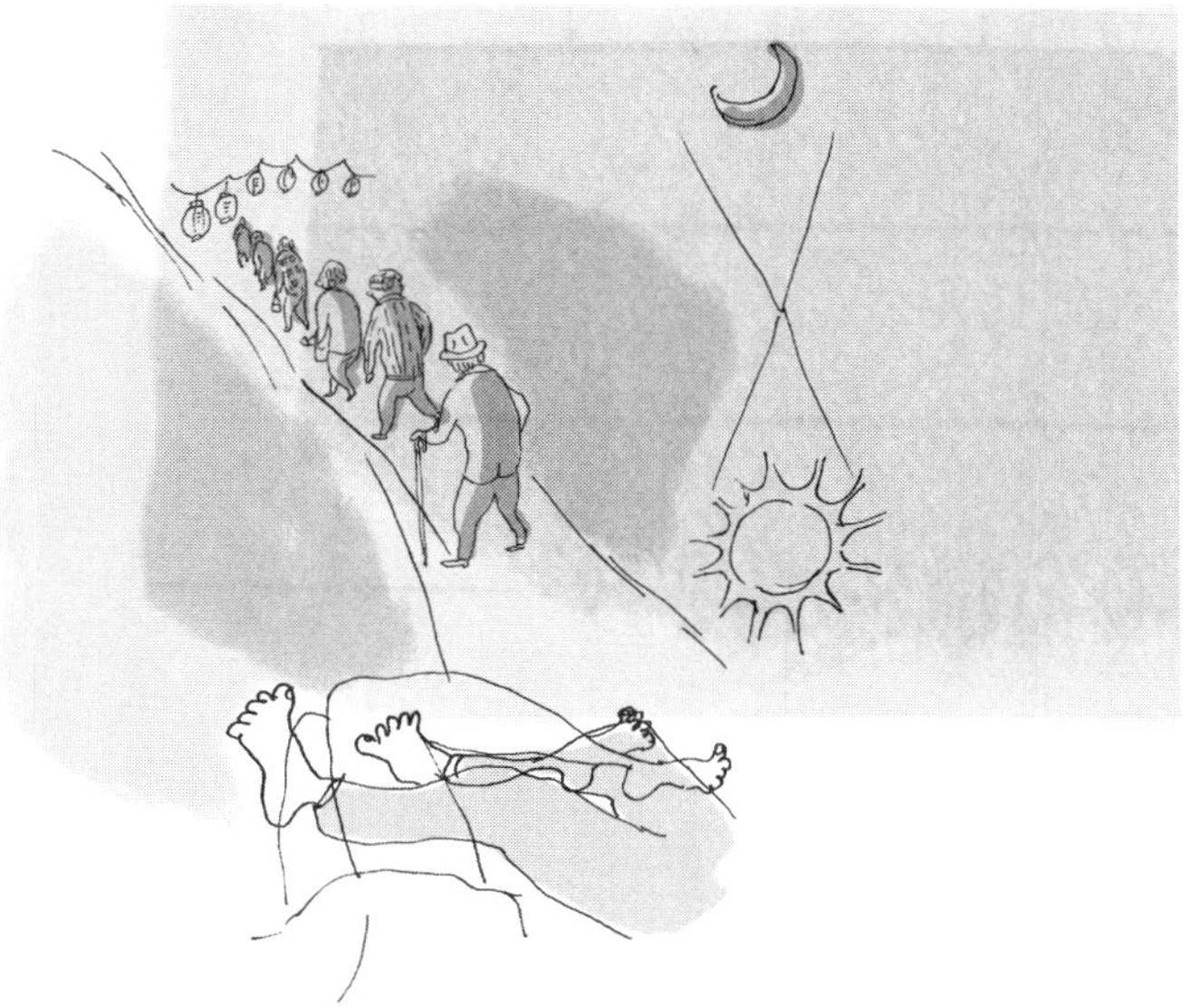

オクターブの欠落部分

ケスラー　カウント君はグルジェフのエニアグラムについては説明してくれた。

これは3掛ける3の図式で、オクターブがド、レ、ミと来て、ここに不足というか限界点があり、これを第二オクターブとしての呼吸オクターブのドの音が介入して限界を超えさせる。第二オクターブのミの限界点は、今度は第三オクターブ、すなわち印象のオクターブのドが介入する。

人体では、これがご飯を呼吸する腰と、空気呼吸をする胸と、印象の呼吸をする頭と合致していた。一つの世界の陰陽活動に対して、上位の次元は陰陽対消滅のゼロ地点に入り込むかたちで関係して、合計三つのオクターブが互いに不足を補い合うのがエニアグラムだった。

エニアグラムは、互いに内部では依存関係にあるが、全体として、それは独立的な働きをするという話だった。これが9のシステムだと。

しかし注意しなくてはならないのは、9の数理システムとはいえ、エニアグラムはオクターブとしての七つの原理の使い方を示すものだ。七つの原理には欠損があり、これを補うために三つのオクターブが協力し、結果としてそれが9の数字のシステムになった。

7を生かすための9だ。7は3と4を足した法則で、それに対して9は3掛ける3で、掛け算の中に4がない。

4が世界の中に没入するという法則ならば、9のエニアグラムはオクターブを助けはするが、それ自身は世界の中にどっしり住まないわけね。狩猟民族、あるいは漂泊の民、砂漠を移動する人々、サーカス団のようなものだ。

こうなると土地に定住する農耕民族は12なのか。という前に、そもそも宇宙の法則の模型としての7の音律で、どうしてミとファ、シとドの間に欠損部分が発生したのだろうか。これがまずは疑問でもある。

カウント　3の法則と4の法則はそうとうに違うといったね。水と油のように違うのかもしれない。

これを足した7の法則では、3から4のグループに、あるいは4から3に移行するときに断層ができるのではないかというのも、一つの説として考えてもいいかもしれない。

ド、レ、ミの三つで3の法則が完成した。次にファからシまでの4のグループに行こうとして、そこに違和感があり、これがミとファの間の間隙だ。さらに続く4の後で、次の4につながる間に隙間があり、これはシとドの間の隙間。

例えばチャクラでは、下から三つのチャクラは容易に開発できるが、四番目は開発に苦労する。下から三つは個人としてのエゴを持ったままでも進む。四番目は全く違う視点なので、これを下から三つの流れの上では想像ができないんだ。

だからドランヴァロ・メルキゼデクは、人類の大半は下から三つのチャクラしか開発できないと言った。下から上でなく、上から降りてくる視点がないと、それは開発不可能だ。

ケスラー　なるほど。エニアグラムでは、ド、レ、ミと進んで、限界点で、第二のオクターブのドの音が、ここに介入して、一番目のオクターブはファに進む。最初のオクターブからすると、単純にド、レ、ミ、ファと進んでいるように見えて、このミとファの間に、第二のオクターブのドの音が入り込むと、最初のオクターブから見て、この第二オクターブのドの音は、ミに重なるのか、それともファに重なるのか。ともかく第一オクターブからすると、虫が這うところに上空から鳥が飛んでくるみたいに、この第二オクターブのドの音は見えていないね。よくわからないうちにファの音に進んだ。

カウント　第二オクターブ自身からすると、自分のドの音はちゃんと第一オクターブのミとファの間に入り込んでいる。第一オクターブじゃないんだから、ミでもなくファでもない。第一オクターブからすると、この場所で気絶しているので、何が生じていたかわからない。

まあ、そこにしゃがむソフィアがいたのかもしれない。デミウルゴスは水の中にソフィアを見たのだがね。

このエニアグラムの構造をそのまま12システムに組み込むと混乱する可能性は高い。音階では七つの音律を、そのまま半音ごとの12音階にしたりするが、これはミ・ファ、シ・ドの間の欠損部分をうまく埋めたと考えにくい。というのも音階は宇宙法則を模写したものだが、音階は宇宙法則というふうにはいえないからだ。

7の法則と12の法則はいったん切り離した方が理解しやすい。やはり3足す4と、3掛ける4の違いだ。


ケスラー　12は3掛ける4ということは、ミとファの間の欠損部分は4か所に振りまかれたということかな。こういう法則を考えるのは最高に楽しい。

これってカウント君と私の二人だけアカデメイアだね。

プラトンの作ったアカデメイアでは、幾何学は感覚ではなく思考によって考えなくてはならないというのが最低条件だった。つまり今日(こんにち)のように物質に当てはめて考えるべきではない、と。幾何学を知らぬ者、この門をくぐるべからずということが入り口に書かれていた。議論をしたり会話したりする時にも、幾何学配置で考えるべきだと思うんだよ。

これは席の位置という話でなく、内容の幾何学配置だ。エニアグラムと12サインの円環についてはどういう共有性があるのか比較したい。でもこの概念の領域では、物質的な証拠とか参考になるものを使ってはならないというのが基本だったね。

アインシュタインが長い間思考実験で相対性理論を考えたといわれているが、しかし思考実験でもイメージとかを質量性として採用するね。それでもいけないということになるね。

12の法則は世界に定着する

カウント　プラトンのアカデメイアはそこで学んだ後、統治者になることが重要だった。私の話は、この地上的統治者に向かっておらず、むしろ現世からの脱走という方向性を持っている。仙人になるということだね。なので、社会も国家も組織もそんなに重要だと考えていない。

12のシステムの話だが、12の数字は、上の次元の直交介入の3を、環境没入を示す4の中に、備えつけ家具みたいに組み込んでしまうというのが不気味な感じなんだ。あ、その前にこの上の次元の直交介入の3ということについて説明しておかなくてはならないな。エニアグラムでは、9の位置にドの音が入り、それから1にレ、2にミが入るので、3の位置にインターバルとしての第二オクターブが介入する。つまり限界点はミの後にあるが、エニアグラムの数字としては、ド、レ、ミは9、1、2で、数字の意味と音が合致していない。

これは最初の意識の点というものを1ではなく、その前にあるものとして考えているからだ。1から始まるのでなく、0から始まる。しかし厳密に0というものはなく、というのも理屈としてそれを想定することが不可能だからで、前の大きな宇宙が産み落としたものと認識される。

アラビア数字の記号では、9というのは0の中に小さな卵を抱きこんだような形だ。つまりレミニスカートの一つの円を内側に折り畳んだ図と同じことだ。

手前の8の数字がレミニスカートで、これを内側に折り畳んで、内部小宇宙を作り、この小宇宙の始まりを大きな円の中の小さな円の0とみなす。

われわれの宇宙あるいは意識の前に、先行する宇宙があるということを想定しているが、今日(こんにち)の科学的な思想とか現代の考えでは、こうした先行する宇宙を考えない。理由は、人間は唯一無二の支配者であると考えているからで、恐ろしい自閉症に陥っていて、ここから出ることに恐怖も感じるからこそ、無というものを受けつけないんだ。

エニアグラムでは、先行する大きな宇宙が卵を産み落としたことを9で表し、エニアグラムという内部宇宙で行動が始まるのは1だ。しかし音階はドの音を基音にして、それを0あるいは9に当てはめるので、3の数字そのものが意識と意識の対象としての二点を上空から睥睨（へいげい）するものと解釈しても、エニアグラムの3の数字にその役割はない。むしろ、対象性を表す。

このあたりをはっきりしておかないと、エニアグラム数字とか生命の樹の数字とピュタゴラスの数字のロゴスが合致しないことに混乱するよ。

ケスラー　現代精神は、先行する宇宙を認めることはあるのかな。

カウント　どうなんだろうね。それを認めると、人間意識がすべてを支配するという中世のキリスト教が作り出した信念体系が有効性を失うし、見えるものだけがすべてだという考え方が成り立たなくなる。

しかも人間には決して意識できない高次な意識があることを認めてしまうと、社会システムとかも最初から作り直さなくてはならなくなる。

今の社会はまず中世の人間は神と同等である。次に、神は存在しないという段階を経て、人中心の世界として作られているので、これが頂点に外宇宙との接点である9の数字を置いたエニアグラムを受けつけるとはとうてい思えない。

エニアグラムを研究するチームも、このことを意識していないのが不思議だが。で、12の話に戻るね。

アラビア数字の4は、四つの点のうち二つを斜めに結びつけるが、この斜め線は四つできる。斜め線の成立には、3の数字が関与しているが、四つの区画に3の作用が成り立つ。これは最初の三つほど続く数字のグループに対して、四番目は外部介入する関係になり、それまでの三つの流れを死なせてしまう。

その点では3の法則を4が組み敷いたみたいなものだ。

エニアグラムでは3法則が三つ並んで飛び回っているような感じだが、12システムでは柔道みたいに動き回る3を4が寝技に持ち込んで動けなくしている。

前の三つを犠牲にして始まる新しい三つのグループに対して、さらに四番目は停止させて、新しい流れを作り出す。

シュタイナーは、７の法則は生命の法則で、12とは感覚であり、それは生命が形骸化したものだと説明した。古代にはまだ12は作られておらず、感覚は７の生命法則に従っていた時代があるという。

今の私たちはこれをなかなか想像することはできないかもしれないね。

で、エニアグラムは７の法則の欠陥を補うための９のシステムということは、感覚に陥ることのない、７の生命法則をそのまま生かすもので、12の感覚の手に落ちていないということなのだ。これは今日の社会からすると危険でエニアグラムを使う人は不穏分子だ。

私は占星術の12を活用しつつ、エニアグラムの９を使い、さらに生命の樹の10を使うので、そうとうおかしな人になっているかもしれない。「一体、お前はどこのグループに属しているのだ」と。

あ、さらにタロットのカードの３掛ける７（＝３＋４）も使っている。

私が思うに、12で感覚という世界の手の中に落ちるが、タロットの21は、４を活用しつつ、それは7の部品にすぎない。つまり4が世界を覆っているわけではないと言い張るもので、感覚世界から救済するための手引書と考えてもいいね。実際に、タロットカードはジプシー達が使っていた。彼らは定住しない。12システムは3よりも4が優位な立場にあることが特徴なんだよ。

ケスラー　カウント君が言っていることとは、占星術とエニアグラムとタロットカードをすべて使えというふうに聞こえる。

オプションとして生命の樹も。でも、占星術とタロットカードは一般の人の占いに使えるが、エニアグラムは使えない。つまりエニアグラムは3掛ける3で、4が表に出ていないので、「この世界の中で、着実に生活するにはどうすればいいでしょうか」という質問に対して、「反抗的になれ、アウトローになれ、砂漠をペットボトルだけ持参して放浪しろ、社会不適応者になれ」と言っているわけだから、占いには適していないというわけだね。

まあ、これは占いとはこの社会の中で生きるためのアドバイスとして利用しようとしている人のためにある、という決めつけで言ってるわけだが。

逃げるための占いではなく、社会の中に沈むためのアドバイスが占いだ。ジプシーがタロット占いをしていたというのは信じられない。彼らは社会適応していない。適応していない人が社会の中にいる人にアドバイスは可能なのか。いやいや無理でしょう。結婚していない人が結婚運を占うみたいなおかしな話だよ。


カウント　タロットカードはジプシーみたいに、社会の歯車から外れるためにあると言ったよね。私の知り合いのタロット占い師は、すべて社会からはみ出しており、そうとうの不良だったよ。そもそも会社員にならないし。

エニアグラムとタロットカードは社会の中に安全に生きるためには使ってはならない。使っていいのはホロスコープだけだ。その人の社会の中での適正とか、天職とか、収入とか、家族との関係とか、細かく細かく読み取る。言われた人は、ずぶずぶと世界の「底まで」沈んでいく。

ある女性が、「これから結婚して大阪に引っ越しするんですが、どういう生活になるんでしょうか」と聞いてきた。

私はホロスコープを見て、「大阪の環境と家族に縛られ息苦しいね」と説明した。大阪は濃いし人との距離が近いからね。大阪には自然が足りない。車とビルばかりのジャカルタみたいな場所で、結婚相手の両親から来るプレッシャーは強く、彼女はそもそも世界中を旅行していた人間なのだが、結婚相手もその両親も、それを否定するだろう。

そういう場合、ホロスコープは、それをどう中和するかなどについても手がかりを示す。

でも、こんなこと自体が、世界の罠にずぶずぶとはまることだね。

エニアグラムは移動の民にしてしまうので、さっさと離婚して逃げ出すことを勧める。あるいは離婚しないのなら旦那さんと一緒にどこかに行く。エニアグラムは内部においては互いに依存的であるがそれ全体としては独立的なんだ。

タロットカードなら小ずるい手段を使って、曖昧に、いつの間にか自分の好きな方向に展開し、素知らぬふりをして離脱するか、あるいはやり方によっては家族を壊してしまうかもしれない。

ホドロフスキーはタロットの本を書いているが、ホドロフスキーの映画みたいな展開になるだろうね。それはとても愉快な話だが、日本人の感性からするとどうなんだろうね。

9
7
3
4

外部介入

ケスラー　エニアグラムでは、オクターブの自力進展が不可能になる場所が外部介入の場所だった。でも12の区画、12感覚、あるいは12サインなどでも、この外部介入というかインターバル地点は指定できるのではないかと思う。

それは従来の占星術での知識としては盛り込まれているのかな。

カウント　12サインというか、12のシステムが一つの世界を維持することに関係するのならば、これは感覚とは世界そのものであるということだが、そもそも世界は外部介入を嫌う。外部介入とは、安定した世界を壊すことなのだから。

私はこの外部介入地点を前から脆弱（ぜいじゃく）な縫合部分といっていた。

この言葉はそもそもラカンの本で見つけて気に入った言葉だ。しかしラカンはそもそもそも自分では一冊も本は書いていない。娘婿が講義録を本にしたものはある。

ケスラー　私はカウント君の講義録をメモして、それを本にしたいよ。

12サインの中に外から影響が入り込む傷、切れ目、坂、sak はたくさんあると思うね。これは色とりどりだと思われる。大きな穴、小さな穴などランクづけしなくてはならないと思うが。

この外部干渉の穴がたくさんないことには、人間はこの地球世界に縛られた時、もう息抜きできないので、いきなり逃走するはずだね。

正しいことをしている人は、必ず人に隠れて怪しいことをする。でないと生きていけないからだ。12サインにも、こういう怪しい坂はあるはずだね。

カウント　実は、たくさんあると思う。

ケスラー君のいうように、あちこちに虫食いがないことには、人は機械になっていくだろう。有機物で作ったＡＩだ。

穴は上の次元からの介入の場所なので、穴がないことには、人々は同じ次元の平面に閉じ込められるのだが、機械として生まれてきた人間は一つの次元に生きるので、このメリットが理解できない。すべてを厳密に取り締まる警察がいるとしたら、それは機械人間だ。進化の可能性をすべて封じたという意味だ。

上の次元は特定の次元の世界のほころびを通じて入ってくる以外にない、つまり理論の破綻（はたん）の場所だが、この理論の破綻を良くないことと思う心理は、平面的な次元がすべてであると考える機械人間の発想だね。

で、その世界においてのみ通用する秩序、理屈が支配的になると、多くの人々の中で無意識的にそれを転覆させたいという欲求が出てくるので、秩序を敷くほど、反対のものが増えていくということもある。

都市を管理すればするほど犯罪者は増えていくんだよ。

話を戻して、12サインの外部介入地点、ほころびの場所だが、これはたくさんある。これについては最近ある女性が夢を見た話が面白い。

彼女はホロスコープは病気になっているという。特にハウスのカスプのあたりに病気の場所が集中し、病気を治すためにある男が、ホロスコープを川に投げ込んだ。ホロスコープは川の中で治療されたらしい。

そもそもハウスのカスプとか、サインの切り替え点とかは、あまりにもギャップが大きいので、乗り越えられないこともある。そこで死んでしまう人もいる。

人間の不幸、病気、不条理、不適応などはその境界領域で発生する。川に投げ込むと治療されていくのは、物質に支配された生き方でなく、川の水、すなわち「気」で再構築したりすると、ホロスコープの蛇はわりにスムーズに流れるんだよね。

この女性の夢からすると、サインの切り替え点、ハウスのカスプなどが破損個所だ。

ケスラー　そうか。12システムの中で、インターバル地点の大きなものから小さなものまで思いつくものを言ってほしい。

カウント　12サインは世界の中に、あるいは感覚世界に安住するものなので、エニアグラムみたいに強烈なインターバルはないことを踏まえてほしい。

その前提の上で考えると、12は四元素と三区分の掛け合わせなので、女性の夢のように、サインが次のサインに切り替わる時に大きな溝があり、それ以前の姿勢のままでは乗り切れない。

例えば、牡羊座は火・活動サインで、それは空を飛んでいるかもしれないが、次の牡牛座は土・固定サインで、いきなりそれを打ち落として、盛り土の中に埋めてしまう。いつもこんな調子で、サインが切り替わるショックは心臓に悪い。しかしこの隙間はもちろんほころびの場所なので、外部干渉できるし、泥棒が入る隙間だ。

ケスラー　それは一番大きな隙間なのか。

カウント　違う。一番大きな切れ目は、もちろん春分点、夏至点、秋分点、冬至点に関係する牡羊座、蟹座、天秤座、山羊座の始まりだ。

特に春分点は、そもそも12サイン平面に外から入り込んでくる大きな扉で、いわば『創世記』だ。こんなに大きなインターバルはない。

この春分点の小分けが夏至点、秋分点、冬至点ともいえるが、厳密には外部介入ではない。

ずっと昔、私はある集会所に間違えて入ったことがある。それはイギリスのゴールデンドーンという魔術師組織が秋分のときに体脱で集まる場所で、彼らはエーテル界に大きな建物を持っているんだ。20年くらいして、やっと私はここに関係していたので、間違えて入ったわけではないことに気がついたが、彼らは秋分に集まる。

これは太陽が乙女座から天秤座に移る瞬間で、乙女座の示す物質的映像から、天秤座の触角の解放ということで、まさに体外離脱だね。

もし集会を春分に決めると、宇宙の外にばらばらに飛んでしまい、集会どころではないぞ。

ケスラー　さらに小さな傷とは？

カウント　例えば、12サインを細分化して、サビアンシンボルのように360個に分けると、細かく出てくる。大なるものは小なるものに投影されていくので、30度の幅のあるサインにも、適用できる。

30度グループを三つに分けると、数え度数の11度、21度は三角形的にジャンプする場所になる。

私が説明した魚座の22度のモーゼがシナイ山から持ち帰る石版という話は、山から地上に降りるというのが22度であり、これは、22は足すと4（2＋2＝4）になるから降りるという意味になるからで、山の上で上位の次元と接触するのは21度だ。足すと3（2＋1＝3）でジャンプする。

それぞれのサインで、そのサインの力が極限的に高められていくのは21度、つまり上昇5度の場所だが、飛ぼうとして飛び切れない人もいるのでは。

まあ、それは世間に引っ張られているということで本人の責任だ。

私が面白いと思ったのは、ある女性の太陽が魚座の21度で、彼女はダンスの教師だが、ダンスをしていると声が聞こえてくるらしい。

ディアギレフは何度だったかな？　忘れてしまった。

盛り上がって法悦状態になると声がやってくるというのは、まあ、魚座の21度の特徴か。

サビアンシンボルでは、子供と羊と召使というものだったかな。この召使というのは不可視のガイドで、子供に言葉を伝えるだろう。

ケスラー　それは井の頭のヨガ先生である本山博のお母さんが宗教団体の教祖で、太陽は魚座の21度にあった。で、瞑想すると不思議な文字が見えて、それをいちいち息子の本山博に聞くと、息子は、それはサンスクリット文字で、それぞれのチャクラの記号だよと教えていたのを記憶している。

22度のモーゼは山の上で文字を受け取る。それを下界に降ろす。

まず文字を受信するのは21度ということだね。

カウント　つまり、それぞれのサインは21度でより上位の力を受け取る作用がある。インターバルじゃないか。でも16度も折れ目で、それはほころびの場所なので、外部介入を受け取りやすい。サインのアイデンティティがとことん傷つくよ。

ケスラー　12サインに不規則的法則性はあるのかな。つまり変則的に、いきなり特異点が出るというのは。

カウント　それは、ない。

すべては数字のロゴスに従っているので、これを極めていくと、ほころびの穴も、特異点も、不良化する傷も合法則的不規則性で並んでいることが判明するだろう。

12サインでは、不規則的不規則性がないことが、逆に、私からすると疑念を抱くきっかけにもなる。もちろん、合法則的不規則性はある。

ただ、ともかく忘れないでほしいのは12とは感覚であり、世界であり、生命の7の法則とは違うということだ。本性が受動的なので抜け穴を作るのでなく、不本意ながら穴を開けられてしまいました、というのはあるということだね。

上の次元にある存在は、12をぼこぼこにしていくんだ。12は怠けて死んでいく本性があるので、それを鍛え直して、まだ生きていけるように訓練しているといってもいいかもしれない。

7の法則は12を見て、どうしてこんなものを作ってしまったのかと嘆く。でも世界とは残像であり、形骸化したものであり死体なのだから、それはしようがないし、ちゃんと7はその事実を認めなくてはならないよ。

ケスラー　聞いてしまうんだけど、オクターブのミ・ファ、シ・ド間のインターバルは、この12サインにはないのかな。

カウント　考えない方がいいが、あえて仮説を組み立てるならば、牡羊座からド、牡牛座をレとすると、ミとファの間は蟹座の始まりにある。

個人意識の発展の限界に対して、蟹座という集団意識が関与する。蟹座をファにすると、次のシは天秤座の終わりにあり、蠍座の始まりは外部干渉地点と考えることができるかもしれない。

確かに、これは蟹座と似ているが、死者とか次元の向こうにあるものが関与する。で、蟹座を第二オクターブのドにすると、ミ・ファ間は秋分点になり、次のシ・ド間は、水瓶座の始まりにあたる。これは嗅覚の場所で、目に見えない宇宙的なネットワークが介入してくる場所でもある。

蠍座の始まり、水瓶座の始まりは支配星がそれぞれ冥王星、天王星となり、外からの影響の持ち込みはあるかもしれないね。これは不規則配置でもあるが、まあ、無視してくれ。そもそもオクターブは、チャクラの七つと結びつけられたりしやすい。で、12サインは体躯(たいく)投影すると、牡羊座が頭で腰が乙女座と天秤座あたりだ。つまり12サインというのは行きと帰りの二つのオクターブが重なっていると見た方が自然なんだ。

12サインをオシロスコープの画像のように横から見ると、この螺旋(らせん)はサインウェーブに見える。この場合12サインが一つのオクターブ。しかしゾーディアックマンみたいに体躯投影すると、明らかに二つのオクターブで、このどちらにするか、まだ誰も決定できないのではないか。

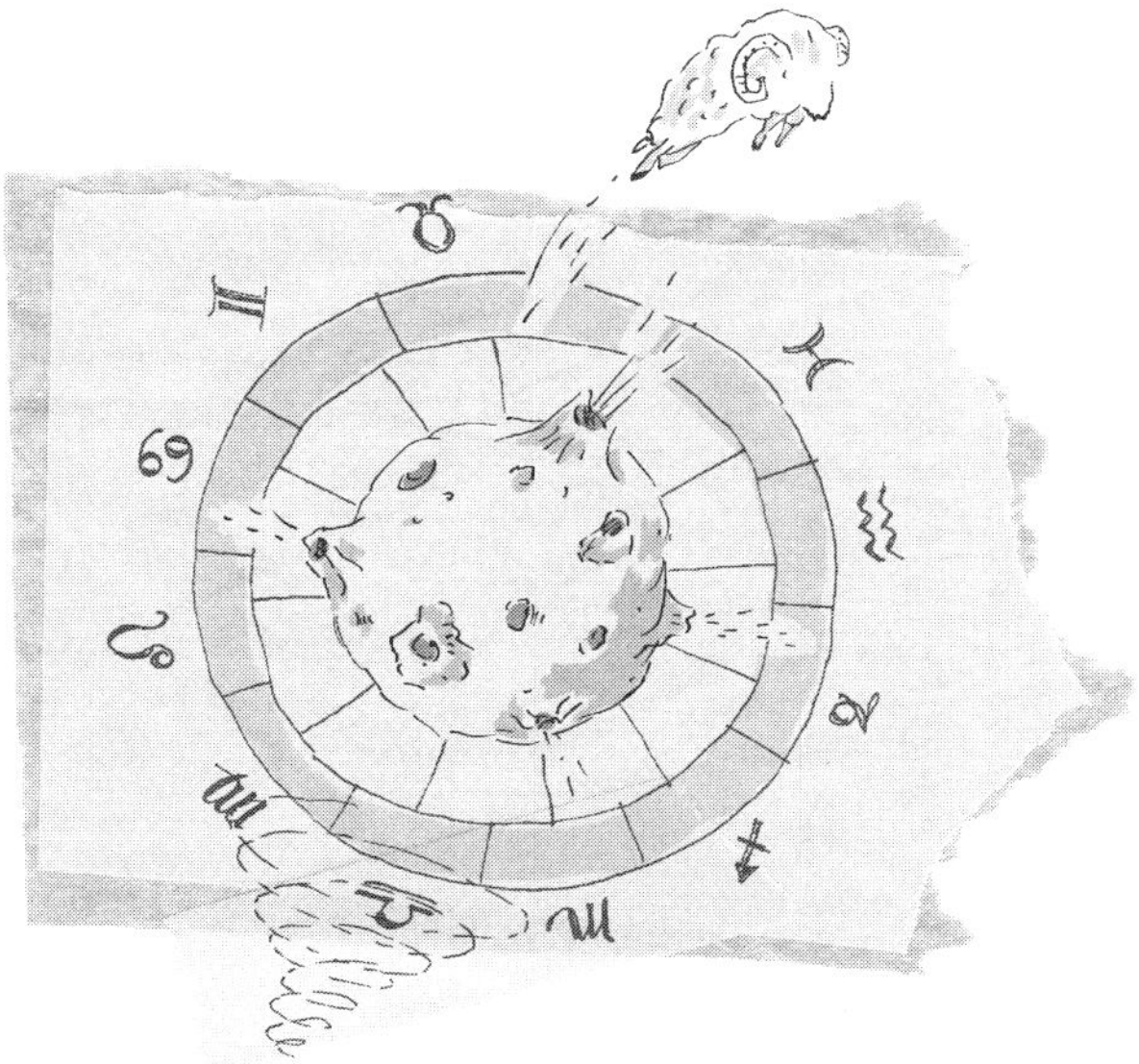

アカシックリーディング

ケスラー　ゲリー・ボーネルというアカシックリーディングの先生が、アカシックレコードはまずは12のロゴスというパイ生地みたいなものがあり、この上に細かく記録されていくということを述べていた。

カウント　アカシックレコードというのは、「アカシック」という言葉を使う以上は、アカーシャのタットワ、すなわち第五元素、虚空蔵（こくうぞう）にある記録だ。それは永遠に失われることはないといわれている。

失われることはないというのは、それが時間と空間の変遷に振り回されていないからだ。

時間と空間の中に生きている人は思い出したり忘れたりする。なぜといって、物質的な局在性にあるのだから、ここからあそこにいくと、それまでの場所を失うし、何かするたびに違うものを得て失う。

で、アカシックレコードが、時間と空間の変遷に風化されることなく記録を保つには、第五元素にとどまり、それを四つに分解した特定の時間、空間の動きの中にある火、風、水、土の四元素に浸らせてはならないということが大切だ。

ロゴスというのは、メンタル界の意識であり、これは概念としての数字であり、何一つ具体的なものには接触していない。

具体的なものとは物質界であり、ここにロゴスを浸すとあちこちに欠損ができたり、壊れたり、偏ったりする。

アカシックリーダーが自分の仕事を正確に全うするには、月下の四つの元素に深く関与せず、月上の第五元素の世界にとどまらなくてはならない。つまり図書館に常駐して下界に降りないのが大切だ。蔵書に取り囲まれて隠棲したモンテーニュなどは適しているだろうね。

でもここで皮肉な話も出てくる。

永遠の記録であるアカシック図書館の本を読むには、下界の四元素には関わってはならないということだが、すると、下界の具体的な生活にはあまり触れないことになり、興味もなくなり、アカシックリーディングも神話読みみたいになって、個人の記録は読まなくなることだ。個人に関わることは一過性のものであり、神話性が損なわれた細部に没入することなのだから。

そもそも第五元素からすると、個人というのは存在しない。同じように、人間だって自分の身体の中にある細胞の一つひとつを読む人はいない。アカシックレコードはどんどん突き詰めると、最後は宇宙法則しか書かれていないということになる。

ケスラー　だから、エドガー・ケイシーのアカシックリーディングによる前世も、みんなエジプトの象徴的で有益な存在であり、名もなき存在でただ食って寝て暮らしましたというような内容がないのか。

個人は記録するに値しないというわけか。

カウント　記録しようにも個人というものは分断化されすぎて重い印象のことを表しているので、アカシックレベルに這い上がってこれないんだよ。アカシックレベルに上がってきたら、もう個人はいない。事物は象徴になれないんだ。

偉業を成し遂げてしまうと、そこの記録だけが記述され、ご飯を食べたり喧嘩したり寝たりしている部分は削除される。でも、ここでいう偉業は世間でいう偉業ではないよ。

例えば、歯があまりにも痛むので耐え切れなくなり自刃した江戸時代の人がいるが、明らかにこれは記録されてしまう。記録される内容は個性的なものだと考えてもいい。この個性とはアストラル体の個性であり、実在する人物の癖のことではない。

ケスラー　そういえば、シュタイナーは人が死ぬと肉体を脱ぎ捨てエーテル体で体験を要約し、するとエーテル体を脱ぎ捨てて体験を要約しアストラル体に移行し、ここでも要約した後脱ぎ捨てて、メンタル体に移行すると言っていたね。

この要約というかまとめはダイジェストか、あるいは体験のエッセンスだね。

カウント　エーテル体から見て、肉体は粗雑で、この中でエーテル体に認知される内容はわずかだ。機械的に暮らしている内容はエーテル体から見るとゼロだ。で、強い印象や感情が強く働くこと、生命が興奮するような体験のみが抽出されて、これが図書館に保管される。つまり地球体験のレポートみたいなものかな。同じことがアストラル体やメンタル体の段階でも生じる。アストラル体のあたりでは神話記録だけになってしまう。それぞれの階層のレポートはそれにふさわしい図書館に保管されていく。

で、上の階層は下の階層を創造したり編集したりする。

例えば、エーテル体レベルでは、肉体レベルでの体験はほとんど無視してもいいものだが、反対にいうと、エーテル体レベルから見て、自分のスタイルに合ったものを適当にどこかから拾ってきて、データの枝葉をその場その場で作ったりすることもある。このあたりはアカシックリーダーの信念体系で作ったりする。

もちろん、本人は作ったつもりはない。でも人間の記憶も、実は思い出すというよりも、ある型があり、それに基づいて思い出すつど記憶を再構築しているんだけどね。

ケスラー　そういえば、あるリーダーに読んでもらったとき、カウント君は、前世は爆弾作りをしていて、このことを後悔していたという話だったね。

カウント　後悔はしてない。それと、爆弾作りというのを字義通りに受け取ると間違いだ。肉体からエーテル体に開放されるとき、それは爆破している光景に見える。つまり爆弾づくりをしていたというのは、人間を肉体からエーテル体にシフトさせるようなことをしていたということだ。

ケスラー　なんだ、それは前世じゃなく今のことだね。

カウント　そうだよ。で、爆弾作りというイメージを捏造したのはアカシックリーダーの信念体系だ。

　で、この鋳型をもっと違うものに展開していくと、例えば私は前世ではある宗教の教祖であり、信者は全員が黒い服を着て、アタッシュケースをそばに置いて集団自殺したというのもあるのでは。

ある惑星が近づいてきて、全員がそこに移動するために死んだ。これも肉体を爆破して、エーテル体にシフトした。しかも爆弾に似て、多数の人が生け花になった、と見るリーダーもいるかもしれないよ。

こういうのはエーテル体が適当に似たイメージを引き寄せて、内容を構築してしまうのだ。

魚を見ると切り刻み、皿の上に生け花のように美しく並べたとなると、寿司職人だし。それはリーダーが自分の知識とか習慣によっていくらでも変換していくので、まあ、やりたい放題かな。

ケスラー　このアカシックレコードのもとの12のロゴスは、12の数字の本質が保たれているベースということだね。12の数字を先ほどのカウント君の説明で考えてみると、生産・創造の3の数字と、環境の中に入り、この環境の歯車として生きる4を配合したものだ。

アカシックレコードは、ある程度具体的な内容とかイメージ、映像が入っていくものだとすると、12の数字は欠かせないということか。

カウント 12という数字はほんとに巧妙だ。

4の数字は環境や世界というもので、これを春夏秋冬とか、東西南北とたとえると、この四つの部品そのものを内部から活性化し、生き生きと生産性を高めるために、その中に3を封入する。

意識としての宇宙存在はたちまち世界に捕まえられて、世界の中で働くようになる。摘発されて牢獄に入れられるようなものだ。そこで安住してはいけない。なぜなら永遠に閉じ込められ、さらに重い世界に入るからだ。捕まえられた存在は戦わなくてはならない。

シュタイナーは生命の法則は7であり、感覚は12であり、感覚とは生命が形骸化して死んだものだと説明したが、ケスラー君は赤い色を見ても、ただ赤いなと思うだけで、感情とか思考がそれにすぐに反応するというわけではないだろう。このように生命と感覚は切り離されてしまったんだ。

ケスラー　アカシックレコードのパイ生地としての12のロゴスは、ロゴスだからこそ具体性がないと言っていたね。

しかし12の数字そのものが感覚的になって、ロゴスを失う可能性があるという点では、アカシックレコードは失われていく可能性はあるのかい。

カウント　12という数字の中に4が含まれているという点で、それは自然法則として、徐々に沈殿し、硬直し失われていく。

ロゴスはミュトスに、ミュトスは具体的な人生に飲み込まれて穢(けが)れていく。

アカシックレコードで、実際的にありありと細かいことを見てしまうのは、本質が喪失される可能性が十分にあり、もともとの根幹の意義を考えるなら具体的な映像を使わず、文字とか数字だけで記述する、あるいは読むというのがいいのではないだろうか。

個人名とか個人体験とか存在せず、神話的な文字の記述、あるいは数字のことが記録されているというのが正しいんだ。
実際に、正しいアカシックリーダーは文字を読むとしよう。具体的に自分の前世を読んでほしいとか、まさに不純な動機だと思わないか？ 進化したいのなら、この具体性を除去して、自分の象徴性、すなわちアストラル体の個性を引き出すべきだ。そうやって、自分が神々の一人になるというのがいい。

ケスラー 占星術で使う12サインは、どの程度アカシックレコードと関係しているんだい。

カウント 12サインの場合、わりに具体的な局在性に結びつけられている。これは12のロゴスが転落したものだ。
実際に、占星術で使われる12サインは、春分点をスタートにして、黄道を12に分割したもので、一つひとつは正確に30度ずつ区切られている。この空間的に正確に30度ずつで区切られているということが、空間、すなわち物質世界に落ちた12のロゴスといえる。

時間とか空間の秩序は物質界にあるもので、メンタル界では概念の正確さは必要でも、物質的正確さとは符号していない。物質界は特定の場所でしか通用しないために、そこに普遍性が失われており、アカシックレコードの片鱗が反映されるが、完全なかたちでは再現はできなくなる。つまり12サインとは地球生活においてのみ有効な意味が記録されており、宇宙的な意味に広がることがない。

ただ、賢い人は逆にこれを足掛かりにして、アカシック領域に上昇しようとはするだろうね。メンタル界のロゴスと物質界の12区画は、関連性はあるが、同じものではない。

ケスラー　占星術の12サインは地に落ちたロゴスという言い方が正しいね。

カウント　そもそも、占星術で個人の可能性を探ろうとすること自体が妙な話ではないか。

12のロゴスは個人的な記録を持たない。しかし占星術の12サインは、春分点から始まり、その記録は、地球に住む人々の体験の色合いを刻印されていく。いわば地方図書館だね。エジプトのアレクサンドリア図書館でさえ十分に地球的だが、その後の図書館のように人のことについてばかり書かれているわけではなかった。

でも、12の数字の中に4というものが含まれている以上は、この具体的な環境の中にずぶずぶとはまっていくという性質は否定できないので、後になるほど図書館は堕落する。だから、マヤの13の数字を重視したホゼ・アグエイアスは12の数理システムを激しく攻撃したわけだ。

3の能動的な意識が、ことごとく4の環境の中に沈められ、「どこに行くんですか？」「いや、ちょっと底まで」みたいな掛け合いになって、このことが彼は嫌いだったんだよ。マヤでは死ぬことに積極的な意味があり、それは解放であり、宇宙に飛ぶことだった。

生贄（いけにえ）の儀式の残酷さが強調されているが、生贄にされる人は嬉しくてしようがなかった。今から宇宙の故郷に戻るぞ、と。こうやって犠牲によって燃えて拡大するというのはシリウス型の何物でもないね。

ケスラー　プラトンは、イデアは地上で汚れたと書いていたが、占星術の12サインは穢れたロゴスという意味では、その例の一つだね。

反対に、地上に落とされた人は、12サインとか占星術を学ぶことで、天上に回帰する通路を手に入れるということか。

つねづね、カウント君が時間は双方向に使うことができると言っていた。落ちたということは、上昇するということなのか。


カウント　そう、まさしく。

この架け橋が、地獄の底にまで届くには、12サインがもっと細かく具体的になり、個人まで救い取ってしまうまでになればいいのかもしれないね。

「占星術って何でも当たるんです！」というような、どうしようもない人も占星術で何とか救済できる。

実際、私が思うに、心理学とか精神分析なんかより占星術の方が、はるかに力があるんだよ。なぜなら、心理学も精神分析も近代意識の範疇で作られたもので、もっと大きな闇とか未知には対処できないからだ。不適切な投薬をしたりするだろう。

だから、ユングは自分が手に負えないクライアントが来ると、友達の占星術師に送り込んでいた。ただ、投げられた占星術師は迷惑だったろうな。ユングの目的は患者を診ることではなく、自分の哲学体系を完成させたかったのだから、その検証材料のクライアントは適当なところで見切りをつけたい。

箱庭とか曼荼羅（まんだら）だってその理論を確立したいが、それによって患者がどうなったかはあまり興味がない。

渋谷のある占いハウスで四柱推命をしていた老人は、毎朝、有名な病院の院長の電話相談を2時間程度受けていた。で、いちいち患者の治療法について四柱推命でアドバイスしていたらしいよ。

でも、占星術のことを理解していない個人は、この架け橋を見つけ出したくないし、暗い底にもう少し長くいたい。だからそういう人にはそこまで親切にする必要はないし、それぞれ好きにしてくれということだ。

誰もが自分の望んだ世界に住んでおり、他人が大きなお世話をするのも問題だね。

「ちょっと上の方に12サインの梯子（はしご）がありますよ」ということを知らせておいて、それを使うかどうかは「あなた次第です」と考えるといい。

ケスラー　もちろん、これは12サインの使い方として、「あなたは山羊座なので仕事に有能です」などということを考えることから、もっと発達しようとしたときには数の原理としての山羊座の10とか、あるいは土、活動サインなどを考えて、そこに根底的な意味を発見することだね。

カウント　テレビで説明しているような山羊座の定義にとどまるのは、地に落ちた占星術というよりも、太陽星占いだな。占星術と太陽星占いはそうとうに違うね。12サインを理解して進化するとは、これは3と4を掛け合わせた構造であり、眠りから目覚める、世界の中に入る、すなわち眠ること、また目覚めのきっかけをこの中で発見することなどを知ることとかもしれない。

地球に閉じ込められた人が、恒星の故郷に戻ることには参考になるかもしれないね。

抽象的な数理に行く人は、もっと近道を行くが、人生の中で特定の感情や思いに苦しめられ、地獄から這い上がれないでいる人は、すぐそばまで12サインの梯子が来ているので、数理に行く人よりももっと下から這い上がることができる。

でも、例えば、12サインの意味について、誰かの書いた本を読んだりする人は、それに依存すると、大地から上昇はできない。穢れを清めるために穢れを使うというのはちょっと疑問だな。

確かに、昔は工事現場で、手を洗うときに、土で洗うというのがあった。純粋に12のロゴスを理解するには、何も手段がない方がいい。本も読まずただ12の区画の絵を描いて、それを毎日見るとか。あるいはまた夢を利用するとか。

今日見た夢は、ある若い女性が、レコードプレーヤーを自転車で運ぶというものだった。プレーヤーを購入した人に届けるのに、自分の家が近いので、帰宅がてら自分の自転車で運びたいのだが、私は「それはダメだ」と言った。アナログのレコードプレーヤーは振動をかけると、ターンテーブルの軸が曲がるし、トーンアームも壊れてしまうよ。これほど注意が必要な精密機器はないのに、彼女はそのことを理解していないようだった。

ケスラー　レコードプレーヤーはターンテーブルが回転するので、これは12サインの話だね。惑星は針みたいなもので、この回転の中で、どこかの場所をトレースしている。身近な生活で活用している自転車は個人に近いということか。個人に近いところで運ぶと、プレーヤーは破損するのか。

カウント　そうだね。12サインとか占星術を個人的に身近すぎるところで使うと本分は失われる。

この夢の中の若い女性は、誰かの妹みたいな感じだった。まあ、これから地上の人生の中に没入するつもりだろう。

身近なところで使う星占いはその実体が損なわれるという話だ。しかも帰宅するという自分の都合を混ぜている。あの年齢だと恋愛運とかに占星術を使いそうだな。

ケスラー　その夢の話を聞くと、私は柳田國男の「妹の力」を思い出すのだが。

カウント　あはは、また面倒な話に持ち込むつもりだな。
「いものちから」は女性の霊力のことで、実際の妹でなく、妻、側室、恋人など近しい女性のすべてを指すね。ヒメヒコ制では、男性に対して霊力で守護した。その妹がホロスコープを使うのは全くふさわしいことかもしれないが、身近すぎるところに使うなと私は言っているんだよ。

ケスラー　でもカウント君は、祭りで、左の女性の足に自分の足を乗っけて、彼女は砂利が痛いと言っていたんだよね。プレーヤーを地面に落として壊してしまうことを押しつけているのは、実はカウント君では？　自分が砂利に触りたくないんだから。

カウント　ケスラー君は私を追い込むつもりか。
レコードプレーヤーが痛んだらメンテナンスしよう。地上に落ちて怪しくなった12サインを修正してもいい。

12サインの具体的な適用

ケスラー　12の区画、あるいはサインは、実際に多角的に適用されているね。まずは春分点からスタートした黄道の12区画。あるいは特定の恒星を特定のサインの起点にして、そこから12区画を割り振るインド式の12サイン、というか12星座かな。しかし、「星座」という言葉を使うと30度ずつ区切ることは不可能なので、やはり「12サイン」と呼んでみた方がいいのかな。

グレゴリオ暦のお正月から張りつけると12か月のカレンダー。ゾーディアックマンみたいに人体の頭から腰までの対応。ジオデティックサインは、グリニッジの至近距離にある本初子午線から地球の赤道に沿って張りつける。つまり、横にも縦にも、またそもそも黄道は地球の天の赤道に対して23度くらい傾斜しているから、斜めにも適用されているということか。

しかし、もちろんこれら地球に関係したものばかりではなく、もっと宇宙的な範囲での12のロゴスの配置が、アカシックレコードとして設定されているということだね。しかもこの12ロゴスにしても範囲が違うものが複数ある。

カウント　いろんなものに張りつけられるということが、12ロゴス、あるいは12区画はまずはジェネリックであり、これが具体的な場に適用できるというものだ。

例えば、地球座標に張りつけられると、これは12種類の地球的な活動の記録盤になる。12サインは地球と太陽の関係でできた春分点から始まるので、この中に宇宙的な記録は書き込みできない。それぞれの場にふさわしい図書館になっていくということだ。

反対にいうと、12の法則の根底を知りたいときには、具体的なものが蓄積された、細かすぎるものを当てにしてはならないということだ。

で、小さな範囲に12法則を当てはめるときに、それが小さすぎると、物質との対応関係を持たなくてはならなくなる。

12サインは12に分けるが、物質的空間に張りつけられた場合、寸法や比率などが成り立つが、そのことに神経質であってはならない。逆にアバウトでいい。ロゴスとしての厳密さがあり、物質的にはアバウトだ。そして物質的に厳密な場合には、ロゴスとしてはちょっといいかげんになる。

ホゼ・アグエイアスが13という素数にこだわったのは、時間数字と空間数字がぴったり噛(か)み合わず、この相性の悪さが原因で、意識は世界に座りが悪く、落ち着かないことが重要だと考えたからだ。落ち着いてしまうと、意識は堕落して最後は物質の墓に埋もれてしまう。

素数で空間分割すると、いつまでも落ちがない。魂は肉体に占有されておらず、いつも不穏で、いらいらしており、元気で、そして信頼性がない。

12は空間や世界、環境の4の中に自ら死んでいくという本性があるので、いつでも転落に要注意なんだ。アグエイアスはこのいつも要注意ということでなく、ずっと世界の底には落ちないというシステムが欲しかった。ということは、彼は怠け者だ。自力で脱出する力に自信がなかったのでシステムに依存しようとした。

で、12のシステムは応用ばかりして、一つの使い方にこだわらない姿勢はいいかもしれないね。

ハーモニック占星術なども、もう空間の分割をどんどん細かくしてわけがわからないものにしていくので、ある意味、ハッピーだ。具体的なものとの一対一の関係に縛られると、硬直と停滞は免れないからね。

あらゆるパターンを考えて、何が本当かわからないようにしていくのはいいアイデアだ。これは双子座衝動だね。

12サインを3の自由な方向に振るか、それとも4の環境の中に死ぬという方向に振るかは、扱う人の裁量にかかっている。

ケスラー　小さな範囲、特に物質的領域へ12を張りつけるのはいいとして、今度は極大の方については、みんなあまり探求はしないものか。

カウント　アカシックリーダーたちが探求はするだろう。宇宙範囲は太陽、全太陽、全宇宙という具合に拡大し、全太陽というのは複数の恒星グループで、これがスーパーなクラスターを作っていて、中心にはグレートセントラルサンがある。

タロットカードの「17星」のカードに描かれた大きな星と、その周囲の星のことだ。モーツァルトの『魔笛』で夜の女王が七重の太陽というところだ。

このグループは、地球から天体配置ではないので一つの星雲に集まっているわけではなく、地球から見ると、わりに関連性がない恒星が関わっているようにも見える。で、このグループごとに大きな12ロゴスの枠が作られ、範囲の大きなアカシックレコードがあると考えてもいい。ただ、人間とか生き物の形をして生活するというのは一方方向に回転する惑星の上でしか成り立たないので、人の人生が描かれているようなアカシックレコードは、この大図書館にはない。

エジプト時代は北極星がりゅう座のトゥバンだったが、もちろん地球から離れてしまうと、この北極星になったりならなかったりという勢力移動は存在しない。トゥバンを中心にしたドラコニックグループの図書館はトゥバンにあり、これは財宝を守る竜という意味で本を集めて離さない蒐集家みたいなものかもしれない。

シリウスを中心にするグループ、アルシオンを中心にするグループなど、これらをみなそれぞれ宇宙連合といってもいいかもしれないが、それぞれに違う図書館がある。どこを視点の中心にするかで、図書館の中の本の内容が違うというのはわかるだろ？　基本的に、恒星はメンタル界、ロゴスの領域だ。なので、この恒星軸の図書館では具体的な事象の記録は自動的に振り落とされてしまう。人が死んだ時のプロセスに似て、アストラル体でエッセンス化されたものだけをメンタル体は受け取る。

アカシックリーダーは、宇宙のあちこちにある図書館の内容を、すべて読むことはできない。つまり、自分の霊と魂が所属しているグループの中心にある図書館のデータのみを読むことができるからだ。

しかもそのリーダーの位置によって、恒星軸、下部構造の太陽系軸、惑星軸などの12区画データしか読めない。

上位のデータを参照したいときには自分の上にいる存在に依頼する。人の前世を読むには、転世というのは惑星群の上でしかできないので、惑星レベルの図書館を読む。

恒星軸の図書館では、前世というような時間と空間の中においての巡回というデータは除外される。除外されるというより、データの方が重すぎて上がってこれない。

ケスラー　ただ12という数字の本性が感覚化、形骸化、墜落、徐々に重くなるという性質だった。

3と4の掛け合わせで、3よりも4の方が優位にあるために少しずつ高度の落ちる飛行機のようなものだと。ということは、どこの図書館も旧弊化していくのかな。そのあたりを調整する図書館員みたいなものがいるわけか。

カウント　そもそも3が活動性で、4が具体的な環境の中にそれを入れるという意味だった。アカシックデータのような記録やデータというものそのものが質量性に属するもので、つまり感覚であり、12でないと成立しない。そしてエンジンと車体のように意識と質量性は似たレベルにあるので、存在の意識の違いによって読み取れるデータや記憶が変わってくるのはもちろんだが、データがあるということそのものが既にそこに衰退する本性があり、意識と質量性は均等になるということでは、意識は質量性の衰退を許さないということにもなる。

データは死んだもの、変わらないものとみな思うはずだ。

図書館の本が行くたびに内容が変わっているのは嫌だろ。

データや記録は過去の残像のことであり、残像は常に意識の活動性の足を引っ張る。この意識と質量性の関係を考えてみると、意識は常に質量性としての過去に向かうデータをアップデートする本性がある。

既存のデータのみ保管する図書館があるとするとそれ自身が崩壊していく性質を持っているということだね。

ケスラー　そうだね、12の数字ということを考えていくと、いかなるものも衰えていくということを考えざるを得ないから、それぞれの階層の宇宙の記録はそれを維持する力が必要だ。

つまり意識と質量性の均衡だ。

しかし維持そのものが形骸化ということならば、維持をしてはならないという話になるし、進化していかざるを得ないことになるね。

カウント　グルジェフの何かしている自分を観察する、印象に同一化している自分を印象から引き離して、純粋意識に戻そうとするという練習は、タロットカードの「11力」のカードで描かれていて、下半身に張りついているライオンを自分から引き離す練習だ。

具体的な印象に無意識に没入している自分、すなわち自分をタオルと思い込んでいる状態から、目覚める訓練を続けることで、地上を這う12サインから、天空の普遍的な12サインに気がつくことができるようになるだろうね。

12システムはいろんな階層で存在するので、12区画そのものは徐々に停滞していく性質を持っているが、人間は上位の12システムによじ登ることはできる。

ただ、占星術で実際にお金をとっている人は常に世間の思考に迎合しなくてはならないので、こうした宇宙的な12について思いを馳せる余裕はないかもしれない。

お金は世間が捏造した架空の価値観だ。そのお金をもらうには、やはり世間の価値観に埋もれて生きていなくてはならない。

世間では、物質的生活以外のことに関心はないので、宇宙的な12サインの話を聞いても触手は動かさない。

私が占星術でお金を儲けたくないのは、この迎合は退屈だからだ。

12サインのことを知るには、過去の本で、具体的に、このサインはこういう性格などと書いているのを参考にしない方がいい。それらは著者の個人的な偏向とか思い込みとか利害で書いているので、エッセンスを抽出できないばかりか、エッセンスだけを除去していることもあるからだ。

やはりそれより原理から考えよう。つまりロゴスから考えるのだ。

12サインを採用した理由は、そもそも3と4を掛け合わせた巧妙なシステムということだった。それは12サインの中では、火、風、水、土という四つの元素と、活動、固定、柔軟という三つのクオリティにあてはめられた。

4は四元素でないし、3は三つのクォリティではないが、そのように限定化されたということだ。

ケスラー　カウント君は風の元素は知性に関係し、それは分類し仕分けすることで、新しい意味をそこに作り出すという本能があるといっている。

例えば、食物は炭水化物、脂質、タンパク質などに分類される。炭水化物は食物繊維と糖質に分割できる。これらは人間の知性が仕分けをしたのであり、実際にそういうものがあるわけではない。

しかし思考は視覚を作り出すというふうに、いったん分類してしまうと、そのようにしか見えなくなってくる。言葉の魔法にかかると、もうそこから抜けられないということかい。

カウント　ある角度から分類すると、そのように仕分けできるということだ。しかし全く違う角度からすると、この仕分けは有効性がない。

風の元素を意味する知性からすると、あらゆる角度から、たくさん分類して、小分けし、さらに小分けすることに走りたい。それが風の元素の根源的な衝動だからだ。

でも、このいろんな角度から分類するというのは、つまりは異なる視点から見ると、それとは違う視点で仕分けした考え方は間違いだということになるね。

知性というのは、いつでも間違ってしまうということを前提に存在する。知性には勘違い、思い込みというものが最初からあるということだ。

この間違いというのは、ある角度から見ている人が、違う角度で見ている人の考え方を違うだろうと批判していることだ。

魚をその大きさで分類している人に対して、味の違いで分類する人が、「お前の考え方は間違っている！」と言っているのと同じことだ。

なので、食物に関係した、先ほどのケスラー君の話も、間違いがやたらに多いよ。いまだに脂肪を食すると太ると信じている人がいるが、脂肪で太るということを提唱した学者は、脂肪を食べて太らなかった人のデータを捨てて、脂肪で太った人だけのデータを残したので、それがエビデンスとして採用された。

どうしてそのように偏った見方をしたのかというと、学者の信念体系、すなわち見る角度の問題だ。これは存在するが、これは存在しないというふうに濃淡があるのさ。ある角度で見て、結果を断定するには、他の角度の見方を切り捨てる必要がある。

その学者は自分の偏見に忠実に冷静に判断した。彼は自分が太った人のデータを捨てたという自覚はなかったかもしれないし、自分は客観的に判断したと断言した。まあ、カロリー理論も似たようなものだが、いまだにこれらを信じている人がいるのは驚く。

いちいち考え方を変えるというのは面倒くさいんだ。他のことで忙しいので、そこに興味を向けたくない。だから一度覚えると、永遠にその通りだと信じていく。

知性というのはこういう偏った性質とか、常に間違うという性質を持っている。

世の中で「知性的」というと、何となく客観的と思われているが、全く反対だということを知らない。

グルジェフのエニアグラムだとこの知性の限界性を突破させてくれる助けは感情からやってくるが、しかしそのためには感情は知性よりもはるかに強力な力を持たなくてはならない。たいていの人の感情は知性を打ち負かすほどには力強くない。

弱気な奥さんが、夫の偏見だらけの押しつけに対して「ごめんなさい」と謝るような勢力関係だよ。

12感覚

ケスラー　カウント君は、12サインを12感覚に分けるのが好きだよね。あれはシュタイナーが言い始めて、試行錯誤し続けているのを見て、医者のズスマンが、適当なところで切り上げて定義を固定したものだね。

カウント　面白いのは、シュタイナーは試行錯誤しながらも最初から最後まで獅子座は熱感覚ということは変更しなかったらしい。獅子座は火の元素、固定サインなので、いつまでも変わらない暑苦しさということで、シュタイナーはそのことに辟易（へきえき）していたのかもしれないよ。

近所にそういう人がいて、あまりにも変化しないので、殴りたかったのかもしれない。

ケスラー　私はこの12感覚ということにはまさに感服している。
今までのいろんな本の12サインの怪しげな解説よりも、12感覚で説明した方がより本質的だ。なぜならば、世界とは感覚であり、ヘルメス思想の本質と質量というときに、意識は七つの階層があり、質量としての感覚は12で分けられ、この感覚は振動が高くなり、高次元な世界においても、やはり感覚は感覚としての意義を変えないので、すべてがとてもわかりやすくなるからだ。

カウント　空海が意識は感覚ではないが、しかし感覚を通じてしか理解できないという言葉は、私が説明した意識は射出することでしか働かないということだね。さらに射出された側によって射出する側が存在するということを証明するというものだ。
これが3が4に発展するきっかけにもなるが、もうこの12感覚の中に生命はいない。でも、空海がいうように感覚が働くということに生命が存在していたという間接的な証明ができる。

ケスラー　この12感覚を、そのままゾーディアックマンに結びつけて、茅の輪みたいに縦の円にしたわけだね。

頭は牡羊座。このスタートの春分点は、外とのインターバルなので、ここから宇宙的な力が入ってくる。それがカウント君の体験している頭上から降り注ぐ白い光だ。すると、腰からエネルギーが上がってきて、身体の周囲にこの世界とは違う映像をプロジェクションマッピングする。

これは、腰に視覚の乙女座があり、墓から蘇る映像ということだったね。つまりタロットカードの「20審判」のカードの天使が上空からラッパを吹くと、墓の中から立ち上がるものがある。

インドだと、蛇つかいが笛を吹くと籠の中から蛇が上がってくるというクンダリニ伝説だね。

墓に沈むというのは、映像の中に死ぬ乙女座で、蘇って上がってくるのは秋分点を挟んだ天秤座だ。これは触角なので、視覚というかたちから解放される性質がある。

カウント　視覚はそもそも一部しか見ないし全体を見ることはない。木を見て森を見ずだ。

この一部しか見ないということが物質世界に閉じ込められるという意味だ。物質は特定のとき、特定の空間にしかない局在的なものという意味で、そこに自分を釘づけにするんだから。岩の中から脱出できなくなる。

でも、上空から来た光は、この墓から解き放って、触角の天秤座に受け渡す。触角というのは物質の輪郭を超えてしまうからね。

じっと寝ていると、もう自分の身体がどこにあるのかわからない。数メートルの幅に自分の触角があることに気がついてしまう。放置していると､触角はさらに地球に、太陽系に、銀河系にまで広がってしまう。

でも、まだ乙女座が隣にあることに遠慮して、まあ、最初は小さく身体の数十センチ外くらい程度かな。車のマニアなら車幅までは拡大する。

ケスラー　つまり12サインの後半部、天秤座以後の流れは、物質的なものから解放されていくプロセスなのか。

カウント　もちろん、入り口は出口なので、春分点に戻って、そこから宇宙に飛び出すことを目論（もくろ）んでいる。

占星術ではこの12サインを惑星が移動するので、時間の中に横たわった蛇として活用される。だから牡羊座から魚座まで順番に体験していく。

しかし時間の循環はこの地球にいるからこそ可能なことであり、つまり惑星の自転と公転の自動時計でカウントされていくからね。時間を渡り歩くのでなく、空間的な入り方でもいいんだが。

この地球世界のどん底に落ちたのは乙女座の段階で、そこで個人の体験を十分にしたので、「もうやめたい」と言っている。

乙女座の視覚が一部しか見ないように、個人とは生命の一部を切り取ったものだが、乙女座の25度では、もう個人では何もできないことに気がついてしまった。もう個人を極めつくしてしまったんだ。

個人としての体験は卑小で、全くダイナミックでないこともよく自覚している。

ケスラー　テレビドラマに、『きのう何食べた?』というのがあって、ここではゲイの二人が一緒に暮らしているのだけど、この狭い二人だけの世界が彼らからすると宇宙みたいで、食べ物のことが一大事になり、また思いやりとか相手の気持ちに寄り添うとか、そういうのだけで世界が完結するんだよね。

これが乙女座の世界ということ?

カウント　別にそういう具体的なドラマでなくても、人間の実生活というものが乙女座の世界だ。

風の元素の影響が強い人間は、この密室的な世界から脱出したい。

先ほど風の元素が示す知性はいろんな角度から分類したいと言ったよね。つまり、タロットカードの剣のように、ケーキをいろんな角度から串刺ししたいんだ。すると土の元素はばらばらに分散する。

爆破したときの光景って、生け花みたいに、飛び散る光景だね。生け花とは凍った爆破光景だ。それはあちこちから剣を刺したか、あるいは反対に、塊があちこちの弾道に分散した光景だ。

土の元素が一つの山、モンブランみたいなものだとすると、そこにナイフをあちこちから入れて、山は解体してしまうし、反対の視点からすると爆発する。

土の乙女座に対して、次の風の天秤座はそれをばらばらに解体して、物質に付随する触角を物質に付随しない触角に変えていく。

暗闇（くらやみ）の中にカップルを座らせると、相手の物質的映像が見えなくなるにつれて、今度は相手の気配というものを触角として感じる。身体の外にゴムまりみたいなものがあり、それに触るとばーんと跳ね返される。視覚がないと触角は決まった範囲を保てない。

『きのう何食べた?』が女子に評判がいいのは、この女子は土の元素と水の元素が強いからだ。そういう場合、小さな世界に閉じこもりたい。外のことは見たくないという気持ちが働く。『きのう何食べた?』はそれを強めたドラマなんだから。

人間は四つの元素すべてを均等に手に入れなくてはならないということからすると、これは偏っているね。男性は女性に配慮し、女性は男性に配慮すると、均等な四つの配分に近づくきっかけはあるかもしれないが、まあ、どうなんだろう。『きのう何食べた？』は偏りすぎているのかもしれないね。というか、私はドラマ評論家でないのでそんなことを言わせるな。

ケスラー　四つの元素をコンプリートしないと、第五元素には行けないという話だったね。つまり水や土に偏りすぎても、バラ十字の記号の真ん中のバラの中心にはいけない、と。

第五元素は、アカーシャ。つまりアカシック図書館は第五元素にあり、ここからすると月下の四つの元素のどれかに肩入れするというのは、このアカシックによじ登れないということか。

カウント　偏った視点に捕まって本来の人間の位置に戻れない。これを私は地獄に落ちるという言い方をする。

四つの元素のうちの特定の欲望に捕まってしまう。この偏りがあるともちろんアカシックデータを読む前に、まずは読み取り装置の故障とみなす。

ケスラー　アカシック図書館を読むことはそこまで重要なのかい？

カウント　私たちは図書館の本の中のどれかを時間・空間の中に解凍して、動画にして、それを生きている。つまり、実人生とは、本の中のどれかを再生しているにすぎない。本の中に没入した人といえばいいか。

アカシックデータは、月下の四つの元素に分解したときに動くもの、空間の広がりのあるものになる。人は神話の記述のどれかを生きているんだ。でも偏っていると、そのことに自覚がなくなり、自分の人生はリアルだと思い込んでしまう。眠りを覚醒だと思い込む。私から見るとなんとも精神異常っぽいね。

カバラ派は昼の光を暗闇（くらやみ）と表現したが、まあ、限られたところに閉じ込められるのを解放と感じるのはこういうことなんだ。

特定の四元素の中に閉じ込められると、広い空間に見えていく。『きのう何食べた？』の二人は二人だけでいつまでも楽しめる世界に住んでいるかもしれない。私なら5分とは見ていられないが。

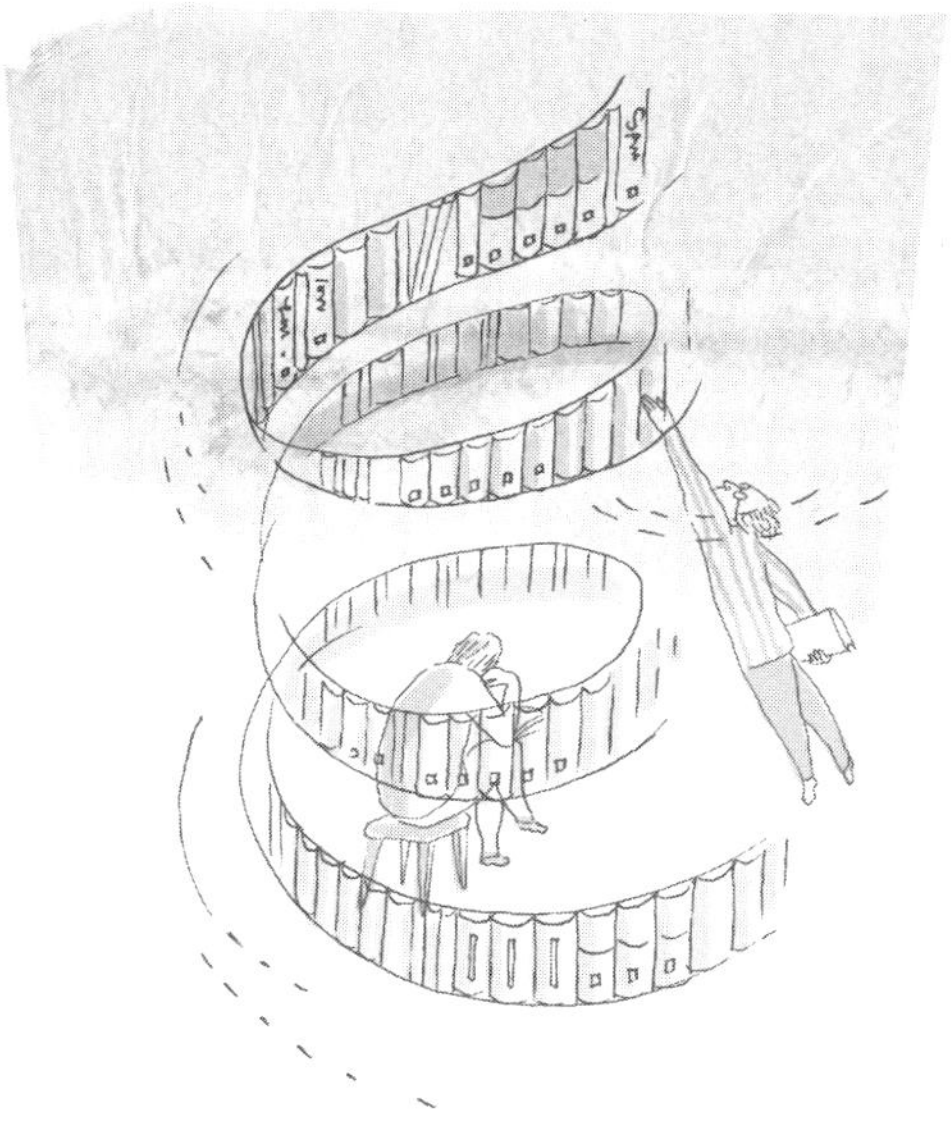

度数の細かい意味、サビアンの意義

ケスラー　12サインは一つが30度の幅があり、これは相当に広いね。シンプルな運動場みたいだ。なので、昔からさらに細かく分割したいという人が多数出てくる。度数の細かい分割をしても、ある程度の範囲ならば、ロゴスの細分化として普遍的なものと考えることができる。

1度ずつ意味を考えるサビアンシンボルは、その表現に象徴的なイメージを借りるので、これはよりローカルで、私は、これはロゴスから脱落して被膜だけ残す危険性もあると感じたこともある。イメージというのは非局在的でなく、ある程度どこかの映像、文化、物質に寄せて働くものだからね。サビアンシンボルは特に地球的だと思うのだが。

しかし、カウント君の考えだとエッセンスを引き出すとアストラル的な記述になることも可能ということだね。サビアンシンボルから普遍的な意味を取り出すことのできる人はどのくらいいるのだろうか。この「アストラル的」というのはカウント君の受け売りだ。

私はアストラル的という言葉の意味はちゃんとはわかっていないかもしれないね。

カウント　もっと詳しく説明してほしいのかい?

メンタル体、アストラル体、エーテル体、物質体というのが世界の四つの階層で、ヨガ式にいえば、主人、御者、馬、馬車だ。メンタル体をロゴスとすると、アストラル体はミュトスで、世界を感じるボディだ。

で、アストラル体というのは非局在的な神話的記述ということで、神話は世界のどこにでも同じものがある。数字の度数はメンタル界的で、そこからロゴスとしての意味を引き出すことができる。

サビアンシンボルは象徴的な詩文で書かれていて、これはアストラル界的といえる。

ただし、実際のサビアンシンボルを見てみると、その時代に、その地域でしか通用しないものが多数ある。

例えば、獅子座の３度に「髪型をボブにした女」というのがあるが、ボブはもうごくローカルなものでしかない。すると、この３度の真の意味を抽出するためには、このボブという言葉は邪魔になる。

ルディアは、これを年齢のわりに若作りというような内容に変えた。火のサインで、固定宮が獅子座なので、生物学的年齢に抵抗する永遠の若さ、熱感覚を表し、年甲斐がないという表現をすると、３度の意味に近づく。しかもルディアは、女性の官能的な性質をつけ加えた。これは４度の男性的なものと対比させるためだ。

西欧でならタロットカードのように３は女性、４は男性として描くが、日本でならこれは反対だ。行動するのは男性で家を守るのが女性。このサビアンシンボルも、獅子座としての５のサインと、その下部構造として、３の数字といえばいいだけなのだが、メンタル体が弱くアストラル体が強いタイプの人は、ほとんど意味がわからない。

でも、メンタル体が弱くアストラル体が強いというのは、つまりは何を見ても本質を見誤るということになるので、このような人に親切に説明する意義はあるのか疑問だ。それはどこまで説明しても理解することはないだろうから。
もし、サビアンシンボルからローカル性を脱色して、純粋に神話的記述にすることができるならば、宇宙のアカシックのデータをこのサビアンシンボルと結びつけて解釈してもいいよ。恒星軸の図書館においては、惑星のように二極化されていないので、神話の意味にはいい悪いがなく、肯定否定がなく、増えることと減ることは同じというような姿勢で取り組まなくてはならない。

ケスラー　いつもの君の体験談を例にしてほしい。いつも君が定番的に出すものがあるではないか。ジャズのネタ一つだけで数十年活動していた噺家みたいに、私はいつもあの話を聞きたい。

カウント　川柳川柳（かわやなぎせんりゅう）の「ジャズ息子」だね。
私は1999年に巨大な龍のような存在と遭遇し、その存在は私の「母親だ」と言った。で、私の右手をさすっていた。

このとき、私はタロットカードの本を書いていた。それはタロットの意味の根幹は数字であるというものだから、この龍はメンタル界の生き物であり、数字体系としてのタロットの母親ということだ。決して私の母親ではないことに注意してほしい。

私の生まれたときの冥王星は獅子座の22度で、サビアンシンボルは「伝書鳩」なので、お手紙を持ってくる鳥だ。このイメージを引きずっているので、トランシットの冥王星が射手座の9度の「母親に助けられて階段を上がる子供」というシンボルのときに、龍は母に変貌して、子供を階段の上の方に誘導しようとした。

つまり、数字を基軸にしたタロットカードとは階段なのだ。

私はそこでは子供で、まだ詳しく知らなかったということだろう。彼女が私の右手をさすったのは、お手紙を書く手だからだ。

冥王星はメンタル体の反射をする惑星であり、メンタル体というものは常に能動的な働きであり受容はしない。受容するのはアストラル体だ。

私のメンタル体はお手紙を運ぶ鳥だが、メンタル体である以上は、メッセージは自分で書いているということになる。このメンタル体を外部投影すると、私のところに巨大な龍が翼をばたばたさせてやってきて、「手紙をまだ書いてないのか、早くしろ！」という催促をするが、私はそのとき腱鞘炎で文字を打つのが苦しかった。

こうやってサビアンシンボルの象徴性をいじりまわすと面白いと思うが、どうだろう。シンボルの中にある地球的要素を象徴性に入れ替えていけばいい。

夢でも象徴はたいてい、具体的な記憶を利用するので、そのままだと成分に泥が混じったままということになり、正しく読めないことは多いだろう。

ケスラー　ルディアはサビアンシンボルには、アカシックレコードが含まれているのではないかと主張していたが、それについてカウント君はさんざんなことを言ったね。

カウント　12サインということそのものが、アカシックレコードのベースとなる12のロゴスの地方版だ。地方新聞みたいなものと考えるといい。

なので、サビアンシンボルには、アカシックレコードの反映があるのでは、ということではなく、サビアンシンボルはアカシックレコードだ。そしてこれをビジョンの中で受け取った詩人は、自分の具体的な記憶と結びつけて言葉を紡いだ。髪型はボブというふうにね。

だから抽象化して、普遍的な神話記述に戻せば、そのままアカシックレコードに通じる。

ケスラー　君は自分の海王星のサビアンシンボルについても、面白い言い方をしていたね。

カウント　天秤座の24度の蝶の左側にある3番目の羽というシンボルのことか。海王星なので、私のアストラル体の反映を示している。

私はある恒星に飛んで戻るときに、その恒星の存在が「自分を地球に連れていけ」と言った。で、軽いグライダーのような乗り物に乗って、地球に降りた。斜めの坂を。坂は日本では次元の上昇と下降に関係し、裂け目としてsak音を使う。このグライダーはアメノトリフネで、マカバでもあるが、サビアンシンボルでは蝶の羽に化ける。

ギリシャでは蝶はプシュケだが、つまりは魂、アストラル体のことだ。夢の中ではこの蝶の羽は布団になっていたよ。布団の上で人々は夢見る。恒星存在はメンタル体、するとそれはアストラル体に乗る。そしてエーテル体とつながり、最終的に地球物質世界につながる。

地球に降りるとき、暗闇（くらやみ）の中で、1本の細い糸にグライダーが乗って降りて行ったが、この1本の糸というのがエーテル体を意味している。

アトランティス時代には、この恒星と地球には関係があったらしいが、その後の時代では通路は廃（すた）れていた。私がその恒星に行ったのは、この古い通路を引き出して使ったということだね。それは自力ではできなかったことだ。

この天秤座の24度に何か惑星がある人は、このグライダーが使えるということだ。左の翼なので、あるいは天秤座なので自分の動力でなく、外部にある風に任せ飛ぶということが主眼で、サビアンシンボルはこのことを強調している。だからグライダーは限りなく軽く、ちょっとした風でも飛ぶことができるのだ。シンボルはヨットの帆にしてもいいよ。ともかくエンジンはないということなんだ。

ケスラー　君は天秤座の24度は世間的には非難されると言っていたね。

カウント　それはそうだろう。外部からくる風に乗って移動するということは、自分の物質的ポジションを保つことができない。いつもふらふらと揺れて、変化するのだ。だから決まりきった生活の鋳型はいつでも壊れてしまう。自分から壊すのでなく不測の事態で壊されてしまうのだ。

はっぴいえんどの歌で『風来坊』ってあるね。風に吹かれてふらふらやってきて、またふらふらとどこかに行ってしまう。

牡羊座の自我感覚が突き出すのなら、天秤座の触角は突き出されるということでセットだ。突き出されて動いてしまうので、じっとしていられない。

ストーカーに侵入されて安全が保てないという場合もこれだ……いやいや、こんな説明をしてはいけないね。そういう事例も百のうち一つにはあるかもしれない、というような言い方をしなくてはならない。そうでないと、そのことだけを記憶して、「天秤座24度はストーカーに部屋に入られてしまう度数なんだ」と思い込む人がいるからね。

象徴は多数の具体例に結びつく。アカシックレコードはこの象徴の方を記録しているので、具体的にどう応用されていくかはリーダーの信念体系とか習慣、その場の思いつき次第だ。

具体的に読むということそのものが偏っていくということなので、偏らないで読むことのできる人は存在しない。だから象徴のままにしておくのがいい。

ケスラー　カウント君のメンタル体が獅子座の22度の伝書鳩で、アストラル体が蝶なら、似ているということか。鳥になったり蝶になったり。いずれにしても飛んでいるわけだ。

象徴のまま読んで、具体化しないとなるとほんとにふわふわした人になってしまうね。どこそこで生まれどういう学校を出てどの会社にいるかというのでなく、「実は、伝書鳩なんですよね」という説明になってしまうから。

カウント　出雲族だから。雲の上に住居があり、ときどき雲から下に向かって地上に行くが、すぐにまた雲に戻ってしまう。雲は風でゆっくりと移動している蝶の羽か布団だ。

雲の上を飛ぶ飛行機という度数も私は持っているし、頭上を飛んでいる飛行機というシンボルもあるから、鳥、蝶、雲、飛行機などが揃っていく。

サインの番号とか度数の意味はメンタル体的で骨を表し、サビアンシンボルなどに表現される象徴性はアストラル体的で肉を表し、この両方を分類しながら読むと、その人の特質はわかりやすいのではないだろうか。

一つの感覚で突き破る

ケスラー　12サインは均等に並ぶので、これはゾーディアックマンみたいに、丸まった一匹の蛇で、このうちどれかの感覚を過剰に拡大すると、蛇の形が乱れて、他の感覚が抵抗して、この一つの感覚を鎮圧するか、あるいは一つの感覚の暴走に、他が合わせるかということがありうるという話だったね

カウント　この地球世界に住みたいのならば、一つの感覚が暴走しても、それを他の感覚は補導して抑制するに決まっている。

しかし、この地球から出て、違うコスモスに住みたいのならば、この暴走する感覚を脱走する人々の指導者として採用して、みんなでついていくという手もある。

12分の1原理というのがあって、これは霊的な能力を発揮するときに、12の感覚の

うち一つだけを使えというものだ。これが二つになったり、三つになったりすると危険だ。脱走犯の人数が増えてしまう。

ケスラー　例えば、霊能力者とかチャネラーとかが視覚映像という乙女座の分野でビジョンを見ているときには蟹座の聴覚の音声はオフにすることとか、水瓶座の匂いは嗅いじゃダメということか。

カウント　バーチャルリアリティを体験しているときに、12感覚すべてを動員してしまうと、その人はもうこの世界には存在していられない。12感覚というものが世界そのものなのだから、12感覚すべてがシフトするともう住んでいる世界は全く異なってしまう。古い12感覚世界を誰かが維持してくれていればいいが、誰もそれをキープしていないと、もうその12感覚世界が消えてしまう。

ノストラダムスは、人類はあと三千年くらいは地球にいると述べているし、シュタイナーもそのくらいのことを言っている。つまり、この地球に住む地球人という12感覚の世界はそのあたりでなくなってしまい、元に戻ることはないということだ。
人類が、この重たい12感覚をもう使えなくなった、あるいは使う気がなくなったということだ。でも振動水準の違う12感覚は使っている。それは地球とはいわないということだ。

ケスラー　夢では、身体が仮死状態になり、アストラル体は身体から離れると聞いたが、それでもエーテル体は身体とつながっているので、朝起きたときに元の肉体とつながることができる、つまりこの地球世界に戻ることができるということだが、夢ではこの12感覚すべてがシフトするということだね。

カウント　すべてではないが、かなりの部分がシフトする。
しかし肉体にエーテル体がつながっていて、かろうじて1本の糸で関係性が保たれているので、このびっくりするような危険な旅は、最後は自分の住んでいる場所に戻ることができる。

12分の1の法則は、この夢の体験ではなく、起きている時に別世界感覚が侵入しすぎては困るということだ。つまり、実生活に夢が侵入して実生活を破壊し尽くしてしまうんだ。

ケスラー君は、夢の中で、視覚、嗅覚、触角とか、どのくらい夢のリアリティを感じている？

ケスラー　シュタイナーは夢の中で自我が書き込みできないのなら、夢は全く意味のない体験だといっているね。つまり明晰夢（めいせきむ）だけが意味があるということかな。で、自我という時には、まずは牡羊座の自我感覚がここで夢の世界に侵入する。ほとんどのケースでは、ここで挫折（ざせつ）しているかな。なぜなら、夢の体験は受動的で、そこに自分の自我がどんどん侵略している気分はない。

カウント　そうなんだ。牡羊座の自我感覚は、この地球物質世界に侵入しているのだから、夢の世界では息抜きみたいになっていて積極的なことはしないかもしれない。

例えば、この世は儚いと感じて、自分はもっと永遠性を感じる世界に行きたいと思っている人ならば、その移動のために夢を足掛かりにしようとするので、夢の領域に牡羊座の自我感覚を突き出すだろう。つまり意図を夢の中に持ち込むのだ。

夢世界は地上よりもはるかに軽い素材の大地で、ウィリアム・ブレイクのいう植物性大地なので、この意図に対して瞬時に反応する。

地上では、大地に問いかけても大地は押し黙ったままだが、夢では違うだろ。

ケスラー　さっきの天秤座の蝶みたいに、夢の世界の質量性としての素材は軽いので、夢はすぐにその意向を忖度するか。天秤座の蝶は布団で、夢は布団の上で見るものということでは、この蝶の羽は植物性大地を意味するものか。

私は視覚、触角、嗅覚、味覚くらいは動員している記憶はある。昨日は蕎麦を食べて、麺がこりこりとしておいしかったので味覚動員だ。

カウント君の布団というか夢の大地はどんな感じだい？

カウント　少しクリーム色がかっている。

私は夢の中で動物が出てくると、いつもなぜか焦げ臭いということが気になっていた。馬に乗っていたときも、馬は焦げ臭い。狐がそばにくっついてきたときも、人と狐のハイブリッドの存在も焦げ臭い。焦げるって、物質が火によって非物質的になることを暗示しているのかもしれない。

私はすべてを焦げ臭い匂いにしていくことで浄化するという気分がある。焼き畑みたいだね。物質界がアストラル界、あるいはエーテル界に移行するとき、焦げた匂いがするのでは。

ネイティヴ・アメリカンはたばこの煙を利用する。お線香も物質が煙に変わる。

ケスラー　一つの感覚のはみ出しは、例えば、急に異次元からの声が聞こえるというようなものか。これは言語感覚としての双子座のはみ出しだね。

カウント　そうだ。言葉は双子座で、物質からはみ出すという意味では、水瓶座の嗅覚も連動する。つまり風の元素の１２０度だ。

そもそも言葉は物質から離れているね。物質に密着している存在に言葉などない。水瓶座の嗅覚は、肉体から外に漏れた匂いだが、言葉も肉体から外に発信されて、他の人に届いてしまう。風が来て、それに言葉が伴う。これは練習するとわりに簡単にできる。風が来ると、それは今までとは違う情報が来たと思うといい。そして言葉とか思考をつかんでいないと、そのままふらっと風に乗って言葉がやってくるのだ。で、この地球世界とは違う世界が接触してくると異言みたいになる。

私はときどき声を聴くが、これは男性で、しかも説明が短い。

山羊座が土のサインで、物質世界だとして、次の水瓶座は風のサインで、物質から外に出ている。で、山羊座の終わりで、そろそろ水瓶座に行きたいという人は、この外に漂う匂いに敏感になろうとする。

だから山羊座の28度では、「養鶏場」というサビアンシンボルが出てくる。山羊座を示す山の頂点に、養鶏場があり、鳥はそこから飛び立つ。そして戻ってくる。戻ってくるのは山羊座だからだ。水瓶座になるともう戻ってこないよ。

私がときどき聞く男性の声は、この鳥の声だ。私のベスタがこの度数にあるからね。ベスタは巫女(みこ)さんで、私の中の巫女さん根性が鳥の声を聴くんだ。たくさんの鳥の声を聴くと、たいていはノイローゼになる。だいたい眠れなくなるだろう。なので、鳥は一羽だけがいいと思うが。そうか、ここでも鳥のシンボルが出てくるというわけだ。

ケスラー　異なる世界をキャッチするのは12感覚のうちの一つだけでいいと思うが。カウント君の話を聞いていると、かなり数多くの感覚で受け取っているのでは。

カウント　私は意図の生き物だ。つまりメンタル界の性質が強いので、異なる世界に、感覚を通じてさらわれたりしない。ただ蝶の羽を持っているので、敏感には反応するがね。他の世界に侵入されすぎているときには、感覚で確認するといいね。

私はしばしば味覚が破綻(はたん)する。この世界に安定していないときには、まず何か食べても味の判断が狂う、というよりも味がなくなる。ジョロキアでさえ甘いと感じる。

でも、私がおすすめなのは、この地球世界ともう一つの世界の両股にかけて暮らし、このアナザーワールドの情報は、感覚を通じてきれぎれに入ってくるというのがいい。仙人は死ぬまでは七割がた仙人ボディを完成させ、死期が来ると残りを一気にまとめるという。私もそれがいいと思う。

この地球世界と、仙人が住むべき世界の二つを行き来するのがいい。この世界だけに住むとなると、この地球世界はあまりにも閉鎖的で暴力的なのでみんなすぐに自殺したくなるだろう。でも、もう一つの世界に行き来していると思うなら我慢できるんだよ。

現実的には、このアナザーワールドは夢で体験するといい。というか、この言い方は妙だね。この世界と違う世界に行くというのを夢の世界に行くというのだから。この地球世界以外のワールドはすべて夢だ。この地球世界以外はないと思う人は、夢を非現実的とみなすだろうが、それは、地球世界以外はないと信じているからだ。

私が思うに、この地球世界ではルーチンな暮らししかない。そこでは何も意外なことは起こらない。退屈なんだ。身体は重く、小さな時間と空間の狭い場所にいつも閉じ込められて、ここからどこにも行けない。これは刑務所や牢獄（ろうごく）だ。

ケスラー　それじゃあ、この二つの世界に住むというのは、刑務所に閉じ込められている囚人があまりにも退屈なので、日がな一日夢を見ていることかい。

ダンセイニ卿みたいに、もう一つの世界をくまなく歩くわけだね。

12感覚を少しずらして、アナザーワールドとの関係を確立しつつ、両股かけて生きるのはシステム化してしまうと慣れて誰もできることなのか。

トゥルパを案内者にする

カウント　両方の世界を行き来できる案内者を作ると比較的自然に見える。

この案内者はタロットカードの「19太陽」のカードでの二人の子供のうちの一人だ。あるいは神仙道での「陽神（ようじん）」というもう一つの自分を作り出すことだね。

タロットカードでは「16塔」のカードで宇宙に飛び、「17星」のカードで地球にあらためて降りようとする。しかし大地の足場ではなく、水の上にスノコを置いてそこに座っている。もう大地に降りることはできないかもしれない。

「18月」のカードは新脳、旧脳、古脳という三つの階層を描いているが、古脳、すなわち虫脳を刺激している。人間の脳はこの古脳の記憶を拒絶している。しかし、寝て夢を見ているときだけはこの関門が開くので、「18月」のカードとは夢見のカードだ。

例えば、歴史もある時代以後のことしか書かれておらず、その前の時代については全く残っていないのだが、これは新脳の合理的な判断が、旧脳とか古脳の記憶を否定しているからだ。歴史の常識には全く反するような内容があるのだが、それらを新脳は認めない。

「18月」のカードでは、かつての時代には地球は宇宙とつながっていたというような記憶がある。「17星」のカードで、自分の故郷を発見した人は、この故郷の星と、古い時代には地球はつながっていたということを「18月」のカードで思い出す。

世界は型共鳴で成り立つので、自分の星とつながるためには、その星の身体構造、精神構造を回復させないといけない。かつて地球が柔らかいときには、この星の身体構造を受け入れていた。つまり地上には人間の形ではなく、さまざまな宇宙存在の形があり、彼らは地球を歩き回っていた。「18月」のカードは、かつてのボディ、すなわち宇宙船を取り戻すことだ。これをトゥルパとして引き出すのがいい。

ケスラー　カウント君は強烈な感情の衝動によって、異世界をアクセスし、そこからトゥルパを引き出すということを前に説明していた。それは牡羊座の24度のコーヌコピアの度数だったね。
この世界とエーテル界の間のカーテンに、エーテル界の生き物が型押しされる。

カウント　牡羊座の自我感覚なので、それは突き出すということで、24度では突き出しすぎた。するとこの世界の12感覚の均等なバランスが崩れて、幕の外からトゥルパが呼び出されてくるんだ。ただ、物質を超えてしまうような感情の衝撃は身体の外を包む範囲においてのエーテル体を破ってしまうので、その後、数年、あるいは十数年後に遺症に悩み、精神異常になったりする人もいるので、このあたりは慎重になった方がいい。

ケスラー　トゥルパの人間の形がいいのか、それとも違う方がいいのか。

カウント　もちろん、人間の形ではない方がいいに決まっている。
なぜなら人間の形は、この地球世界を維持するためにあるので、人間の形にすると二流トゥルパになりやすい。二流トゥルパとは、二次元の恋人みたいに実世界の中で不足のものを補おうとして作り出す想像上の存在のことだ。力関係として、地球生活がメイン、この中で不足を補うためのちょっとした装置、つまり家具みたいなものなので、それは突破に使えない、むしろ突破を抑え込んでしまう。

精神世界に凝る人は、日常においての不満があり、それを補うために精神世界に走るので、満足すると精神世界をやめるという話があるがそれと同じだ。

で、真のトゥルパは、この地球世界という12感覚の幕から、外に連れ出すような案内者なので、地球世界の内側におとなしく収まってはならない。そのあたりで、タロットカードの「19太陽」ではちゃんともう一人の子供は尻尾が描かれている。

ケスラー 立方体の壁を六つのアーキタイプに当てはめたが、この中でトゥルパはどこに位置するんだい？

カウント どこでもいい。

この地球12感覚世界を一つの立方体の部屋とみなすと、この部屋はマトリョーシカのように複数の立方体が重なっている。よく説明するようにいろんな宇宙は空間的な差異は存在せず、全部ここに重なっている。

となると、立方体のどこかの壁にもう一つ外の壁との通路ができていて、トゥルパはこの壁の向こうに住んでいて、そこからこの世界の壁の内側に侵入してくる。ただ、それによって六つの壁、ないしは12感覚の均衡は壊れてしまうので、精神の安定を維持するのは本当に大変なのではないだろうか。

ヒットラーはしばしば部屋の中に侵入者がいると叫んでいたが、この世界の壁の外の壁のものが、入り込んできたのさ。

ケスラー　女性で、自分の中でワイズマン、アニムス、ペルソナ系列が弱いと感じている人は、ここで日常の世界の壁を超えた人物像をトゥルパとして召喚したりすることがあるのかな。

カウント　ああ、たくさんあるよ。しかしもう指摘したように、この世界の中で安定して暮らすために不足があるというときは、この世界を壊すような存在を呼び出すことはないんだ。むしろ、この世界で生きるために必要なものを呼び込む。異次元からやってくるトゥルパは必ず壊すものであり、この世界の維持には貢献しない。

サトウキビ畑で死んだお父さんを呼ぶ女の子のところに、もし超越的なワイズマンがやってきたら、彼は女の子をこの世界から取り上げるだろう。女の子がもうここでは生きていたくない、違う世界に行きたいと熱望すると、取り上げる父がやってくる。例の赤い靴を履いた女の子の歌みたいにね。

ケスラー　そのあたりはちゃんと選ぶことができるかな。

カウント　ちゃんと選ぶことはできるだろう。この世界にまだ生きていたいと願う人のところには、小さな、影響力のほとんどない、想像上の産物がやってくる。

物質世界を破綻（はたん）させるような強烈な感情の衝撃を使うと、生活をだめにしていくようなトゥルパが来る。

で、中国の古典の物語の中には、人を死なせてしまうような妖怪が美しい男性とか女性の姿でやってくるみたいな話がたくさんあるね。それは本人がそれを望んだからこそやってきたのであり、その望みの通りに、生命力のすべてをトゥルパに吸い尽くされ死ぬといい。吸い尽くされるというのは、本人がトゥルパに乗り換えるということだ。その宇宙船に乗り込んだのだ。移行完了しましたというとき死ぬ。最初はこのトゥルパと、12感覚の一つで関わるといいのでは。

この12感覚の一つの感覚は、はみ出して、この世界の感覚には同調しない。声でもいいし、匂いでもいいし、映像でもいい。気配だけでもいいよ。これは水瓶座の嗅覚だ。しかし徐々に感覚項目が増えていく。

この地球世界は一つの実験場なので、誰もがここに長く居座ることはできない。実際に、みな数十年で死ぬよね。ここまで早く死ぬということは、よほど不自然な世界なんだよ。

なので、もともとの世界を思い出し、この地球世界においての感覚も生かしつつ、行き来しないとね。悲惨なのは、この地球世界しかないと信じている人がいることだ。まさかここまで記憶喪失するとは。アーリマンの仕掛けたゲームは、案外、うまくいってるということだ。ゲームは難易度が高いほどマニアが集まる。

ケスラー　ムーの時代には生命はいろんな物質に入ってはすぐに抜けたという話だ。だからそこでは人間だったり動物だったり、雲だったり、虫だったりするということか。

カウント　あちこちに入っては抜けた。今は囚人が同じ檻に入るように、一つの肉体に長くいる。とはいえ、眠った後の夢では、主体は身体から外に出た体験をする。いろんな人間になったり、岩になったり、水になったりする。

ムーの時代の記憶は夢で体験しており、今の時代は起きているときに体験する。いや、起きていると思い込んでいるときに体験している。

先ほど言った、壁の向こうにトゥルパを隠している人は、人生にそう影響がないと思うかもしれないが、実際には、人生に深甚な影響を及ぼす。ほとんどのケースでいうと異常性を発揮する。

例えば、人間としてのバランスを損なって、医療行為に貢献するというのも異常性といえるのではないかな。

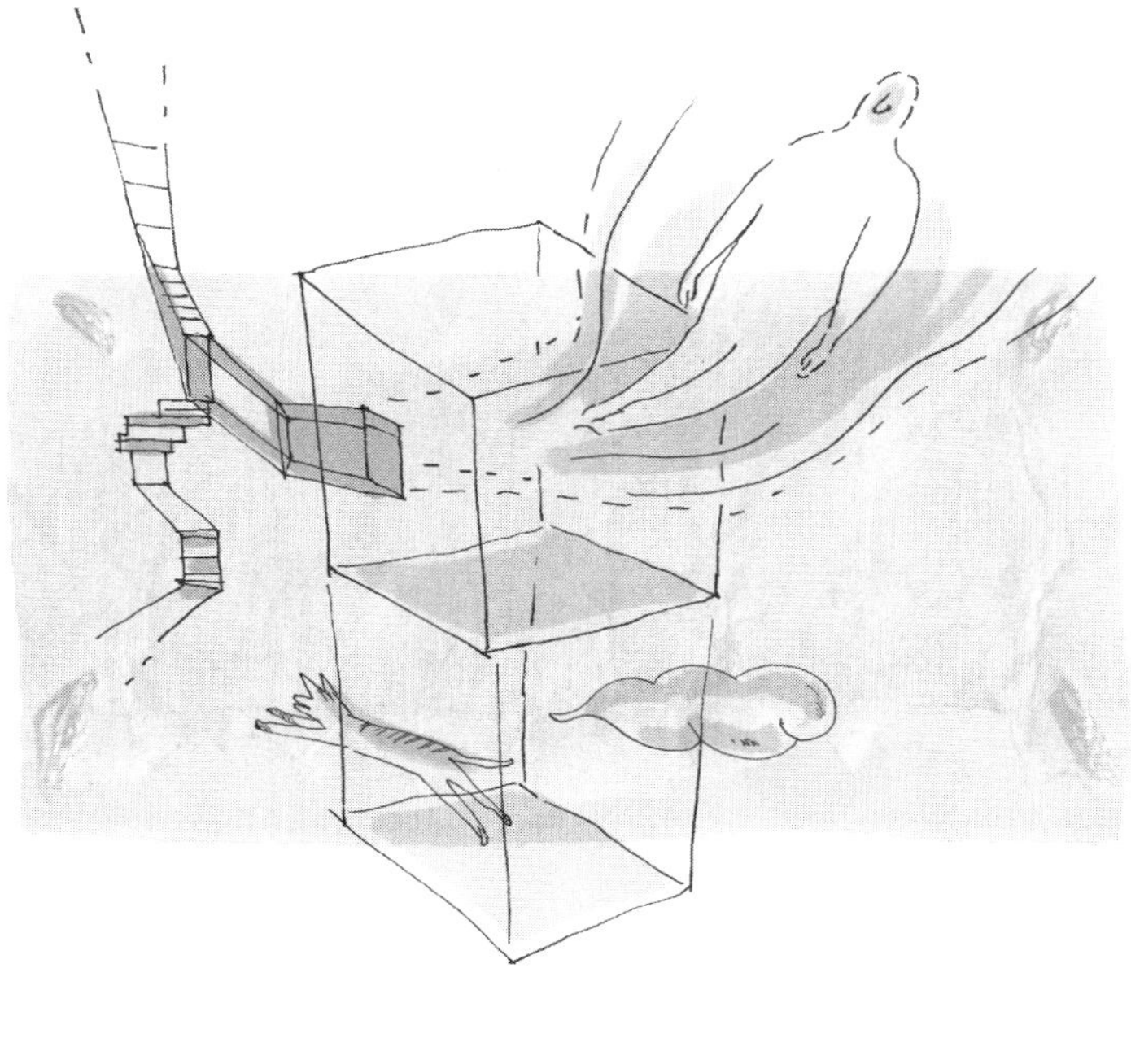

ケスラー 人の人生は、特定のアカシックレコードのデータを取り出して、それを時間と空間、すなわち四元素に解凍して生きていくということか。するとデータの通りにしか生きることはできないということだね。

アカシックレコードの中のどれかの文章を生きるというのは、タロットカードの「2女教皇」のようだ。女教皇は腰の位置に書物を持っていて、この書物がアカシックレコードということだね。

意識は何かに射出しないと働かない。そして射出する対象と自分という2の数字の段階では、この対象と自分を分離もできず、ただ対象に飲み込まれていくだけ。つまり書物の中の一文を見ると、もうこの中に飲み込まれていくということだ。

これはカウント君がよくいう、神のそばにいたアントロポースは、世界造物主が作り出した世界に関心を抱き、関心を抱いた瞬間にもう世界の中にいたというものだね。目が向くというだけで、それに取り込まれる。

カウント　そうだ。生きるとは世界、すなわち既に記録された物語をトレースする以外に道はない。本に夢中になって本になりきってしまうのだ。これを「宿命」とか「運命」という。

ノストラダムスは、このように決まったコースを生きることを流木のように流されて生きるといい、ほとんどの人はこれ以外に選択肢はないというが、書物の一文に飲み込まれる以外はないということならば、違う本としての違うアカシックデータに乗り換えるということは可能なのでは、と考える。

じっくり本を読む人もいれば、私のように数ページで一行くらいしか読まない人間もいる。そしてすぐに違う本に移ってしまう。物語の進展の機械的部分では切り替えはできないが、つなぎ目、すなわちインターバル領域では切り替えることができる。

列車のレールが続く区間は変更不可能だが、ポイント部分でならばコースは変えられる。

2の数字の意味する対象との束縛関係に対して3の数字は視点を変える。エニアグラムでは3と6と9が切り替え可能なインターバル部分だ。エニアグラムでは、オクターブであるドの音から次のドまでの間に、ミとファの間、シとドの間にインターバルがあり、ここがコース変更可能な場所だ。

オクターブの7の法則は3足す4だが、12は3掛ける4なので、自由意志の介入地点をエニアグラムのように読むことはできないのだが、もう説明したように12サインとか12感覚そのものが、この介入を封じたシステムでもある。つまり、12システムにはそれ自身で自由意志を発揮する場所はどこにもないが、質量性であり、感覚であるという点では、受動的に介入を受けつける要素はあるということだ。

自分では何もしないが、働きかけされるとノーと言わないような。

切り替えポイントが来たらすかさず移動すればいい。ただ、問題はほとんどの人は、この切り替えポイントの一番重要な瞬間に気絶してしまい、しかも切り替えるチャンスを手に入れたとしても、その後、どこに切り替えるのかというビジョンや意図がない。どうしたいかというと、何もないことが多い。つまり、今までの記述のままに生きたいと考えているのだ。

学校に行き、就職し、恋愛して結婚し、子供を産んで、家を建て、二世帯住宅にして、そして死んでいく。これ以外のことはしたくないと言っている。

ケスラー　誰もが自由な選択を望んでいないとはいえ、自分が好きな未来を選べばいいのでは？

カウント　では訊くが、大食いの人にとって、一番好きなことは？

ケスラー　それはたくさん食べることだね。

カウント　そう、大食いの人がたくさん食べるというのはあらかじめ決められたコースで、大食いという人の中に植えつけられた欲求だ。

コースを変えるというのは、それまでのコースの中に埋め込まれた欲望から離反して違うものにしていくことだ。つまり変更の力、これを「インターバルショック」というのだが、それはそれまで継続している機械的進行からは見えないものなので、小麦粉でできた食物の中に、全く違う素材を持ち込むことに等しく、小麦粉でできた食物はそれを自ら夢見ることなどできはしない。それは自分を否定することなのだから。

インターバルショックの場所はより高次な次元の介入というほかはないので、異なる文章にシフトするのは、むしろ、シフトさせられたように感じる。決して望んでいなかったと感じることが多い。

今までの機械部分でできているのだから、彼が違うことを夢見るだろうか。

ブリキマンが人間になりたいといっても、ブリキマンはブリキマンなので、人間になりたいという欲求を持つはずはなく、持つとしたら、ブリキマンでない何かがブリキマンにそれを吹き込んだのだ。

インターバルに、異なる次元が介入したんだ。

でも、私が思うに、人類の97％はブリキマンだ。

ケスラー　なるほど、ほとんどの人は、変更を好まないということか。
物語の中に、豚の群れはやがて崖から全員が飛び降りるということが書いてあるとき、それを拒否しないということだね。

カウント　そう、なぜなら、崖から落ちる豚というタイトルの物語で、それに同化しているときに、それ以外の選択肢は想像できない。虫が枝の伸びた方向に這(は)って移動しているとき、虫には枝しか見えていないし、枝を這うことを望んでいるのだ。

それはともかく、異なるアカシックデータを使い回すと、複数の人間の配合になるので、多重人格になってしまう。私はこれが一番いいと思う。

夢の中では、身体は凍結しているので、身体とともに発達してきた人格、ユング式にいうとペルソナが最初に捨て置かれ、それから異なる人格のいくつかに入り込んだりするだろう。

例えば、男性は夢の中では女性になったりする。主体は何にでも入れるのだ。夢ボディに入ると、誰もが多重人格だ。こういう人間は「前世などない」といった方がいい。つまり決まった前世はないが、前世をあれこれと選ぶことは可能なんだと。こういう場合、情緒の連続性は保てない。だから、継続する情緒を好む人はこのマルチ人格を好まないだろう。

占星術でいえば、この情緒の継続性は水の元素の特質かもしれない。12サインでは、水の元素は風の元素の後にやってくる。

風の元素はいろんな角度から見ることで、例えば3の数字は違う視点にするということをいったが、風の柔軟サインの双子座は言語感覚で、言葉はいろんな視点に、手を変え品を変えすることで多彩になる。

双子座のままにしておくと、世界のすべてを分解してしまうので、その後に水のサインの蟹座が来て、ばらばらなものをまとめようとするんだ。

ケスラー　双子座がした分裂の後で、蟹座がそれをまとめるというのは、双子座を台無しにすることなのかな。

カウント　いやいや違うよ。

おじいちゃんが死んで、そのおじいちゃんの持ち物を片づけ屋さんに掃除してもらうことにするとしよう。すると、片づけ屋さんは、この塊を全部持ち帰り分類するわけだ。筆記用具類は筆記用具類でまとめ、レコードはレコードでまとめる。つまり線、剣でつらぬかれたものはグループ化していく。

このグループ化されたものを結合していくのが、蟹座の水の元素だ。これは双子座の分類を台無しにするわけではなく、むしろ分解した後で、共通のものを選り分けてまとめていくことだ。

東京の西葛西にはインド人が集まり、リトル・インディアという蟹座帝国が作られる。高田馬場にはミャンマー人が集まり、リトル・ヤンゴンができる。阿佐ヶ谷にはリトル・ネパールができる。

だから、「2女教皇」の書物の中に入って、それを転々と違うものに移動させても、蟹座では、共通のテーマということでくくって、最初からまとまっているように見えてくる。双子座でばらばらにしたものは蟹座で再編集がかかる。

蟹座は聴覚を意味するが、調が違っても同じメロディは同じ、つまり空間的に同じ位置にいなくても、共通の情感は同じものとみなしファミリーにしていく。アップルミュージックで、同じ傾向の曲をまとめてしまうみたいなものだ。蟹座は全く別の育ちのものを家族にしていく力がある。

ケスラー　牡羊座は自我感覚で、まず自分の特定の世界の中に突っ込む。この中で場を張る。次に牡牛座では、アカシックの書物の中で、自分の生きる方向を選ぶ。選ぶというよりも、気がつくとそこにはまっている。これは生まれつきの資質に従うというようなものだね。虫は虫の生涯を生きる。

カウント　牡牛座は思考感覚で、思考というのは型ができると、もうそれに抵抗できる人など一人もいない。神が昼と夜を作った。すると、この神の腹の中にいる人間は、世界とは昼と夜に分かれているものだと信じて疑わない。「これが現実なんだから」という。しかし、それは最初に神が思いついた思考なんだよね。

で、この決まったコースに入り込んだ後に、不穏な双子座が来る。

ケスラー　物語のコース変更だね。つまり双子座というのは、本性がよそ見ということか。決まった運命のコースから逸脱したい。そのために、細かくばらばらにして、元が何だったかわからないようにしていく。

ただ、カウント君がいう不穏な双子座というのは違うだろう。牡牛座の思考の塊を小分けしていろんな言葉にしていくだけだから。その意味では、違う記述に移動するのでなく、むしろ内部的にいろんな角度の見方に分散させていくということだね。

この双子座を折口信夫なら、別化性能を発揮した後に蟹座で類化していくというだろうか。蟹座は聴覚で、これは感覚の中では非物質的なところが強い特徴だったね。

音は大地から切り離したものが奏でる。空中で似たものを共感力として集めるのが蟹座か。蟹座は家族とかいうけど、これは厳密には違うということか。

カウント　蟹座は水のサインで、活動宮だ。これは積極的に統合化する。

聴覚からもわかるように、物質から切り離して、心理的に共感するものをファミリーにしていく。

例えば、今の天皇家はだいたい八つの家系でなるもので、元の血筋は全く残っていない。こういう場合、血筋的な関係で考えるのは意味がない。天皇は心理的な継承によってなされていく。つまり儀式で受け渡すと考えてもいいかもしれない。

世界の中で、天皇というのは血筋的継承と、心理的継承のハイブリッドだという点で特徴的だといわれていたが、血筋的継承はほとんど有名無実なので、この心理的継承ということが重要だと考えていい。心霊的継承といってもいいかな。心霊とは物質から離れたものなのだから。

三種の神器の継承は、確かに物質の継承だが、そもそも物質は、大きなものを受け止めきれない。だから物質なのだ。それは分割の果てに作られたもので、大いなる統合的なものの受け皿になることはできない。三種の神器の継承はさほど重要ではないんだよ。

ケスラー　ロンギュヌスの槍を探すというのがあったではないか。あれも意味のないことなのかい？

カウント　一なるものを分割した果てに物質ができる。つまり一なるものを含有する比率が少ない。

金属はグルジェフ水素でいえば、H３０７２だ。つまり３０７２分の１ほど、目覚めた意識、あるいは神が存在する。そして残りの３０７１個は暗闇（くらやみ）または眠りだ。剣とかロンギュヌスに天皇やキリストの力が宿るとどう想像すればいいんだ。発想が異常だよ。

ケスラー　わかった。金属や鉱物は眠りが深いという点で受動性が強すぎて、思い出を変更したり書き換えたりする力がない。それが記録の正確さを表すわけで、だから三種の神器はデータ記録のものとしては継承されるが、三種の神器にはほとんど力がない。

スタイルは頑固に覚えているということだけが重要なのか。何せ主体は存在しないに等しいので。

カウント　書き込まれたものを自分では変更できないのが、鉱物とか金属というものだ。シュタイナーは、鉱物は死物であり、それは太古の時代の思い出を保存しているといった。死物だからこそ、変更しないで記録するんだ。

物質界は鉱物を借りて、エーテル界は植物を借りて、アストラル界は動物を借りるというが、私たちの肉体は一瞬のうちに変化したりしない。ゆっくりと変化する。この肉体の継続性を維持するために鉱物を利用している。

鉱物とか金属は書き込まれたものを自ら変更することはないと説明したが、人間はこれに対して異常なことを試みるんだ。

ケスラー　つまりこういうことか。金属や鉱物はシュタイナーがいうほどには死物ではない。なぜなら、H３０７２の中には、３０７２分の１ほど神がいる。すると、著しい時間をかけて、それは生きて変化していく。生きることは変化することだね。変化しないものは死んでいる。

だが金属や鉱物は動きが遅いだけで変化しないわけではない。この動きがあまりにも遅いので、人間はその隙間を利用して、人間の速度でそれを加工する。するとそれは本来の鉱物や金属の性質を曲げていくことになり、金属や鉱物の本性を否定することになる、と。あまりにも鈍いので、どさくさまぎれにいじってしまうんだ。

カウント　そうだ。水晶はそもそもダブルポイントのような形で生きていた。だがゆっくりとしか変化しないので、人間はそれを球体にカットして研磨した。それは水晶の本性とは違う。

人間は金属を使って、いろんなものを作った。それは金属が寝ているので、何をしても金属が反抗しないからだ。

そしてこのゆっくりとしすぎていることは、物質の安定性とみなされている。

子供が寝ている間に、車に乗せて、全く違う場所に運んだというようなものだね。人間が自然界に手を加えてしまうのは、まず人間にはその権利が与えられていると信じたからで、これは人間の傲慢だ。中世に人間は神に等しい権利が与えられたと思い込んだのさ。こんなことをしたので、結果的に報復された。人間は刑務所に幽閉された。

ケスラー　それは間違ったことなのか。

カウント　人間はメンタル体、アストラル体、エーテル体、物質体の四つでできている。で、メンタル体はロゴスであり、これは宇宙法則としての数字、図形などにたとえられる。実は、ナチュラルな物質というのは、その根底にこのロゴス、プラトンのいうイデアなどがそのまま思い出として埋め込まれている。物質はある意味メンタル体に忠実なのだ。

しかし人間はある時代から、この四つの統合体であることをやめて、物質体として、あるいは少しだけエーテル体の含まれた生き物として生きようとした。それが個人の発生だ。源流を意識すると、個人というのは成立できないんだよ。だから非局在のメンタル体やアストラル体を忘れることにした。個人の持つ主観は他のすべてを排斥することでなりたつ。

で、この個人としての人間は宇宙原理としてのロゴス、メンタル体を忘れて、自分の都合で、死んだように寝ている金属や鉱物を、自分の思惑のかたちに切り刻む。「神に従ってはならない、自分に従え」と。

すると、物質世界は、究極の神の世界、メンタル界やその上にあるブディ界などと切り離されてしまう。神と物質の間に存在しているのが人なので、間に立って両方の交流を遮った。普遍的なものでなく、偏ったローカルな自分の方針で世界を統一しようとした。

風の元素の知性というのは、常に間違う方向に走るといったね。つまり世界の細分化、分断衝動なんだ。この風の元素の衝動に従い、世界のあらゆるものは人工的に加工されていく。でも、この前に根本的な話として、思考に従って視覚が働く。

神は自分を認識したかった。だから対象を作り出した。つまり自分を内部分割して、闇を作り出した。その動きは止まらず、結果的に薄められた神が住む物質が生まれた。分割衝動は、いろんな角度から切り刻んだのだが、これって無限はやがては無に戻るとか、あるいは無と無限は鏡関係にあり、同じものだということに似ているね。ダメになった人は、もっとダメになって、そしたら元の神に戻れるのではないかと。

ケスラー　岩に閉じ込められた玉藻（たまも）の前という話があるね。人間が個人になるということは人間が物質化して、孤立し、宇宙から追放された状態で、これは岩に閉じ込められた玉藻の前のことかな。

カウント　岩は鉱物で、人間は人体を安定させるために鉱物と金属を利用している。金属と鉱物は肉体の皮膜になっているといってもいいのかもしれない。特につるつるしたキレイな肌は鉱物が多いようなイメージでもあるね。だから岩に閉じ込められた玉藻の前は人間のことだ。玄翁和尚（げんのうおしょう）は、この岩を打ち砕いた。しかしどうしてこんなことをするのかな。

人間はやがては岩に閉じ込められて岩になる。というのも金属や鉱物を自分に従わせようとして、孤立を深めていくからだ。それは神から果てしなく離れた世界だ。その行為の結果として、したことそのものの姿になるのでＡＩは人間よりも優れていると言い始める。つまり主体意識の完全否定だ。そして人はＡＩになる。創造性がゼロの、過去のデータのみですべてを判断するような世界に閉じ込められる。

ケスラー　その反対の動きは？

カウント　当たりまえの話だが、ある方向が生まれると、同時にその反対の動きも生まれる。タロットカードの「19太陽」のカードのように、硬化する人と、反対の人がいる。これはシュタイナー式にいうと、アーリマン方向とルシファー方向だ。固くなるのと柔らかくなるのと。

で、硬化が嫌な人は、もう一つの地球にシフトしようと誘っているのさ。タロットカードはその手引き書だ。

12感覚の整理、二区分、三区分、四つ

ケスラー　12サインを12感覚に置き換えると、12サインの中にある火、土、風、水という四元素の循環とか、また活動、固定、柔軟の三つのクオリティなどがそのまま感覚の関係として説明できるね。そのあたりを考えるとより12サインのことが理解しやすくなる。

12の感覚が世界だとすると、世界の性質を理解するにはこれらを細かく分類するのがいいだろう。

カウント　占星術では惑星のアスペクトを使う。となると、この12の感覚の配合とか関係などについても考えなくてはならない。

「共感覚」というのは知ってるね。一つの感覚が違う感覚に置き換えられることだ。

ピアニストのエレナ・グリモー、ニューヨークのオオカミのピアニストは音を色として受け取るということが有名になったが、これはわりに当たり前の共感覚かもしれない。

アスペクトでさまざまな共感覚というか感覚の受け渡しなどを考えて見るのは面白いのではないか。

ケスラー　それじゃあ、12サインの中にある四つの元素にまとめて、少しだけ説明してくれないか。

カウント　牡羊座の自我感覚は、外の宇宙から春分点の扉を使って、この世界に入り、この世界に自分を押し込むために自我感覚を強く押し出す。

で、牡羊座は火、活動サインで、火に関係したサインとしては、獅子座が火・固定サインで、固定サインなのだから方針を変更しない。熱感覚は、いつまでも熱く、「一体、どこに熱源があるのか?」と疑問に感じるが、獅子座の理想として、熱源とは恒星なんだ。

多くの獅子座は落ちた獅子座なので、恒星の熱源がないかもしれない。獅子座の支配星は太陽だが、太陽は本来恒星だ。外のどんな相対的な影響にも振り回されず、時代の変化にも対応せず、いつまでも同じ熱を発散する。

獅子座の初期に冥王星のあったボクシングの山根会長も、「俺は世界の山根だ」と言っていたよね。周りの意見は無視。

で、もう一つの火のサインは、運動感覚の射手座だが、これは柔軟サインで、その都度細かく調整し、外の動きに対して敏感に対応している。だから対戦スポーツに合っている。相手がこう出たら、自分はこう出る。変形する火、摩擦の火と言われているが、運動感覚だ。劣勢になってもすぐに立て直して攻撃に出る。

牡羊座、獅子座、射手座が協力して火の三角形になることで、火の元素は完全無欠になる。

ケスラー　例えば、占星術では惑星のアスペクトはこの三角形のうち一辺だけでもいいといっている。１２０度ということだが。これは三角形のコンプリートとは違うことなのかな？

カウント　部分が全体を復元することはないのだから、火の三角形の一辺の１２０度アスペクトが本来の三角形と同等ということはない。活動、固定、柔軟という三つの要素のうち、どれか足りないということだろう。

ケスラー　そういう場合、足りないものはどこで補うんだい？

カウント　いくらでも補うことは可能だ。
　トランシットとして、ある時期に足りない場所に何かの惑星がやってくる。対人関係で、そこを埋める相手がやってくる。長期的に埋めたい場合には、その相手と結婚したりする。
　その場所を埋める天体配置を持つ作家とか作曲家の作品を毎日味わう。

12サインはさまざまなものに投影できる。ということは、ある土地に行くと、それを補うんだ。

「あなたに会って元気をもらいました」と言うのは、こういう足りないものを補完したのだ。

私は牡羊座の火は余っているので、それが欲しい人にはいくらでもあげられるよ。ケスラー君は私から火を搾取しているよね。しかしいくら搾取してもいい。かえって「熱を冷ましてくれてありがとう」と言いたいくらいだ。

誰でもむしろ一つ足りなくて、１２０度のままの方がいいかもしれないね。それは自分以外の環境、相手と関わる理由を作り出すのだから。

もし、自身で三角形を持っていれば、これを補完する何も必要としないので、そもそも他の人と関わる理由を持たなくなる。

火の三角形を持つ人は、火に関しては、どこからも何も必要としないので、それを外から供給したがる人間の心理は理解しない。

ケスラー　なるほど。さあ、次は土の元素だ。

12サインでは、火の次に必ず土の元素が来る。

カウント　土の元素は、わりに物質界ということに対応しやすい。

物質界とは、特定の時間、特定の空間に自分を閉じ込めることだったよね。普遍的な私でなく、ここにしかいない私。

アメリカのポップ音楽で、「私は私だけ、他の誰でもない」と歌う傾向は強いが、このエゴの強調というのは、土の元素の強調だ。宇宙から自分を切り離してしまうんだ。

最初の段階は、牡牛座で、土の固定サインだ。つまり岩の中に自分を閉じ込めて「二度と逃がさないよ」と言っている。これは思考感覚だ。特定の思考の形の中に閉じ込め、個人をアカシックレコードの特定の一文に閉じ込める。実は古い時代の四つの元素の定義、火・風・水・土もこういう思考である。

土の元素とは、思考の中に閉じ込めるという意味だが、この中で、三つのクオリティの活動、固定、柔軟サインの三角形が働く。三つ揃うと、土の元素は完全になり、牢獄(ろうごく)はどこにも抜け穴がなくなるので怖いね。

ケスラー カウント君がときどき皮肉な表現することはわかっている。

土の元素が完全な三角形になると、それは土を自由自在に操るということであり、土に幽閉されていないということを言いたいわけだね。

カウント よくわかったね。土の元素が足りない人こそ土に幽閉されるのだ。ものにしている人間はほとんどこだわらない。

次の土のサインは、乙女座で、これは柔軟サインだ。視覚は思考の反映であるということで、牡牛座の思考の通りに、乙女座は視覚で見る。乙女座の視覚は、この世界とか宇宙の一部だけを視覚化して見ている。

ケスラー君も、今、君の左に立っている少女を見ていないね。

ケスラー　？　それは誰だ。

カウント　わからないが、乙女座は思考を視覚として映像化する。で、世界がいろんな振動でミルフィーユみたいに重なっている場合、乙女座は自分が同調している領域を視覚化して、自分を取り囲む。あるものを見ているというのは、他のものを見ることを拒否するということだ。

乙女座は排他制御で、ケスラー君は、今、彼女を見ていない。

ケスラー　重なっている世界の全部を見たいと思った人はどうなるんだ。

カウント　個人としては解体するしかないだろうね。個人とは全体を切り取って、人の形を作ったので、全体ないしは複層したものを見ようとすると人間ではない何者かになるしかない。

もちろん、人間よりははるかに普遍的な存在になる。

それにしても、私たちが話している最中に、どうして彼女が割り込みするのかな。割り込んでくるということは、ケスラー君は今住んでいる12感覚世界に対して、違うものを持ち込みたいと思ってるよね。だから、私はこの少女を見なくてはいけなくなった。彼女は君のそばにぴったりくっついているが、目は私をじっと見ている。私はこの世界とは違う12感覚に誘われていることになり、今食べているケーキの味がわからなくなってきたよ。どうするんだ、これ。

昔を思い出したよ。私が高校生のとき、授業中に、英語の先生が高校の由来を説明し、「ここは毛利藩のお仕置き場の跡地で、今でも首洗い井戸の名残がある」などと言ってるうちに、身体感覚がなくなり、しまいには目も見えなくなり始めたときもそうだったな。

私の12感覚は一つの感覚を脱線させるだけでシフトしようとする癖があるんだよ。あまり強くねじ止めされてないみたいなんだ。

ケスラー　知らないふりをして、話を続けようか。知らないふりをしているのでなく、実際に私は知らないのだが。ちょっと鳥肌が立ってきた。いや、まてよ。最近、夜目覚めたりしたとき、隣の部屋などに気配を感じる。この気配はたとえてみれば中学生くらいの年齢の少女だ。これかな。

カウント　オーケー、それだ。今は余計なことなので彼女のことは放置しよう。つまり双子座の言語感覚はつながないことにする。

土の元素の最後は山羊座で、これは活動サインだ。人を小さな箱に閉じ込める。特定の宇宙を閉鎖して、この中にすべてが備わっているということにするのさ。物質世界に閉じ込めることだね。これでコンパクトな宇宙ができる。

日本なら日本社会。商店街ならこの商店街に宇宙のすべてが反映されている。２０２０年に東京オリンピックが開かれることになって、千駄ヶ谷のグリーンモール商店街に若者がおしゃれなレストランとかカフェを作った。グリーンモールの山羊座なら、どんな体験もこの商店街の中で起こる。阿佐ヶ谷の純情商店街みたいに、ここにも名前つけたいね。

ケスラー　「グリーンモール」という名前がついているんだから、そのままでいいのではないか。

カウント　ちょっと前に青山のピーコックが閉店になって、青山の人たちが、この千駄ヶ谷のグリーンモールから少し離れたオーケーストアに来るようになった。で、ついでにグリーンモールに来てほしいが、彼らは自転車でそのまま青山に戻ってしまう。ここから青山は登り坂なので、電動自転車だろうね。でも、そもそも青山の人たちは無印の自転車使うことが多かったので、電動はそう多くはなかったはずだ。オーケーストアに来るようになってから、電動自転車が必要になってきた。

というより、君に張りついている少女を無視したので、彼女は怒り始めているよ。

ケスラー　どうすればいい？

カウント　たぶん、彼女は君のアニマだ。で、代々木踏切で死んだということは、君のアニマはこの世界にずっととどまるのでなく違う世界に誘っている。
君の金星はどこにあったっけ。

ケスラー　天秤座にある。

カウント　そうか。少女というかアニマを象徴する金星に、最近トランシットの冥王星が90度になっていて、金星は太陽系の外とつながりたがっている。
冥王星は山羊座で、これは今までの箱とは違う箱、もっと拡大した箱で、この箱に金星が移動しようと誘っているんだね。アニマを足掛かりにして。

ケスラー　素直に従えば、私は死ぬことになるね。

カウント　なるね。何かの拍子に事故死したりすることもあるかも。
二重化生活ということをいったので、両股かけてくれ。そしたらこの世界の12感覚でも生き続けることができるだろう。
それはともかく、次は風のサインだったか。
その前に、彼女の額には傷がついているけど、これは何か思い当たるか？

ケスラー　あ、私は小学生のときに、放課後に、同級生の女の子の額を傷つけたことがある。その形って、三日月みたいな形かな？　だとすると彼女だ。

カウント　そうだ。額に三日月というと『旗本退屈男』の早乙女主水之介（さおとめもんどのすけ）か？　いや、違う、『月光仮面』のおじさんだ。
苗字はわからないが節子といってるよ。小学校の時の同級生はその後どうなった？

ケスラー　それはわからない。彼女は原宿にある中学に進学したはずだ。私は父親の転勤で、東京から離れたので。

カウント　君はその思い出を借りて、自分のアニマを脚色したんだよ。でも今回は冥王星のスクエアで、その力がどんどん強まっている。あ、この話題じゃなかったね。風のサインの話だ。

双子座は風、柔軟サインで、言語感覚だ。色とりどりの言葉に細かく分解する。もちろん、牡牛座の思考をだ。双子座の言語感覚については長く説明しない。というのも、これを考えてしまうと、君のアニマのメッセージを言葉にしてしまいそうだ。風の圧力を感じると、それを言葉にするのが双子座なんだ。

で、次は天秤座。これは風、活動サインで触角だ。土は物質だが、風はその周辺にある漂うもので、触角はもともと土の物質に付随したものでない。だから触角も、実は、肉体にぴったり張りついたものではない。簡単に肉体から外に広がってしまう。

乙女座と天秤座の掛け金を外してしまうと、天秤座は一気に外に広がる。

残りは水瓶座の風、固定サインだ。これは身体の外にある匂い、嗅覚だ。

この三つが揃うと、周辺の匂いを嗅ぎ、それに触れて、そして言葉になる。

彼女は取り上げてもらって嬉しそうなんだが、ケスラー君は彼女の匂いがわかるか？

ケスラー　だんだんリアルになってきた。外を走り回った子供が放つ、酸っぱい匂いがする。今日の夢に出てきそうだ。

カウント　ケスラー君の左に張りついているので、ケスラー君からするとアニマは左か。立方体の左の壁がアニマか。

ときどき反対になる人がいるので、私はいつも確認したいのだよ。

左は受容性なので、君は彼女の言うことに従う。もし、彼女が右にいると、ケスラー君の言うことに彼女は従う。

彼女は右足がないが、これはどうしてなんだ。

ケスラー　同級生の頃には右足は最初から傷ついていた。目も悪かった。こう考えるとあちこち故障した機械みたいだね。

カウント　今は私を大きな目でじっと見ているので、目はいいみたいだ。つまりエーテル界では目はしっかりしていて、現世では目が悪かったのだね。それに足が悪いということは物質世界にうまくつながらないということだ。

やっぱりこの世界からケスラー君をさらっていこうとしているんだね。そういう誘惑と関わりつつ、現世にしばらく生きるのが正しい道だ。どうせ誰でも現世にはそう長くいられない。

彼女を12感覚のうちの一つだけで感じてくれ。12感覚の項目を増やしてはならない。今のところは匂いだけでいいか。映像で見るなよ。

で、最後に残った水の元素の話だ。

ケスラー　了解。

まずは水、活動サインの蟹座か。

カウント　蟹座は聴覚だ。聴覚は唯一肉体から離れて空間に解き放たれる感覚だと言われているが、しかし火のサインも、風のサインも、身体からは離れようとする性質だ。なので、身体性を意味する水・土のサインのグループの中では、唯一身体から離れようとするということかね。

同じメロディは、調が違っても同じだと思う。つまり血筋的につながっていなくても、同じ気持ちならばそれは仲間で、ファミリーだ。

蟹座は共感のサインで、ただ身体性から離れているので、血筋でつながっている家族ではない。このことで今までの占星術は勘違いをしている。

蟹座の家族性は地上においての血筋継承とはほとんど関係ないし、天皇も血筋的に連続していない。最低でも八つの家系がきれぎれにつながっているんだ。しかし心理的ないしは心霊的共感によって天皇を継承するなら何の問題もない。

ケスラー　前から思っていたが、カウント君は右翼なのか左翼なのかさっぱりわからない発言をする。

しかしどちらでもなくどちらでもあるということか。

カウント　左翼も右翼もあまりにも底が浅いので相手にする必要などない。蟹座が活動サインとすると、休みなく自発的に電波を使って放送を発信するラジオ局みたいなのかな。地上から離れた波動としての電波は聴覚的なもので、それに共感する存在はどこの地域にいてもいい。

アルジャジーラが放送すると、それに共感する人は反応して、その後ずっとアルジャジーラを聴こうとする。

ミュージシャンって、物質的条件というのはほとんど関係ないよね。安全地帯の玉置浩二は劇的に歌うが、ほとんど現実原則を無視して、どんどん勝手に盛り上がる。で、それを受けるのは生命感覚の蠍座と味覚の魚座の水の三角形だ。

ケスラー　カウント君は、メンタル体を火、アストラル体を水、エーテル体を風、物質体を土というふうに四つの元素に対応させていた。

カウント　それらは正確に対応をしているわけではない。ただ、時間と空間がある物質界において、水面に映る月の光みたいに反射するかたちで、縮小的に映し出しているという意味だ。
アストラル体は世界に感じるボディで、動物にもたとえられるし、感情とか感覚的に受け取る力は豊かだよね。
蠍座の生命感覚は自分の中に気の力が蓄積されていく。で、そうなるとあらゆる印象はリアルに生々しくなり、強化されていく。生命感覚が強いときには、葉っぱを見ても鮮やかな色に感動する。つまりは12感覚を圧縮して高める力があるのかな。

ケスラー　カウント君は「地に落ちた蠍は上昇すると鷲に戻る」と言った。生命感覚を頂点的に高めると、鷲に戻るのか。それは太陽系の外にあるプレアデス、つまりアマテラスに戻ること？

カウント　私のところにやってきて、「(私の) 母だ」と言った龍のような生き物はアルシオンの生命体というか、アルシオンのロゴスだ。

彼女は「自分と関わり続けると、月が壊れる」と言った。で、月は占星術では、個人を維持するもので、恒星の意識は当然のことながらこの個人を破壊する。つまりシュタイナー式に言うと、メンタル体とかアストラル体は肉体を破壊し尽くす。

捕食連鎖の中で頂点にいる鷲は、より上位の意識に捕食される。アルシオンに食べられてしまうんだ。

蠍座のど真ん中にある16度あたりは集団を支配し、ここで鷲に戻ろうとするし、さらにその先にアルシオンに戻ろうとするだろう。

ケスラー　集団というのは、麦とか米とか炭水化物を育成するようになってから作られたものだね。狩猟民族は集団とか共同体とか作れない。作れるとしても小さな単位で、巨大都市とか無理だ。
アルシオンの、つまりアマテラスが支配する都市は、炭水化物は不可欠だったのかな。

栽培する、じっとそこにいる、炭水化物を食べるとお腹が空いて、3時間もすると食べなくてはいられない。午後のおやつは3時だ。食物を手に入れるには毎日働く。勤勉な民が生まれる。

狩猟民族は糖新生するので、なかなかお腹が空かないし、極端なときにはチーターみたいに1週間に一度食べるくらいでも何とかなるので、休みなく働くことはない。

カウント　狩猟民族の代表みたいなオリオン意識のスサノオは、アマテラスの農園を壊した。きっと、風とか火の意識なんだよ。

水と土が連携して、安定した物質世界を作ろうとしたことに対して、それは眠りであり、死であるとして、かき乱すのがいいと思った。

ずっと昔は、プレアデスは牡牛座に対応していると言われていたので、物質世界を作り出す力だったのかもしれない。

「牡牛」ってのは、私が言う四つの胃を持つ生き物だ。

ケスラー　つまりオリオンが３で、プレアデスが４と考えるといいのかな。

カウント　確かに、オリオンベルトは三つ星というように３だ。それを受けて、３と４を足した７を受け持つのがプレアデスだ。

水のサインでは、蟹座で共感するものを集めて響きを大きくしてゆき、つまり生命とは歌なのだと考えてもいいかもしれないし、蠍座ではその力の密度を高め、それにつれて振動も高くなる。

最後の魚座は、12サインのまとめの段階で、しかもすぐ直後にこの12サイン宇宙の出入り口の春分点が控えているので、この春分点をどう扱うかで、魚座の使い方も違ってくるのでは。

ケスラー　春分点から外の宇宙に出ていく予定の人は、魚座で自分の生命体をまとめて結晶化して宇宙船を作るということだったね。生命体すなわち宇宙船だ。

で、春分点から宇宙に飛び出したとき、そこでは流れるエネルギーが極めて強力なので、そこで宇宙船がばらばらにならないように、結晶体は確実に固くなっていなくてはならない。
この「固い」というのが、魚座の最後の30度のThe Graet Stone Face. つまり「巨大な石の顔」だったね。隕石を投げつけてもびくともしない、という。

カウント　魚座では大地から切り離すということが26度以後進行する。大地から切り離しても自分を維持できるというのは、つまり人間の自我を対人関係とか地上においての仕事とか価値観で作らないということだ。地上的なもので自分を作ると、そこから離れたとたんにばらばらになる。だから、魚座に似た12ハウスは隠遁という言葉があったが、世間のすべてから切り離しても自分を普通に維持できる能力が必要だ。
リッケルトの詩をマーラーが歌曲にした『私は世界から失われた』というのがあるが、世界から失われたとき寂しいと感じたら、まだ世間の価値観に依存して生きてきたことだ。26度以後は本当の孤独の中に行かなくてはならない。というのも、春分点から宇宙に飛び出すんだから、世間に依存するのはおかしいだろ。

ケスラー もう一つの道は、12サインはずっと回り続けるということで、魚座が終わると、また牡羊座が始まるということだよね。

カウント ずっと同じ場所に住みたい人はマンション契約を更新するように、また次の牡羊座に入る。でも、人はいつか死ぬんだよ。つまり、この地球的12感覚世界から出ていかなくてはいけないんだ。

寿命を、例えば百年とすると、魚座は8・3年くらいだろうか。最後の8年で自分をまとめ、春分点から外に飛び出す準備をしなくてはならない。

ケスラー 12サインを縦に配置したゾーディアックマンでは、春分点は頭のてっぺんだったか。

カウント　牡羊座は火のサインで、牡牛座は土のサイン。で、牡牛座で、肉体に入ると考えると、具体的に肉体の頭を春分点とするよりも、頭よりも少し上空にあるところを春分点にした方がいいかもしれない。

そもそも、このあたりはもうかなり曖昧だ。

水瓶座は嗅覚で、それは肉体の周囲の匂いや気配、気の分布、エーテル体みたいに考えると、魚座はさらに環境という物質性から離れるし、水のサインはアストラル体を意味するので、物質にぴったりと張りついているかどうかわからない。

ケスラー　死んだときに、12サイン世界から外に飛び出すと考えるといいわけだね。ただし、この飛び出すのは、肉体からなのか、もう少し範囲の広いところにある力の場からなのかはわからない、と。

カウント　死ぬときに、次はどこに行くか。ビジョンを持っていないというのはとても不幸なことだ。

この物質肉体以外は存在しないという教育によって、死後の世界を誰も想定しない。すると死ぬと、あとは暗闇だと思ってしまう。だから、死ぬときにビジョンを持たない。しかし、古来からの発想なら、死ぬときに、次はどこと意志で決める。ここで理屈的な矛盾を言うと、次はどこというのは意志で決めなくてはならず、それは物質肉体から離れての方向性に向かう意志なので、この意志を肉体を投射対象にして働く意識で決めるわけにはいかないということだ。

ほとんどの人は意志を物質との関係で決めている。例えば「これから仕事で成功したいです」とか「結婚したいです」、というようなイメージで思うので、中空に浮かぶ純粋意志や意図ということが理解できない。だから死ぬときに、ビジョンを抱くことができない。

一体、誰がこんなひどいことにしたんだ。

ケスラー　カウント君が言うようにアーリマンだね。アーリマンはすべての人を地球の墓場に埋めたい。だから春分点から外に逃げる連中を許さない。

映画『ショーシャンクの空に』に出てくる刑務所からの脱走者は許さない。

カウント　モンロー研究所のヘミシンクで、「ゴーイングホーム」というのがあり、これは死後に、人々は「フォーカス27」の公園に行くといわれていて、そこで、これからどうするかを決めるというふうに説明されている。だから死ぬときに意志を持たなくてもよくて、その後でじっくり考えよう、と。

でも、おそらく12サインシステムでは、魚座26度のサビアンシンボルすなわちA new moon that devides its influence.「影響を分割する新月」で、方向は決めている。計画は魚座の段階で決定され、そして春分点から宇宙船は飛び出すんだ。胸の中に住んでいたエンティティは、頭に移動して頭頂から外に飛び出す。そして自分の作ったアストラル体の本性に沿って、それにふさわしい宇宙に飛ぶ。12サインシステムは、この「フォーカス27」程度までは内に取り込んでいる。あるいは35くらいまでは組み込んでいるかな。

いや、この言い方はおかしいね。12サインはさまざまな振動密度のものに張りつけることができる。だから小さなことにも、また太陽系サイズ、あるいはさらにもっと大きなものにも張りつけることができる。

私が決めておきたい範囲としては、「フォーカス35」程度は内に取り込む12サインかな。

こうなると地上生活も、ずいぶんと宇宙的な派手派手なアミューズメントセンターになるね。

ケスラー　えーっと、魚座は味覚で、舌が魚座を表していると言っていたね。それはいろんなものを味わう。舌のお化けはいろんな宇宙を舐（な）めると。

カウント　舌を宇宙船の形と決めよう。

ズスマンは、魚は舌そのものだと言ったが、魚は水の中を飛んでいる。宇宙船は太陽系の外のエーテルの海の中を飛んでいる魚だ。魚は大地の上に立たない。つまり大地に対する依存性がない。

人間は地球の母にしがみついて、そこでしか生きていけない。
六方向の壁がある立方体の中で、地球に押しつけられているので、マザーの床が自分のものになっていない。
魚座は結晶化して宇宙に飛び出すということは、このマザーの縛りから自由になっているということだ。ほとんどの12サインはマザーから独立できていないのに、魚座ではそこから離れる。これは驚く話ではないか。

ケスラー　ほとんどの人は地球のマザーから独立できていないというのは、この地球で経験を積むためだね。
でも、魚座では出ていく準備をする。だから地球のマザーとの決別の準備をする。

カウント　そうなんだ。だからほとんどの人が避けてきたマザーとの対峙という問題は魚座で出てくる。地球という世界、マザーを対象化し始める。そして「私はあなたの息子あるいは娘だが、ここから出ていきます」と言わなくてはいけない。

新潟のお母ちゃんのところに住んでいたんだけど、これから「私は東京に行くべ」と。東京はあまりにもマンションの価格が高いので、3畳でも9万円する。

ケスラー　おそらく、ほとんどの魚座の人は、そのことを意識していないね。それは春分点からまた新しい牡羊座に入り、ずっと永遠であるかのように循環することを望んでいるからかな。

マザーとの対峙は考えてみると恐ろしい。それは自分が生きている世界を対象化することだね。

カウント　そうだ。春分点から外に出るときに、意志が働かないのも、マザーに依存していたからだ。

しかし恒星軸が自分と思っている人からすると、たいした問題ではない。地球に住んでいることも、1年とか2年くらい大家さんにお世話になってましたというくらいの発想だ。

この話はだいたい牡羊座から魚座までのストーリー展開的な話だね。しかし空間分割となると、この連綿とした流れはぶち壊しになるよ。

ケスラー　それは知ってる。12を「1、2、3……」と数えると物語になる。しかし12サインを二分割、三分割、四分割、六分割したりすると、別の切り口が出てくる。順番に数えるのを「時間数字」と呼び、空間的に分割するのを「空間数字」と覚えたが、この違いは増やしていくものと、一つのものを内部分割して減らしていくものだね。

分割では12が6になったり4になったりする。で、12サインはこの複合されたものだから、そこから多彩な意味を考えていくことができるということだね。

12サイン、あるいは12感覚は極めて多彩だと感じる。いろんな切り口で予想もしなかったようなものがたくさん出てくる。

五分割

カウント　五分割もできないわけではない。

割り切れるという点では３６０度は五分割すると72度で、まだ小数にならない。

どうして占星術では72度を軽視しているのか教えてくれないか。


ケスラー　あははっ！　それは黄金分割としての抜け穴を認めたくなかったんだよ。

占星術の12サインは意識とか魂がこの世界の中にきっちりと埋め込まれることを望んでいて、72度的自由性は排除したいんだ。

これは五角形の図形だから、内部に黄金分割の比率が入っていて、黄金分割は増長するとか、好き勝手するという意味だからね。ああ、これはカウント君の受け売りだ。

カウント　今日、夢を見たけど、神のようなカリスマみたいな男性がいて、そうとうに気ままで、勝手な男だったよ。地上では四人のスタッフがいて、私はその一人だった。ベテランの秘書は女性で30代くらいだったかな。これはタロットカードの「5法皇」のカードかな。彼は黒いスーツを着ていたがイタリアのものだ。

夢の感触では、ともかく勝手に好きなことをしゃべるというのが彼の存在意義のようにも見えた。従来のホロスコープではこの要素はできるかぎり減らしているのかもしれない。

この五分割の角度だと、30度ずつのサインが使えなくなってしまう。六分割、四分割、三分割、二分割はみなちゃんと30度の幅のサインを生かしているので、サインを分類しているといえるのだが、72度はそれを踏み外している。

例えば、12サインを12感覚としてみると、72度は一つの感覚の区画からはみ出すね。360度でいうと、72度は双子座の12度。これは言語感覚で、サビアンシンボルなら数え度数になるので13度のA great musician at his piano. つまり「ピアノを目の前にした偉大な音楽家」だ。集団性からはみ出しているね。春分点から始まった自我感覚というか主張を、このピアノの演奏で大衆に見せつけている。

次は１４４度だとすると、これは獅子座の24度で、サビアンシンボルでは、A large Camel Crossing the desert. で「砂漠を横切るラクダ」。国とか共同体からはみ出して、究極の地に行こうとしている。獅子座は恒星に行きたいんだよ。それは永遠の熱源だからだ。

その後の２１６度は、蠍座の６度かな、数え度数で考えるサビアンシンボルの蠍座7度、Deep-sea divers.「深海潜水夫」で、水のサインは一体化の性質だとすると、体力限界を超えて入り込もうとしているね。これは人の関係でもテリトリーを超えて奥にまで入り込もうとする。五角形の気ままさといっても水のサインで発揮するとこういうふうに入ってはいけないところまで入り込むということになる。

次は２８８度で、これは山羊座の18度かな。山羊座19度 A Child of about five with a huge shopping bag.「大きな買い物袋を下げた５歳程度の子供」は、自分のほどほどの能力を凌駕（りょうが）したようなことをしようとする。

これが12サインの中にある五角形だ。それぞれ起点の度数をテーマと考えて五角形を作ると意図ははっきりとわかるだろう。

ケスラー　そうか、夢の中のはみ出し男も、水とか土の元素のサインでは、入り込みすぎるという意味にもなってくるのか。それは初耳。

つまり四元素の定番スタイルには従っていないのか。

カウント　他人との節度ある関係というのは大切なことだと思うのだが、五角形男は、蠍座では食い込みすぎて、「ちょっと待って、あなたは家族でもないのにどうしてそこまで入り込んで来るの？」という行動を取る。この夢では彼がツタヤでレンタルしたレシートがあったが、たくさんのビデオを借りていて、そうとうに高額だった。私が見るに長すぎる映画だ。

五角形の増長は、物語も長すぎるんだ。

ケスラー　ホロスコープでは、たくさんのアスペクトが想定されるが、すると12感覚枠をはみ出す角度がたくさん出てくるね。

私が興味あるのは「共感覚」というもので、これは感覚が共鳴して他の感覚にシフトすることだ。ピアニストのエレナ・グリモーは音と色の共感覚だ。

色彩感覚というのは、もちろん視覚だから乙女座だね。音は聴覚で蟹座か。蟹座と乙女座は60度の関係で、水と土の元素の関係なので調和的。比較的ありがちな共感覚かな。

カウント　ああ、かなりありがちだし、古い時代のフランスの音楽院では、これを教育として植えつけられた。例えば、「今日はオレンジ色の演奏でするように」とか。

90度だと、蟹座と天秤座で、聴覚を触角と共感覚として結びつけることだが、これはあまり無理な話ではないね。耳の聞こえない音楽家の女性は、あらゆる楽器の音を身体に響く音として受け止めた。身体に響く音というのはもう触角ではないか。

昔、私はチェロ演奏家になりたいと思った。これは胸の下に独特の気持ちよさがあるからだ。耳の聞こえない音楽家は、聴覚を触角に翻訳して使っていた。

ベートーヴェンも耳が聞こえなくなってから、指揮棒を口に咥えてピアノに当てて、音を骨伝導で聴いていた。これは耳が聞こえなくても聴覚は働いていることでもあるが、しかし限りなく触角に近いね。

ケスラー　12サインの中では場所によって盛り上がったり、底に入り込んだりするという紆余曲折があると思うが、六分割、四分割、三分割、二分割などは、サインの度数位置において共鳴するかたちで、共感覚を作り出すということだね。

例えば、最高に盛り上がるのは21度なので、違う感覚でも、同じように盛り上がることでシフトするのが、この30度区域の12サインの秩序を乱さないところでの分割だ。しかし72度とかは、このある感覚では高いテンションを違う感覚では全く違うテンションと結びつけてしまうということだね。

カウント　そうだよ。だから曲者だ。

獅子座では究極の場所に行こうとして、共同体に合わせることをやめてしまう。孤立の果てが一番重要なのだ。しかし蠍座では、離反というよりも相手との関係が限界を超えて深入りしていくわけだし、「一体、何者?」というような配列だ。

定番的な感覚の配列を、かき乱して遊ぶというのが五角形だ。

ケスラー　マヤの13分割だと、割り切れないが、27・6923度とかで分割するのは、いわばキレイに配列された12感覚の異なるテンションのところを刺激して、つまりは12の感覚そのものを乱したいということかい。

カウント　いいんじゃないの? 感覚は質量性であり、意識は常に感覚に縛られ幽閉されようとする。その場合、感覚を混乱させて、使いものにならないようにしていくというのも手だね。感覚依存の人からすると、地獄の苦しみだが。

占星術を使うと、12感覚に関して几帳面(きちょうめん)に扱うが、しかし特殊なアスペクトはその配列を変則的に使うし、マヤの13分割あたりも平気で取り込んでしまう。

順番に数えていく時間数字と、空間的に割っても割り切れないような数値になってしまった空間数字が噛み合わないと文句をつけても、適当にアバウトに結びつけてしまうという、f分の1揺らぎ的要素が占星術にあるので、多分、何でも飲み込んでしまうよ。そしてあらゆるものを幽閉する。私はこれを「怪物母」と呼んでいる。

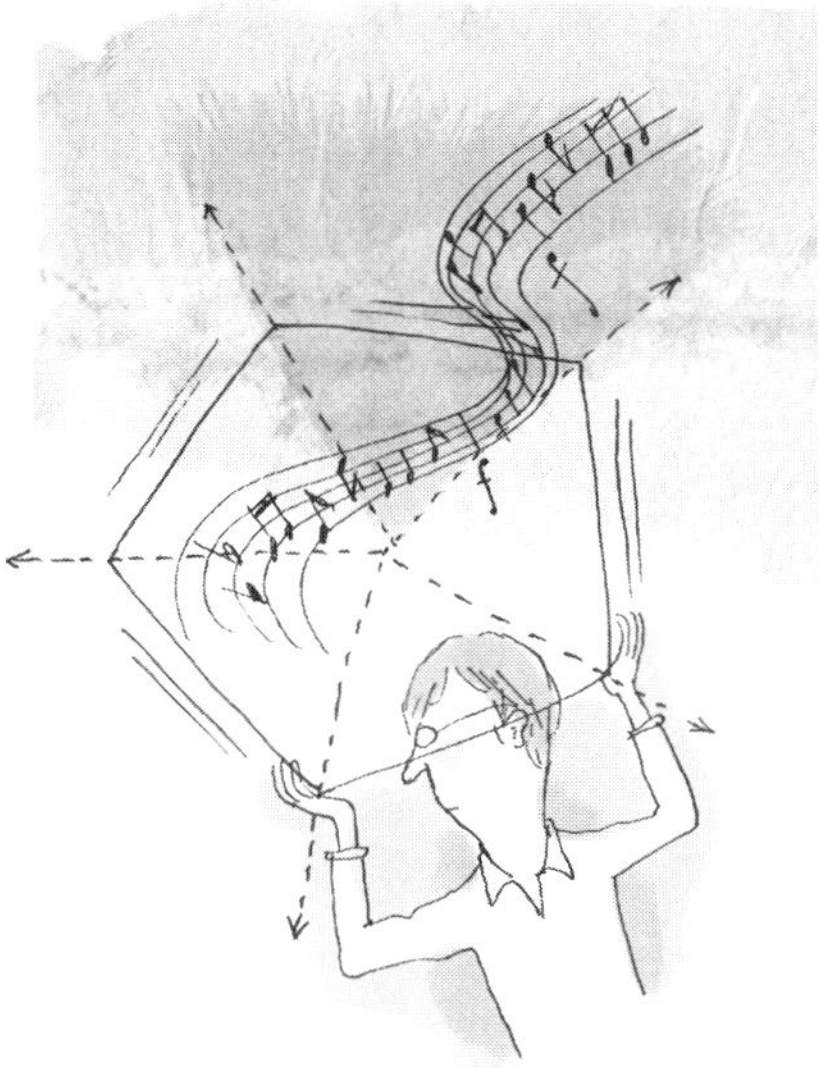

マザー

ケスラー　怪物母という点では、カウント君は「占星術とか占いをする人はほとんどマザコンだ」と言っていたことがあるね。

カウント　そうだ、特に占星術をする人はすべてマザコンだ。これは抜け出したいけど抜け出せないという葛藤（かっとう）のことだ。

ユングのマザコンについて書いた部分を読むと、巨大すぎる母に対抗して自分も巨大化しようとしたり、逃げようとして不良化したり、太刀打ちできないので言いなりになったりといろんな行動をするが、これは母の力から抜け出そうとするあがきだ。

地下の占いブースに行ったりすると、母にへこまされた顔をした占い師を見ることがよくある。

ケスラー　それは一体どんな顔なんだい。

カウント　うーん、「強い力に押しつぶされている最中です」というような顔かな。しゃきっとしてないんだよ。

ただね、占星術を知らない一般の人は、まだこのマザコンにさえ至らず、自分が母の腹の中で眠っていることを自覚していない段階で、安らかな眠りの中にある。しかし占星術をする人は、怒っている。母の腹から出ていきたい。

最近の夢で、私は原宿の地下に閉じ込められていた。で、その前に、カラフルな洋服を着ていた。

ケスラー　君は何でも夢で見てしまうんだね。当たり前か。

物質世界の限定された知覚でなく、変性意識のすべては結局夢ということだね。モノとして生きている自分か、それとも拡大された私という二つがあるとすると、後者は全部夢の範疇（はんちゅう）だね。

カウント　原宿ということでは、２０００年の頃に原宿に引っ越したとき、夢の中で女性が近づいてきて、私を羽交い絞めにした。で、耳元で、「私が母親だということを忘れたのか。よくもずっと無視してくれたね」と言った。容姿は銀河鉄道のメーテルのようだった。

20年前に私は原宿で街頭タロット占い師をしていた。それから20年間は原宿に近づかないようにしていた。

タロット占いとか占星術とかは、原宿の母のものだ。で、最近の夢で、原宿の地下に閉じ込められたのは、この原宿の母のことをあらためて考えようと思ったからだ。

カラフルな洋服とは、12サインとかタロットとかって、これ以上にバラエティあるものはないからね。多くの人はいわば単色の世界に住んでいる。占星術を使うと、これを無理やり12感覚に広げざるを得ない。自分の中の全く使ってなかったものを無視できない。

しかし、感覚のすべてを使うと非感覚に入るともいえる。というのも感覚というのは、結局、偏っているときに感覚的になるからだ。いったん原点に戻って、原宿の母に取り込まれ、ホロスコープとは何かを考えてみようと思ったのさ。でも、刑事が私を救い出そうとしていた。別に救い出してくれなくていいよと思った。
12感覚のすべてを使うと、この檻は壊れてしまうのだから。そういえば前に原宿に刑務所つくるという話があったがなかなかいいね。犯罪者ってバランスある感覚の使い方を間違えた人だね。あらためて12感覚の中に閉じ込めて再教育するのさ。

ケスラー　毎日そういう夢を見ていると、実生活は退屈かもしれないね。

カウント　刑事も私だが、彼は夢の中で、人は共鳴によって世界に閉じ込められると言っていた。

で、海王星は多くのものに共鳴的に影響を与える、すなわちさまざまな事物をヤドリギに使う。だから抜け出すには、この共鳴というものを振り払わなくてはならない。

原宿の地下で、共鳴によって共生している人々は、それはそれでいいと思う。脱出したいなら共鳴をやめるといいだけだ。私は特に抜け出したいとは思わなかったので、刑事の救済計画はどうでもよかったかな。

母に依存している人は、決して母を意識しない、あたかもいなかったかのように思うのが通例だ。というのも、抵抗体がないので、その影響に浸されていてもそれを自覚することはないんだ。魚が水を意識できていないのと同じだ。

ケスラー　あらためて聞くが「母」とは何だい？　なかなかわかりにくいんだよ、母の概念が。

カウント　母親は子供が生まれた後は、場所を確保し、生きる時間を確保する。そこでいろいろ経験できる場を作り出して子供は成長する。最初は子宮の中で、次は自分の目に入るところで。母は子を守るが、それは経験の場を確保して、そこを外敵から守っている。つまり特定の狭い場所を作り、守るということは同時に閉じ込めることだ。

母はやはり女性で、女性の性質は子宮とか女性器で考えるとわかるように、外から囲んで場を作る。男性的な性質は中心から外に飛び出そうとする。

「空母」という言葉があるが、空母は上がすかすかで台座しかない。本当の空母はドームのように上も囲まないとね。イスラムのモスクみたいにすると本当の母なので動くモスクにするといい。

地球という母は、地球という場、地球が作り出す時間サイクル、すなわち自転と公転のリズムの中で体験をしていくことを可能にし、これが地球という母に守られていることだ。

意識は射出されないと働かないという話では、地球が作り出してくれる時間リズムは自動射出のシステムだね。朝ごはんの後は、昼ご飯のことを考え、昼ご飯が終わると夕ご飯のことを考える。

ケスラー　死んだ後は、自分で時間を動かすことのできない人は自縛霊のように動けないと言っていたが、それは地球の時間リズムに依存しきって、それはあたかもないものとみなしているので、地球の時間から追い出されると、もう経験が進行しないからかな。

カウント　そう。時間は努力しなくても動いてくれると信じている。そもそも時間はあたかも空間を歩くかのように進まなくてはならない。自分でクランクを回すんだ。地球の時間に依存している人は、自分が何も経験しなくても、何かしたつもりになっているし、地球のマザーの腹の中に眠っていて、後で慌ててもしようがないのに、死ぬまではずっと時間を無駄にする。

で、占星術では、地球だけでなくいろんな惑星の公転周期なども意識せざるを得ない。母の妹とか姉かもしれない。地球の自転と公転で、12感覚は自動的に切り替わる。一日でいえば2時間で切り替わる。ちなみに、幾何図形による意識の違いというのも、意識リズムの違いみたいなものだ。

円の中に五つパルスがあるとか、六つあるとかだから。音楽の拍子みたいな感じで受け取ってもらってもいい。

第二次世界大戦が終わった直後の演奏会でのトスカニーニの舞踏への招待を聴いて、異様な元気さに驚愕したけど、ワルツとかヌメエットは三拍子で、二小節を使って六拍子にしたりする。三角形とか六角形のリズムの性質はあのようなものと理解してもらうといい。

4の数字で生きている人からすると、この演奏は、実は、難しい。

図形による意識の違い

ケスラー　意識は射出されないと働かないという点で、この主体と対象には線が結ばれている。しかしこれは本人からすると最短距離の直線のつもりでも、横から見ると、実は円の一部だ。

というのも、その人の意識には働く範囲の限界というものがあり、これは特定のサイズの円として表現される。その人はこの円をぐるぐると回っているということだね。犬が自分の尻尾を見ながらぐるぐると回るみたいに。

カウント　そうだ。そして意識の射出はステップを踏む。射出の到達点には節目があり、到達点に至ると、もう意識は死んでしまうので、また次に射出しようとする。が、射出のパターンは決まりきっているので、同じ寸で出発、到達、出発、到達を繰り返す。

ケスラー　確か対象に到達すると死んでしまうのは、対象との差がなくなってしまうので、対象まで行くと対象が見えなくなるからだね。いわば対象になりきってしまうというか。

カウント　そうなんだ。犬を見て、犬を追っかける人は、犬に到達すると自分が犬になってしまい、どこにも犬を見つけられなくなる。

犬が見えていたのは自分と犬の間に差があったからだ。差をつめてしまうと犬はいなくなる。犬がいなくなったので、また遠くに犬を作り、それを追っかける。

ケスラー　それは疑問を生成するということかな？「わからない。あれは何だ？」と。

カウント　一定のリズムで犬を作り出して、するとその人の意識の器にふさわしいサイズの円に、均等に犬を5匹配置すると、それは五つの点がある五角形になる。

眠って目覚め眠って目覚め。

ケスラー　占星術の場合、たくさんのスパンの周期が相乗りしていて、鈍行から新幹線までたくさんの電車が出入りする東京駅みたいだが、短い円、長い円、たくさんの円に、5匹の犬が配置された意識スタイルが出てくるわけだね。

カウント　そうなんだよ。五角形の意識は、生活のすみずみまで、小さなものから、人生目標に関係するような一生のスパンの円に五角形リズムを埋め込む。それこそ、1秒の中に五つのパルスどころか、もっと短い時間の中にもこの型を埋め込む。

ただ怠け者はオートメーションで時間が動くものだと思っているので、地球時間という母から追い出された後には、自分で時間の回し方がわからない。

せっかく占星術で、たくさんの周期の時間の輪で、五角形を体験するんなら、それをもとにして、自分の五角形の意識の結晶を抽出するべきだ。そして自分で時間を回していき、さまざまなサイクルと世界の中でこの図形を生かすといい。そうすれば、宇宙に放り出されても生きていける。生き物というのは図形なんだ。

ケスラー　生きるとは意識が連続するという意味で、昨日の自分と今日の自分は同じだと結びつける記憶の力を持つことでもある。想像力で作り出した世界に生きることができるのかと多くの人が疑問に思っているが、誰も一度ご飯を食べたらずっと生きていけると思っていない。休みなく食べ排泄する。つまり休みなく呼吸する。

それと同じく、想像力で作り出す世界に継続的に生きていくには、休みなく想像力で呼吸してイメージを作り出していくことができれば、そこで長く生きることができるということだね。想像力の投企、これが時間の連続だ。押し寄せる波を利用しつつ、この中で自分の想像力の働く方向に進むことだね。

カウント　12サインの場合、奇数と偶数が交互に並ぶので、吐く息と吸う息は交互だ。大食いタレントのギャル曽根は１日に10回以上トイレに行って大をするらしいが、これは食物の呼吸がダイナミックということだ。たくさん食べてたくさん排泄する。呼吸は吸引と排出が交互だとするとイタリア男は五角形なので、これだと、吐く息と吸う息の帳尻が合わない。つまり環境の中で時間と空間リズムの合致がうまくいかず、はみ出すんだ。

環境の中におとなしく生きる存在は基本的に偶数図形だ。

三角形の人は、どんなところでも三角形で切り抜けようとするが、これも環境からすると迷惑だ。道を三拍子で歩いている人を見たら気をつけろ。特定の図形リズムで生きている人から見ると、他の図形リズムが入ってくると苦痛を感じるかもしれない。中沢新一は「スペインは三角形の場所だ」と言った。ヨーロッパの中に、三角形を持ち込むのだと考えてもいいかもしれない。

例えば、占星術でなら三角形とは１２０度のアスペクトだ。そこに正方形の90度が入ってくるとする。三角形は飛び、四角形は世界の中に叩き落とす。鳥が打ち落とされようとすると慌てるのは当たり前だ。しかし鳥は餌が欲しくて、地上に近づく。打ち落とされるのは嫌だが、自分から降りるのは好みなのだ。

１２０度が好きで、90度は嫌だと思っている人は、図形の偏りがある。

両方使う人は、90度が来ると食物を虎視眈々（こしたんたん）と狙うし、１２０度のときはやりたい放題になる。

ケスラー　人間は基本的に全図形を持っているといいのか。で、五角形に慣れていない人は、五角形タイムになったとき、使い方がわからず、そこで空虚になっていくのかな。

カウント　そうだよ。五角形に慣れていないと、短いスパン、長いスパン、あらゆる時間リズムの中で、五角形タイムが来た時に虚脱状態になる。

私の夢で言うと、イタリアのスーツを着た厚かましい男に反発し、それになれない人は大きな弱点を持っている。

私はその夢では、彼が借りたツタヤのビデオが多すぎて、高額すぎるので、何を借りたのか調べようとした。これは私が夢の中では、正方形になっていたのかも。彼を追い詰めて着実な生活に居座らせようとするかもしれない。

しかしこれは意味がないな。五角形は五角形で、四角形ではないんだしね。でも、五角形の場合、この犬がいる5か所は目覚めの場所なのか、自己喪失の場所なのか。

ケスラー　それは自己喪失の場所だ。犬になってしまうんだから、犬はいなくなる。

カウント　例えば、私は自分のホロスコープの月の位置に、トランシットの月がくるとたいてい無防備になり無意識になり、自分の癖を垂れ流しにする。だからその場所は、自己喪失の場所なのかもしれないね。

私は「犬は吠える」と言ったし、犬は「境界線に住む」と言った。で、境界線で吠えるというのは、その場所で目覚めようとすることだね。しかしわざわざそこで目覚めようとしているのは、そこで損なわれているからかもしれない。

ミルジムは吠える犬でアナウンサー。これは言語化して、眠りから覚ます。

シリウスはアヌビスみたいなもので、死と生の境界線で異なる次元に置き換える。この意味では稲荷狐と同じだ。犬と狐は先祖が同じだ。

こいぬ座のプロキオンは、生活のこまごましたところに境界線を作り出し低い次元に浸透させていく。

5匹の犬の種類を同色にしないでちょっと変えてみると、シリウス、ミルジム、ウェズン、アルドラ、フルドもいいね。五角形でなく犬の形だ。ただ物質的な世界での五角形と、概念とか精神においての五つは結びつけても不自然ではない。概念や精神は形にとらわれていないので、反対に言えば、形の中に簡単に入ってしまう。

ともかく、夢の中でのイタリア男はうるさくしゃべっていたので、犬ではあるが、今、思い出してみると黒いスーツも合わせてドーベルマンみたいな印象もあるね。

ケスラー　多数の目覚めスタイルとして、複数の図形は平均的に習得した方がいいとは思うが、ちょっと気になったのは、五角形は吸う息と吐く息が帳尻が合わず、吸うことから始まると、5番目で吸うことになり、吐くことが一度足りないね。

で、これを陰陽ぴったり合わせるために時間サイクルを少し長いものに置き換えると、五角形はその少し長い時間の中では六角形になり、おとなしくなるから。

例えば、五角形の点と点の移行に1時間とみて、五角形を回るのに5時間かかるとする。しかし呼吸が合わないので、6時間の円で回ってもらうことにする。これだとうるさいイタリア男は静かになるかな。

カウント　おとなしくなるが、6時間サイクルの中では自分の本性が死んでいくと思って、さらに大きな円に移行し、そこで五角形を発揮するだろう。

奇数図形はどこの世界でも迷惑な人だが、奇数図形の人間は自分の墓を求めていない。どこにいても、結局、迷惑になるはずだ。

で、本来人間は全部の元素、全部の図形を手に入れるといい。これは人間とは地球の部品ではなく、神のそばにいるアントロポースだという私の信念から来ている。

生命と翻訳されるエーテルのスタイルとして五つのタットワは基本だ。土は黄色の四角形。水は銀色の三日月。火は赤色の三角形。風は青色の円。空は紺色の楕円。

ここでは図形は、三角形と四角形と円が基本だ。円をへこませた楕円と円の一部を強調した水のタットワもこの中に入る。

占星術だと、これに六角形と五角形などを入れてみるかな。この図形が違う都度、意識の連続性、意識の目覚めなどのスタイルが違う。

が、すべて均等に習得するのがいい。

ケスラー　人には好みがあるね。

例えば、さっきスペインは三角形という話になり、イタリアは五角形だった。確かに、私は頭が固くなりすぎたときに、ラウラ・パウジーニの歌とか、パヴァロッティのイタリア民謡を聴くと五角形的気分が高まる気がする。スパゲティを馬鹿食いしたくなる気分になるよ。

でも、その人の基調図形というのはあるね。日本人って奇数的でないね。天皇家の御紋は十六角形という話を聞いたが、16はタロットカードだと「塔」のカードで、これはホドロフスキーなどによると「神の家」だ。

つまり日本なら神社で、恒星とか星雲界に飛ぶ。しかし偶数だ。

カウント　16の偶数性は恒星とか星雲界にぴたっと収まるという意味も含まれている。天皇はプレアデスの地上においての代行者という点では、16でいいんだよ。これは地上においてはかなり破壊的なのだが、今の日本はそれを抑制しているので、いずれは破裂するかも。

で、あらためて人間には好みがあるという話だが、好みとは偏りだし、偏りがあると先に進めない。図形は小さな円、大きな円にまで発揮されていくので、嫌いなものがあると、人生のさまざまな場所で挫折する。

好みとは、身体の中で言うと血流の偏りみたいなもので、自分を偏った存在にするが、それは大きなものに対する依存性なんだよね。自分でちゃんと生きようとする人は、すべての図形を生き、自分で時間を動かし、楽しくハッピーに過ごす。偏った人には、必ず不幸が訪れ、それは自分で呼んだ。好みがあると人生は不幸で、元気がなくなり、萎縮（いしゅく）しているということだ。

ケスラー　カウント君は、占いの母を調査するために、あるいは思い出すために、原宿の地下に閉じ込められるという夢を見たね。

その話を聞いたとき、原宿の母という占い師がいたことを思い出したよ。

カウント　あははっ！　彼女は昔の私の知り合いだよ。昔なのか今なのか知らない。

私が20代初期、原宿の駅近いところの街頭でいきなりタロット占いをはじめた。その頃は地べたでアクセサリー売るお店が表参道沿いにずらっと並んでいた。すると手相のおじいさんが来て「一緒にしよう」と言った。

で、彼女はこの手相のじいさんに勝手に弟子入りした広島女子だよ。「無理やりおしかけてきた」とじいさんが言っていた。

その頃、タロットカード占いをしていたタロットレオという28歳の男性もいて、最近、彼からクロウリーのカードを使った分厚いタロットの本が送られてきた。真面目に研究しているんだね、すごいわ。これは40年以上前の話だ。じいさんはもう死んでいると思うが、私にはそのあたりの事情はわからない。

こういうことを知らんぷりしているから、原宿の大地母神から、文句言われたんだよ。離れていたのは30年くらいかもしれない。

ケスラー　母親とずっと一緒に暮らす息子はいないってことか。でも地球人はともかく地球の母との関係をはっきりと意識化し、母が作り出してくれた時間リズムに甘えすぎるなということか。

カウント　私はヘミシンクとかで、いつも二人の老人と会っていた。どうして二人なんだという話だ。

おそらく、この二人の差成分が、二人が生きながらえるための刺激となっている可能性もある。下の次元との落差で生きていくのでなく、同格の老人の関係で生きていくって変則的だ。

これはミルキーウェイとアンドロメダの交流かな。私の活動はここに一番大きく関係しているかもしれない。

ケスラー　ある女性の本を読んだ。彼女はもともとはアンドロメダの司令官で、銀河に来て、その理由は本当のツインを探すためということなんだが、アンドロメダには男女がなく、この銀河に来ると、男女がある。だから愛、恋愛、結婚とかそういうことに好奇心を抱いたのかもしれないな、と。

カウント　男女などはこの銀河にもない。だが地球にはある。惑星は一方向に回転し、二極化された世界を作り出すので、地球以外にも他の惑星にもところどころにもあるぞ。恒星には男女はない。恒星意識を時間、空間に分割すると、二極化されて、その成れの果てとして、男女は発生する可能性はあるし、この恒星の元型カラーに染まったところでの下位構造としての男女関係のドラマが作られていくだろうね。

地球では時間リズムと空間リズムにずれが生じて、これが分割された魂としての男女がもとに戻れないことをプラトンが指摘していた。男と女が四つに分かれて、男男、男女、女男、女女という四つのタイプが作られると、元の半身には戻れないような迷路ができる。

でも、男女ということならば、まずは人間や動物としての生き物のかたちが必要だね。そのうえでは初めて成立する。ということは本当に限られた世界の限られた体験だね。

ただ地球ではいろんなバリエーションがあるということを考えにくいようだ。

一人の人間が身体の表と裏で受け持つということもあるわけだが、それでは寂しいと感じる人もいる。あまりにも物質的に生きすぎているからだね。毎度思うんだが、閉じ込められゲームってなんだろうね。

ケスラー　12サインで作られる図形は、感覚の組み合わせとか共鳴を考え、惑星の組み合わせのアスペクトは、シンプルな図形もあれば、細かい図形もあり、12サインの組み合わせから逸脱するようなものがたくさん作られ、このホロスコープはいわば混沌（こんとん）としたバザールみたいなものかな。

カウント　結果的にはそうなるかもね。生命の法則は七つになり、これは惑星に対応されている。今では惑星は10個使うが、この七つの法則という意味は変わらない。残りは蝶番的な作用に当てはめられていくからだ。

そして感覚は12のサインに当てはめられ、七つは生きたもの、12は死んだものとして分類する。

で、私たちはみな常に感覚に飲み込まれて死んでいくという傾向があるので、惑星が作り出す図形が12サインの秩序にぴったりと合わないようになっても、それは生命の作用を感覚の支配から少し距離を離すような効果も期待できると思うのだ。

共鳴すると一体化し、支配されていくということでいえば、12サインの中に成立する6、4、3、2などの図形と、ぴったり合わないアスペクト図形は浮いていて、違和感のあるものとして好ましい。

生命リズムが、世界、質量性、感覚に合致しないと、墓に埋まらない落ち着きのない、まだ死にそうにない存在性を表すので、これは浮かばれない霊なんかいな。

ケスラー　落ち着くというのは墓に埋まるという意味だね。感覚の中に納まることを良しとする考えは、どういうことから来ているんだろうね。生命否定、生命はものにするべきだという考えは、いわば高次な意識が下の次元に入るという意味では、創造の法則に従ったものか。

カウント　創造の法則はたくさん分割し、一つひとつは卑小なものになっていく。なので、人間も一人ひとりが元気に勝手なことをしてはいけない。みんな規格品みたいに落ち着き、感覚の墓場に沈んでいくことを良しとする考えが生まれたのでは。反対の進化の法則としては、ばらばらになったものを統合化して、生命に回帰するので、12感覚の調和的な関係から、感覚に違和感を生み出す惑星の奇異な幾何図形も悪くはないね。

でも、いろんな種類のアスペクトの一辺だけ作って、すぐに違う図形の片鱗を作り始めるというのは、工作で、作りかけですぐに違うものに移るみたいで、何となく中途半端だ。実は、これは単純な図形だけがアスペクトなのだという思い込みから来ているのかもしれない。

つまり、人間の視覚は乙女座のもので、曖昧(あいまい)なかたちの中に、秩序あるフォーマットを妄想してしまい、曖昧さをなかったことにする。

雲に人の顔を見るようなものだ。

ケスラー　なるほど。そういえば、惑星のアスペクトには「オーブ」という許容範囲があり、やたらに広いね。とうてい図形が作れそうにないくらいの許容度を持っていて、どうしてこんないいかげんな発想があるのか信じられない。

あれは形のないところに、無理やり形を妄想しているのか。

カウント　そうだ、乙女座衝動だ。

そもそもエーテル体というか生命は、物質の世界にぴったりと噛み合わない。だから、適当にルーズに、図形を惑星の空間的な配置の中にあてはめてしまう。

おおいぬ座だって、あれのどこが犬なのかわからないが、まあ、適当にそういう形だと思いましょうということだ。

で、乙女座の視覚は思考の反映であり、よく勘違いをする。柳の木を見たらお化けと思うように、形を見たら、自分の中にある思いを押しつける。それ以外の可能性はすべて意識の外に追い出す。

それと同じで、オーブが8度くらいの128度の惑星のアスペクトを見ると、これは「正三角形の一辺です」と言い切る。実にひどい話ではあるのだが。

ケスラー　それは正しいことなのかな。

カウント　あらゆる生命の形は、感覚の棺桶の中に死ななくてはならないという意味では、その無理やりな姿勢も、正しいと思われるのでは。死体が棺桶に納まらないのならば死体の頭と足を切り刻むということかな。

しかしマヤ式に、生命は感覚の手にとらわれてはならない、という反対の方向のベクトルでは、はみ出しははみ出しのままで、無理に12感覚秩序には入れない。で、変則的な図形、ときには乱結晶でもオーケーにする。ここに大きな矛盾が発生するんだ。

ケスラー　ロゴスは概念的な図形であり、それは物質界にあてはめて考える前に、まずは天空の秩序として考えてくれという話だった。

物質界に当てはめると、どこかぴったりと嚙み合わないし、例えば三角形というのは地上界には実際に存在しないが、まあ、何となく遠目に見るとそんな感じという当てはめをしていた。で、この習慣、すなわちメンタル界、アストラル界が物質界にずぶずぶとはまっていき、死にかけたものだから、今度は反対に、物質界の空間に納まらないひずみ成分を救出の手段にするということだね。

シリウス、ミルジム、ウェズン、アルドラ、フルドは、五角形にならない。例のイタリア男のはみ出しを死なせないということだね。

五角形の意味そのものがはみ出しということであるが、さらに空間的に閉じ込めない、と。

カウント その点でどうだろ。惑星のアスペクトは無理にシンプルな図形にする必要はない。どれかの棺桶に当てはめろ、というのはやめて、この角度はこの図形に少し近い、次にこの角度はこの図形に近いと当てはめつつ、全体としてはわけのわからない形を描いていてもいいのでは。

ケスラー　例えば、太陽が渦巻きを描いて、自分が惑星界に分解していく姿は、墜落する飛行機が螺旋（らせん）状に黒い噴煙をまき散らしながらダウンフォールしていくようなものだとしてみよ。この墜落コースが水星、金星、地球、火星、木星、土星、天王星、海王星、冥王星となり、この渦巻きの中に残された破片の組み合わせが全体としてまとまりのない点で作られた図形になるとすると、水星と金星の関係ではこの角度に近いものがあり、金星と地球の間にはこの角度の近似値があるというふうに考えていくのか。

生命は感覚に支配されるものではない、という点では、シンプルなアスペクトには収まらないというのがいいのかもしれないね。

神々はダウンフォールするときに、決して墓の中に埋もれないという保証として図形に納まらないようにした。墜落コースは占星術の惑星の年齢域の順番なので、人は一生かけて墜落しているのか。そして地面に着いたときがお墓に入るときだと。

カウント　神々にとどまる間は正確な幾何図形をロゴスとした。しかし、分解して地上界に入るときには納まらないことが大切だと考えた。それは元に戻る余地を残したのだ。

オシリスはばらばらにされたとき、13個は集まったが、残りの一つは魚に食べられて見つけられなかった。これが原因で復元できないというよりも、これが原因で復元できると考えてみよう。

全部復元してしまうと、オシリスは永遠に物質界に縛られる。しかし足りないので、冥界に住むことができた。

夢の中のイタリア男は、スクリーンの中にいたが、実在してはいなかった。私は彼が模型で映像を作っていたことを発見した。というのも小さなフィギュアが見つかったんだ。それを撮影していたらしい。

ロゴスの世界にはいたが、地上界には存在しなかった。

ケスラー　マヤの割り切れない13は感覚の手に落ちないための秘策だったのか。

カウント　時間数字としての無理数とか素数は、空間の中に収まらない。収まるためには、誤魔化(ごまか)すための妄想とか思い違いというつなぎ剤が必要だ。

逆にいえば、思い違いや妄想は、意識を空間の中に死なせないための薬みたいな作用でもある。もちろん、秩序ある妄想とは創作のことだね。

ありもしない世界をきっちりと作り上げるのさ。

それはメンタル界、アストラル界では存在するが物質界ではまだできていませんというものだ。物質界はアイデアを何でもかたちにしようとするが、その妄想はまだ新しすぎて対応できておりませんということだ。

私は眠る前に、いつも行く家を想像していた。毎日繰り返すもんだから、ずいぶんと確実になってしまったよ。この妄想の家は、どうも保護作用があって、私が物質世界で破損することを防ぐらしい。この家の中に母親がいるが、物質界での母親とは違う。物質生活と夢の世界の間にこの家があり、これが仲介をしている。たぶん、死んだ後はこの家に戻るだろうね「ただいまー」とね。

ケスラー　感覚で作らず、生命で編み込んだ家か。
つまり固まりすぎておらず、そこではまだ生命は生き残ることができる。この地球上では生命は生き残ることができない。

カウント　そうだ。地上では存在の意図は拒絶される。
しかしウィリアム・ブレイクのいう植物性大地は意志を受け入れる。

ケスラー　それはかなりの矛盾では。
地上界においての法の乱れは、意図を受け入れない世界を作った。しかし意図を生かすために、神々は地上界においての乱れを作り出したのか。

カウント　座りにくい椅子を作ると長く座らない。カフェで騒音を出すと長居しない。
共鳴とか共感は一体化させて、自他を台無しにして同じものにしてしまう。なので、地上という感覚世界に共鳴しないような怪しい歪成分を作り出して、眠りから覚まし、ぐずっていく子供みたいなものを作る。
眠りから覚ますというのは、同一化から離反するという意味だよ。多くの人はおとなしくさせたい。
しかし私は不良をたくさん作り出すのがいいと思う。

ケスラー　新潟でアイドルグループの一人が、ファンからストーカー被害を受けた。組織は、それはなかったことにすると決めた。でも彼女はそれでも文句を言うから、組織は、彼女は組織を攻撃する存在であるとみなして排除する方向に向かった。この報道を見て、多くの人は割り切れないもやもや感を抱いたままだった。

カウント　そう。時間数字は空間数字に割れ切れないとき、落ち着かないし、はみ出したものはいつまでもぐずるよ。墓の中に埋めていないんだから。
あの組織の代表は昔から無能として知られていたし、たぶんいろんな状況の中で、あのときと同じように対応を失敗し続けるだろう。それは現実を直視できないからかもしれないね。組織の代表という立場の中に眠り込みたいので、するとメンバーの個人的な都合は考慮したくない。駒として動いてほしいし、少しでも離反する発言があったら、それはそのまま封じ込めたい。生き埋めにしたい。

まあ、世の中は、こういうふうに時間数字と空間数字が合致せず、無理数的に浮いてしまうものがたくさんあり、衝突と不正と意見の対立と事故と戦争があり、永遠に収まることはない。世界はいつまでも平和ではないがそれは救いでもある。

ケスラー 私はこのことについては、カウント君に納得する。

東北ではアテルイの神話が残っている可能性はあるね。正しい主張でも中央からすると悪者。神話の世界には善悪はない。しかしこのパターンにはまると地上では不当な立場にもなってしまう。

雨降って地固まるという発想は、みんな殺してしまえということだね。

カウント 縄文時代の日本ではそうでなかったんだよね。縄文時代でははみ出しは良いことだと思われていた。ある時期から空間に埋めろというふうになってきたんだ。もめ事は嫌だというのは、意識と対立する感覚の中に死んでいきたいという気持ちだ。でも、アテルイは最後は諦めて処刑を受け入れた。これも日本人か。残念だ、いつまでも暴れろ。そして会社をつぶしてしまうくらいがちょうどいい。

ケスラー　あえて12感覚の中で、この空間に収まらない生命力を表すのは牡羊座と天秤座ということかな。集団共感の蟹座と墓の山羊座に対してスクエアの関係にあるので、盾突くことだね。

カウント　12感覚の中でいうと、牡羊座は突き出す力が強すぎるとき、天秤座はそれを受けて突き出される要素が強すぎるとき、12感覚バランスをはみ出す。そして乙女座の視覚映像の枠から脱線する。

図形としてつまり結晶としてうまく空間に納まらないようにすることも、また感覚のバランスを壊すこともどちらも有効だ。美というのはそれ自身でバランスを持っているが、形として整っているのはバランスといえるかどうかわからない。

死んで整った美と、生きているがゆえに決まりきった形に収まらない美というのもある。

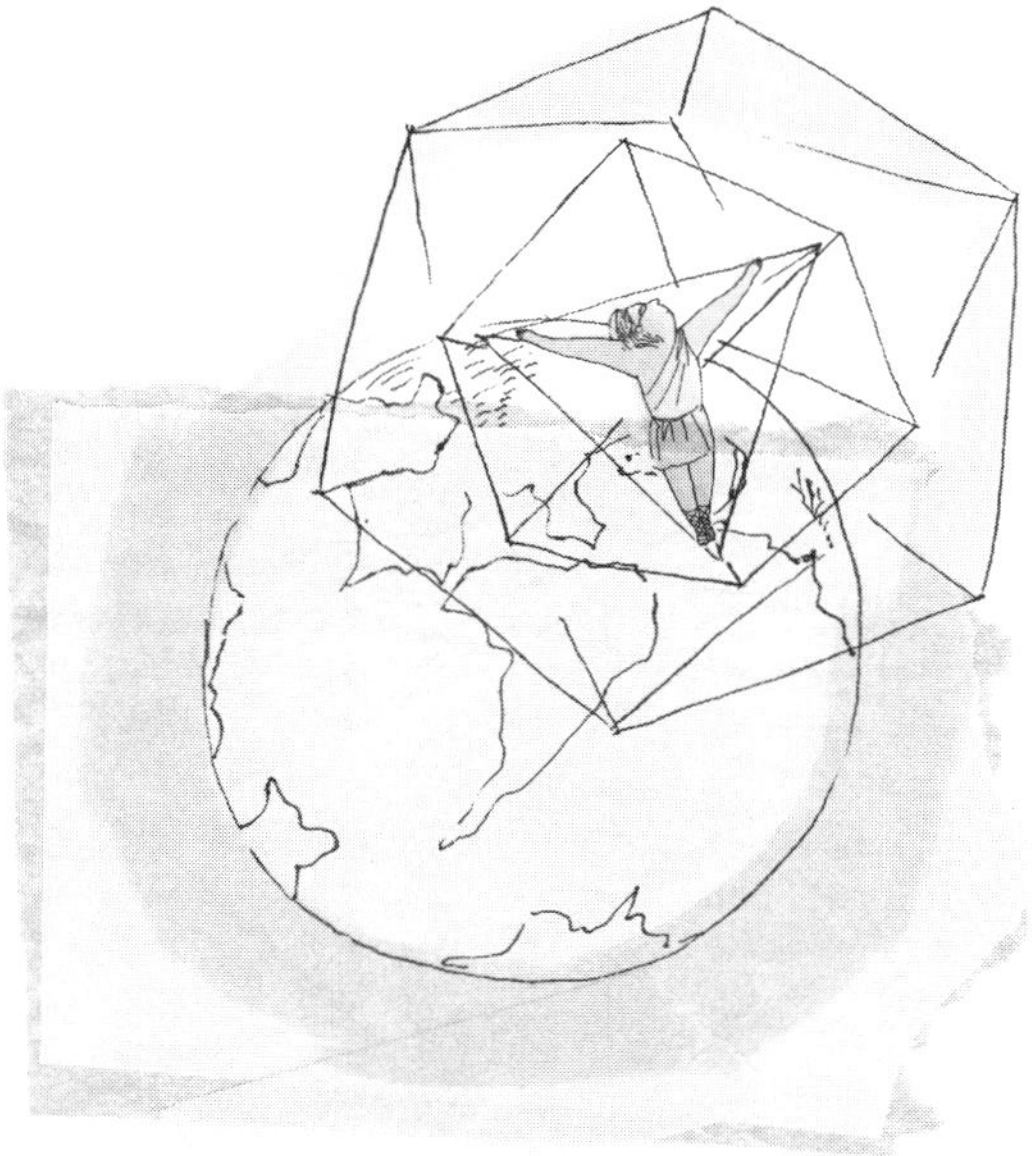

立体図形の意味

カウント　私は、ユングのいう六つのアーキタイプを生命の樹のセフィロトに結びつけて説明していた。その頃、絵の分析教室をしていて、画用紙を九つのマトリクスに分けて解読することにしていた。

九つに分けるのは、児童絵画分析をしている浅利篤氏が浅利式として発表していたものだが、私は生命の樹と連動させるために浅利式の左右の意味を反対に入れ替えた。子供と大人の視点は反転すると考えたしね。

で、あるとき、部屋のインテリアを、この方法で取り組んでみようと思って、立方体に六つのアーキタイプを張りつけることにした。

何年かするうちに生命の樹、アーキタイプ、立方体を組み合わせた結果になった。

ケスラー　君のそのやり方は合理的だ。

もう聞いたけど、上下軸に、左右軸が加わると、平面が形成され、前後軸が加わると立体になるということだね。

この中でアニマ、アニムスという左右の壁は、もっぱら感情に関係するのか。アニマ、アニムスは胸の位置のセフィロトで、左右に振り分けたので、これは人間の三層、思考と感情と身体という三つのうちの真ん中の情感的なものだね。

カウント　確かに上下は思考で、左右は感情で、前後は身体性にも当てはめられる。で、ホロスコープはたいてい二次元的で平面で考える習慣が強い。1枚の紙に描いたりするね。天体の動きは三次元的にみないといけないのだが、特にホロスコープではそのことに注意は向けていない。

12サインも横に広がり、惑星の位置もまばらではあるが、ある程度、平面に散らばり、惑星のアスペクトなども平面図形だ。平面は立体の中に含まれ、この立体から出ることはない。つまりホロスコープのように平面の二次元で考えるものは、この地球世界の中での人生について考えるようになっていて、特に平面性として感情面とか気持ちとかを考えるようになっている。

だから最近は「心理占星術」という言い方のものも出てきたね。これは三次元的ホロスコープを使うようになると廃(すた)れるだろう。感情とか心理というのは三次元視野の中では異なる座標に割り込みされて継続性が保てなくなるのだ。

ただ、今の人間は目は前にしかついていないし、背後はいつも見えないし、空中に浮かび上がることができない。三次元的に生きているわけではない。「ものの見方が平面的」で、こういう偏りの中でしか感情は継続しない。

エニアグラムでいうと第二オクターブの呼吸までで停止しているような生き方なんだよ。感情のミとファ間を超えることがなかなか難しい。いつまでもたらたらと思いを続けることができるが、第三オクターブの印象のドが割り込むと、それまでの気持ちががらっと変わってしまう。感傷的という言葉があるが、一つの感情をずっと維持しようしても、第三オクターブが関与してしまうと、「さてっ」という具合に断ち切られてしまう。

エニアグラムは後になるほど非個人的な意識にシフトするが、感情とか気持ちは個人が持っているものなので、それらは非個人的領域では生き永らえることができない。くどい話になったが、ホロスコープの二次元図は、心理、感情を考えるような図になる。

ケスラー　カウント君は、立方体は生命の樹のマルクト、つまり物質界を象徴するものだと説明していた。立方体を三次元的な世界のシンボルとして考えていいか。

カウント　どんな次元の生き物も、自分から見ると世界は三次元で、立方体ともいえる。

私は空間の差異というものを考えないので、どんな次元の宇宙もここに重なっていると考える。そして意識が投射する質量性の振動を変えてしまうと、いままでとは違う次元とか世界にテレポートする。もちろん、太陽と惑星群のように、本質の意識と質量性の振動はお似合いなので、ともに移動する。どこかに飛ぶのでなく、本質と質量のセットがシフトして、ここに重なるレイヤーの違うシートに入り込む。数万光年向こうの宇宙もここにある。

この振動の移動が時間移動だと考えてもいいかもしれないね。空間は時間に従属していて、時間移動すると空間も移動するように見える。なのでいろんなサイズの立方体が全部ここに重なっていると考えてみよう。

今、私たちは立方体ミルフィーユの中で地球の薄膜部分のみを感覚化している。先ほどの少女はケスラー君の左にいたのでケスラー君のアニマだね。六つのアーキタイプを全部合わせたのが大きな自己、その人の本性であり、夢の中ではこの六つのアーキタイプが姿を変えながら登場するが、それらはみな自分だ。

エニアグラムではこの六つがトランポリンで遊びながら１４２８５７１……と動いている。

私は数日前に夢を見たよ。そこに夫婦がいて､彼らはＵＦＯ研究家らしかった。で、女性の側が障子のような、窓のようなところに張りついた虫を食べた。虫は何匹かいた。すると彼女はそのまま死んでしまった。とはいえ夢の世界に死という概念はない。

なので死ぬというのは何かに変身する合図だ。彼女は魔物のような存在に変身した。そもそもそれが実体だったのだが、地球に住んでいる間はおとなしくしていたんだ。抑制するには教養というものが大事らしい。教養があると化け物も化け物らしく見えないのかも。

ケスラー　そもそもＵＦＯ研究家という話の段階で、既に地上的におとなしくないと思うんだが。なぜってＵＦＯというのは地球外のことを考えるわけだろ。いつも外のことを考える。

で、部屋の中では外との接点というのは窓だね。特に障子みたいに薄い紙は、エーテル体は植物性であると考えるカウント君からすると、物質的外宇宙でなく、エーテル界にある世界との薄膜、カーテンだね。

カウント　そうだ。ヘミシンク会で金星から飛んできた虫は、ジャングルジムに降り注いだが、このジャングルジムという立体幾何図形みたいな構造は、エーテル体を表している。

プラトンがいうような地球を取り巻く幾何図形は「惑星グリッド」と呼ぶが、これが地球のジャングルジムのことだ。

私たちは眠るときに肉体は凍結するので、するとエーテル体は遠慮する必要がなくなって身体の外に爆発する。生け花のようにね。この生け花の形が惑星グリッドとも同じ構造のジャングルジムだね。

ケスラー　いつものことだが、カウント君のその虫を食べた女性と窓の位置関係はどんな感じかな。それが気になる。

カウント　私は夫婦を正面に見ていた。つまりA点とB点に対して、三角形のC点だ。障子は彼女の右にあり、右の障子に張りついた虫を取って食べた。灰色でシャコみたいな形だった。平べったくて、三葉虫みたいなものかもしれず、小型UFOとも考えられるな。

ずっと昔に、私はＵＦＯが上空から近づいてきたのを見たが、円盤の下部は複雑な機械装置があって、それは三葉虫の腹みたいな感じもした。エアコンの室外機のひだのひだのような。

ケスラー　女性が右にいたわけだ。もし、ここでカウント君をペルソナにすると、アニマは右にいて、障子はシャドーの位置かな。で、アニムスはカウント君からして左にいたが、彼はどんな感じなんだい。

カウント　いや、あまり印象がない。石像のようにじっとしていたというか、彼女が変身するのも気にしていない感じだった。というより彼女が変身すると、ついでに自分もセットで変身するが、それは任せるという感じだったね。

ケスラー　心の広いアニムスだね。そもそもカウント君がペルソナの位置にいるということも不思議だね。

立方体に含まれた三種類の陰陽対の定義で、前を見ると後ろにぶつけられ、という二極化の法則をカウント君は説明していた。ペルソナの側にいるということは、意識の対象はシャドー側で、窓、外との扉だ。ペルソナに向かうときに、人は社会に向かっているということか。

するとペルソナ側に座っていたカウント君はこのペルソナを解体して外に向かうというベクトルを持っていたのか。

で、アニマからすると、外との接点のシャドーは右手にあり、つまりアニマからすると、いつもシャドーというのは右手すなわち意識的な扱いができるものなのか。

カウント　そうだよ。アニマはシャドーを友達にするしシャドーを操る。三女神としては、アニマ、シャドー、マザーだからね。娘の姉は常に悪魔的だ。

例えば、弁財天の姉は貧乏神で「暗闇天女」と呼ばれる。アニマはいつも破壊的で、夢の中でも虫を食べて魔物に変身した。

太陽の昼の顔のアポロンは理性と秩序を作り、これはアニムス的だ。太陽の夜の顔のデュオニュソスは酩酊と破壊と狂乱を司り、狂ったマイナス教団を率いていて、アニマ的でもあるね。

ケスラー　本質と質量の関係性の振動を上げると、違う宇宙につながるということは、今までの古い鋳型を壊して、違う鋳型にシェイプシフトするには、アニマとシャドーが協力し合って、立方体を無理やり拡大するのがよいということか。あるいは六面の一つを突き破る。それに他の面がついてきてくれたら立方体は違うレイヤーの宇宙に移行するのか。

でも、マザー、アニマ、シャドーという三女神の話では、今、大きな疑問に突き当たった。マザーはそもそも一つの世界に閉じ込める。それは外から内側に縮む子宮で、それなのにアニマもシャドーも、外へ飛び出す力に活用できるというのは、何か、おかしくないか。

カウント　エニアグラムは内部的には依存関係にあるが、それ全体としては独立的であるということを思い出してほしい。そして男性の三つと女性の三つは入れ替わる。決まった役割でじっとしていない。固めると壊し、上がると降ろす。

このように互いに刺激し合いながら、マザーの管轄する世界を大きくしてしまう作用も強い。ここは落ち着きますよと説明しながら、実際に案内した部屋はかなり怖い場所だったとか、エニアグラムは心底信用できないよ。そのことを忘れてはならない。

エニアグラムにはベタなものがないんだ。ユングの六つのアーキタイプはベタだ。これをエニアグラムに当てはめたとたんに、裏に隠したいろんな要素をむき出しにしてくるぞ。

で、君は多くの人と同じように前にペルソナがある。なので、そこから見て左のアニマが徐々に貞子化しようとしているのも、この虫を食べたＵＦＯ研究家の女性と似ているね。というより、君のアニマは確か額に三日月の傷があり、私はこれを月光仮面と思ったが、月の住人と考えてもいいね。セーラームーンか。

君のアニマが女子中学生だったので、君はロリコンなのかと一瞬思ったがそうではないようだ。たぶん、赤い靴履いた女の子の歌のように、違う世界に行く気満々なので、その姿になっていることがわかった。この地球世界で社会人にはなりたくない。

ケスラー　世界は球体でできており、それをいろんな立体幾何図形に置き換えることもできる。プラトン式だと、地球という球体の実体は、骨組みとしての惑星グリッドの立体ということだね。

カウント　そうだ。シュタイナーは、地球は球形でなく正四面体だといった。球体だと信じている人はみな頭がおかしいんだ、と。私はこれを読んで笑ったよ。物質では球体。エーテル体では正四面体。そしてエーテル体とは、ロゴスの忠実な反映がある。物質体はロゴスには忠実に従っていない。つまりロゴス的な、メンタル界的な考えならば、地球は正四面体であり、球体ではないのだ。正四面体だけだと、炎の地球になってしまうので、まあ、全部のプラトン立体を入れた方がいいと思うが。

最近見た夢で、シュタイナーには息子がいるらしいが、この息子の場所を私は特定できなかった。で、私の頭の中では、シュタイナーはエーテル体が極めて深い。こんな人間みたことない。彼は、エーテル体は奈落（ならく）というが、つまりは物質体を破壊し尽くす力があるのがエーテル体だといってるわけだね。個人のあらゆる自由と可能性を奪って奈落に沈めてしまうんだ。これはエーテル体に対する正しい解釈だ。

シュタイナーが活躍していた時代、ウィーンの新聞でシュタイナーの名前が出なかった日はなかったらしく、そのくらい物議を醸していた。エーテル体は物質体を傷つけることでしか関われない。その点で、古典的な科学者とか教養人を自任していた人たちは、シュタイナーに感情面で猛烈に反発した。たぶん理論的に反駁（はんばく）できる人はいなかったので、感情で反発するしかなかった。

そういうときにシュタイナーは殺人鬼みたいに強引な姿勢を取った。シュタイナーの息子はまだたぶん受肉していないが、受肉の地点をどうするかを、私は夢の中で考えていたんだ。息子は地上界ではいかにも病人っぽいかもしれないよ。

ケスラー　私もそれは夢で調査してみたい。

私はカウント君の幼少期の夢について聞いた。空気は狐が詰まっていて、狐のパズル。一つの狐を押すと、世界中の狐が反応するというものだった。
で、狐の形が重要でなく、狐の輪郭を作る境界線が重要なのだと。

カウント　狐は面だね。狐の輪郭を作るのが、立体幾何図形の中での線部分だ。面は孤立しているように見える。しかし線は共通なものを結びつけるという意味を持っている。

森の中に、一つの木があり、同じ種類の木があちこちにあると、その同じ種類の木を線で結んで、他の木と分けてしまう。これが知性の本性で、線は類化性能だ。複数の類化方向性によって作られた中の面に狐がいるとする。つまり狐の定義は、この複数の線の分類化の結果だ。最低限、面を作るには、三つの線が必要で、つまり分類が三種類必要だ。意識と対象の夫婦が三種類。

ケスラー　狐はみな同じ形。つまりプラトン立体の面はみな同じものが複数できて、地球という球体を取り巻いている。

意味の共有とか、面が同じ形ならば、それは球体を覆うことができるということだね。

カウント　面の意味ということだよ、この意味が統一され、それでつらぬくと、物質世界のすべてを覆い、身体のすみずみまで、自分のアストラル的な個性によって浸透する。

狐は狐以外の何物でもない。狐は狐であることによって、世界のすべてに染みわたる。狐は空気あるところ、どこにでも移動する。

ケスラー　他の個性の干渉によって、地上の人間は苦しんでいる。いろんな考え、思いの人が痛めつけてくる。

狐が狐であろうとしたとき、「それは違うでしょ」と断定する勢力が輪郭を締めつけて、狐は狐であることを忘れてしまいそうになる。違う形が圧迫してくると、狐は全地球を覆うことができなくなり、図形にはあちこちに不明な穴とか隙間が空くということか。

カウント　私のリリスが月のステーションから地球に植物の繊維を投げているが、そのとき彼女は地球には禿げ地が多いと言った。植物の繊維は線のことね。
　この植物が地球を全部覆うことはできなくて、あちこちに硬直した岩の場所がむき出しになっている。

ケスラー　つまり地球では、その人のアストラル体としての個性を発揮しようにも、力の及ばない暗闇が多く、そこで意識喪失するということだね。つまり対象としての質量性に見合わないものがまばらにある。意味で統一できないということか。

カウント　五つのプラトン立体を全部組み合わせてＵＶＧ１２０として、地球を取り巻く惑星グリッドを作った教授二人組がいたが、一つの振動平面に五つを全部組み合わせるというのはどうなんだ。

例えば、円の中に五つの点を置くのと、七つの点を置くのでは周波数が変わってしまうよね。倍音の場合には、例えば三つの点の周期を六つの周期にしてしまうことだ。ということは地球を取り巻く惑星グリッドは五つあるのならば、それぞれ違う周波数、微妙に直径の違う幕としてレイヤーのように重なっているはずなのに、あの二人組は同じ空間に全部並べた。これは名古屋駅で、一つのレールに新幹線から特急、急行、鈍行まで全部走らせるということだね。

ケスラー　いろいろ突っ込むとＵＶＧ１２０には疑問が多いということか。

カウント　その話はまたいつか追及しよう。

シンプルな立体幾何図形は、みな面が同じ。それが球体を覆うことができる。自分は世界のどこにでもいる、という意味だよ。

なので、立体幾何図形に集中することは、自分のアストラル体を物質界に浸透させることになる。面はアストラル体の形。線はそれを定義する高次エーテル界の反映でアストラル体を作り出すための意味を生み出している。

シンプルな幾何図形といっても、これは二次的、三次的な線を引くことができるので、地上に敷いていく植物繊維は、細かくできる。

三角形は三角形の中にさらに小さな三角形、さらに小さな三角形を込めるよね。そうやって45㎝とか30㎝単位くらいまで、三角形を反映させることができる。それはエーテル体の物質界への侵入だよ。これは危険なチャレンジだ。なぜならば細分化しすぎて入り込みすぎて自分が死んでしまうかもしれないのだから。同時にエーテル体は物質体を傷つけることでしか関われない。

物質界からすると「さとうきび畑」という歌みたいに、ざわわという音が聞こえて怯える。

ケスラー　カウント君のいう、線は意味を定義するものであり、メンタル界的であり、線が囲む面はアストラル的な象徴存在であると考えるのはわかりやすいね。
まず、図形は物質の図形ではなく、ロゴスとしてのメンタル体的なところから考えなくてはいけないということだったね。

カウント　線の交差する場所が文字を作り出す。文字とは意識の射出を表す線の交差の仕方を表示したものだ。

最近の私の夢をまた話そうか。俳優の小栗旬が刑事になって、住宅街の中を捜索していた。彼は立方体の石を拾っては、辺に指を当てて舐めていた。血の匂いを探そうとしたらしい。つまり殺人はこの石をぶつけることで起きたらしい。ある石では角が割れてなくなっていたりした。途中から刑事は今度は犯罪者になり、どちらにでも移れるらしかった。

ケスラー　石は立方体のことだね。刑事はこの世界を取り締まり、犯罪者はこの世界から脱出するか、この世界を傷つける。つまりペルソナに向かったとき、刑事になり、シャドーに向かうと犯罪者になるということだね。向きを変えるだけで変身できる。

興味を持ったのは、刑事の小栗旬は石の辺に指を当てて舐めたことかな。

カウント君は、アニマが世界の外へ向かおうとした、すなわちアニマの壁を破ろうとしたと言ったが、重要なのは面ではなく線の方なのか。

カウント　そうだ。というのも面は取り囲んだ線によってその意味が定義される。立方体の一つの面ならば、これは四つの線に囲まれ、そこには四つの点がある。線と線を結ぶのが文字だと説明したが、反対に点は線の交差によって作られるならば、文字は点とも言えるし、点が一つの意味で類化性能を発揮したものが線だとすると、文字は複数の意味が組み合わされたときに発生する。

で、殺人はこの辺をぶつけることで起きたので、線の一つが強く出すぎて面を壊したか、あるいは夢の世界でならば、線あるいは点の定義を変えることで起こる。面は死に、また新しい意味で蘇る。

立方体が八つの点、すなわち八つの文字で構成されたものならば、アニマの壁を突き破ったり、拡大したりするには、どれかの文字を入れ替えることで生じるということだね。

ケスラー　ＵＦＯ研究家の女性が食べた虫が張りついていた障子の映像をもっと細かく説明してくれ。

カウント　障子はもちろん桟（さん）がある。虫はこの桟についていたように思う。おそらく紙の方ではなかった。桟は立方体の線の細分化されたものだ。

正方形には、その中にたくさんの分割があり、細かい正方形の集積になる。でも虫は立方体の端の方にいたのでなく、この障子の中の桟にくっついていたので、魔物に化けた女性も世界内変容だ。外に飛び出すほどではなかったが、しかし大きく出れば外に飛び出すだろうね。

外に飛び出すには条件があり、それは他のアーキタイプを、この地球世界の中の小さな範囲にとどめないことだ。自分のアーキタイプをすべて手に入れていれば、マカバは飛ぶ。しかし港に停泊している船は錨（いかり）を降ろしており、これはこの世界の中に自分のアーキタイプの一つを、あるいは二つを投影していることだ。

ケスラー　きっと小栗旬はこの辺のことを調査した結果として、刑事から犯罪者に変身したのかもしれないね。

カウント　そうだ。仕組みがわかればどっちにも行けるぞ。

ケスラー　面の形はアストラル的な象徴性だね。アストラル体は動物を借りていると説明されたが、地上の動物とか生き物はみなアストラル体の模造品としての表現なのか。

カウント　アストラル体の地上的な反映だ。ほとんどの形象はその背後に骨組みとして幾何図形があるね。

出口王仁三郎は火の文字を五つの尖った面があるので、五角形に結びつけた。これがアストラル体としての人間の形の基礎だ。生殖器ができると六角形になるけどね。つまり生殖器がまだあまり機能していない子供を五角形といってもいいかもしれない。

異性を意識するようになると、子供はみな相手を気にしておとなしくなる。六角形は環境との関係ができてしまうけど、五角形の段階だと環境にはまったく遠慮しないので、手に負えない子供だ。

私は子供の頃、どうしようもない扱いにくい子供だったよ。いろんなものを壊して歩いたし。壊し屋といってもよかった。そう思うと、なかなか健全な子供だったんだね。

ケスラー　エーテル体は植物性といったが、確かにこれは動物の形のように面の部分ではないね。やはりこれは線の部分か。高次エーテル体は意味の網目を作る。この中にアストラル体ができる。

で、人間の基本は、面が五角形の正十二面体のことかな。

カウント　人間の祖型をこの正十二面体にしてもいい。

プラトンによるとこれは空(くう)の元素でもあるが、物質体としての私たちは、特定の時間、特定の空間に生きていて、今、日本にいるが、同時にアメリカにいるということができない。
物質体の人間は、この正十二面体の一つの面、さらにその細分化されたものを担っており、地球を取り巻く正十二面体にはならない。

ケスラー　仏陀は入滅した後、地球を取り巻く多数存在になったというのは、この五角形になったことか。五角形は球体全部に12個に分岐できるが、型共鳴の理論からすると、五角形自身は自分は一つしかいないと思っている。

カウント　そうだ。この一つしかいない五角形は地球空間に投影されると、12個の五角形になる。12人に同時に質問されると、それぞれの相手に合わせて微妙に変えた回答を同時に12人にすることができる。
図形は内部分割されるので、実際には数千人とか数万人とかでもいいね。

ケスラー　物質的にこだわった人間は、この多数の同じ図形の中で、一つだけにしがみつき、他の同じ図形は自分ではないと言い張るわけだね。そして自分の人生は自分だけのものと言い始める。

アストラル体は非局在といったが、これはどの時間、どの空間にも行くことができるので、祖型的図形に戻るということか。

カウント そうだ。特定の時間、空間との関係に固着しなくなると、祖型的図形に戻る。自分の固有のポジションにおいての利害などを捨てるといい。すると同じ図形同士で知覚は共有され、全く新しい知識、真実の知恵が入ってくる。同じ働きのセンサーがいろんな場所にあるわけだから。

人間の存在の基礎は、正十二面体だが、この面の中心点は、裏側に正二十面体を作り出すことができるが。

ケスラー 出口王仁三郎の「火」、すなわちイズノミタマは五角形で、「水」は六つの突起があるから六角形で、このもとにある三角形が面になったミズノミタマは正二十面体だね。つまり、面を点にするというのは違う図形への交換のカギということか。

カウント　この二つは裏腹なセットで夫婦みたいなものだ。

プラトンは正二十面体を水の元素に当てはめた。で、六角形は五角形に性器ができたという言い方をしたが、人間として単独で存在していた正十二面体は、水の元素という関係性の中に取り込まれて、特定の環境の中に関係性として縛られていく。正十二面体は、いつも裏側に、誘ってくる存在がいて、それに乗ると、飛べなくなる。

私は、六角形の元は三角形であることを忘れてはならないと思う。それが環境との関係性で六角形に変貌し、今度は五角形を引きずりこむのさ。

数字の進展からすると、五角形の先には六角形が立ちはだかる。地球と火星の間にある正十二面体は12個の五角形という点で、外からの侵入者を防ぐディフェンスだが、五角形はペンタゴンとか五稜郭でもわかるように防衛だ。しかし五角形の防衛というのは自分を言い張ることで他の主張を入れないという意味だ。

西欧社会では、人間の形に対する格別な思い入れがある。それは神の似姿とまで言う。この人間の形という信念体系によって、火星の外から来る宇宙的な影響を遮断すると考えてもいい。しかし人間の形に閉じ込めるということでもあるがね。このディフェンスをキリストグリッドと言うが、反対の正二十面体は仏陀グリッドと言ってもいいかもしれない。

ケスラー　そこまで聞いて、突然、思い出したことがある。

ある女性は、仙人のような男性と知り合い、彼からいろんなことをアドバイスを受けていた。この仙人的男性は、マリファナ所持していたので警察に捕まった。で、その後、仙人としての力をかなり奪われたらしい。久米の仙人みたいな話だね。女性はこの仙人を墜落させたのは自分であると思ったらしい。どうやったら彼を仙人に戻すことができるのかということを私に聞いてきたのさ。

彼女からすると相手が普通のおじさんになるのは嫌なのに、自分と関わることで普通のおじさんになってしまうらしい。

カウント　ははは、ケスラー君にはちょっと荷が重い話かな。

仙人のような超越存在になるのに異性関係が有害だといわれているのは地上の陰陽関係に没入すると、陰陽中和の場所にある雲の上から落ちるからだ。しかし異性関係を持ちつつ、それには全く影響を受けていない人もいる。

正十二面体の面である五角形は性器のない子供のようだから、六角形になって性器ができると、正二十面体の手に落ちるのかもしれないね。正二十面体は面が三角形だが、この三角形の内部に反対配置の三角形を作ると、これは変形的な六角形だ。つまり六角形は共鳴的に三角形に引き寄せられてしまう性質を持っている。三角形の中にある小さな三角形、三角形を飲み込むより大きな三角形という二種類の変形六角形の違いは、相手の三角形に飲み込まれるか、相手を飲み込むかという違いかもしれないが。

立体的な六角形であるマカバは、特定の世界からの束縛から逃れるのに、より大きな正四面体をアクセスということで、これは三角形を飲み込む大きな三角形に従属するということでもあるね。

仙人に戻るには客観的な知恵が必要だ。つまりローカル要素に支配されない知識だ。科学も医学もローカル知識だから、そこに普遍性はまだ見出せない。仙人は永遠性であり、永遠性とは主観に支配されない客観的な知識で生きる存在のことだ。感性においてもローカルな特定の時空の色を帯びてはならない。どこかでしか通用しないものを持つことは不死でなくなるからだ。

陰陽の世界に落ちたなら、そこから元に戻るには、この陰陽関係から離れることを考えるかもしれないが、それは理屈として間違いだ。陰陽中和のゼロ地点は、陰陽を拒否したところではなく、陰陽を飲み込んだ大きな中和点を表している。

ケスラー　君なら彼女とか相手の落ちた仙人にアドバイスできないか。

カウント　しない。彼らは正しい回答を見つけ出すだろう。で、小栗旬の夢だが、彼は「辺」の秘密に気がついたらしい。だからこそ刑事から犯罪者、犯罪者から刑事に変身できるんだ。

ケスラー　異なる図形は、点の数、線の数、面の数などが違うね。これらの違いをはっきり認識すると、いろんな立体図形の意味について理解することができるわけだね。
そしてカウント君がしつこく注意するように、これを物質世界の図形から考えてはならない。まずは概念、ロゴスとして図形を考えなくてはならないということだね。一番お金のかからない方法だ。頭の中で思い描くだけ。
カウント　点の数、線の数、面の数、形などで、いろんな宇宙を思い描くことができるし、実際にそこにいくだろう。なぜなら、これらは意識を成立させる仕組みだからだ。そして面を点にしていくことで違う元素に変化することも重要だ。
一つの世界は立方体であるといったが、それはそこにとどまりたい場合に、あたかもマンションを借りてそこに住むようにしていくということだ。すべてを正方形の4で囲まれたら、もうそこに定住するしかないね。そしてこの内部で六つのアーキタイプはトランポリンをするが、彼らの一人がはみ出すと、全員が依存な関係にあるのでずれていくが、まだここに住みたいというときにはこのはみ出しを他の全員が抑える。

もっといろんな立体幾何図形を考えることで、複数の宇宙の歩き方の本が作れるよ。

で、また夢の話だが、私は赤い三角形を思い浮かべて眠ったときには、この夢の中で、自分が女性になり、そこに2本の腕が出てきて、私の腕をつかみ、退屈だから出ようと言って、私を四角形の枠の中から連れ出そうとした。夢から覚めても、この腕が見えていた。

特定の世界に六角形で引き寄せられ、その後正方形でじっとしている存在を、三角形は引き出してしまう。そして違う世界に六角形で引き寄せられ、そこに住みたいと思うと立方体になる。

ミズノミタマは、元が三角形だと自覚できたら、火のタットワに戻るが、ここに久米の仙人の説話の裏の意味があるだろうね。

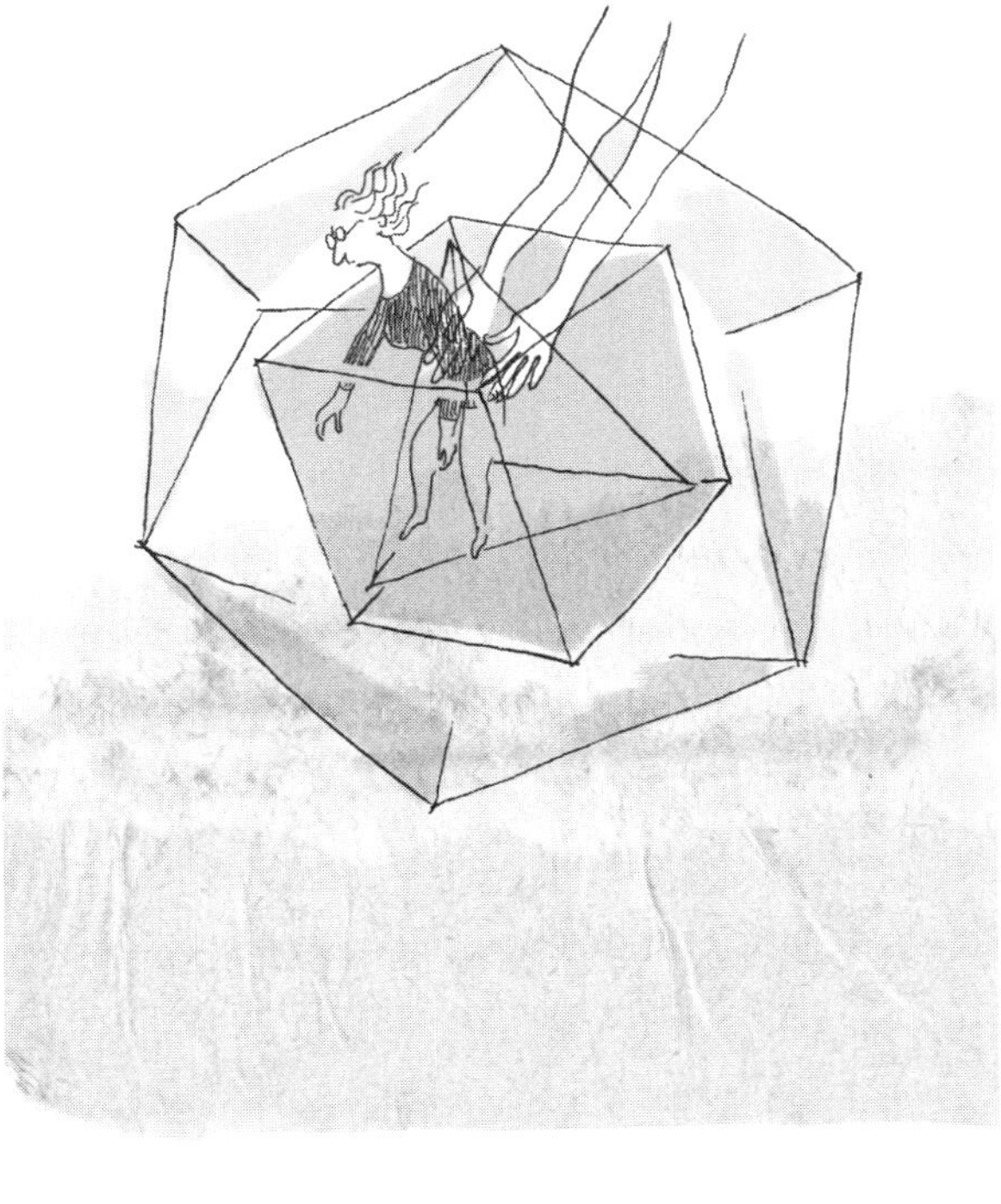

立方体

ケスラー　今までさんざん立方体の話は聞いたが、これは面が六つでこれをユングのアーキタイプに当てはめた。面は象徴性とか、動物と似たアストラル体であると想定可能だった。

するとこ、象徴的な生き物に例えるといいわけかな。幾何図形を人形のようにしていくのは気が引けるが。

カウント　ねぶたの張りぼて人形は、竹の骨組みに張りつける。でも最近は針金を使うらしいが、そもそも骨組みの線はエーテル体グリッドのことを示すのだから、植物性の竹の方が適している。ねぶた人形だと、図形全体が一つの象徴的存在を示す。

歴史的人物とかだが、これはいわば落ちたアストラル体だ。非局在的アストラル体にするには、一つひとつの面が同じ象徴になるということでもある。

立方体の六面に六つのアーキタイプだと、象徴的存在性は6種類になり、面ごとに全部同じというふうにはならないね。

幾何図形は骨子であり、外側に肉としての象徴性がまとわりつくというのがメンタル体あるいは高次エーテル体とアストラル体の関係なので、この六つのアーキタイプは、一つのメンタル体を六つのアストラル体の分身に分けたというようなものだ。基本ルールとしては上位の一つは、下の次元の七つに分かれるということで、この6面はばらばらなアーキタイプではなく、統一的なものの下位展開だ。

『エゼキエル書』だと、ケルビムは四つの生き物の姿を持ち、四つの顔を持ち、四つの翼を帯びていたといわれている。右に獅子の顔、左に牛の顔、後ろに鷲の顔がある。全身に目があり、一対の翼は大空に伸びて互いに触れ合い、他の一対の翼は体を覆う。この場合、一つの実体すなわち大天使が、地上の四元素に対応して分岐し、四つの顔になるということだ。

ケスラー　立方体は八つの点。線は合計すると12本もあるね。面は六つ。この六つの面の中心を頂点にした図形は正八面体か。

カウント　そうだ。これを「双対」というんだが、正二十面体は正十二面体に、正六面体は正八面体になる。

正四面体はひっくり返した正四面体を作るので、これを「自己双対」という。それに正六面体の頂点を一つおきに結ぶと正四面体になり、正四面体の各辺の中点を結ぶと正八面体になり、もっと変わったものとしては正八面体の各辺を黄金分割して結ぶと正二十面体になる。

ケスラー　プラトンの考え方だと、それぞれの立体幾何図形は元素であり、元素は他の元素に置き換えることができるということは、面を点にしたり、辺を中点で点にしたりすると、違う図形に変化するということか。するとますます点、線、面の意味の違いがはっきりわかっていないと混乱するね。

おそらくこの点、線、面の転換は、哲学論とか意識論になるはずだ。

さっきのケルビムの例だと一人の大天使が四つの顔に分かれるので、四つの面を持つということで正四面体か。

旧約聖書の『創世記』だと、神はアダムとエバを追放した後、命の木への道を守るため、エデンの園の東に回転する炎の剣とともにケルビムを置いたという話になっているが、つまりは火の元素、正四面体と関係するということだね。

カウント　シュタイナーが地球は球体ではなく正四面体だといったが、この線の上には火山が多く、人が住めないようになっている。

面は複数の線という意味作用によって取り囲まれたもので、線はグリッドで天国への糸なので、この糸をたどってエデン、あるいはタカマガハラに行けるわけだね。

で、シュタイナーによると正四面体の一点は日本にあるという。点というのは、線が意味の連鎖を表すとしたら、その意味の始まりだ。だが、点そのものは意味を自覚しない。

リンゴという点があり、たくさんのリンゴをつらぬく線がある。リンゴは点であるときにはリンゴという意識作用、すなわち投射は働かない。無自覚なリンゴということだ。線になったとき、リンゴとして走り続ける。

地球という正四面体の四つの意味の複合体の始まりの一つが、日本にあると考えてもいいわけだね。

ケスラー　おかしな話だが、私はエジプトと日本とアメリカが三角形でつながると、何かがスムーズになると思っていて、自分の前世はエジプトにあり、今は日本に住み、これからアメリカとつながらないといけないと思っていたので、アメリカに根底から共鳴できるお友達を作ったんだよね。彼はフロリダのタンパにいた。

カウント　正確にはタンパでなく、ネバダで通路を作るべきだった。しかしエーテル体図形はアバウトでいいので、タンパでもよかったのかもね。

ケスラー　一体、どうしてネバダなのか？

カウント　理由は、今は、言わない。そう思ったから、とだけ言っておこう。で、ケスラー君がエジプト、日本、アメリカという三角形を作りたかったのは、地球正四面体をエーテル的に復元して、つまり思い出したかったからだ。一人が思い出すとたくさんの人が思い出すよ。

これを復元するとエデンへの道、サン・ホセへの道が思い出せるかもしれない。

ケスラー　場所は固定されているのか。

カウント　いいや、グループごとに場所が違うと考えてもいい。一つのサロスサイクルでは、日食が起こる地点は１２０度ごとなのだが、それで考えてもらってもいいよ。

ともかくエーテル体は特定の場所には縛られていないということを忘れないでく

行く。気分のままに、物質界のどこかの場所に降りる。が、気に入らないと違う場所にれ。

ケスラー　もっと詳しく説明してくれ。

カウント　説明は面倒くさい。ただ正四面体は自己双対として、反対側の正四面体を呼ぶ。

シャクティは旦那さんのシヴァを呼ぶ。地球のマザーは宇宙の父を呼ぶ。で、父がやってきてくれると、ここで正四面体が組み合わさって、星型八面体、つまりマカバになる。マカバは宇宙に飛ぶぞ。

でもね、立方体は土の元素で、この面の中心点を点にしたら、正八面体になり、これが地球の実体で、地球に住んでいる人々がマカバで飛ぶことを許さない。マカバは外に飛び出すが、反対にいえば、かつて太古の時代に、宇宙種族はマカバで、この地球に来たのだ。そして定住するために立方体とか正八面体になった。

今は多くの人が個体として沈殿し、このエーテル体の本体である立体幾何図形を忘れて、この図形のごく一部の歯車になっており、なおかつ歯車であることを忘れている。

胃や肝臓が、自分は人体の中にあることを全く知らないように。人々は、天国への糸も忘れた。糸は切れておらず単に忘れただけで、思い出すといいだけだ。

ケスラー　地球は正八面体なのか、それともシュタイナーのいうように正四面体なのか。

カウント　私がある時期へミシンク会で、地球を見てみましょうというテーマが与えられたとき、女性が出てきて「私を見たいの?」と聞いた。「私は見たい」と答えた。すると緑色の芝生みたいなものを剥がして、そこにピカピカの正八面体の金属の骨組みが見えて、この金属の輝きが目立っていたが、これは母が子供をいつまでも地球にとどまらせるための図形ではないか。

だが、星型正八面体にすると宇宙に飛び出す。英国の『ドクター・フー』というドラマで、ドクター・フーを「おりこうさん」と呼ぶ女性を思い出すが、彼女は老人のドクター・フーよりもはるかに年下なのに、この爺さんのドクター・フーに慈しみを抱いている。

そもそも人間としてのアントロポースは、世界という湿潤なるフュシスと抱き合った。そして世界に捕まった。

『ドクター・フー』では、この若い女性は、ドクター・フーに旅を許してしまうんだよね。正八面体は星型八面体に移行する。ドクター・フーはエレキギターを持って、子供みたいに旅を開始する。何ともイギリス的で、女王の国のドラマだね。「怒れる若者たち」という言葉が出てきたのもマザコン的だし。

ケスラー　四元素を象徴する正方形の上下に頂点を置くと正八面体になる。ここでは父母が至高のものとなり、それらを絶対の支配者として安定した家族を作る。しかしピラミッド張り合わせの八面体でなく、正四面体のケルビムの発展形の星型八面体で、マザーが宇宙の父を呼ぶと、地球から外に飛び出すわけだ。

で、ドクター・フーはエレキギターを持ってターディスで旅をする。

カウント　マザーが子供を地球に閉じ込めたいのか、それとも違う場所に移動させたいのかで正八面体になるか、星型八面体になるかの違いが出てくると思われるが、子供が外に飛び出すことを許すということは自分が移動したいか、拡大したいということだね。箱舟から飛び出した鳥は新天地を探す。

ケスラー　マザーの腹の中にいる子供が地球にいたいのか、それともよその宇宙に飛びたいのかという違いで、マザーは、移動願望はないと思うが。あ、違うな。旦那さんと会うためにはどこにでもマザーは移動するかな。ごめんごめん、間違っていた。でもカウント君の説明で、面は中心点の点になると、それは自己双対する図形をアクセスするということが心に響いた。面が動物体、アストラル体だとして、この中心点の点に戻るというのはどういうことだろ。

カウント　私は中学生のときに、講堂で行われていた朝礼で倒れた。

そのとき、自分が心臓の中心の柿のタネみたいなところに戻るのを見ていた。目も見えなくなり、音も聞こえなくなった。つまり感覚が消去された。すると、意識の中心としての心臓のあたりのタネに戻った。

人は感覚があると、この中心点を忘れるのだと思う。つまり面は点に回帰した。面に堕落した存在は、中心点の点に戻ると、原点を思い出すのさ。

自分は何者だったのか、この地上にやってきて、自己喪失するが、すべての感覚を切り離すと、自分の点に戻る。つまり「原点」だが、これは「滅点」でもいいよ。余計なものはすべて排除して、最後の点に戻る。人は皆、この地球に最初は点としてやってきて、感覚を身につけるにつれ面に展開した。

面は点、線の結果であり、少なくとも三つの点あるいは線がないことには作れない。ということは面を集約させて点に戻ったとき、それは三つの点、三つの線を統合化したものだね。

ケスラー　目的により図形を考えるといいのか。
地球にずっと住みたい人は、正八面体。移動したい人は、星型八面体。もちろん、これはエーテル体の形だね。假屋崎省吾さんの生け花の複雑で豪華な形の中にも、根本図形は推理できるし、すると何を意図しているのかわかるね。

カウント　シヴァは地域神の女神をたくさん抱えてこんでいたらしい。

一人の相手と安定した関係を作るのが正八面体で一夫一婦制だ。タロットカードの「20審判」のカードで、上からは天使の呼びかけ、下では墓から蘇る死者というとき、これは運動していることを表していて、決して安定した地球にじっとしているようなものに見えない。これは火が火を呼ぶことで星型八面体のイメージだと思う。

星型八面体は、横から見るとあるいは真上から見ても六角形で、呼ぶ者があり答えるものがあるという符号だ。平面では思ったり感じたりするが、いつもの同じ場所でそうする。三次元化すると上下、左右、前後の三つの座標全部を動員することになるので、同じ場所にいられない。思ったり感じたりすることそのものが違う場所に飛ばされてしまうことになる。
私たちは三次元に生きていると思っているが、とんでもない。気持ちや思い、感情をいきなり断ち切る第三の座標が介入する三次元世界に人間が耐え切れるとは思えない。感情の連続は、連続する時間によって作られ、これは地球のマザーが用意した地球の自転・公転の動きの中で確保されている。しかしシヴァはそれを平気で断ち切る。断ち切るからこそ、違う世界に行くことができるのだ。これって、シャクティが何か言い続けているときに、「うるさい！」とか「知らん！」とか言って断ち切るのと似ているね。

ケスラー　つまり中断、割り込みというのが重要なのか？
ところでピラミッドは縛りなのか。

カウント　そうだ。立方体の背後には正八面体があり、世界は安定し、ここに関わる宇宙種族は連合として安定している。

立方体の中には6個のピラミッドがある。ピラミッドとか富士山に関係しているのは犬と人と龍。プレアデスとオリオンとシリウス。多くの人は誤解しているが、オリオンとは人で、プレアデスが龍だよ。プレアデスの子孫が天皇で、天皇は龍体と呼ばれている。

能の竹生島（ちくぶ）では、女性はオリオンで龍はプレアデスだ。この三つのグループはアマテラスとスサノオとツクヨミだ。

物質世界において図形を考えると、いつも特定の場所に縛られてしまうので、純粋に立体の意味が考えられなくなるね。

で、時間と空間の決まった縛りのないエーテル体が縛りのある物質界につながると、時空間の因果がある場所に時空間の因果がないものがつながっていき、空間とか時間を捻じ曲げてしまうような作用が起こる。私はこれを「エーテル体の破壊力」と呼ぶ。

例えば、同じ点を共有する六つのピラミッドが地球に置かれている。同じ点というのは、私の中学生のときの話のように、同根のルーツだ。これらを合体させると一つの立方体ができる。6か所にあるのに点は一つだ。

エーテル界とかアストラル界では同じ形のものは一つとカウントするというのがあるから、ボールペンが六つ転がしてあっても、それは一つとみなす。エーテル界から物質界に接触すると、同じものが数多く出来上がり、著しいバラエティを作る。物質界はその一つひとつにローカルな特質を与えることで、それらはみな違うと思うようになる。

人間の形は一つなのに、それぞれの人の小さな違いが出てきて、みな違う人ということになる。エーテル界ではみな同じということは変わらない。地上に置かれた図は、エーテル界が物質界へのポータルとして利用するし、物質界は自分の個別性とか主観性を取り除くとエーテル界に入る。エーテル界は純粋な図形を示し、それが物質界に行くと、それぞれ汚染され違うものになるし、この汚染を個性と勘違いしていくのが、人間の病気的な性質ともいえるかな。

ケスラー　星型八面体は点が外に配置されているね。しかも一つの面の中心から点が飛び出すようなかたちになっている。下にある正四面体の面を上にある正四面体の点が集約させ、上にある正四面体の面を下にある正四面体の点が集約させせて、互いに違うユニットが相手の面を点に集めようとしている。

反対にいうと点が面に展開されようとしている。人間の意識でいえば、いったん点に戻り、それから面に広げていくときに六角形の性質として、違う面に展開できるという意味だ。これが「マカバが飛ぶ」ということを表すわけだね。なかなかすさまじい性質だ。

カウント　正四面体のケルビムは、もともとは翼を持ち人の顔で動物の身体というものだが、神はケルビムの上に座っていたりするので、「神の玉座」とか「神の乗物」ともいわれている。

で、正四面体の四つの点は、それぞれの点が自らのふさわしい投射対象を求めることで、自己双対の星型八面体になる。

なので、主の椅子のときには正四面体だが、どこか違う宇宙に行くときには星型八面体になり、つまりはじっとした玉座のときと、タクシーになったときがある。というより乗り込んだ主人が、この上の方の正四面体と言ってもいいのだが。

私はスピカから地球に戻るときに、グライダーに乗って戻ったが、このグライダーの形はなかなかうまく描写できない。地上にあるグライダーの形はもちろん違う。今、思うに、縦に短く、横に広い正四面体のような気もするんだよ。正四面体をすこし捻じ曲げた感じというか、ひらべったいエイのような形だ。

で、私が上に乗り、タンデムでその背後にスピカ人が乗っていたので、私とスピカ人は重なって、上側の正四面体になっていたと思う。乗った人の意志に応じた世界に飛ぶ。つまり、それぞれの四つの点が対象を求め、そこに線が引かれて、線は同じ意味を関連付けるということだから、地球からスピカ、スピカから地球に行くには、それぞれの場所の四つの点が、相手の場所との四つの点と同じ意味で結ばれなくてはならない。どれか一つでも対応関係がないなら、行き先に着かない。

ケスラー　世界は四元素でできているということからすると、この四つの点の符合は、スピカの火と地球の火、スピカの風と地球の風、スピカの水と地球の水、スピカの土と地球の土が符合する必要があるということか。

カウント　点は面に、面は点にという関係性からすると、火は風に、水は土にというのでもいいのではないか。

グライダーは地球へ下降したが、それは1本の細い線の上に載って、暗闇の中を音もなくするすると降りた。細い線は微妙に揺れていた。四つの点がそれぞれの四つの点と結ばれ、四つの線がなくてはならないはずだが、動線としてグライダーは一本の細い線をたどっていた。

暗闇の中を、ということは従来のお手本がないということでもある。唯一これがあり、他は何もない。

星型八面体にしてみると、上の点と下の点が対角線で結ばれた線と考えてもいい。スピカは天にあり、地球は地にある。グライダーが降りる斜めの線は、斜めなので、これは坂としてのヨモツヒラサカとも考えてもいいけど、上と下を結ぶ線は上下の線になりグライダーはいきなり落ちる。上の点と下の点をつなぐところに方向があり、次に具体的な移行では、他の横の点も結びつつ、斜めに降りてゆき、その間に四つの点すべてが対応物と結びつくということだ。

点と点の関連性の線を、私はどうやって探したのか、いまだに解明できていない。ただ、私は金星とスピカがパランしているので、金星にはそういう回路があるのかもしれないね。

ケスラー　ケルビムが神の玉座というときに、頂点を上にしているわけではなく、下に点があり、上に平面がある女性型四面体の方になるね。

で、これがカウント君のグライダーだ。この玉座が移動するときには下にある点が、細い線の上を移動するのか。

カウント　銀色の線は著しく細かった。点と点を結ぶ線は意味の共通性を追求しているわけだが、細い線だと、複合するものが何もなく、純粋で単一な意味によって結ばれている。暗闇の中の銀線は少しゆらゆらと揺れていたので、糸としては最短距離を結ぶ直線のつもりで、道草はしない。しかし脇から見ると、これは揺れているので、少し違う意味に引っ張られそうになる、つまり関連性のあるものは仲間かなと思ったりしている。

マックで食事している神は、日本に来てもマックにしか行かない。つてを頼って移動だ。そして点は面に、面は点に変換ということでは、それからしばらく地球にいたいときには、矛先を収めて、つまり点を面に引っ込めて、目的意識を感情とか気持ちで感じるようにすると同時に、面は点にしていく作用もあるので、漠然とした感情などを原点の意図に戻したりもするので、強い浄化作用を持っている。

マカバは移動しないときには車庫に入れる。八つの点を凸凹(でこぼこ)していない平面の四隅に張りつけたような立方体暮らしをするのだ。

ケスラー　カウント君の話を聞くと映画の『トランスフォーマー』みたいだ。タクシーがロボットに変身したりするのは、つまりは立体幾何図形が用途に応じて変わっていくということか。

カウント　そりゃあそうだよ。

一なるものが世界の中でさまざま形に変わるが、元は一なるものであり、目的に応じていくらでも姿を変えるぞ。

私の回路としては金星とスピカはパランしている。で、地球に連れてきたスピカ人は私が東京に帰るときに、分かれてラスベガス方面に行った。これ地球においての金星の代表地域かな。西経だと１１５度とかそのあたりか。

で、君に相談を持ちかけてきた女性の話をまた持ち出すが、彼女はつき合っている男性が仙人から転落したので、また仙人に戻すためには彼女が人間をやめてシェイプシフターになればいい。シェイプシフターは特定の立体幾何図形が違う図形に変わることを意味する。

プラトンは「元素は他の元素に変わることができる」と言ったように、点、線、面の関連性をたどって違う図形になる。

ケスラー　そもそも、その「シェイプシフター」という言葉はカウント君が、妙齢の女性が紅色の龍に変身したという日蓮の話をもとにしているね。

カウント　その七面観音の話以外に女性が鶴に戻る夕鶴の話とか、面が点に、点が面に変換され、図形を引き出すというものではないかと思う。それが一番の近道だ。自分の存在性をずっと固定的にしていてはいけない。

ケスラー　仙人にとって理想のシェイプシフターとは何だろうか？

カウント　仙人は恒星を故郷にしたメンタル体の存在だと想定してみよう。身体は地球に降りることができず、雲の上が下限だ。これはタロットカードでいえば「17星」のカードのことで、水の上にスノコを置いて、そこに肘(ひじ)を乗せている。水はエーテル体。スノコは、まあ。布団かな。すると彼は単独性の存在でなくてはならない。クロウリーの言う「すべての男女は星である」ということだ。男女関係は本来存在しない。

で、久米の仙人は雲に乗っていたが、水辺で若い女性の脛（すね）を見て転落した。私の場合、女性の太ももの上に自分の足を乗せて、女性は「脛が砂利に当たるので痛い」と言われたのだが。仙人は身体の最も重い部分が雲、空気、エーテル体だ。そもそも、若い女性を見たとき、この女性は限定存在で、物質界にいる。なので、特定の誰か、あるいはその脛に興味を向けると、物質界にチューニングできるともいえるが、そもそも仙人が地上界に転落するという理屈が全くのところ理解できないのだ。彼らは異性的な関心などありはしないので、だからこそ雲の上にいられる。それなのに、どうして久米の仙人はわざわざ川辺の女性の脛に目を向けたのか。

まだ人らしい肉欲が残っていたというと、多くの人は理解しやすいかもしれないが、そんな単純な話ではないんだ。説話というものは、多くの人に納得できるようにモディファイされ、人々の生活意識の範囲の中で理解できるようになっているので、ほとんどは表向きの話でしかなく、実情は違うことを伝えようとしているので、表向きの話に騙されてはいけないよ。

最初の久米の仙人は、まだ恒星に至らない未完成仙人だったと思う。

ケスラー　龍は筒型生命体といったね。それはトンネルであり、通路であり、小さくなると線で、小さな蛇としては三輪山の巫女が結婚したちっちゃなオオモノヌシでもある。

龍とはいろんな宇宙をつなぐ存在であるとカウント君は説明していた。日蓮の七面観音は紅龍に変身した。

一方で、人間とは五角形で、これは限られた世界の中で楽しさを追及するが、そもそも五角形は互換性がなくどこにでも行けるわけではない。久米の仙人が川辺の女性を見つけ出すまでは、雲の上、つまり地球から火星方向に向かう正十二面体世界に住んでいたということか。ある意味、彼はそこに閉じ込められていた。それは清廉潔白な十二使徒の世界かな。

孫悟空（そんごくう）は仙人の中では最も地位の低い存在だったね。ということは、筋斗雲（きんとうん）は正十二面体領域の雲だということだね。小さな幾何図形からもっと大きな世界に移動するには図形の一つの面を壊し、それによってわざと均衡を失い、外に漏れ出していくということだったけ。

カウント　正十二面体の面である五角形の中心点に内接するところに地球があり、五角形の角に外接する場所に火星がある。

で、地球から見て、火星は外にあり、いわば少し広い広場で、そこに地球意識は五角形的に自分を拡張できる。点は、五角形の端の部分が火星に触るところまではのびのびと好き放題にできるということだが、これはちょっとした限界値拡張だ。

久米の仙人は地上の人よりは少し自由だ。久米の仙人がさらに超越的な領域に向かうことを目論んだら、キリストグリッドから仏陀グリッドに移動するために女性をキーにした可能性はある。

空海も金星を重視していた。互換性のない五角形から互換性の高い三角形に。自己防衛の五角形は打ち破られるが、まあ、仕方ないと。

ケスラー　なんだかそれはタロットカードの「5法皇」が、一人の女性に興味を抱いた挙句、転落して、「6恋人」のカードで世間の中に入ってしまい、久米の仙人みたいに労働者になることに似ているね。

カウント　ああ、似ているね。

多くの人はそこで止まって寿命を迎える。

久米の仙人が正十二面体の限界を打破って、紅龍の助けを借りて正二十面体に入るためには、人間としての女性の仮面を脱いでもらい、紅龍になってもらわなくてはいけないが。

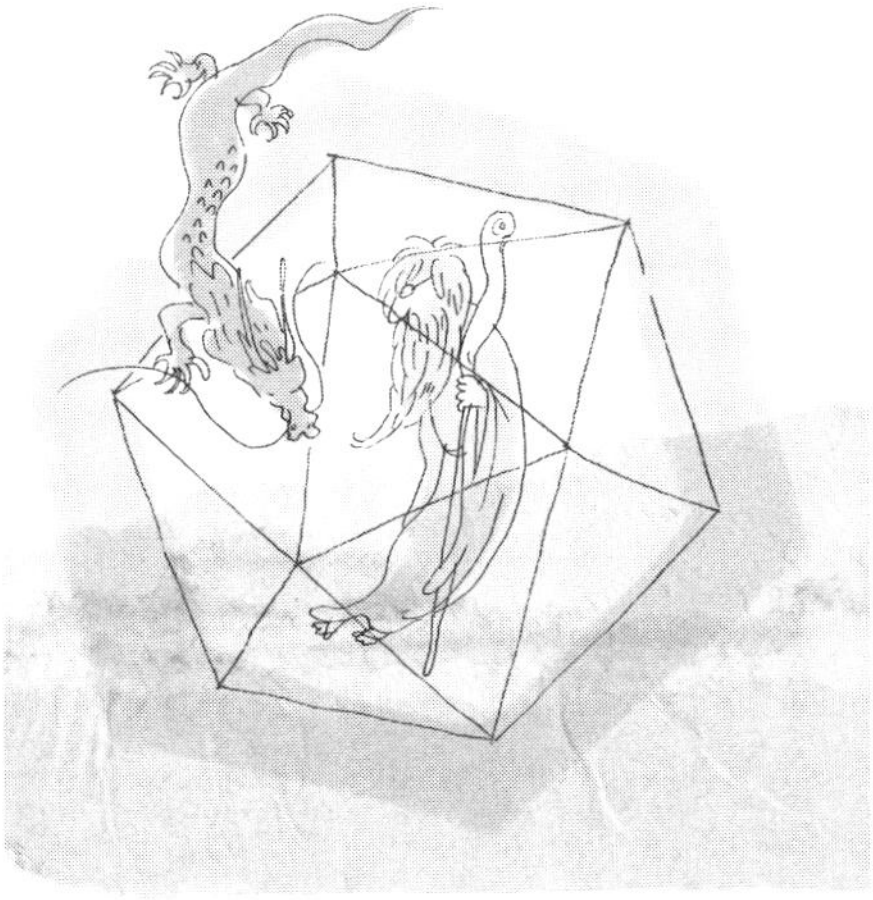

ケスラー　みんな毎日、眠ったときに、肉体から外に拡大して、エーテル体の身体になっている。

　肉体の自我が休眠することを睡眠という。なぜといって、肉体的な自我は限定された時間と空間にいる局在的な存在性なので、わずかな場所にしかいられない。すぐにこと切れてしまう。

　でも肉体物質を根拠にして作った自我に依存していると、多くの人がこのエーテル体に移行したときの記憶をあまり持っていない。主体が凍結した身体の外に移動した段階で気絶する。

　ウィリアム・ブレイクの定義する女性は雪の吹雪の中に卵の殻を固めてしまう存在で、これはサタンの手下だ。これは地球世界に対する執着心に満ちている。

カウント君のいう七面観音とは違うので、女性性を二種類に分けておくといいのかな。宇宙に拡大する紅龍の女性と、地球に閉じ込めて外に出さない女性と。

カウント　アニマはマザー、シャドーと三人でセットになった三女神といったよね。では、マザーの野望って何だろうか？　小さな世界にじっとしているのでなく、もっと大きなところに行きたいのでは？　宇宙空間にアメノオハバリを作ってそこにネバーランドの巨大帝国を作りたいのでは？

私はよくデネブの野望とか、北斗七星の熊女の妄執とか、プレアデスの管理ママみたいなものをよく考えるのだけど、こうした悪夢のようなマザーによって、その娘のアニマはどのくらいの魔女に変わるか違ってくるのではないだろうか。

小さなペルソナを作ると即座にシャドーがそれを壊す。マザーが領地拡大したいときには、アニマはペルソナ壊しに走るが、もしマザーが小さいところで安住したいのならば、アニマはささやかな世界に閉じ込めるようにする。この場合には、川辺の女性は久米の仙人を普通の人にして、元に戻ることを許さない。結局、マザー次第なのでは。そしてマザーは夫のワイズマンのいうことに従っているとすると、拡大したいという指示はワイズマンから来ている。

ケスラー　眠り始めると、肉体は停止して、エーテル体は身体の外にだんだんと拡大していく。エーテル体は生け花のようだとか、爆発する光景だとケスラー君に説明したが、これらは出鱈目（でたらめ）に爆発しているわけではない。

生け花だってちゃんとした法則とか秩序があるので、爆発して飛び出す複数の線の弾道は規律正しい。そして意識は射出されないと働かないという点で、主体はエーテル体の外向きの線、線路、道路に乗って、身体の外に射出されていく。

身体の外に広がる立体幾何図形に向かって飛び出すということだね。

まずは地球の薄膜としての惑星グリッドか。

カウント　脳波がアルファ波になると、地球集合意識と共鳴するといわれている。この地球集合意識というのは惑星グリッドのことでもある。

集合意識というのは、人をドットにして、このドットを全部含むスープみたいなものだと考えるといい。するとドットの上で成立する、あるいはドットどうしの関係で成立するドット枠の想念、思考形態から離れて、集合意識としての思念の働きになる。アルファ波になるだけというのは、つまり肉体感覚から少し離れてということだ。

惑星グリッドも大地から少し離れているが、大きく離れてはいない。

ケスラー　そしてそれがボン教の天国への糸ということだったたね。これはエーテル体の紐、糸のことだったので、これをたどってエーテル界、アストラル界、メンタル界へと上昇していくわけか。

物質界にはこの糸がない。ということは、まずは天国の糸につかまるために眠ればいいのか。

カウント　じっとしているだけでもいい。

つまり肉体感覚に意識を釘づけにしないようにすれば。

で、例の複数のプラトン立体を組み合わせたＵＶＧ１２０の問題点とは何だろうね。グーグルアースにグリッドを張りつけることができるので、天国への糸をグーグルアースで探すことができるという点で、場所探しにはとても便利なのだが。

ケスラー　それはつねづねカウント君が言っているように、エーテル体は物質体にぴったりと重なっているわけではないという点だね。

エーテル体はアストラル体やメンタル体という非局在的な意識へとつないでゆくつなぎ剤なので、徐々に非局在になり、時間と空間の因果律に従わない方向に向かうという点だ。

特に空間的に精密さを失う。この精密さというのは物質的な面での精密さだ。

そして意識の働きについては、どんどん精密さを増すにつれて物質的にはどんどん正確さを失う。確かこれは反比例だったね。正確になるほどいいかげんになるという。

カウント　そうだ。だいたい大地のレイラインを正確に計測する人がいるが、そこを走るエーテルの力は、かなり曖昧で、よれよれしている。

不思議なことに、意識としては最短距離を結び一直線のつもりが、物質的には歪曲されていてとても直線に見えず、寄り道だらけに見えることもある。猫の道と人の道の違いだ。猫はわざわざ塀を跨いだりする。

で、UVG120は北極などを駒の軸にしたりするが、エーテル体からすると北極点には何の意味もないぞ。ピラミッドに恒星への穴が開いているように、地球に突入する射入角度をもとにしないとね。

エーテル体の中心と物質体の中心は違うので、物質体の座標だけで考えてはいけない。


カウント　インドの占星術では、西欧のように地球の赤道の延長の天の赤道と黄道の交差点である春分点を牡羊座の0度にしない。

例えば、アルデバランを牡牛座の0度と設定して12サインを配置する。

私はカウント君の考え方の中に、頑なに北極星を認めないという姿勢を感じるが、つまり地球に住んでいながら、北極が示す北極星を認めないというものだね。まるでインド人みたいだよ。

ＵＶＧ１２０は北極星を中心にするので、まずこれは他クラスターには通用しないものだと。ＵＶＧ１２０は物質的座標を基準にしているが、実は、芯からずれる皮みたいなものが実体で、エーテルのエネルギーのポータル外れていくことも多いということか。頭蓋骨(ずがいこつ)に張りついていない皮膚みたいだ。


カウント　エーテル体は、上位のアストラル体、メンタル体に従い、下位の物質体には従属しない。呼ばれると上位の方に行くので、下位の物質界に合わせる気がなくなる。

私は江の島で、空がはがれて、天井に這うむき出しの配線みたいに、緑色のラインを見たが、昔の人はそれを「龍」と言った。そんなに正確な線ではなかった。それこそ龍みたいによれよれしていたんだ。

プラトンは、惑星グリッドは地球を取り巻く色違いの布でできた毬(まり)といったが、エ業製品でなく手作りなので、縫い目もあまり正確ではない。肉の目で見ないで、つまり計測しないで、エーテル体の目で追跡しないとね。

ケスラー　惑星グリッドにまで到達して、人間は個体から離れ、集合意識になった。それから弾道は地球の外にあるグリッドに向かうね。

カウント　ケプラーは太陽系の互いの惑星の間にプラトン立体の関係が成り立つといったが、UVG120は、この距離の違うところに張られた複数の立体図形を、全部地球表面に張りつけてしまった。でも、同じ距離にあるのでなく、少しずつ直径が違う場所に重ねられると考えた方が自然だ。つまり、UVG120は地球に張りつけられた太陽系の模型だ。

例えば、地球と火星の間にある正十二面体は大地からちょっと浮いた雲のあたりとか。かつての久米の仙人がいた場所だ。となると、金星との関係で作られた正二十面体は大地よりも下にあるのかな。

以前ヘミシンクで、私は自分の身体の中から、ぬめぬめした緑茶色の生き物が這い出してきた光景を見た。自分は横たわっていたが、この身体は四つん這いで起きた。これは金星とのグリッドではないかと思うよ。これは明らかに人の姿をしていない。むしろ虫とか龍とか何か別の生き物だ。

西欧人の人の形に対するこだわりは大きなブロックになって、地球と火星との関係にある正十二面体から逃れることができないということだと思う。トランスフォーマーになりきれず、眠ったときにも夢の中で宇宙旅行は身近なところまでは行くが、遠くには旅できない。

ケスラー　そうだね。意識の点、線、面の発展として、立方体は特有のロゴスを表現している。ということでは、その形に精神、感情、知識などが深く結びついている。

人間の肉体を象徴する地球から外に飛び出す時に、天国への糸としての惑星グリッドが、ＵＶＧ１２０みたいに同じ直径のところに全部複合されず、それぞれの図形ごとに、太陽系の模型みたいな距離が違うと、ティマイオスの言う地球を取り巻く毬はレイヤーとして複層していることになる。

これはカウント君が以前見た夢、反物屋さんで「どの布がいいか」と聞かれたということに関係するね。毬を作る色違いの布は、複数あって、いわば雲の高さが違うということか。


カウント　いやいや雲だと近すぎるかもしれない。むしろ地球と月の間くらいの距離に広げた方がいい。

そこに植物性の大地として複数の布が巻かれていると。

月の軌道に大型の宇宙ステーションがあると私は説明していたが、でも月の軌道というよりは、地球の月の間、また少し月からはみ出すあたりに、複数の軌道円があり、これらは睡眠のときに、肉体から飛び出したエーテル体がまず節目として向かう駅だ。

昔は、東北に行く人だって、まずは上野駅に行った。そこから東北に行った。

銀河の世界では、この上野駅はシリウスだが、縮小版として、地球と月の間の特定の軌道に、上野駅、シリウス駅がある。

ケスラー　あらためてケプラー説を思い出すと、確か、正八面体に内接する球体が水星で、外接球が金星の軌道。

金星の軌道を内接球とする正二十面体の外接球は地球軌道。

地球軌道を内接球とする正十二面体の外接球は火星軌道。

火星軌道を内接球とする正四面体の外接球は木星軌道。

木星軌道を内接球とする正六面体の外接球が土星軌道ということだったね。

ケプラーは最初の神の計画は正八面体から始まり、これを「黄金太陽」と呼んでいたというものだね。

カウント　物質的なものから始まった宇宙像は偶然の産物だが、ロゴス、メンタル体などの意図から始まった宇宙というのは、昔式に言えば神の計画で作られたものということで、ケプラーはこの神の意図を重視したので、それに従うと純粋に物理学的な正確さには合致しない。神と物質には乖離（かいり）があるのだから。
地球と月の間、あるいはもっと小さく地上から離れた場所に雲があり、これらはケプラーのそれぞれ直径の違う立体幾何図形がそのまま投影されていくので、久米の仙人は雲の上に住んでいたというだけだと説明が少なすぎる。

地球と火星の関係に照応する高さの雲の上にいて、もっと進化したいと思い、そこで無意識的に地上で川辺で洗濯していた女性に引き寄せられた。

もし、それが普通の女性ならこの計画は大失敗。しかし魔女とか七面観音とか龍が化けた女性なら「ハイ、正解」ということになるのだけど、私がQHHTセッションを受けたとき、私の定位置は雲の上にあることに気がついた。なんせ私は元出雲族なので、雲にいて、ときどき地上に向けて顔を出す程度の人間だからね。

で、プラクティショナーに「気にかかる地上に向かってください」と言われたが、そんなものはどこにもなかった。地上に降りることが困難だった。ただ遠くで人が歩いているとか活動しているというのは小さく見えた。

久米の仙人がいた高さの雲とは違う雲のはずだ。

ケスラー 思い出してくれ。それはどのくらいの高さの雲なんだ。

カウント　その後、二度目のＱＨＨＴで、私は火山のマグマの上にいて、この場所はひどく気持ちよかった。この暖かさは快適だと。火の上にあるという意味では、火星と木星の間にある正四面体に照応する高さの雲ではないだろうか。

シュタイナーは、地球は正四面体が実体であると言ったが、この正四面体のラインはみな火山地帯で、人が住めない。私はその線上が最も気持ちいいと感じ、ずっとここにいられたらどんなに幸せだろうと感じた。お笑い芸人ではないけれど「あったかいんだからぁ♪」と。

久米の仙人は地球と火星の間に照応する雲にいて、そこからのフォーカスだと地上の女性が見える。しかし私の雲の位置だと、人はドットでしかなく、それよりも火山のマグマがぐるぐる回っていることに最高に快感を感じたよ。

ケスラー　はっきりしたね。で、転落する前の不完全な久米の仙人は、エーテル体が正十二面体に投射されており、この場合には五角形は互換性がないので、そこから動けない。

火山の上にいるカウント君は、三角形互換性によって、いろんな場所にシフトできるということだね。

カウント　その話を聞いたら、自分の夢を思い出したよ。

私の父親は、新宿西口地下広場にある食品売り場で、いろんなものを買おうとしていた。

この夢では、私はこの父親の娘で女子高生だ。父親が私に昼の弁当のためにいろんな食品を買おうとしていて、しかし、いつものように時間をかけており、もう学校の始業時間に間に合わないので、私は、「今日は昼ごはん要らない！」と叫んで走り出した。父親はいつもこういうふうに自分流儀でこだわり、そしてこの父は前に夢で見た黒スーツのイタリア男だ。

ケスラー　となると五角形イタリア男が食物にこだわっているときに、正十二面体方向の金星は、この五角形の贅沢(ぜいたく)さとかこだわりには構っていられないということだね。

五角形は欲張りだ。

カウント　それはそうだろう。五角形としての人間の形、そこで初めて発生する価値観、欲望などを堪能するのが五角形だ。三角形はあちこちに移動するのならば持ち物は重くない方がいい。でも学校に急いでいた。

実は、これは金星人の教育システムに関係する。いつかケスラー君に、この金星バイパスの学校について説明してあげよう。

複数の宇宙連合があるが、金星に関係する連合はプレアデス系と言ってもいいかもしれない。

笑ってしまったのは、夢の中では黒スーツのイタリア男は、学校の規律とかには全く構っておらず、「遅刻したらなぜ悪い？」という姿勢で、新宿西口地下広場で大きなラフテーを買っていた。「こんな大きなのを自分に食べさせるのか！」と私は怒っていた。

ケスラー　シュタイナーは金星とはミクロコスモスへの誘いと言い、人は夢から覚めていくとき金星に導かれると。つまり砂利に接近するわけだ。このとき、シュタイナーは紅龍としての金星については意識していなかったのかな。

カウント　考えていないはずはないよ。ただシュタイナーは木星に対して過剰に思い入れしているふしがある。

アナハタチャクラは太陽でなく木星であると言っているところもある。正四面体に対しての重視だと思うが、これは金星の正二十面体と互換性がある。

最近、見た夢として、温泉旅館があり、そこにはいくつかの惑星風呂があった。ある女性客は女将さんから「あなたには金星風呂に入る権利がない」と言われていた。私はその女性に、「この旅館では金星風呂は特別であり、君はそこに入る権利はある」と言って金星風呂に入る許可をした。私は旅館の経営者でなく客なのに勝手に言ったんだよ。金星風呂は頂点にあった。

たぶん日常の意味で使う金星は普通の女性で、特別な金星風呂に入るとは、もともとの金星の意味に到達することだ。それに浸され、それに統一する。

ケスラー　そういえば、カウント君が言っていた、中国経由で入ったエニアグラムでは、9のインターバルは金星であり、インターバル三角形の下の二つはラーフ、ケイトゥという龍が守っていると言っていたね。

カウント　そうだ、龍に守られた金星は頂点の風呂に割り当てられていた。で、女将さんに断られた女性を私がその風呂に入ってもいいと言ったのは、そこで真の金星を抽出できると思ったからだ。人間だが金星になれると。

この夢の前に、ある女性がタロット教室の教師をしたがっていた。しかし妹か、親族の女性が先に教師を始めたかもしれないと気にしていた。この夢の中でのタロットを見て、私は驚いた。

ケスラー　それはどんなタロットかな。

カウント　１枚ずつのカードがアーキタイプを表していて、強烈に迫ってくるんだ。このカードに迫られると抵抗はできないという感じだった。

タロットカードは金星人が地球人に教えたという説があって、夢の中でタロットの教師をしたいという女性はたぶんこれだ。だが姉妹に先に進めたのがいる。つまり金星人たちにはいくつかの、少なくとも二つのグループがあるのかな。

私は金星風呂に入ってもよいと許可した女性は、地上において金星との通路、正二十面体の天国の糸を使うことができると判断したのだ。

夢の中でのタロットを再現したいが、あれは無理だ。１枚ずつの力が強すぎて、悪夢みたいだ。カードは横に寝かせてはいけないんだよね。紙相撲みたいに使わなくてはならない。

ケスラー　カウント君は、立体幾何図形の面はアーキタイプとか、アストラル体と説明していた。

タロットカードの場合、21枚で、これらが全部アーキタイプとすると、それに一番近いのは、正二十面体かな。一つ足りないが。

カウント　それでいうと正十二面体は12個のアーキタイプだね。

メルキゼデクは地球を守っているといっていたが、守りは閉鎖でもあるし、黄道十二宮にしても、十二支にしても、これは12個の動物に例えられるね。アストラル体は動物にたとえられる。だから正十二面体のフィルターは平面として見ると、地球を12個の動物が取り囲んで閉鎖しているということかな。

金星の正二十面体は内に入り、そこから共鳴的に外に出るというものだが、でもタロットカードは3掛ける7で21になった体系だから、20より一つ多い。「0愚者」のカードを入れると22枚だ。いっそのこと、「0愚者」と最後の「21世界」のカードを外してみるのはどうかな。これなら20枚だ。

12サインは感覚に閉じ込め、タロットカードは外に脱出するためのツール、最近の私式に言うとスターピープル回帰のための経典と説明していたが、「21世界」を外すと、ますますそうなるよ。というのも「20審判」のカードはさまざまな世界をアクセスして、そこに入り込むということを意味している。「21世界」は特定の世界にとどまるというような絵柄にもなりやすいので、あちこちの次元に旅を続けるマカバということなら、「20審判」で終わりだ。

ケスラー　仏陀が悟りを開くとき、金星が輝き、女性が牛乳を持ってきたというのは、三角形女性がやってきたのかな。

牛乳を入れるとなると、昔懐かしい紙のテトラパックだね。「20審判」のカードはクンダリニのことだとカウント君はいつも言っていたが、下の墓は立方体に見えるが、これが天使が呼ぶと、女性型正四面体になるということだね。

カウント　ある人が、自分のセミナーで、いつも地球の中心につなぐということを生徒に教えていた。で、これは下に向けて三つのスポークを作るというもので、地球の中心軸へ向かうものと、残りは陰陽の筒かもしれない。

私がヘミシンクで地球を見るというテーマで見たものは正八面体の骨組みだった

が、このセミナーでのものは正四面体ということにもなる。

で、一番下に点があるというのは地の母を示すので、地球の中心につなぎましょうというセミナーでは地球の核心に、地球の母があるということだ。「20審判」のカードで下に墓があるとすると、ここでは墓の床はどういう形なのかはよくわからないが、ただどんどん突き詰めて底に向かうと、最後は点に至るだろうね。

ケスラー　ユクテスワの瞑想のように天の父と地の母は、ともに点だとすると、マクロコスモスとミクロコスモスの構造共鳴ということで、これが蛇が尻尾を噛むというもので、地の母は、物質の究極の最小単位ということを象徴しているのか。それは宇宙の果てにある絶対、無の原理と共鳴する、と。

カウント　墓に閉じ込められていた人は、どんどん突き詰めて物質の最小単位とは何かを追及し、最初は原子、次は素粒子、次は例えば超紐。しかしこれはまだ線なので、もっと突き詰めて無になりそうな点まで追及すると、その範囲にふさわしい天が降りてくる。
中途半端な物質単位は、中途半端な天に対応しクンダリニ爆発力が足りない。遠くまで飛ばないマカバになるね。

ケスラー　人は神に似せて作られた。だから人の形は神の形なのだという妄想は、正十二面体と結びついて、地球のプロテクタとなり、外敵を防いでいるという話だったが、カウント君が接触している埴輪(はにわ)宇宙人、ハヌマーンは、円錐形の宇宙人なので、骨子は上に点がある正四面体と考えてもいいのかな。

カウント　円錐形宇宙人というと、『ドクター・フー』に登場するダーレクみたいだ。彼は築地市場で使うターレーに乗ってくるとますますふさわしいかもしれない。
彼が私の腰を治すといったとき、私がそれを拒否したのはいい判断だった。彼は地球人のことなんか構っていないし、誰もが治療とは自分と同じにすることしかできないので、彼が私の腰を治療すると、私の腰から下の足が切り離されて、私も円錐形人間になってしまうからね。
つまり彼は私が彼と同じ故郷の星の人間だと思っているので、「早く戻れよ」と言っているわけだから。

ケスラー　仙人はみんな腰が悪く、足に障害があるという話があった。
中沢新一はシャーマンは右足が良くないと説明していたが、これは右足が切れた黒曜石の神、テスカトリポカのことだね。

で、カウント君のハヌマーンが治療したら、足を治すのでなく、足を切ってしまうということでは、人の形の五角形のうち、下の二つは足だから、足を切り離すと上の三つの点だけが残り、これは三角形、あるいは円錐形になってしまうことか。

カウント　地球の物質世界は、宇宙物質の連鎖である絶対、永久不変、大天使、小天使、人間、哺乳(ほにゅう)動物、無脊椎動物、植物、鉱物、金属、無限という順番の中で、鉱物、金属の比率が濃いのが特徴だと思う。

この序列を人間の身体に強引に当てはめてみるとする。無脊椎動物は下腹あたりかも。植物は腰だ。エーテル体は植物を借りていると言うが、腰はエーテル体の場所だね。生命の樹ではイエソドだから。

で、腰から下の足は太もも周辺が鉱物で、脛から下が金属だ。かなりむちゃな当てはめだが、足は下にいくほど固くなる。

私の同郷宇宙人は、宇宙生命に「鉱物や金属は必要がない」と言っているわけだ。実際、彼の肉体はドットの集積で、煙みたいなもので、空中でふっと消えてしまう。肉体の一番濃い要素がエーテル体だ。

ケスラー　仙人になりたい人は、足腰が悪くなくてはならないということで、中には崖から飛び降りて、足を壊してしまう場合もあると聞いた。

カウント君の場合、交通事故でＢＭＷに追突され、右足が複雑骨折したんだよね。しかも最近は走りすぎで、大腿骨（だいたいこつ）の疲労骨折で、右足が不自由だ。

仙人の不自由な歩きは、私が思うに、四拍子でなく三拍子のリズムで歩くことに関係していると思う。死期が近い人は三拍子で歩くといわれている。行進曲だと二拍子、四拍子で、大地をしっかり踏みしめて歩く。

でも足が悪いと、三拍子で不良な歩き方だ。

カウント　最近、夢で、宮地神仙道（みやぢしんせんどう）の宮地氏に会った。静かで落ち着いた場所にいた。彼は、仙人になるためにまずは夢で修行するということを提唱していたらしいが、眠っている間は、足は全く使わないわけだ。

で、あらためて生物の生存に、鉱物、金属はあまり必要がないのかもと思った。これは鉱物、金属が宇宙の中で不要なのだと言っているわけではないよ。人間はそれを体内に取り込む必要などないと言っているのだ。

仙人とは、鉱物、金属を身体の外に吐き出した存在だということを言いたい。外部にあるものとしてそれを扱うのは結構。しかし自分は鉱物、金属には同一化しない、と。で、一番低い位置にあるのは植物だと。

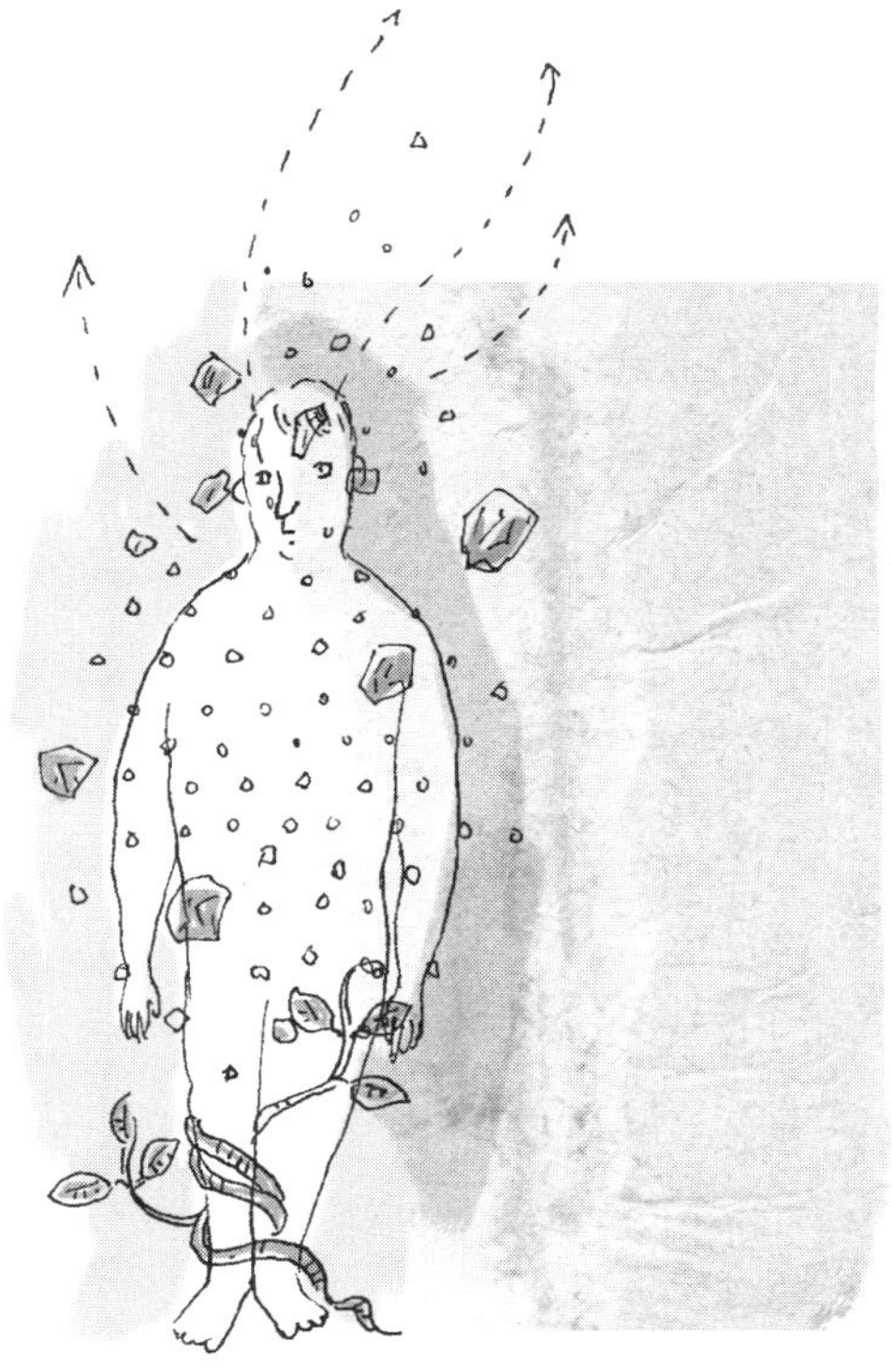

夢の中で住処を作る

ケスラー　人間は死ぬと肉体を切り離し、エーテル体になる。これは鉱物、金属を切り離し、植物の精髄にシフトするということかな。地上の植物は鉱物、金属も多量に含有しているのだが、植物の成長は岩をも砕くということでは、エーテル体は物質体よりも優位にあるということだね。

このエーテル体を下限にした仙人は、死ぬ前の知覚とか自我をずっと維持できているのかな。

通常の人は、死んだ後、早めにエーテル体を手放して、次にゆっくりとアストラル体を切り離し、最後はメンタル体だけが残る。仙人は肉体を手放すときに、柔らかい肉体をエーテル体で作り、その後ずっと生き続ける。つまり不死の存在ということだ。なので、通常の死と著しく違う。

カウント　人間は七つの層の重なった生き物だと考えてみると、つまり生命とは八つの音の連なりであると見たとき、絶対、永久不変、大天使、小天使、人、哺乳動物、イカ、植物、鉱物、金属の連鎖の中で、永久不変は触媒的で結晶化していないのでこれを除外してもいい。すると七つだ。

　しかし地球に住んでいる人間が絶対、永久不変、大天使などが切り離されているときには、小天使、人、哺乳動物、イカ、植物、鉱物、金属くらいで七つを構成していくのでは。

　最近見た夢では、娘が頭の上に乳房を乗せて旅していて、父親はそれを心配していた。で、私は「乳房を至上主義にしているのなら旅は安全だ。しかし遠くには行けないので退屈な旅だね」と言った。父親は安心していた。父親というものは娘には苦労してほしくないと思うだろうが、これは娘を狭い世界に閉じ込めることであり、つまりは所有欲を発揮していることだ。

　頭のてっぺんに乳房があるのは、小天使が神であり、それは情感的、情緒的に生きることであり、異性愛とかが一番大事というふうに思うことかもしれない。でもささやかな世界にじっとしていられるので、父親は娘を家猫みたいに飼うだろう。こういう娘と結婚した男性は、もちろん、閉鎖的な世界に縛られていくので、仕事でも成功しないかもしれないが。

カウント　身体は特定の時間、空間に存在し、これを「物質界」と呼んだ。で、この牢獄（ろうごく）みたいなところから解放されるには、生きている間は眠って夢で別世界を体験するしかない。眠った後の夢体験は、人が死んだ後の体験に似ていて、その模型だ。

自我を統一的に作っていない人は、死後は肉体、エーテル体、アストラル体、メンタル体が団子四兄弟になっていないのでばらばらになるので、その人は存在しないといってもいい。部品は不死だ。

仙人は、肉体に変わる軽い肉体をエーテル体素材で作り、死後も、死ぬ前と同じような感じで暮らすが、エーテル体は七つくらいの層に分けてもいいし、これをいろんな高さの雲とたとえたのだが七つの虹でもいいかもしれない。「ヤコブの梯子（はしご）」といってもいいし、樹ならば中腹にリリスが住んでいる。

久米の仙人はその後、金星を獲得して、以前よりも一段上にある雲に移動したと考えるといい。

で、夢の体験を毎日続けるのは、死後住んでいく世界を探索していくことに使えるので、夢の探索を思い切り大切にしてもいいね。

ケスラー　久米の仙人の話で、もう一つ気になるのは、地上にいた女性は川辺で洗濯していたという話だ。これは脱衣場、つまりセオリツヒメのことではないか。

人が死ぬときに、脱衣場は衣類をはぎ取る。つまり現世的な価値観をすべて取り除いて純粋な魂にして三途の川に送り込む。衣類の汚れは、現世で生きているときについてきたカルマ成分だね。

カウント　それは重要だ。世の中の人は、そこまで拡大解釈するのはおかしいのではないかと思うだろうね。ただ仙人というテーマから考えると全く話が違う。

仙人はエーテル界を足場にして不死の存在になる。エーテル界は純粋な宇宙法則や意識に従うもので、物質界とははっきり違う。

つまり物質界が示す限られたとき、限られた空間という局在性ではなく、非局在に向かうということだ。そこで、地上に何の意味も与えられていない女性がいましたという解釈は成り立たず、すべては象徴的であり、ロゴスであり、意義のあるものとなる。雲の上に住むというのはそういうことだ。だから、何の特徴もない物質的な存在としての女性がいても、それを神話元型的存在に引き上げていくということにもなるね。

地上のすべてはモノノケか魔物か神か象徴だ。仙人は、限定されたとき、限定された空間にいる意味のない存在に興味は持たない。なぜといって自分は象徴的な不死の存在なのだから、同じものしか認識できない。地上に生きている普通の人からすると、久米の仙人は川辺の女性の脛(すね)に興味を抱いて転落したと思う方が理解しやすいが、象徴的な意味しか目に入らない仙人はそれと違うものを見たのだよ。そしてそれは自分の新しい展開には重要だと考えた。

ケスラー　カウント君の夢で、祭りの場で、女性と一緒にかがんで見物していたというのは、これも川のそばかな。

カウント　老人たちが列をなして歩いていた。これは今から三途の川に順番に入りますということだね。で、それをコンクリートの垣根越しに二人で見物していた。人が眠ってエーテル体に爆発するとき、特定の立体幾何図形に広がる。それは蝶が羽を広げた光景だ。

で、肉体から離れるので、個体差はどんどんなくなっていき、客観的な世界に入るので、図形はある程度共通しているものになる。

私はよくヘミシンクで、プラネタリウムみたいな釣鐘（つりがね）の中に入っていたが、これはエーテル体が拡大して、ある立体幾何図形に入ったとみてもいい。

いろんな星があって、この星と星を結んで、図形が作られている。星は星の数ほどあるので、この立体幾何図形は一つのプラトン立体ではなく、複合されたものになるが、異なる立体幾何図形の組み合わせだけでなく、一つの立体幾何図形も内部に細分化された線が引かれていく。三角形の中に、辺の中点を点にした小さな三角形が作られ、さらに小さな三角形が作られていくようにね。

細かく複雑な図形だが分析不可能なほどに不規則的ではない。物質界から離れると、空間の位置づけなどの因果律が壊れていくので、例えば、おおいぬ座の五つの恒星で犬の形を作っても、それは犬の五角形になる。

ともかく、私たちは物質体として生きているので、このルールを宇宙に押しつける。すると天文図もひずんでしまう。

正しい天文図は空間的に配分してはならず、振動の違いとして配置しなくてはならない。

夢の世界では、空間的な秩序もめちゃくちゃだが、振動とか型共鳴では精密なので、エーテル界以上の世界を学習するのにすごく適している。

ケスラー　久米の仙人が転落した原因になった女性は川の辺にいた。三途の川は大きくしていくとエリダヌス川にもなるね。ミルキーウェイも大きな川だ。これらはみな龍という意味を持っている。

人間の形は、この川に飲み込まれないように抵抗している姿かもしれない。スープの中にあるダマだ。つまりこれは川の中を移動することを拒否して、しばらくどこかの決まった場所にいたいということから来ているのかな。

ミルキーウェイの大半を示す暗黒物質は素粒子論からすると、カウント君の言う弱っちい虫のWIMPになるが、天体物理学からするとMACHOだね。これらは物質との相互作用を持たないので、物質的存在になりたい場合には、これら暗黒物質を分割して二極化しないといけないね。すると内部においては相互作用が働く。内輪のファミリーを作ることとか。

それはともかくミルキーウェイには千億の恒星があるといわれているので、恒星ネットワークとしての立体幾何図形は作り放題か。

カウント　肉体が爆発してエーテル体になったとき、その弾道の行き着く先としての立体幾何図形を考え、この図形を作り出す交点としての点を文字にするといい。

そもそも、文字の由来はそのように線と線を結ぶ結束バンドみたいなものだから。

その図形としての植物性大地に、自分の知覚の要素のすべてを乗っけることができれば、死後あるいは事故で死んだ後、その場所に移動し、不死の存在として長く生きることができるだろう。

仙人は霞を食べて生きているというが、霞はエーテル物質のことだ。煙などで言い表すこともある。

私は言葉を食べて生きている。入り口として占星術とかタロットカードを学習して、だんだんとレベルを上げて、不死存在になるといいね。

対話篇補足

対話篇には説明不足の内容がたくさんあります。この対話篇以前に、短編をnoteにいくつか書きましたが、それを掲載します。これを読むことで本書がより理解できるはずです。

いかにして人間は目覚めるのか

ケスラー　ところでこないだ言っていた、惑星意識と全惑星意識というものについて、もう少し話をしてくれないか。

あれが随分と興味を惹いてしまうんだ。

ケスラーはカウントの好物のたい焼きを持参した。

代々木西口駅前の交差点に面した店で売っている品物で、ケスラーはしばらく激辛たい焼きに凝ってはいたが、やはり原点に戻って、餡子の入ったたい焼きを食べたくなっていた矢先だった。

そしてまだたい焼きは暖かい。

カウント　素晴らしい！　それではお礼に、惑星意識と全惑星意識について説明しよう。これは神秘哲学を教えるグルジェフの説明している話で、彼は意識の振動の違いを、月、惑星、全惑星、太陽、全太陽、全宇宙という具合に階層的に説明しているのはご存知の通り。

これ以外の説明方法として、振動密度が高く物質密度の低いものから、振動密度が低くなり物質密度が高くなるまでの階層的な順番を、法則の数で説明していたりする。この宇宙の一なるものは法則1だ。グルジェフはこれを水素番号として説明するが、化学の水素と混同すると釈然としないままが続くので、水素と言わずHとしておこう。

グルジェフが活動していた時代はまだ元素などというものに夢があったのでそのまま使ってしまったのかもしれない。

カウントはたい焼きを彼のお気に入りの風木の葉取り皿に載せた。カウントは不器用なので、このでこぼこした皿の端でよく指に傷を負っていた。それでも形が気に入っており、何かというとこれを使おうとする。

電気工作の最中に出た電線の切れ端などもこの皿に載せる。柔らかくなったハンダが皿の上に飛び散ると、美しい金継ぎみたいだと思い、そのまま保存しようとするが、皿を洗った時に簡単に剥がれてしまうのが残念だと感じている。

カウントがたい焼きを皿に載せるところを横目で見ながら笑顔でケスラーは口を開いた。

ケスラー　究極のもの、一なるものをＨ１とするわけだね。つまりこの宇宙で分割されておらず、あらゆるものに浸透し、どこにでもあり、すべてである絶対のものを示しているわけだ。

こういう話題になると、いつも気持ちが良くなって、身体が楽になるんだよ。どうしてなんだろうね。だから、いつもこういうことに詳しいカウント君に話を聞きたくなるんだよ。

体が辛くなるとカウント君に会いたくなる。

カウントは皿に乗ったたい焼きをスマホで撮影し、その後、たい焼きを手に取って二つに割って、中に入った餡子をじっと見ていた。

たい焼きの皮は薄く、中にぎっしりと茶黒の餡子が詰まっていてどっしりと重みがある。

ケスラー　いろんな細かいことに圧迫されたりプレッシャーを感じたりするのが人間だが、究極の法則１は、あらゆる区別を全部無くしてしまうから、悩まされる何物もなくなるのさ。つまり究極のリラックスと安らぎがここにある。

とはいえ、Ｈ１を意識できる人間はいないので究極の意識としてＨ６あたりを最終的目標にするのだがね。それがＨ１の気配を感じさせる次元かな。

高次元の法則を考えるたびに人間はのびのびする。そもそも絶対のＨ１は物質を認めない。というよりも物質が存在しない意識だ。

だから目の間に机があったり、道路があったり、人が歩いていたり、幼稚園の生徒が騒いだり、インクがもう半分もなくなってしまったようなボールペンが転がったりしていない。

目線で細かく追いかけることもないし神経が痛まないんだよ。

物質を認識しないというのは、物質のことを忘れて、精神に集中している状態かな。

我々も目をつぶると物質は認識しないが。

しばらく激辛たい焼きを食べる日々が続いたので、今目の前にした純正たい焼きに、ちょっとだけジョロキアをまぶしたいという誘惑と戦いながら、カウントはケスラーの軽はずみな考え方を正すことにした。

カウント　絶対の意識1なるものは、何かを忘れたり、何かを除外したりすることはあり得ないではないか。この宇宙すべてなんだから。

グルジェフは、絶対の法則1を分割して、そこから続く3、6、12、24、48、96、192、384、768、1536、3072、6144という法則の連鎖について説明した。数字が増えるほどに眠りの要素が増加する。この数字は増えるほどに、物質密度が高くなるが物質とは昏睡だ。

法則1には眠りがなく物質もない。

カウントは、たい焼きを食べるときに端から食べるという癖を持っていた。周辺から攻めてだんだんと小さくなっていくのだ。

ケスラーはこの光景を何度も見ていた。

ケスラー　この数字が増加するというのは増えるということより内部分割の話だね。

カウント　そうだよ。承知の通り。

宇宙は最初から最後まで総量は変わらない。振動密度と物質密度は反比例する。振動密度は目覚めの比率、物質密度は眠りの比率。眠りというのは、何かの印象に食われて、自分を意識できなくなった状態だ。

野球に夢中になっている人は野球に自分を見失っている。

で、そもそもケスラー君の聞きたい惑星意識だが、これはH48のことだ。わかりやすくたとえると、一なるものを48個に分割し、この48個のうち一つだけが目覚めているということを示している物質だ。残りの47個は完全に昏睡状態で、そこでは本人の意識は不在だ。代わりに違うものがそこに詰め込まれている。

ケスラー　詰め込まれているものが眠りということか。

カウント　そうだ。印象とか物質とかが餡子のように詰まっている。

数秒の時間の中で、自分を意識する瞬間は何度あるのか考えてみるといい。ほんの数回しかないし、それ以外の長い時間は何かに自己同一化しているんだ。

この自己同一化という言葉はグルジェフ特有の言葉だね。

君は私にたい焼きを買ってきて、私はたい焼きが好きなので、たい焼きに心奪われる。この心奪われている間は、私はたい焼きになっていて、カウントではない。たい焼きは私を滅ぼそうとしている。

ケスラー　たい焼きを見ているのは自分で、たい焼きは対象であって、私はたい焼きを見ているというときは、むしろ見ている自分を意識するので、たい焼きを食うことはあっても、たい焼きに食われてしまうというのはあり得ないのでは？

カウント　いやいや、違う。

たい焼きが好きなので、たい焼きと自分の間の境界線が曖昧で、たい焼きを見たり、たい焼きになったり、また戻ってきたりするのさ。

自己同一化している証拠に、もしケスラー君がたい焼きのことを批判すると、私はきっと怒って君とは絶交するかもしれない。まるで自分のことをけなされた気分になって傷つくよ。それは私がたい焼きと一体化しているからさ。

振動の高さというのは、そもそも一秒の間に、どのくらいの数の波が立つかで判定するよね。このパルスの数が多いほど、印象とか何かの思い、感情とかに支配されない部分が多くなり、目覚めた意識の比率が高いというわけだ。

私はたい焼きを見ると振動が落ちてしまうんだよ。

今日はいつもに増してカウントが力強く語るのではないかと感じて、ケスラーは場所を変える提案をした。既にカウントはたい焼きをたいらげて皿を台所に片づけていた。

ケスラー 今から歩いて、高島屋方向に移動して、新宿サザンテラスのベルギービールの店で珍しいビールを飲まないか。私が全部奢(おご)るよ。金ならある。しかし知識はないというのが自分だから。

カウント いつもながら、ケスラー君の提案は私には有害だな。たい焼きを二匹食べて、その後ビール飲むと、炭水化物だらけになり、私は糖尿病まっしぐらなんだが。

ケスラー 昔は炭水化物から食物繊維を引いたものを糖質と推理して、推理上の糖質分量を発表していたが、しかし技術が向上して直接糖質量を計測できるようになった。その結果として、実はビールは案外に糖質が少ないことが判明したことを知っているのかな。

カウント　もちろん。だがゼロではない。
話が長くなるとだな、ビール屋さんで三杯くらい頼んでしまいそうだ。

そう言っているうちに、彼らはもうビール店に到着してしまった。開かずの踏切の手前にある右の階段を上がると、予想外に早く着いてしまうのだ。

カウントはいつものように、修道院ビールを頼んだのでケスラーも同じものにした。同じものを飲むと、カウントの考えがもっとわかりやすくなるような気がするからだ。


カウント　地球の上に住んでいる一般の人の思考はH48だといわれている。48個のうち、1個目覚めており、47個は昏睡の中にあるということだね。この場合、この本人の不在な47個は留守の家みたいなものなので、泥棒が入ってきても気がつかない。

本人の経験としては、この不在の間は無時間なので、何か起きても、本人の記憶には上がってこない。折りたたまれた次元みたいな話だ。

人間の意識はつぎはぎで隙間だらけで、起きている方が少ないのだが、本人は意識が持続していると思い込んでいるんだよ。

ケスラー　まあそれはそうだ。自分が不在な場所では意識がないので記憶はない、意識ある自分から見たら、自分はいつも連続している。

カウント　私は最近、ウィリアム・ブレイクの考えを借りるのが好みだ。

空は巨人の頭蓋骨（ずがいこつ）の内側だという北欧神話のイメージを使って、まず巨大な球体を想定する。これは人間よりも高次な次元の卵の姿だ。

この中に個人としての小さな卵が48個できた。巨人の卵を大きな自己と考えると、この中に詰まった小さな卵は小さな自己だ。

個人は自分を感覚の殻で包み閉鎖している。個人の卵の殻はそうとうに硬いのさ。だから他の47個の卵のことは知らない。もともとこの他の47個も巨人からすると自分にほかならないが、個人に閉じこもった人間は自分以外を阻害するので、他人が何を考えているかなどわかりはしない。

この小さな一つの卵のことを、ウィリアム・ブレイクは「アダム」と名づけた。人間が自分の感覚の殻に閉じこもり小さくなり続けようとするので、神は縮小限界を設定したんだ。それがリファレンスとしてのアダムだ。

つまり私が言いたいのは、内部分割されて次元が低くなった存在は、より高次な物質から脱落したのでなく、より高次な物質の腹のなかに包み込まれているということだ。なぜなら高い次元の振動は浸透性が高くどんなものにも染み通っているので、私たち人間は法則1から追放されているわけではない。

自分を小さなところに閉鎖して、それを自分とみなすので、今でも高次な次元の頭蓋骨の中にあることを忘れているだけだ。

ケスラー　卵の殻は感覚で、この感覚は見たり、聞いたり、触ったり、味わったりだから、私たちが外の世界を見たりするのも、実は、H48の単位の卵の殻に映し出された感覚的反映ということで、実は外の世界ではなく、H48意識レベルで知覚する壁の絵という意味だね。

カウント　そうだ、その通り。ここは多くの人が勘違いする肝心なことだ。

例えばロケットで月に行こうとするが、これはＨ48の卵の殻に映し出されたものに行こうとしているわけで、真の意味で小さな卵から外に出て宇宙に行こうとしていることではない。

しかし人間はＨ48の中でのみ存在可能なので、それ以外の外に行こうとしてもＨ48の自分を維持しなくてはならないので、ここで矛盾は生じるね。Ｈ48意識の上で見えている宇宙に行こうとしても実際に宇宙に行くとＨ48世界は壊れてしまう。

だから卵の殻という端の方に行くと強い反作用で押しつぶされるだろう。科学理論はＨ48上で作られたものだから、科学式に言うと卵の殻に接近するにつれて無限に重力が増える現象が生じるのでは。

外の宇宙に行くなんて簡単ではないし、そのあたりはいにしえのヘルメスの知識などを参考にするとよいと思うのだがな。なぜってヘルメスは異界との行き来にもっとも興味があり、そのことに最も通暁（つうぎょう）している存在なのだから。だからこそ「越境の神」と言われるようになった。

単純にロケットで宇宙に飛ぶなどというバカなことは決して考えないよ。

ケスラー　惑星意識H48が私たちが生きている宇宙だとすると、その上にある全惑星意識H24は一つ次元が上の世界だということだね。それはどんなものだろう。

私たちはH48に生き、それに備わる感覚で世界を見ているのだから、H24を見たり聞いたりできないということだね。H24を見たり聞いたりするには、私たちがH48を辞めなくてはならないということか。

つまり私たちがH48で生きていることが、H24に行くことを阻む原因でもあると。

カウント　全惑星意識としてのH24は24個の部品のうち一つ目覚めており、残り23個は自己喪失しているということだ。

でもH48では2個ほど目覚めているということだね。となると、H48意識が気がついていない、もう一つの要素に対してH24は目覚めており、それを認識あるいは対象化できるということだ。

それでもまだ24分の１しか目覚めていない。絶対の神に至るには23個埋めなくてはいけない。それでもＨ48に比較して圧倒的に解像度が高い。

このピーナッツは硬いな。やはりピーナッツは高級な千葉の八街市のものが理想だね。これは輸入品かな。千葉県人は「ピーナッツ」とは言わず「落花生」と言うらしいね。ピーナッツと言うと部外者だと判明する。

カウントはビールを頼んだときに同時にミックスナッツの皿を注文していたのだ。あいにくベルギーのビール専門店なので枝豆は出てこない。

カウント　カウント君はよく占星術の話をするね。これはグルジェフの影響かな。つまりグルジェフは法則の順番を月とか惑星とか太陽とかで説明しているらしいので、すると占星術の話を避けることはできないだろう。

天文学者は占星術を扱わない。しかし振動論の宇宙からすると、天文学者の宇宙論はＨ48の知識であり、頼りにならないということにもなると思うが。

ケスラー　私が占星術の話をするのは、グルジェフの影響でなくて、ヘレニズム時代のヘルメス思想の影響だ。

ヘルメスは惑星の借りを返すなどという言い方をして、惑星を今日の天文学式に見ているわけではなかった。ただグルジェフ思想はこのヘルメス思想などと密接に関係するというか、ルーツが同じなので、馴染（なじ）みやすいということだ。

カウント　そういう、いわば宇宙哲学というか永遠の哲学みたいなものは、占星術にも反映されているのかな。

私が記憶している占星術は、「どうやったらうまく結婚できますか？」とか「将来の旦那さんといつ出会いますか？」とか「どんな仕事すればいいですか？」、「お金はどうしたら儲かりますか？」、「この人との相性はどうですか？」といった世俗的な内容を聞きたがる人たちのものだと思っていた。

ケスラー　それは商売用に占星術を加工した人々の仕業（しわざ）で、占星術の本来の姿が曲げられたと言ってもいい。

占星術で使う惑星、つまり水星とか金星とか火星とか木星、土星や、さらに外側にある天王星、海王星、冥王星は、みな惑星だ。惑星は太陽の周りを回転していて、つまり特定の時間にはここにあり、違う時間にはあちらにある。

だからじっとしているヘリオスに比較して右往左往するので、そこで惑う星として「惑星」という名前になったが、こうした時間と空間の中で局在するのを惑星意識とみなしてもいい。物質はすべて局在だ。だからH48を物質界とも言う。

カウント　なるほど。すると太陽系の惑星を全部合わせたものを全惑星意識と言うのかな。そこでは太陽は含むことはない、と。太陽は全惑星意識よりもさらに上の次元だから。

ケスラー　単純にそうだ。とはいえ全惑星意識は、惑星を全部といっても数はあまり問わないみたいなところがある。

昔は、占星術は一番遠い天体が土星だったが、今日の占星術では冥王星まで取り込んだり、さらに遠い惑星も入れてしまったりする可能性があるからね。

全惑星意識は、一つの惑星がある時間、ある空間に点のように存在するという制限から解き放たれている。

よく、「全惑星意識は惑星の上においては不死である」という言い方をする。不死というのは、そこにだけ生きていくことができるという条件がなくなり、比較的普遍的になるという意味だ。

例えば、移動する惑星をスープの中の具みたいに考えて、それに対してスープは惑星の公転軌道の円とか円の内部を示すかもしれない。スプーンでぐるぐるかき回しているので具はスープの端を回っているのだ。

惑星の公転の円には軌道半径という空間条件はある。しかし複数の惑星を加えていくと、この空間範囲も太陽系の中全部に広がっていく。これがスープとしての全惑星意識だ。

全惑星意識は惑星意識に対しては不死であり、太陽は全惑星意識に対して不死である。で、全惑星意識から見ると、具としての惑星はこの中でスープよりは重苦しい沈殿要素であり、スープを主体にしたらデプレッションの場所だ。

局在の井戸の穴に落ちたのだ。Ｈ24意識は惑星意識を虚とみなし、Ｈ48意識は惑星を主体と考え、自分が包まれているスープを虚とみなす。惑星意識からすると全惑星意識は見えないからね。

魚は水の中で一生暮らすので水のことを知らない。

カウント　じゃあ、全惑星意識の観点からすると占星術はぶち壊しになるね。「乙女座のあなたは批判精神が旺盛で、掃除も上手」というような話が成り立たない。乙女座は12サインの中で、12分の1の場所だね。太陽がここで没落したのであり、掃除が上手な人はそういう良くない性癖を持ったということだ。

全惑星意識からすると惑星が示すものはディプレッションなのだから。

全惑星意識占星術師というのがいたら、どんな特技があっても練馬の母みたいに、ポンポンスターハンマーで頭を叩くな。

ケスラー　惑星意識の観点からすると特技も、全惑星意識から見ると落ち度に見えるのは確かにそうだね。

正直な話、個人としてのH48での個性とか特徴とかは、H24意識からすると不要なものでむしろそれらをすべて無くした方がスープは澄んでくる。

全惑星意識は、すべての惑星を集めたものなので、特定の惑星の位置を示さず、むしろどれかの惑星がどこかの場所に止まるつど、違う惑星がビリヤードみたいにそれを突き飛ばし、突き飛ばした惑星を、また違う惑星が突き飛ばして、どの惑星にも焦点を当てない結果になる。

私はこれを集合意識と呼ぶんだけどね。

「アメリカ人」というとき、実際の個人のことを一つも語っていない。アメリカに住む人々が集まって、ある共通した集団性が出てきたものをアメリカ人と言う。

アメリカのスープの中には実在のアメリカ人がたくさんいるが、あたかもいなかったみたいに扱う。

集合場の理論を持ち出した科学者は、そんなものはないとさんざん叩かれた時代もあったが、惑星意識からするとそれは自分よりも上にある見えないものだからね。惑星意識として生きている科学者は物証がないと認めないが、全惑星意識は惑星意識からは見えない。

私はこの集合場人間をよく意識する。原宿には原宿にしかいないようなタイプの人間が集まっている。その概念を絵に描いたようなものを、例えば原宿の大地母のように見てもいい。いかにも原宿にいそうな顔をしているね。

私には原宿にいる一人ひとりの人間よりも、この集合的鋳型の方がリアルに見える。個人と話をするより、それと会話する方が楽しい。集合場にはそのレベルでの意志がある。そのレベルのものを見ていると、反対にその中にある構成員としての個人の意見にはほとんど振り回されなくなる。というよりそんなものは存在しない。

みな夢遊病のように生きて、発言もテンプレで、自分で感じて考えるというのが皆無に等しい。社員は会社の集合意志に盲従するが、本人はそのことに無自覚だ。

カウントはビールの二杯目を注文した。しかしケスラーは最初の杯の3分の1も飲んでいなかった。

彼は最近イタリアのモンテグラッパというメーカーの万年筆に凝っていた。過去に八角柱のスターリングシルバーが売り出されたが、イタリアと日本では湿度が違うのか、よくインク詰まりを起こした。しかしそれでもあえて使うことで、ますます愛着が湧いた。

カウントの言葉の端々を、万年筆でメモすることに忙しく、ビールを飲むのがおろそかになったのだ。

カウント　占星術の10個の天体は、10種類の才能とか性質を表すとする。するとこの10個をすべて人生の中で生かして、そのすべてに飽きたというか、諦めたという状態になると、これらを総合したより大きな自分を発見するだろう。それが全惑星意識の自分だ。

その段階では惑星の一つひとつがどういう特徴があるのかは気にかからないし、興味も持たなくなるかもしれない。

ケスラー　それでは占星術は占いのためではなく、全惑星意識に至るための階段みたいなものかな。

カウント　進化のための階段さ。ただし途中の局在の惑星意識についても考える手がかりになるのでは。

しかしそこに止まると占星術の可能性を活用し切っていないことにはなる。で、占星術は月意識、惑星意識、全惑星意識くらいは考える地図になるが、その先の太陽意識とそれ以後については全く手がかりを提供しない。

昔は扱っていたが、途中から削除されたんだ。

ケスラー　それはどうしてなのか？　まあ、どんな文化も長い時間の経過の中で、どんどん変形していくものだからね。

カウント　もちろん、人間一個人、すなわち惑星意識H48をメインに考え下にあるものも上にあるものもカットしようとしたからだ。コンビニでも売れ筋は残し、あまり売れないものは棚から取り除くよね。

つまり上にあるものも下にあるものも扱う人が少数だったのだ。そういうふうに編集した結果、今の占星術ができて、それは個人としてのH48のエゴに関係したものだけを語るようになり、そこに商業主義が加わって地に落ちたものになった。

ケスラー　先ほどの話の、惑星を黒ずんだ残骸みたいなもの、全惑星意識はいわば惑星と惑星の間にある空白みたいなものを実体のように考えるという考え方は気に入った。この話題を反芻(はんすう)することで、私は日々楽しく過ごせるというもんだ。毎日息苦しくしようがないんだよ。私はただのモノなのか？　と疑問を感じる。鉄仮面だよね。しかしこの感情は矛盾していると気がつく。自分をモノに縛り鉄仮面にしているのは、自分の姿勢の中に原因があるのだからね。鉄仮面の外の見えない空間が実体のある意義あるものだと考えると、皮膚の牢獄(ろうごく)からは解放されるきっかけが見つかりそうだ。

カウント　君は飢えた子供のように私から話を引き出そうとするね。しかし話を聞きたい人がいると、ひたすら話し続けたい私にとっては割れ鍋に閉じ蓋で、実に都合がいい。

もっとたくさん話をするために、ちょっと龍角散ダイレクトを飲むことにしよう。

カウントは話し続けると喉を痛めて熱が出ることもある。だからいつものように龍角散ダイレクトと葛根湯を混ぜて飲むことにした。葛根湯を飲むことにしたのは、テレビでカラテカ矢部太郎が毎朝葛根湯を飲んでいるというのを見て、真似したくなったからだ。

カウントが白い粉を取り出したとたんに、ビール店の若い女子店員が水を持ってきたので、カウントはこの女子店員は親かあるいはその親の面倒を見ているのかもしれないと思った。

二回ほど咳払いして、またカウントは話し始めた。

カウント　惑星意識を物質界にある意識と仮定してみる。すると全惑星意識は、物質と物質の隙間の空白に何かを見るということだ。

つまりH48に打ち込まれたもう一つの目覚めということだね。

昔の科学に、空気中にはエーテル物質が詰まっているという話があった。全惑星意識は、物質ではない空気中に、エーテル物質を見る。エーテル物質は生命力だ。物質はこの生命力がものに拘束されて動きが鈍くなった場所でもあるので眠りが深い。沈殿した人は沈殿したものを見て、活性化した人は活性化している場所を見る。空気中にはエーテルが充満しているということは否定されたが、H48知性からは空白で何も見えないから否定するのは当たり前だ。

ケスラー　それを私も見ることはできるのかな。

カウント　もちろんできる。できないはずはない。

ケスラー　それをするには何か必要なのか。

ケスラーは前のめりになった。

カウント　基本は同一化の眠りから覚めるための努力を続けることだ。何もないというのは、自分がそこに同一化して、そこで無意識になるということなのだ。私は思考ではない、私は感情ではない、私は身体ではないと考える努力を続けていくと、ある日、自分にやってくる思考がまるでどこかから投げつけられた石のように映るようになる。

思考への自己同一化をやめた人は、自由に思考を扱うことができるようになるので、とても冴えた人になるよ。はっと何か思いついた人というのは、そのとき、どつかれんだよ。これはそうなってみないと全く理解のできないものだね。

モノとモノの間のアトモスフィアを空白と見る習慣は、みんな同じ生き方にならなくてはいけないという集団圧力によって固められた。明治の時代に西欧の思想が持ち込まれることで、それまで日本人は死者やモノノケやらが自由に闊歩(かっぽ)するのを当たり前に見ていたのに、それはいけないことだと言われるようになったんだな。

でももう言ったように、空白は生命力で詰まっているんだよ。暗闇(くらやみ)をじっと見つめてみるといい。何か感じる。この感じることを封印しないことだ。

何もあるはずがないという思い込みをしてはならない。気配、匂い、感じを大切にする。ちょっと何か感じたら、私は今このように感じているというふうに解釈しよう。感じることに焦点を当てるのでなく、感じているという現実を見るという意味だ。

嘘でも本当でもなんでもいい、それを感じている現実だ。

嘘か本当かを考えてしまう人というのは、この嘘か本当かわからない印象に半ば同一化していて、振り回されているんだ。

ケスラー　素直な感覚を大切にしてみるということか？

カウント　ノーノー、君は言葉を間違った。

感覚とは、見て、触って、匂ってというもので、形骸化したものだ。空白は非感覚、すなわち何も受け取れない。

感覚で何も受け取れない場所は、反対に想像力で認識するものとなる。感覚で見ようとするとたちまちそこは虚無と化す。

このあたりは毎日試みていると、だんだん空白には生命が詰まっているということがわかってくるようになる。

感覚はキャッチする。想像力は投企する。空白を感覚的に感じようとすると感覚そのものが受動的で何も生み出さないものなので、どこまでも虚無が続くが、しかし想像力がそこに投企すると、打てば響くように反応するものがある。

つまり何か投げないと音が鳴らないんだ。

この空白は何でもありだよ。宇宙人もそこにいる。彼らはそこいらを往来しているが、H48人間から見ると、その空白は無なので何も見ていないし何も知らない。もし気がついたとしても一瞬で忘却するようにできている。

寝ている人の肩を揺すっても一瞬気がついて、また眠り込むだろう。あの感じだ。

ケスラー　すぐそばに宝庫があっても、それには全く気がつかないというものか？

カウント　まあ、H48人間はそれを見たくないので封印する。

物質体は岩のようなもので、この空白の中に詰まっている物質は古来からエーテル体と言われるが、エーテル体は植物の性質に似ていると言われる。

岩を爆破すると塊が分散して放射状に飛び散るだろう。この飛び散った状況を静止画で見ると植物のような形だ。生け花だって爆発光景だよ。

物質は限られた時間と空間の中に固まっているが、H24が点を加えて、H48には見えない空間に範囲を押し広げていくというのは岩を爆発させたに等しい。誰も爆破されたくはないだろう。

だから、H48としての安心した暮らしをするためにエーテル体を見ないように避けて通る。

世界の48分の1しか見ていないというのはなかなか驚くべきだと思うが、まあ、人間とはそのくらい穴だらけの中で、池の上で、うんと距離のある小石と小石をつないで渡っても、自分は隙間なく連続していると思っているんだよ。

確かに肉体の組成も原子とか分子とか隙間だらけで、運動場の真ん中に小さなボールを置いたようなもので、それ以外は全部空白だしね。

ケスラー　それは人間の現状の悲惨さを語っているというよりも夢のある話だ。
これからもたくさん発見がある、財宝を見つけ出すことができるということだからね。

カウント　印象に忙殺された自分を印象から引き剥がして自覚することを繰り返すんだ。これは地獄に落ちた自分の破片を取り戻すことなのでリトリーバルだね。そうやって徐々にH24になり、さらにゆっくりとH12になるという方向に向かうのだが、つまりは一なる存在に戻るまでは、永遠に続く努力だ。
地獄に落ちるとは、何か執着心によって自分を失うという意味なので、この自分を奪った印象、思考、信念体系、思い、気持ち、感情などと自分を分離することを続けることは、タロットカードでは「11力」のカードに描かれている。下半身に張りついた動物を引き剥がすのだ。

ケスラー　救済する都度喜びが広がるというわけだね。
むしろ、今の自分のあり方に満足して生きることそのものが悲惨で、不幸なことであるということか。

カウント　不幸な人は、たいてい不幸を自覚しない。なぜなら意識喪失しているんだから。

ケスラーは何かを思い出したように、急に身体の向きを変えた。

ケスラー　ところで、占星術の話が出てきたので思い出したが、私の知り合いで、インドが発祥の瞑想の団体を手伝っている者がいて、そこでも占星術は使うらしい。で、「ヤギャ」というもののために宝石を買いつけに行っている。例えば、占星術でここが問題だと判明すると、そこを改善するために宝石の中に何か込めて、それを持ち歩くことで人生を改善するということらしい。これは明らかに霊感商法だね。壺の代わりに宝石を売るんだよ。

本人が買いつけした宝石の原価はかなり安いらしく、ヤギャとしてクライアントに渡すときにはかなり高額で、1か月効力とか、1年効力、一生効力などがあるらしく、効力期間が長くなるほど高額になるんだ。これは怪しいと思うんだが。

カウント　原価が安く、実際にヤギャのために販売する宝石が高額でも詐欺にはならない。

正しい方法を用いて宝石をヤギャ専用に仕立てることができればそれは正当なものだ。無知な現代人がそれに文句をつけるのは傲慢(ごうまん)というものだね。

ケスラー　なんと！　食いしん坊だが、本質は清貧で公正なカウント君が肯定するとはね。

カウント　じゃあ、そのことについて詳しく説明してあげよう。

ただし、私は法則がわかっていない連中が怪しい霊感商法をすることには、もちろん批判的だ。

だが、インドの伝統的な手法で正当なものがあるということは否定しない。

ケスラー　うちの嫁がパワーストーンとか宝石とかが三度の飯よりも好きなんだよね。夜も水晶で散りばめた包囲網の中で寝てるんだよ。水晶でパワーフィールドを作るとたくさん夢を見るらしい。

で、夢で前世を探しているらしいよ。それによるとエジプト時代に女王だったときがあるという話だ。彼女が女王とはね、笑っちゃいかんが。

前世ってどうしてこう決まった型ばかりなんだろうね。

平凡な人生でした、というのがほとんどないよな。

カウント　まあ、それにはそれなりの仕組みがあるが、話すと長いので本題に戻ろう。水晶とか鉱物は、グルジェフ水素ではH96－H384－H1536の三つ組だ。この三つ組というのは、何に食べられているか、本体は何か、何を食べているかというものだが、ハワイのカフナみたいに、高自我、中自我、低自我と言い換えてもいい。

H96は動物磁気、〝気〟、オド、電磁気、光などを表す振動密度のものだ。幽霊とか幽界という世界の振動密度のものだと考えてもいい。電磁気や光はH96のバンドの中でも下層にあり、上の方に動物磁気がある。水晶の高自我はこの振動だ。Ｈ３８６は水だ。水晶は中国では凍った水と言われるのが、水は水晶の本質と考えてもいい。

そしてＨ１５３６は硬い鉱物そのもののボディだ。

ケスラー　人間の場合は、三つ組はどのくらいになるんだい？

カウント　進化していない哺乳動物としての人間はＨ12－Ｈ48－Ｈ１９２だ。地球上においての人間は97％がこの振動で生きている。だから本体としての人間の思考をＨ48と説明したんだ。

高自我のＨ12は小天使と呼ばれていて、Ｈ48はそれを対象化できないので、もちろん認識なんかできないが、食べられているという点で人間は小天使の腹の中に住んでいる。つまりＨ12の巨人の頭蓋骨の内部に。Ｈ12は一なるものを12個に割って、このうち一つが目覚めていることになり、残り11個は眠っている。

よく波動と粒子という言い方をするが、振動密度という場合、波動性の側を示し、眠って動かなくなったものが物質密度として表すもので粒子と言えばいいね。

小天使の波動と粒子の比率は、総量が12の場合、1対11ということになる。これだけ振動が高いと、相対的に人間H48からすると、高速な波動のみの存在になってしまい、物質は薄すぎてないに等しい。

人間は何かの拍子にH12を一瞬感じるが、知性が全く追跡できないので意味もわからないまま、やがて記憶を失う。

で、水晶はこの人間からするとずっと物質密度が高い。しかし宇宙のあらゆるものは知性を持っていて生きているので死物と考えてはならない。

つまり人間よりは低速というだけの生き物だ。鉱物は死物に見えても生き物だ。水晶は何億年もかけて作られたというのならば何億年もかけて成長してきたということだからね。

ケスラー　宇宙のあらゆるものは知性を持ち生きているというのは、なかなか実感はしにくいな。

カウント　もちろん、人間は自分を宇宙で唯一の存在だと思い込んでいるからね。中世の時代に、自分以外は全部つまらないと思うことにしたのさ。

同じように自分よりも振動が高いものも存在なんかしていないと考えた。でもH12に対して人間H48は、働きかけもできない。もしH12の方から働きかけられたときには、拒否できず、知らない間に盆栽のように手入れされたりする。認識できないのだからしようがない。

拒否する気は起きないとは思う。というのも高自我なので、自分にとって至高のものであり、神様みたいなもので、好きにしてほしいと思うだろうし、自分を捧げてもいいと感じるだろう。

ある日、その振動を発見すると、その後、一生そのために生きるようになる。

例えば、人体の中の胃は自分が人体の中にあることを知らないで、一人で生きていると思っているかもしれない。ある日、自分が人の中にいて、人の一部を構成していることに気がつくと、自分は一人ではないと思い、それは嬉しいかもしれない。全体との関係を取り戻すと、一部は自分の位置づけを知ることになる。つまり使命、役割がわかってくるんだよ。

自分は何のために生きているのかを知ることは嬉しいのでは。

ケスラー　それについては十分にわかるよ。

人生の中で至高のものを感じるときがある。すると、その至高のものを永遠に忘れない。何をするにもそれが中心だ。そしてそこに命を捧げてもいいと思う。この命を捧げるというのは、君の言う、食べられるということなのか。

これがあったらもう死んでもいいと感じるものだね。

自分の形がそれを通じて壊れていくというか溶解していく。壊れてもいいと思うものだ。守りを捨て、メリットを捨て切ってしまう。

善人は自分のメリットを完全に捨ててしまうことがあるが、それは自分の中の高自我に気がつき、それに道を譲りたいからだね。

カウント　善人になる理由は自分の高自我を見つけ出すと、それを招くために余計なものを掃除しようとするからだ。

屈折とか歪曲を排して、自分の家にお招きしようとするのだ。それに邪魔な欲を捨てようと考え始める。地上的利害を考慮しなくなる。

これは感情の浄化にはとても大切なことだがね。

先ほど説明したみたいに、岩は爆発するが、この岩の形がなくなることで、より大いなるものに所属していることに気がつく。

人間H48にとってH12は崇高で神聖な振動意識だが、そっくりそのまま同じ鋳型で、水晶からするとH96が至高の高自我の振動だ。一度それを発見してしまうと、水晶はそれにしがみつき、決して手放そうとせず、それに命をかけようとする。

水晶にとってH96は神なんだよ。

で、H96は、一なるものを96個に分割して、そのうち一つだけが目覚めており、残りの95個は昏睡（こんすい）の中にある。

人間のH48は、この96個分割の中で、さらにもう一つのパルスを加えることができるということを意味している。つまり96分の2は、48分の1だからね。H96の水晶の高自我部分に何か刷り込んでも、水晶は全く気がつかない。水晶はその振動密度の物質を対象化できない。小天使が人間に刷り込んでも人間が気がつかないように。より振動の高いものは振動の低いものに対して一方的な支配力を持つというのが宇宙法則だ。振動の低いものは拒否権がない。なぜなら自分は振動の高いものの一部だから。胃は人体の中の一部なので、人間が「これからシフォンケーキを食べる」と言っても、胃に拒否権はない。

ケスラー　なるほど。今度は君はシフォンケーキを食べたいんだね。了解。水晶を浄化して、そこに何か記憶をメモリーするというのはそういうことかね。レムリアンシードという名前の水晶があってレムリア時代の記憶があると言う話らしい。神が人に刷り込むように、人は水晶に刷り込むことができるのか。

カウント　それは水晶に限ったことでなく、鉱物は古代の記憶をそのまま覚えているという説から来ている。

ただ水晶の場合、この記憶のリライトがしやすいというのが特徴的だ。つまり鏡のように受容的で、ＳＤカードみたいだよ。

ケスラー　インドの占星術で、宝石で人生の運を導くというのは、宝石本体が気がつかない高自我のＨ96領域に、何か信号を書き込んでいくことなのか。ＯＳのシステム部分か。それは誰でも書き込めるものなのかな。
例えば、嫁がデパートで買い物をしている間に、私が嫁の水晶に何か吹き込んでおくとか。

カウント　理屈としては誰でも書き込める。

人の生活でいうと、物質的な面は常に低い振動のものが支配する。なぜって物質とは低い振動という意味なのだから。

だから思念のＨ48より、Ｈ96の方が実人生を支配していると考えてもいい。水晶の

H96にテーマを書き込むと、この水晶の持ち主の人生はその方向に誘導されていく。でも言葉はH48で、H96はそれよりも低いので言葉を理解しない。だから「これからドバイの宮殿に住む」と言ってもそれは理解しないので取りこぼす。

ケスラー　理屈としては誰でも書き込めるという説明は、まあ、今までのカウント君の言い方では、「ただし〜」という説明が続いて出てくるわけだよね。

カウント　そう、よくわかってるね。

H96は96個に分割した中で、一つだけ目覚めているということだが、H48は96個分割の次元では2個目覚めているという意味だから、水晶の眠った要素の中にもう一つ目覚めを与えることができるのだが、そもそも二つというのは対立とか摩擦、不安定とかを表すことが多いんだよね。

夫婦の泥仕合みたいに、堂々巡りでいつまでも結論がつかないみたいな流動性を生み出しやすい。それでも眠り込んでいることに比較したらましだが。

二人の意見が常に同じ力で主張すると、まとまらない。これはあまり気分がいいものではない場合もあるのではないかね。

ケスラー　確かに、家庭が荒れて晩御飯作ってもらえない状態か。

いや、うちはそんなことになったことはないんだよ。

お誕生日にはお花を用意するし、思いついたときには、いつもちょっと高い水晶を買って帰ったりしているんだよ。

最近、チベットの水晶も好きらしいし、ニューヨークでしか採れない水晶も買ったことがある。温泉旅行にも連れていくし、ときどき高級なレストランに行こうかと誘ってる。

ただ私は湯が苦手でね、温泉に行っても自分は湯に浸かることはないんだがね。

カウント　H48人間は水晶の持つH96に対しては反感を持っているとも考えてもいい。

自分が関与すると拘泥（こうでい）するので、ねっとりした怪しいものに感じる。

京都の伏見稲荷に行って、薄暗い祠（ほこら）の中に蝋燭（ろうそく）立てて、たくさんの狐が並んでいる光景を見て、キリスト教の神父は悪魔的なものと見たらしいが、まあ、あの祠の中に詰まっているのがH96だ。

ケスラー　私はあの怪しげな空間は嫌いではないな。というより好きかもしれない。

カウント　H48はH96からすると、二番目のパルスを加えることなので、この2という数字は摩擦、対立を起こす。

なので、H96から見るとH48が到来すると自分を否定するような力が介入してきたと感じてしまう。H48もどんよりしたものを感じる。

このどんよりというのは動きに対する抵抗で、つまりは葛藤（かっとう）から生じる粘性だ。H48からするとH96は物わかりの悪い相手が泣いたり喚いたりする光景に見える。

伏見稲荷の祠にどんより嫌なものを感じたらH48人間だ。H96は火の元素でもある。暗い情念みたいな蝋燭の炎は純粋なH96だが、H24ならば四つだ。96個に分割した中に、H24は四つの目覚めのパルスを生み出す。

ケスラー　確かにそうだが、二つと四つだとどう違うのか、そのあたりがさっぱりわからない。

カウント　ピュタゴスの数霊みたいな発想があるよね。タロットカードに書かれている数字も、全くそのことを示しているのだが、基本としては、2は摩擦、対立、流動とか、ターゲットが発生するなど。つまり自分を割って、ある方向が生まれることだ。

3は三角形法則で、運動の加速、生産、創造など。

4は固定、安定、足場、確立などだ。

ケスラー　3の数字が抜けてるな。えーと、H96の中に、H48は二つのパルスを持ち込む。で、H24は計算上、四つのパルスを持ち込む。すると、途中の三つのパルスは、96分の3なので、H32ということか。

カウント　グルジェフの水素表にはそれは出てこないが、理屈としてそう考えてもいいかもしれない。

まずH96の中で目覚めた点が一つという場合、1の数字なのでそこには方向性とかがないんだ。つまりH96本人からすると、ただ存在するというもの。

そこにもう一つの点が加わり2の数字が働くと、方向づけができるので、こうしたいとか、ああしたいというような方向性を持った欲求が芽生える。

ただし欲求そのものには無自覚だ。というのも、2は方向性を自分では客観視できないのだからね。H48が介入して、H96に割り込むと、そこに方向づけ衝動が生まれるが、これは子宮の中心でじっと満足していた胎児が、子宮から外に出ろと言われたようなもので、焦りとか苦痛を生み出すことにもなる。

下の次元に2点を作るという例では、火はH96で、これは空気H192をかき回す。空気は火が来ることで平穏ではいられないのだ。

同じように水晶は人が近づくだけで、自分の高自我の中にストレスとか何かしなくては、というショックを与えられるのでは。

山の奥で静かに暮らしていたときに比較すると大変な体験だ。で、3の数字は、タロットカードでは、「3女帝」のカードで、果てしなく生産し、思いついたものは片っ端から生み出してしまうので収拾がつかない。

安定するのは次の「4皇帝」なんだ。なのでH96を足場にして、安定した刷り込みができるのはH24だ。

四つのパルスを作り出して、特定の振動物質に足場を作ってしまうのは、日本の古い言葉で「ミツエシロ」と言うね。鳥が枝に止まった。アマテラスは、大和姫をミツエシロにして、着地する伊勢神宮を探させた。

ケスラー　アマテラスは、以前カウント君が、プレアデスの恒星意識だと言ってたよね。大天使H6の力だと。

カウント　そうだ。一なる意識を6個に割ったうちの一つが目覚めた意識だ。人間からすると想像を絶する高次な意識だよね。

で、これが四つのパルスで足場を作るのはＨ24だということになる。Ｈ24は人間の思考よりも速度が速いが、行動とか本能とかの速度だ。

Ｈ6からＨ24の中に足場を組まれたヤマトヒメは駆り立てられるように旅をして、伊勢神宮を探した。

Ｈ48として定住してのんびり暮らすには、Ｈ24に足を置いたＨ6を何とかふさわしい場所に連れて行かなくてはならない。

落ち着かないＨ24生活は真に楽しいウキウキするものだったと思うが、これはもう説明したように全惑星意識とか集合場なので、個人としての安息の場はない。その後、巫女（みこ）さんしてたのなら、ぜんぜんＨ48に落ち着いていないな。

ケスラー　四つのパルスで腰を下ろすのは、四つの足を持つ机を置いたようなものなのか。あるいは四つ足の椅子を置いて座っているのか。

カウント　ミツエシロの漢字は「御杖代」というもので杖になるということだ。

水晶の高自我H96に、安定して書き込みをする意識はH24であり、これを中層重心にして生きる人間は、H6-H24-H96存在で人類のだいたい3%存在する。いわゆるスターピープルだ。

彼らなら安定したかたちで水晶に刷り込みをすることができる。H96を怪しいものだと決して思っていない。それどころか、自分の低自我の振動なのだから、それを食べるものだと思っている。

身体は食べ物でできている。で、君の言う四つの足の机を置くというイメージだが、H24の一つの目覚めたパルスは、H96においては、四つの目覚めたパルスを生成するという関係性になる。これはピラミッドの形だと思わないか? 上の一つの点が展開されて下の次元に四つの点を生み出す図式がピラミッドなんだよ。

ケスラー　なるほどなるほど。机を置くイメージよりピラミッドの方がはるかにわかりやすい。

ピラミッドパワーというのもそういう感じなのかな。

カウント　天空の意図が地上で形になるという意味だね。横から見ると三角形で、ここには汲めど尽きぬ生産性があるが、下の点は四つなので確実に成果をものにする。

一つの点は基本的に方向性を持たないので、これが下の次元に反射していくつかの点に分岐してくれた方が、上の点も自分に自覚を与えるので良い面も多い。

H24はH96に乗っかることで自信を持てるのさ。

4のカードは皇帝だから自分が皇帝になった気分かな。

ケスラー　気にかかっているのは、H48に対して、H24は二つのパルスを持ち込むので、先ほどの話のままだと、スターピープルとしてのH24は、一般の哺乳(ほにゅう)動物的暮らしをする人間H48に対して、摩擦とか緊張、迷いを与えることになるね。

カウント　もう言ったように爆破してしまいそうな圧力があるんだよ。

H48に対してそのすぐ上にあるH24は緊張感を作り出すというのが、エーテル体は物質体を傷つけることでしか関われないという私の説になる。

安定した平和的な関係というのはないんだ。

そもそも物質体とエーテル体の二人の子供を描いたタロットカードの「19太陽」のカードは、安全な関係でなく、不可視の子供が、いつも物質体の子供に傷を与えていることになる。まあ、最後はこの物質体の子供を飲み込んでしまうので、期間限定というか、儚（はかな）い関係でもある。

でも2の数字は、主体とターゲットであり、方向を与えるものでもあるから、このエーテル体の子供がいることで、やっと肉体を持つ子供H48は、何をしたいのか、目標は何か、どう努力すればいいのかがわかってくる。苦しむ能力が与えられる。

タロットカードは人間の完成への道筋を説明したマニュアルだから、二人目の子供は肉体を持つ子供を最後は飲み込む運命にある。物質的なH48の子供はいつまでも生きていられない。

「ところで」と言うかどうか迷っている表情でしばらく黙っていたケスラーは思い切っ

て、切り出した。

ケスラー　私の妻が最近、「子宮に水晶を入れたい」と言っていたが、これは昔流行していた子宮系女子の話だね。

水晶に取り囲まれて眠り、水晶水を飲み、しまいに体内に水晶を入れると言ってるのは、なかなか不気味なんだが。

カウント　そうかな。普通だ。

そもそもは頭の真ん中にある松果腺は、ケイ素系なので、シャーマンは頭の中の水晶と呼んでいる。

子供が大きくなると、この水晶が衰退してその代わりに石灰が詰まってくることで、碇（いかり）を降ろした地上的な存在になっていく。だから子宮に水晶入れる人間もいて不思議はない。

松果腺クレンジングをして、ケイ素系に戻すのも同時にするといいのでは。

クレンジングは、感覚を捨てて、想像力を復活させることで促進される。

Ｈ96は人間から見ると、下意識であり、それを意識することはない。というか感情としては低すぎるので、一般の人間はそれに直面したくない。だが身体では臍（へそ）から腰のあたりにはＨ96が蓄積されている。感情としては低すぎるが、物質としては極めて高度な振動だ。そして物質的な人生を支配する。なので子宮あたりに調整された水晶を置くと、それは人生を意図通りに誘導できるはずだ。ちゃんとメモリーされた水晶でないと意味はないがね。

無調整水晶だと乱雑なメモリーに振り回されて人生は堕落する。

ケスラー　うちの嫁に好きにさせていると、最後は水晶人間になっていくような気がするよ。

カウント　どうなんだろうねー。

笑いながら、カウントはナッツの最後のひとかけらを口に入れた。

カウント　でも、君は奥さんが好きにしていると言っているが、実際には君の計画を奥さんが実践しているのだよ。

知らないふりをしているが、君の奥さんは君の希望通りのことをしていることに感謝するべきだね。

二人はビールの店から去り、高島屋の向かいにあるスターバックスコーヒーに入った。カウントは珈琲に加えて、シフォンケーキさらに生クリームを追加した。

カウント　単独だとこの生クリームは50円なんだが、ケーキにつけると30円なんだよ。だからよそのカフェでシフォンケーキを頼むつもりはなかった。

カウントは嬉しそうに説明する。

ケスラー　おいおい、たい焼きとビールで糖尿病になると文句をつけていたのに、今度は生クリームかい。

カウント　ここの生クリームは砂糖なしで甘くないぞ。だから無害だ。

ケスラー　それは君が甘さに鈍くなっているだけだ。十分に甘いぞ。べたべただぞ。

ケスラーの言葉を聞いてなかったかのように、カウントは続けた。

カウント　水晶の話で思い出したが、私は自分の部屋に水晶球を一つ置いている。数年前に購入したのを忘れていた。

で、ある日この水晶を思い出したら、部屋の中の水晶のＨ96成分、つまり〃気〃が飛んできた。Ｈ96は動物磁気で、電磁気とか光よりも速度が速いので思い浮かべるだけで貫通されると考えてもいい。

つまり、君の奥さんが子宮に水晶を入れなくても部屋に置いていればいいだけだ。
で、この水晶の気が視界を全部占有するので、私の周囲には繊細な幕が覆ったが、そのとき、部屋の中の水晶の50㎝隣くらいに一人の女性が立っていたんだ。

ケスラー　実在の女性?

カウント　違うよ。私の部屋には私しか住んでいないのは君も知っているはずだ。誰かが闖入(ちんにゅう)してきたわけでもない。

ずっと前に夢で、風、火、水、土の四つのタットワについて探索したことがある。水の元素は記号では銀色の三日月だが、夢の中で、死体のように水に浮いた女性がいて首にクリーム色の三日月があった。これが水の象徴だよ。水は一体化して〝凪(な)いだ〟ものにしていく。

H384の眠りは人間の水準H48から見ても、まさに死んだように沈んだものだ。だから水晶のそばに立っていた女性はこの水晶の本体としてのH384を象徴化したもので、いや、象徴化というよりそのもので、水晶が高自我としてのH96でなく、本体のH384を見せてきたということは、この水晶はもっと丸ごと私に関わりたいということを意思表示したんだよ。

で、三つ組でその存在を食べることを示す高自我は、存在を包み込む全体性だから、水晶を考えるときには、H96の卵があり、この中に水があり、さらに一番内側にイカの骨みたいにH1536があるというのが正しい見方なのだが、人間H48が対象化して物質とみなすことのできる振動のものはH192以下であることが多いので、H96の外郭は物質として見ることができないんだよね。

立っていた女性は骨として身体の芯にH1536を持った水のボディということだ。

ケスラー　それがずっと部屋に居座っているというのは、怖くないのかい。

カウント　宇宙のあらゆるものは知性があると言ったよね。だから、どこにいっても、何かいて、何か語り、関わりが発生するのさ。

だから部屋にしーんと、死んだような女性が立っていたとしても、それはそれだ。ただ、Ｈ48としての人間は、わりにこのＨ３８４を警戒する傾向はあるよ。

ケスラー　水の精霊みたいな水晶の本体は、人間からすると好みのものなのでは？

カウント　Ｈ48が本体の人間はＨ96では二つのパルスを作り出すと言ったよね。計算上Ｈ１９２では四つ、Ｈ３８４では八つの波のピーク点を作り出すのでは。

さて、８の数字のことだが、これは立方体の点の数だ。部屋に閉じ込める印象だ。箱入りだ。

ケスラー　人間Ｈ48は、水を見ると、自分が密室に閉じ込められるような気分を味わうのか？

カウント　そう思わないかい？　どうだ？　海とか、湖とか、ときには風呂の水でさえ、何かそこに沈められてしまう気分を味わうのでは？

水に閉じ込める女性というとセイレーンかもしれないが。下半身が鳥という初期の説はおかしいので、やはり下半身は魚が正しいのではないかな。そうすると、私の部屋にいたのは人魚姫か。


ケスラー　私は海は嫌いではないので、そうは感じないが、しかし水に沈むのは怖いね。というか海や湖にはいつも怖い話がまとわりつくね。

私の記憶では湖がある場所の近くには昔は遊郭（ゆうかく）ができやすかったし、情にまつわる深刻な話が出てくるね。

そういう話が出てこない湖はほとんどないかもしれない。

カウント　水の精霊というか、水晶の本体の水は、本人はそのつもりはないが、しかしH48人間を箱の中に閉じ込めようとする癖がある。極めて高次な振動のH48を独占して、自分の中に入ってきてほしいと。

画家のクリムトは水の女性たちから独立できたのは50代になってからだと告白している。だからクリムトの絵を見ると、だいたい私が言う水の中に死体のように横たわった女性の雰囲気はよくわかるよ。

ケスラー　なら、君の部屋にその水の女性がいると、やはり息苦しいじゃないか。

カウント　ケスラー君、私はどちらかというとH48人間でなくH24人間なんだよ。つまり理屈の上では、私の中層重心のH24はH48に苦悩を与え、H96に四つの足を置き、H192に八つを置き、空気の箱に閉じ込められ、H384に対しては16個のパルスを作り出す。

16の数字はタロットカードでは「16塔」だね。塔が倒壊している絵だ。16って瓶を割るみたいな性質がある。

私はH384の地縛霊（じばくれい）みたいに閉じ込めてしまう女性の力を、ガラスの器を割るように壊してしまうんだよ。

ケスラー　そういうことがわかっていても、その水の精霊は君のところに居座るつもりかな。

カウント　もちろん、彼女に選択権はない。自覚もないはずだ。低次のものは高次なものに対して選ぶ権利もなければ何をどうすることもできないからね。

でも水晶は、本体はＨ３８４で水だが、高自我のＨ96は火なんだよね。そしてＨ96はＨ24の足場というか手下みたいな感じだ。

水晶は自身の中に自分を破滅させかねない波乱の火を持ち込むことを夢見ているんだよ。それが水晶の中にさまざまなビジョンを見るという水晶透視の出来事でもある。

Ｈ96のエーテル膜に波紋ができて、いろんな映像が映る。

私はエーテル膜を「キャンバス」と呼んでいる。映像を見る都度、水晶の本体は傷ついているんだよね。

Ｈ３８４は静謐（せいひつ）の水なので、何かざわざわするものが入ってくるのを不安がる。

ケスラー　私は私生活では自分の嫁と話をするくらいだが、君はどこにいても、宇宙のあらゆるものと会話しているようだ。忙しくて疲れる話ではないか。

カウント　確かに空気とも会話するからな。Ｈ24人間は、Ｈ１９２の空気に八つのパルスを置くので、空気の中にマンションを持つんだよ。

８の数字は蓄積とか、溜め込むという意味がある。

日本では８（八）って末広がりと言ったじゃない。蔵が建つみたいな意味だ。

空気の中にエネルギーがどんどん詰め込まれてＨ24はそこを自宅にしようとする。

ちなみに振動が高いほど永遠性に近くという意味では、このマンションは実在のコンクリートで作ったマンションに比較するとはるかに長持ちする。

あ、ここで間違えてほしくないことだが、八つのパルスは感覚ではないからね。八つの感覚に閉じ込められるとそれは暗黒だ。しかし、八つのパルスの点で作られた箱は、想像力で作られたものだということだ。

感覚と想像力は対立しているということを思い出してくれ。感覚は死んでいる。想像力は生きている。

ケスラー　感覚と想像力の違いね。わかった。着実に理解するには、まだまだ時間がかかりそうだが。

ただ感覚で何かを確認すると、感覚はさらに死んでいくということはわかる。平行線はない。感覚はどんどん沈滞する。

で、ここでは一般人のH48と進化した人間のH24について説明してほしい。

君が自分のことをH24人間というのはどうみても否定できない。

カウント　哺乳（ほにゅう）動物的人間の中層重心はH48で、進化した人間の中層重心はH24だ。これこそ条件のない〝人間〟だ。私はそれを「アントロポース」と言う。たいてい彼らは自分の故郷の星雲界のことをはっきりと自覚する。それは高自我がH6だからで、これは恒星のことだ。一般の哺乳動物的人間はH12が高自我だが、これは太陽系の中の惑星を引き連れた太陽のことを意味しているので、彼らはこの太陽系こそ故郷だと思っている。だから、そこから外に出る気もない。それを私は「神の子羊」と言うんだよ。死ぬまで、あるいは死んだ後もおとなしく、この太陽系にいる。

太陽系の中では独自のシステムとして輪廻（りんね）がある。Ｈ24人間は、Ｈ48人間を傷つけ、Ｈ96の足場に立ち、Ｈ１９２の箱の中に住む。そもそも贈答品でも箱に入れている場合には、中身が漏れ出ないよう、汚れないようにするために入れるものだよね。彼らは空気の箱入りで、そこからもっと低いところに降りるのが難しくなる。

地球に生まれた人間はＨ48だが、潜入スターピープルはやがて自分がそもそもＨ24のアントロポースであることを思い出す。過渡期にあるＨ24人間は、しばらくは肉体を持つが、いずれは空気の中に住む。

惑星意識人間は今のような物質肉体を持って生きるし、また物質界に住むが、全惑星意識人間Ｈ24になることで、肉体はＨ96に移動してしまう。それは物質界に住む人間からすると、見えない空白の中にある大地だ。

エーテル体ボディになり、エーテル体が住む世界を、ウィリアム・ブレイクは「植物的大地」と呼んだ。物質的人間からすると、このＨ24重心の人間は不可視になっていくが、本人からすると何も変わらず相変わらず物質世界に住んでいると感じるだろう。シフォンケーキやたい焼きはないがね。

この変性の過程で、物質の無機的な要素が、その存在から脱落していく。皮が剥がれるような感じかな。

エーテル体は生命体、そして物質体は形骸化した死骸と考えると、死骸的要素が減って世界は柔らかく生命的になっていくのさ。

ケスラー　たぶんその世界に移行するには、関係している対人関係とか仕事などを全部打ち切らないといけないな。

カウント　もちろん。君の奥さんは仕事もせずヒキコモリのような暮らしをしていると言ったよね。君は奥さんが全く働かなくていい条件を作っている。金ならある、というのが君の口癖だ。

猫のような暮らしをしている君の奥さんは、植物的大地に近づこうとしている。そして君を強制的に引き込むだろう。これは世間に関わりつつ、気がつかないうちにシフトするという君の戦略的な方法だね。

いつかは世間から手を引き、個人と関わることができなくなり、その代わりに集合意識と顔をつき合わせるようになるだろうが、ぎりぎりまでは普通の顔して暮らすのがケスラー君だ。君は潜在的なH24人間だがなかなか計画的だ。

私は君を覚醒させることの義務を負っている。スターピープルのウェイクアッププログラムの片棒担ぎだからだ。

ケスラー　H24人間になるには、H6が高自我となり、故郷の恒星を思い出すということだが、これは太陽系のH12を否定することというか、H12に対して二つの点を作り出すことで、そこに反発とか亀裂、対立を作り出すことでもあるね。

つまり、H6は本性として、太陽系の中の世界に対しては否定的に見る癖がある。「こんな世界は嫌だ！」というやつだね。それはわかる。今までそれを隠して生きてきたのだが。

H24の比率が高まるにつれてH48を逆撫(さかな)でするようにもなるのか。

カウント　私の話を聞きたがる段階で、既にそれは隠せない。

ケスラー　具体的に何をすればいいかな?

カウント　人間の意識の目覚めさ。Ｈ48は48個に割ったうち、一つしか目覚めていない。残りの47個は深い昏睡(こんすい)の中にある。つまり粒子化、物質化している。二番目の点を加えることで、苦しみが生まれ、葛藤(かっとう)が生まれ、これではいけないという気持ちが働き、まずはＨ24への道に興味を抱くが、同時にＨ６が介入すると、Ｈ６はＨ24に自分の安定した足場を作りたいのでＨ24を強める。

例えば、人に対して無関心になり、無闇(むやみ)に人に気持ちを合わせたりしなくなる。もう怠けることとなんてできないのさ。この世はひどい場所だというのが、どういう点でひどいのかは具体的に言える。

ところでＨ６は人間の中では高次思考センターとも言うし、私はこれを「メンタル体」とも言う。Ｈ６はＨ48世界では、八つの光の点を作り出すのでロゴスの箱を作る。

これは思想体系ということだ。

彼の言葉は結晶のように固く確実で、過去の歴史を参考にしてみると、たいてい経典とか聖書のようなものを生み出してしまうことが多いね。

世の中でなかなか風化せず廃(すた)れない教えは、H6が持ち込んだものだ。

ケスラー　経典というか取扱説明書を発見することか。

カウント　そうだ。自分の故郷の恒星の性質に見合ったシステムというものは、地上のどこかに必ず隠されている。実は隠してもいないのだが、読める人でないとそれを見出せない。

H6のミツエシロであるH24はH48という物質からすると見えない空白、アトモスフィア、あるいは集合場のようなものでもあると説明した。

H48の深い眠りから覚めつつある人はこういう不可視のもの、48分の1以外の場所を次々と対象化していくようになる。

事物よりも象徴の方を現実的と感じる。夜の暗闇（くらやみ）も全く暗闇ではないな。そもそもが、やがてＨ１９２の空気の中に部屋を持つなら、この空気の中に多彩な世界を見ることができないなら話にならない。この作業を続けるには、無意識に同一化したものを次々と明らかにして、自分の意識を印象から分離することだね。リトリーバルだ。

ケスラーはカウントとの話をいつもメモしていたし、同時にスマホで録音もしていた。それをまとめて、その内容をときどき彼の妻に話していた。

彼はカウントが話した水晶の本体としての水の精霊は、自分の妻とどこか似ていると思ったことも事実だ。ときどき妻の目をのぞき込むことがあるが、そこには自分の顔や背景の映像とは違う、もやもやした雲の中に違う光景が見えることがあるのだ。一度、禿（は）げた頭の男の顔が見えたことがある。

スマホに録音された内容を聞いて、その日最後に聞いたカウントの話を反芻（はんすう）した。

カウント　オルフェウス教のような世界の卵説では、一つの卵の中に2という数字に対応するような男女の分離が起きて、いわば両性具有者となり、次に東西南北の四つの力に分岐する。オルフェウス教というよりはウィリアム・ブレイクの抱くイメージかな。

1が2に、次に4になるのは、タロットカードの最後の「21世界」のカードだ。卵の中に両性具有者が住み、卵の外には四大があるからね。

H24はH48で二つになり、H96で四つになるという仕組みなら、「21世界」のカードの四大は四つの炎の柱だ。人の目には見えないね。

でもH24人間なら、これを可視化する。空気の流れをかき回すH96の柱だ。

まあ、いずれにしても、空白にさまざまなものを見るH24なら、世界は多彩だということを実感できるだろう。

夢の六角堂

三月も終わりに近づき、お花見の時期になったとき、ケスラーはカウントをお花見に誘った。

千駄ヶ谷から千鳥ヶ淵までタクシーに乗り料金は２３３０円。

平日の昼にもかかわらず、千鳥ヶ淵にはもうたくさんの花見客が詰め掛けていた。

しかし見たところ、日本人は少なく外国人ばかりがカメラを持って歩いている。

日本人は、平日は会社にいるだろうから、この時間帯に外を歩いているのは外国人が多いのは当たり前かもしれない。

ケスラー　日本人はどうして桜の花見を特別な行事にしてしまうのかね。

いつもこれが不思議でしょうがない。そんなに美しいようにも見えないし。

ケスラーは思いついたことをそのままカウントに質問した。しかしカウントはどんな話を振られても、最後は自分の思想ワールドに持ち込むことがわかっていたので、問いかけの内容は、実は、何でもよかったのだ。

カウント　先祖は山の上に住んでいる。で、春先に先祖は里に降りてくるというのが日本の古い時代の世界観だよ。

日本では異次元と通じるポータルを裂け目として頭にsakをつける。坂、酒なども だが、桜もsakで始まり、これは神様を受け止めるために地上に置かれた座布団だ。様の「サ」とそれが座る鞍「クラ」という説もあるがね。

花見のときに酒を飲みすぎてゲロッたりするのも、これはこれでしきたりに忠実に従っている。

外の宇宙の何者かがこの世界に入ってくる扉は春分点なので、太陽が通過するときは3月21日とか22日あたり、桜の開花と少し日にちがずれているかな。いや地域で違うのか。今年の上野恩寵公園は3月22日だったので、わりに一致しているか。

一つの世界は陰陽の関わりというかその揺れで維持されているので、陰陽が中和されてゼロになったときに、外の宇宙と世界内の境い目がなくなり、外の力が入り込んでくるんだよ。

プラス、マイナス、ゼロという三角形では、ゼロのポイントが上の次元とつながっているインターバルとして作用する。昼と夜の長さが同じになる春分点と秋分点が外とつながり、それ以外の時期には世界は閉じている。

ケスラー　桜はそのインターバルに置かれた象徴ということか。

桜はよく死と結びつけられている。原因は梶井基次郎の考えから来ていると思うし、実際に咲き乱れる花を見ていると死の気配というものが濃密にあるような印象もある。

が、カウント君の説だと、むしろ死の彼方(かなた)の世界からこの世に到来するという話だから、死ぬんじゃなくて生まれるという反対のことを言ってるのかな。

カウント　ポータルとしてのsakはこの世とあの世がつながるのでオンデマンドで行き来できるということだよ。あちらから来るものもあれば、あちらに送られてしまうこともある。

先祖がお座りになる座布団は、先祖が地面にがつんと落ちて膝を擦りむくことがないようにするものだろ。

ウィリアム・ブレイクが言う植物的大地にも似ている。ただ西欧思想の影響によって、今日の世界はそもそもが先祖とか霊とか異次元を否定して単独で成立するものなので、この植物的大地は、今日的な意味での大地とは違う、大地から少し次元が上の絨毯の上にある領域みたいなものだ。

地上から少し浮いた魔法の絨毯。先祖は春にこの絨毯の上にまでは降りてくるが、禿げ地としての硬い大地には降りない。

カバラの思想で言えば、神はイエソドまでは降りてくるがマルクトには降りて来ない。生命の樹のイエソドはこの植物的皮膜、マルクトとは硬い岩の世界だ。

日本人は座布団を使い地べたには座らない。

で、人は死ぬとまずはこの植物的薄膜の領域に移動する。それからゆっくりと時間をかけて山の上に移動する。山といっても須弥山のような場所だがね。生きている人が死んで桜が示す場所に移動するとは、魂魄の魄の領域、つまり絨毯の上に向かったということだ。

桜は地上的な人間に死を誘いかけていると言ってもいいかもしれない。めでたいのか禍々しいのかさっぱりわからないが、桜はそういう妖しさを十分に持っているよね。

ケスラー　なるほど。上から桜へと、下から桜へと行くということか。こういうことを意識して桜を見る人はどのくらいいるのだろうね。

カウント　案外、多いのではないかな。

知らず知らずそれを意識しているはずだが、脳の新皮質はそれについては理解しない。脳の新皮質はくっきりした輪郭の物質しか理解しないからね。大脳辺縁系は真相については実に詳しく知っている。

大脳辺縁系の情報が新脳に伝わるためには、新脳が柔軟でなくてはならないし、雑な知識で防御していると伝わらない。

昔は、西欧人はとことん物質主義に生きていたので、こういう桜のムードを理解する人は少なかったかもしれないが、今は違うかもしれない。

ケスラー　桜は異次元から来たものを受け止める裂け目にして座布団ということになると、この千鳥ヶ淵の大量の桜は、何か巨大なものが降りてくるのを受け止める大きな装置みたいな感じだな。進撃の巨人のようなものとか、巨神兵とか、使徒などが降りてくるのか。

風が吹いて、カウントとケスラーに多少の桜の花びらが降りかかってきた。

もちろん桜の花を振り払うことは無粋なので、二人ともそのままで話を続けた。

カウント　今日、君から誘われる前のこと、夜中の12時にふいに目覚めてしまった。で、また眠るまでの間、寝床に横たわったままじっとしていると、目をつぶったまま、頭の上の方で白い光が降りてくるのが見えた。それは気にせず、私は自分が火山のマグマの上空に浮いているということを想像した。

これは身体が暖かくなりハッピーな気分になるので、私がよく思い浮かべる定番のイメージなんだよね。

ところがどうやっても火山の上にいるという構図が作れず、目の前に血の池地獄みたいな池が広がるんだ。そもそもイメージって自由に思い浮かべることができるものではないか。なのに血の池地獄が消えてくれないし、しかも足下でなく正面に大きく広がっている。

不思議だと思っているうちに、頭上の白い光の方向から身体全体に電撃が走って身体全体が痺れた。金属をこすっているようなキリキリという音も聞こえた。身体全体が振動に包まれていて、これは励起するとか活性化するというような感じだったよ。

ケスラー　寝る前に、いつもそんないろいろなことを体験するのかな。

カウント　体験する。

なぜなら寝た後に人は異次元に行くわけだから、寝入り端はこの微妙な切り替えの場所で、それまでの意識が存在する、その意識がなくなるという最も重大な場所ではないか。言ってみれば生死の端境だ。そこで何も起きないわけがない。常に事件がある。一日の中でこれ以上に重要な時間などないよ。

ケスラー　でも、寝るのは毎日だよね。毎日事件があるのか。大変だな。

カウント　起きている時間は、だいたいみな決まった行動をルーチンに繰り返したいした事件はない。しかし寝る直前、その後、寝たあとの夢では事件続きだ。なので、私のように毎日の生活が決まりきっていて、食事に行くときも数分のずれもないような高機能自閉症的な人間は、外から見ると退屈な人間だが、内的体験としては、毎日、嵐のような中で生きているんだよ。

私は誰かに話しかけられることさえルーチンではないので避けようとする。ただし、ケスラー君が質問してくるのは日常の中に組み込まれているので、君は特別だよ。

ケスラー　外はヒンヤリ、中はアツアツの食べものみたいなものか。体中が痺れた体験は、今日話している内容とどう結びつくのかな。君のことだから必ず結びつけるだろうが。

カウント　君はシュタイナーという神秘学者を知っているか？

神智学から分岐した人智学を作って、生涯で8千回の講義をしたといわれている。本は300冊を軽く超えるだろうね。

シュタイナーは『オカルト生理学』という本で、松果腺には上からのエーテルの流れと下からのエーテルの流れが衝突しているのが見えると説明している。

エーテルというのは前に説明したが、電磁気よりも振動が少し高い、いわば〝気〟

のエネルギーのようなものだ。動物磁気とかオディックフォース、あるいはライヒならばオルゴン・エネルギーというのかもしれないが。

この素材は中国の実験では分厚い鉄板を軽く貫通する。というか物質をすべてすり抜けるのは当たり前か。物質よりも振動密度が高いものはすかすかの隙間だらけの物質を通り抜ける理屈だから。

松果腺ではこの二つのエーテルの流れが衝突するが、だいたい対立するものが衝突するときには、何か違う第三のものが生まれるのが通例だ。

ほら、陰陽が中和されたゼロ地点はインターバルになって、より上の次元の力が入り込んでくるという春分点、秋分点の話を思い出してくれ。

ケスラー　シュタイナーの本は何冊か読んだことはあるが、『オカルト生理学』は読んだことがない。

オカルトという言葉は隠秘学のような意味があるらしいね。つまり一般にはおおいに誤解されている言葉だ。

松果腺には興味がある。なぜなら、君は松果体は幼児の段階では水晶と似ており、それが石灰化することで物質的な、大地に埋もれたような大人になると説明していたからね。

デカルトのいう頭の中の小人、ホムンクルスのことだよね。

スピルバーグの映画でも、頭の中に小人宇宙人がいる光景は面白かった。ポポル・ヴフが宇宙船の椅子に座っているような光景だったね。

私はスピルバーグの映画を見てから、高額な寝椅子を買ったよ。ただ革製なので、夏場にはべたつくが。

カウント　そうだ。医学的に松果腺がそう重視されていないのも、物質肉体を超えた作用があるのだから、それは医学的に確かめられないのさ。

物質は以前話したようにだいたいＨ１９２以下のものを示すので、その上にあるものはどんな物質的機器を使っても検出できないので、存在しないと言われるのはしようがない。

空気中に詰まっていると言われているエーテルも、機器が検出できないので、そんなものはないというしかない。通り抜けるものを誰も認識できないのさ。

常々、もうちょっと頭を使って考えてほしいと思うんだけどね。

それはともかく、私はその痙攣（けいれん）体験の後に寝て、夢を見たが、ほとんどを覚えていない。しかし起き際にわずかに記憶があり、それは私が黒板消しのようなものを両手に持ち、胸の前で擦り合わせている風景だ。「こういう感じ？」と誰かに確認していた。二つの黒板消しを反対方向にこすっているので摩擦も抵抗もある。

で、そもそも振動とか波というのは、上に上がったり下に下がったりするもので、これはエネルギーの川の流れがすんなり通過しないで、反対のものがぶつかるときに生じることだね。

流れるとき。抵抗を受けて流れがせき止められるとき。また流れを通そうとするとき。反対に押し戻されるとき……こうしたものがさまざまに連続的に起きると痙攣みたいなものが発生して振動の波を作り出す。

オシロスコープの波形を見ると、横にすんなり流れていくものを、上下に揺すぶることで振動が生じる。簡単に通してやらないぞ、と。いろいろごねてるのさ。

ケスラー　わかった。頭のてっぺんが光り上位のエーテルの流れが発生した。次に、下の方からのエーテルの流れが、松果腺で衝突し、それがカリカリという音とともに身体全体に広がったということか。

で、下のエーテルの流れは血の池地獄だったと。

カウント　そうだよ。上位の流れってのは、実は身体の外、もっと上空の方からやってきたエネルギーであって、それが人体の腰のほうから上がってくるエネルギーと衝突したんだよ。

血の池地獄と白い光の色を混ぜるとピンクだが、桜の花びらのピンクと通じるものがあるのではないかね。

ケスラー　春分のインターバル時期に、山の上から降りてくる先祖を桜が迎えて、この二つが混じって桜のピンクに色づくという話に行き着いたね。

カウント　ここで間違えて欲しくないのは、世界を維持するには陰陽の活動が必要であるということ。これは電気のプラスとマイナスの関わりみたいなものだ。

この陰陽活動が停止して、ゼロになるときに上との扉が開く。上空から来た外の力は、この内部の陰陽というものとは違うもので、陰陽が左右にある揺れだとすると、上空から来たものは陰陽の波に対して90度の角度から入ってくる。

この上下にも、陰陽に似た波が働くが、これは世界の内部にある左右の陰陽とは違うものだ。

上と下の波、横の波を合わせると十字の形になるね。

ケスラー　ちょっとだけ話が複雑になってきた。

このあたりをじっくりと整理して聞かないと、また混乱するな。

メモを出していいかい？

ケスラーは、ノートとボールペンを出した。今日は愛用の万年筆でなくボールペンだった。

カウント　いつものモンテグラッパじゃないね。

ケスラー　また調子が悪くてインクが出なくなっているんだ。早く滑らかにメモするには三菱のジェットストリームが一番いいんだ。しかも太さは０・７㎜が最高だね。最近セブンイレブンで、替え芯を見つけたので３本入手した。しばらくは安心だ。

カウント　梶井基次郎の「桜の樹の下には屍体が埋まっている。これは信じていいことなんだよ。何故って、桜の花があんなにも見事に咲くなんて信じられないことじゃないか。俺はあの美しさが信じられないので、この二三日不安だった。しかしいま、やっとわかるときが来た。桜の樹の下には屍体が埋まっている。これは信じていいことだ。」

という文章では、桜の樹の下には屍体があるが、人間は死ぬと魄というかキョンシーになる。

この魄は上位意識の受け皿になる。物質体は決して受け皿にならないが、エーテル体、魄、イエソドは受け止めるという例のカバラの話だよ。

夢の中ではこれが血の池かもしれない。物質的な身体組織のいかなるものもこの受け皿にはならない。

血の池は腰にあって、しかしながらこれをまた医学的にか生理学的に見つけ出そうとすると何も見つからない。

空気中にはエーテルがなかったというように、血の池も見つからない。

ケスラー　またタロットカードの話を持ち出しそうな雲行きだね。

カウント　私はタロットカード愛に萌える男なのでもちろんそうする。

「20審判」のカードでは、上空の天使はラッパを吹いている。これが上から来たエーテルの流れだ。ラッパの中をエネルギーが螺旋回転しながら降りていく。そして桜の樹の下に、タロットカードでならば墓の中に眠る死者が蘇り、これはこれで頭にターバンみたいなものがあってそこに渦が書かれているが、きっとラッパの中を降りていく螺旋回転と蘇る死者のターバンの螺旋回転は反対方向で回るし、上と下の力線が衝突し電撃が走る。

下からのものは周囲を包み、上からのものは芯に入るという感じでもあると思う。その結果として、中心にいる自分が降りていくと、周囲の光景は上がってくるように見える。

で、この衝突というか摩擦によって生まれた第三の現象は映像として現れるものだと思う。松果腺の前方の方向にスクリーンチャクラというのがあって、上からと下からのものが摩擦すると、エネルギーの流れは映像に変換されていく。

ケスラー　あ、思い出した。

君は以前夢の中で、たくさんの人が映画を見ていて、そのわきで、一人スクワットをしていたということを私に話した。スクワットも上下させるので衝突によって発生した波動だね。激しくスクワットをすると映画がより鮮明になると言っていた。

カウント　人力発電で映画を上映しているんだよ。

上からの力が下に対して少しだけ凌駕（りょうが）すると、映像は身体の外に映し出される。というのも、下の血の池地獄は墓の中に閉じ込められ、身体の外には決して出ない。が、上から来たものは宇宙から来たものなので、それは身体よりもはるかに広い範囲にある。下のエネルギーが上に誘われて、同期が少し上の方側にずれていくとそのまま身体の外に誘い出され、しかし上と下が均衡すると映像は体内で見えるという感じかもしれない。

私が今日の夢でキリキリという金属音を聞いたのは、体外離脱する人がよく聞く音だよ。離陸するときのジェット音だ。

でも肝心なことを説明していない。さっきの十字の話だ。

ケスラー　だいたい想像がつくぞ。

上と下が衝突してそこに痙攣的な波を作っても、それは線の上にあるものだ。線は映像を作らない。たぶん音楽みたいな音は作り出すね。

オーディオアンプに使う真空管は、上にプレートがあり、下にカソードがあって、真空の中で電子が飛び交っている。真ん中にあるグリッドで、この電子の流れに変調をかけると、音信号が増幅される。

しかしこれでは映像にならない。最近、真空管アンプが流行するようになってきたので、趣味で制作して知り合いに販売しているんだ。それだけでなくヤフオクで出品するとあっという間に売れる。私はヤフオク業界ではちょっとした有名人になってしまった。

なので私の制作のアンプにはサイドウッドまでつけているよ。この色づかいいいとしてケヤキがいいかなと思っている。

カウント　君は電子工学の仕事だったから、そういう副業もできるわけだね。なかなか素晴らしい。

で、私の夢で両手に黒板消しを持って擦って摩擦を感じているのは、左右の力の出会いと摩擦だった。それはちょうど胸の前だった。

心臓は二つの異なる方向に流れる血流をぶつけて摩擦を起こす場所だ。

で、黒板消しの形だが、これは布をかぶせた底部は湾曲していて、ちょうど円を4分の1にしたものに見えた。つまり左右の手に握った二つを合わせて円の2分の1で、残りの4分の1の二つのセットは、上からと下からのものだとすると、上、下、右、左の四つで一つの円になるということかな。

ここまでいかないと線は平面映像には変換できないのだと思われる。

さっきのオシロスコープの波形の話だが、横にすーっと直線的に伸びるエネルギーに対して、上下に揺すぶると波形ができる。なので、これと同じく、縦にすーっと伸びるエネルギーに対して、横に揺すぶると波形ができる。

特定の陰陽はぶつかり中和することで、第三のものが介入してくるというのは、この上下と左右の力の流れが互いに相手に対して第三の力として干渉することでやっと平面が成り立つわけで、上下と左右のどちらが先ともいえないね。

ケスラー　中学生の時代の電気の話に結びつけたくなったが、これはエーテルでの話なので、電磁気に関連させてしまうと、またカウント君にダメ出しされるよね。

カウント　そりゃそうだろ。

以前話したＨ24はＨ48では葛藤(かっとう)を起こし、Ｈ96では四つのパルスになるということにも関係しているかもしれない。

Ｈ24の卵は、Ｈ48で二人の人間になり、Ｈ96では四大になるという「21世界」のカードの構図だ。

「21世界」のカードは、二つの力の衝突を表す「20審判」のカードがさらに進化した段階だと考えてもいい。

上と下の衝突は松果腺で、それが右と左に変換されるのは胸で、そして腰では前と後ろに変換され、このすべてを合わせると平面じゃなく３Ｄ映像になる。

でも私たちはたいていテレビでも平面映像で満足しているし、それ以上必要性を感じない。

なので、頭と胸を合わせたものでいいのかもしれない。もちろん腰にある赤池は、頭の衝突のためには必要だが。

平面映像を作るのに腰の中にある上に上がるエネルギーだけを必要とし、腰の中での前後に動く力線はここでは必要はない。

ケスラー　でもカウント君の説明に従って考えると、腰の前後のエーテル波が衝突して中間の無ができないことには、90度角度の上昇する波も作れないという話になるが。

カウント　あははっ！　そうだね。

映画が立体になり、それに包まれてしまうと、まるごと違う世界に行ったみたいだ。

ＶＲの場合には一部の感覚だけがその映像に合わせることで体験のリアリティが増すが、12感覚すべてがこの映像に合わさると、宇宙船がその宇宙に飛んだという意味だね。

「21世界」のカードは楕円の卵の中に人が住んでいるのだから､違う世界に移動した、あるいは移動可能だということで、このためには頭、胸、腰の衝突現場が全部必要だということだ。

ケスラーが用意した缶酎ハイを開けるのに、カウントはポケットの中にあった自室の鍵を取り出し、鍵の先をステイオンタブの先に引っ掛けてタブを開けた。直接指で開けようとすると七割の確率でカウントは指を怪我してしまうのだ。

たいていケスラーが開けてくれるのだが、今はケスラーが縦横に走る走査線が作り出す平面映像の話に心を奪われており見落としたのだ。

缶酎ハイを飲みながら、これもケスラーが持参した新宿三丁目で売られている追分だんごの串をほうばった。たい焼きの次に好きなのは、この餡子の串団子なのだ。

ケスラーはタクシーに乗ったときに、既にカウントのポケットにそれを突っ込んでいた。ケスラーはノートを見ながら質問した。

ケスラー　陰陽が衝突してそこに空白ができると第三のものが宿るといったね。桜の花の咲くとき、陰陽は中和して裂け目が発生する。すると、上下、左右のそれぞれプラス分、マイナス分が均衡を取ると映像がぴたっと静止するが、上下が均衡しないと上下に流れ、左右が均衡しないと左右に流れて映像が安定しないというわけか。

カウント　先ほどの話の続きで考えると、上下が衝突してゼロ地点が生まれる場所に、左右の力線が入り込んでくる。左右の力の衝突によってゼロ地点が作られると上下の力線が入り込んでくる。

しかし映像を作るには十字の均衡が必要ということでは、上下左右がぴたっと同期しない限り映像は安定しない。

で、安定した映像をベースに、そこに微妙な動き、例えば人形が話しているとか動いているというのは、十字均衡を保った上で、四つのうちのどれかが優勢になったり、また弱まったり、他の力線と交流したりということなのでは。

でも基本の四つの力の均衡がないと、人形の形そのものが崩れて流産する。

まあ、それに加えて前後が関係すると静止立体像になり、その人形は前に歩いたりもするのさ。

ケスラー　生き物は六方向圧力の均衡の中で存在しているということだよね。シュタイナーの『神智学』というタイトルの文庫本は読んだことがある。そこには六つの圧力の衝突の中で人間は静止していられるというような内容が書いてあった。

カウント　ビジョンを見るというのも同じ理屈だ。でも、しつこいようだけど、ビジョンは立体でなくてもいい。

二人はインド大使館があるあたり、靖国通りに入る直前の場所で、その近くのベンチに座った。

そしてカウントは話題を少しだけ変えたが、大きく変わっているわけではなかった。桜の現場から離れようとする場所で、桜の話題から離れようとしているのだ。

カウント　松果腺の話だが、伝統的なシャーマンは頭の中に水晶があると主張していた。この水晶の形なんだが、君は以前、私が松果腺と水晶を結びつけたとき、球体としての水晶球を思い浮かべたろう。

ケスラー　誰だってそうなのでは？　水晶というと水晶球では。魔法使いは水晶球の中に映像を見るんだから。

でも聞いた話では、18世紀くらいまでテレビはなかったので、退屈すると水晶球の中に映像を見て楽しんでいた人がいたらしい。そんなことはできるのか。

カウント　もちろんできる。しかし現代人にはテレビがあるので、そうしようとする人がいない。

で、自然界にある水晶というとダブルポイントのクラスターが多いと思うんだがね。水晶球は研磨したもので、本来の水晶の形ではないし、水晶で映像を見るというスクライイングをするとき、私は水晶球ではあまりはっきりと見えないんだよ。むしろポイントのどこかの面、特に上部の三角形の面で一番見やすい。随分小さな区画だ。だからファンタジー作品の中で、魔術師は水晶球を見るというのはあまりリアルに感じない。ごつごつして不均衡なポイントの方が優れていると思うが、映画でそれをすると見てくれは悪いな。

で、シャーマンが言う頭の中の水晶も、水晶球ではなくきっとダブルポイントだよ。手に入れるときには価格が安いのでなかなかいいと思うよ。

ケスラー　私も買ってみたいが、しかし自宅に戻ると、きっと私の嫁がたくさん持っているので、その中でいらないものをもらうことにするよ。

カウント　私の推理では、君の奥さんはとんでもなく高額な水晶も持っていると思うが、それよりもお安く小さなダブルポイントをもらい受けるべきだ。

まあ、お店でも5万円はしないだろう。私の1か月の食費はそれよりもずっと安いがな。

きっと奥さんは、捨てようと思っていたのを君にくれるだろう。君はそれでも嬉しがるだろう。

ケスラー　そりゃそうだ。ありがたく頂く。

で、頭の中にある水晶はポイントだというのは水平に並んだ六つの面が何か重要な意味を持っているのだろうか。もし、そうでないのなら丸い水晶球の方が座りがいいと思うが。

ポイントは角がぶつかると痛そうだし。頭を振るとずきずきするというのは嫌だね。

カウント　私は前からそれを六つの扉を持つ回転ドアだと説明していたんだ。

上空に飛び、そこからまた降りるというのが異なる世界に行くときのルールで、これは横移動ではどこにも行けないからで、まず上空に上がり、それから今までとは違う世界に降りるんだ。

リンゴはミカンにはならないが、果物類という上空の点に入り、そこから降りると、ミカンに降りることは可能だ。

でも、たいてい私の場合、正面の左隣にばかり降りてしまうんだよね。上空の一つの点は降りていくと六つの世界につながるのだが、七つという数字は有名な宇宙法則でもあり、これはここでは点プラス六つの面と考えてもいい。

ダブルポイントでは、下にも点がある。上の点と下の点の力関係を変えることで、同じ六つの世界でも、実は違う階層があることがわかる。

立方体の箱は上と下の面は固定されており、このように異なる階層に行くことはできず、一つの固定された世界ということを示している。

で、夢の中で、私の場合、正面の扉と左の扉の間のつなぎ目の柱が建てつけが悪く、隣の世界の影響が漏れ出てしまうと言われたんだよ。その隙間から黄金色の光が漏れていた。これが原因なのか私は複数の世界を混ぜてしまう癖があるらしい。

まあ、六つの回転ドアみたいなポイントになる場合もあれば、松果腺の前後、上下、左右にパイプというかトンネルを作るイメージで取り組む人もいるね。トンネルの断面は面だ。

変種として8本の筒を配置するケースもあるな。45度斜めのパイプを加えるのは、それは振動の上下をしていくsakすなわち坂を作りたいからだろう。ディセンションとアセンションができるんだよ。

でもダブルポイントの上と下が点になるのも、この上下していく要素を加味した上で、従来の立方体のすべての面に移動可能だというものなので、その意味ではかなり優れた形だと思うんだよね。それが自然界にあったというのが驚きだ。

ケスラー 頭の中の水晶には、いろんな立体図形が成立可能ということか。人によって違う形の水晶が封入されているのかな。

カウント もちろん、その形によって役割とか性質とか意味は変わる。シュタイナーは、地球は球体ではなく正四面体だといっている。面が膨らんで球体になった。でもこれは正八面体なのだという人もいるが、それも正しい。図形の違いとは、宇宙をどういうふうに見ていくかというものなのだから。どんな形で見ても成立する。そういろんな形に水晶をカットする専門業者もいるが、私が見ていると、あまり意味もわからずカットすることが多いとは言える。きっと注文に応じてカットしているのだろう。

松果腺が活性化していない業者がこういうものを作ってもろくでもないものが出来上がる。

ワインを空輪したらワインが死ぬように、この業者の手にかかると水晶は死ぬかもしれないよ。

ケスラー　じゃあ、この中で一番気に入っている松果腺の形として、カウント君はダブルポイントがおすすめということなのかな。

カウント　ああ、そうだ。つまりは、全く手を加えていないということだ。

やはりシャーマンの頭の中には水晶があるという基本に戻って、そう思うね。

で、ここから全方位的に宇宙に広がるというふうに想定すると、頭の中にプラネタリウムがあると考えてもいい。占星術のホロスコープは地上から見た宇宙の天体配置を考えているので、肉体存在としての人間を宇宙の中心にしているが、桜に降りてくる先祖、つまり私の頭の上で輝いていた白い光の側は、宇宙から地球に降り注いでくる方向なので、太陽から見た天体配置を考えるべきだと思われる。

ケスラー　頭の中の水晶を宇宙の星と結びつけると、その宇宙の星からの力が松果腺の中に入ってくるということかな。

カウント君が以前言っていた説だと、アダムをリファレンスにする通常の人間H48は感覚の殻に閉じこもっているので、宇宙の星の力を取り込むことはできないという話だったが、しかしH48人間でも、この松果腺には太陽系の中の惑星の力は入ってくるわけだよね。

カウント　イメージとして言うと、松果腺の周囲にリングがあると考えてもらうといい。これは地球を取り巻く月の軌道に妙に似ている感じがあるんだけどね。

で、恒星の力は地上に降りてくることができず、地球の周囲にある月の皮膜までは降りてくる。地上にいる人間H48は、今度は星に届かないという、両方の寸足らずは、音階でいうと、ドから上がる者はシにまでしか行けない。

上のドから降りるものは下のレまでしか降りることができないということを語るわけだが、太陽を中心にしたヘリオセントリックのホロスコープは、この月の皮膜まで降りてくるので、松果腺の周囲のリングにデータがストックされる。

月の皮膜というのは、もちろん植物的大地、エーテル体でできた仮想物質世界というものだ。物質世界とこの仮想大地の違いは、物質世界は想念に従うことはない。仮想大地はエーテル成分でできているので想念に従う。

例えば、原子は人間の想念に従うことはないが、量子は想念に従う。想念に従う物質でできた大地の上に住むというのは、そうとうに大変だ。

心に不安要素を抱いた人がそこに住むと、休みなく地割れするぞ。

ケスラー　世界が思った通りに動いてくれることは誰も望んでいないね。

互いにつぶし合って絶滅するのに1年もかからないだろう。

カウント　そうだ。地球人が植物的大地に住むことが許されていないのは、自分の心とか想念とか好奇心、興味、感情などをコントロールできないからだ。

宇宙管理センターの判断によって、地球人は地球から脱出することは許可されていない。

ケスラー　以前、それを細かく考えていた時期がある。

悲惨な世界になることは間違いないね。

で、ホロスコープにジオセントリックとヘリオセントリックがあるのは聞いた。ヘリオセントリックのホロスコープは月の皮膜までしか降りないで、地球の地表には届かないということでは、これは社会の中で生きる人の人生には役立たない占星術ということだね。

カウント　ああ、ほとんど役立たないかもしれないね。

ジオセントリックとヘリオセントリックは天体配置が違うので、これをぴったりと同調させることはできない。

昨日、別の夢を見たのだが、マンションの上の階から水で薄めた血のような液体が壁づたいに落ちてくるのだが、部屋の中の女性がどこから落ちてくるのかを真剣に探していた。

水で薄めた血は私が言った桜の花びらのピンクに関係すると思う。しかし女性は途中から狂い始めて暴れ出し、手がつけられない状態になった。ひどい抑圧があるという説明もあった。狂うというのは抑圧があるからこそ生じることだしね。上にあるものと下にあるものがきちんと同期を取って軸が揃っている場合には、「狂う」とは言わず「解放される」と言う。

ケスラー　わかった。天の星から降りてくるものを白い光。下から上がるものは赤。それが合流してピンクになるが、このピンクの液体は上の階にあり、女性はその出どころを特定できない。

つまり女性はジオセントリック、地上を中心に生きてきた存在であり、天から降りてきたもの、あるいはうまく結合したものと軸合わせができないので暴れるのか。

上との結合をしたピンクの花は、そのマンションの上にあったのだね。それよりも下の階にいるということは、それは地上界だね。


カウント　タイヤとかネジでも、軸がぴったりと決まっていないものは左右にぐらぐら揺れたり、がたついたり、暴れたりする。

夢の中の女性の暴れ方はその類だ。桜の樹の下の屍体である魄(はく)は、桜の樹に吸い上げられて、上から来る光の受け皿として働きピンクになる。既にそれは上の階で完了したものであり、その下の階にいる女性はその恩恵を受けることができない。

星の力を受け止めることができるのはエーテル界までだ。

私は青少年を学校で教えていた時期があるが、女子生徒の中に何度も自殺を試みたり暴れたりしていた者が何人かいた。彼女たちは腕にリストカットの痕跡が何十本もあった。テスト用紙を私に手渡すときに、それを見せつけるんだよ。

夢の中では彼女たちを思い出したよ。社会の中で正しいと考えられている教育をして、親切な教師を用意しても、何の改善にもならないだろうな。地上は天の星とはつながることができないのだから。

いかに正しいように見えるものであれ地上的な価値観に縛ると、いかなるものも抑圧となり、彼女たちは必ず狂うんだよ。

壁に降りてくるピンクの液体を見てしまったからだ。それを見なければもう少し大人しいかもしれなかった。

上にあるものが関わると、エネルギーが強まってしまい、狂いというのはそれに応じて激しくなるからね。

ケスラー　狂った女性の話を聞いて、思わず興味が脱線しそうになったが、話を戻そう。
太陽から降りてくるヘリオセントリックの配置の地図を作ることで、天の星とのルートが開発できるのかい。

カウント　まあ、単なる地図だがね。

これは地上での活動に役立ててはいけないということだ。

つまりこれは壁に降りてきたピンクの液体の痕跡だから、役立てようとすると地上に住む女性が狂い始める。

ヘリオセントリックの影響は、エーテル体をベースに体験する夢の中では反映される。

私がずっと昔に、ヘリオセントリックの話をある男性に話したとき、彼は夢を見た。頭上に輝く白い光が出て、その後、私が彼の頭に鳥を刺したらしい。すると鳥の嘴(くちばし)がお尻から外に飛び出したらしいよ。鳥はそもそも大地にいるものでなく、宿り木の上に止まる。鳥は例えば出雲族とかリリスとか、天狗族とか、いろんな例えに使うことはできるが、足に降りずにやはりお尻から飛び出すのだよ。

だいたい彼は夢で正確な情報を捕まえるのが得意だ。腰あたりというか性器のあたりはイエソドだ。

ケスラー　わかった。地上からの視野と、天からの視野のずれを埋めることはできないのかな。

カウント　不可能だ。女性が狂ったのは、彼女が抑圧されていたからだが、地上から成長した存在は全員が抑圧されている。決して天に行くことはできないということをきっぱりと認めると少しは諦めがつく。

だが自分を二重化するといい。地から伸びる自分と、天から降りる自分という両面があることを最初から認識し、もう一人の自分はいつでも天とつながっていることを理解すればいいのだよ。二重人格化するのが救いなんだよ。

タロットカードでは大地に立ち、星に行けないのは「7戦車」。星から降りてきて大地に着地できないのは「17星」だ。

まだ地球が柔らかい時代には、天空から降りてきた者は大地に降りることは可能だったんだけど、今はとうてい無理だ。地球は宇宙から孤立した。

ケスラー それでヘリオセントリック配置を、頭の中の水晶に重ねるというのは具体的にどうすればいいんだい？　細かく具体的に思い描いてみたい。

カウント ところで、私はいろんな印象が鮮やかに思い浮かぶものだから、その都度それに気を取られて話を脱線させやすいので、最近ちょっと女性脳になってきたんじゃないかなと思うんだよね。ビルの中で迷子になるし。

女性型の脳というのは左脳が強く、男性の脳は右脳が強い。言葉は左脳の分野だよね。ただ女性脳はこの二つをつなぐ脳梁(のうりょう)が図太いので、イメージの洪水になりやすいんだよ。行き先に向かう途中で犬を見ると、「可愛い！」と叫び、その段階でもう道がわからなくなる。

なので、ケスラー君は毎度私の話の行き先を指示してくれ。そうすれば遭難しないで済む。

さて、頭の中のポイント水晶だが、まず12サインを6面にまとめよう。12サインを利用するのはここでは黄経は座標として使いやすいからだ。

一つの面は内角は60度。で、正面をどこにするかだが、私たちは太陽から地球に生まれてきたと考える。生まれてきたのでなく、今この瞬間も生まれ続けている。つまり地球にどんどん前進してるのさ。ぼうっとするとすぐに突き飛ばされる。地球方向を正面に配置するといい。

ここから黄経をマッピングして、そこに恒星などの位置も決めるといいわけだ。

ケスラー　神の子羊としてのH48人間はジオセントリックしか使えないのか。

カウント　夢の中でピンクの液体が、天井から流れ落ちる出所を探していた女性は、行動としてはうろうろしていた。これはレミニスカートの形で動いていたのだと感じる。右に回ってみたり、左に変えたり、定まらない動きだったよ。

ジオセントリックでは、惑星は見かけの逆行をするのでレミニスカート運動をする。

私の知り合いの男性の夢で、鳥の嘴(くちばし)は尻から飛び出たという話だが、腰のあたりで陰陽が衝突するエーテル線は前後の位相だ。

で、腰の部分で、前方にあるのは生殖器だ。後ろにあるのは肛門だ。女性の生殖器なら外のものを取り込む受容性、肛門はもちろん排泄なので外に出す。腰では前後にエネルギーが走るというときには、こうした性器とか肛門あたりを参考にするといいと思う。

そもそも性器と排泄器官は同じものだったのがある時期から分岐した。私が思うに太古の時代には人間は排泄器も性器もなかったと思う。その頃は食べない死なないという生き方をしていたと思われる。

ケスラー　ある時代から腰が二極化したということだね。その時代には前と後ろという概念がないのか。

カウント　そうだ。食べない死なない歩かない。空間という概念がなかったのでは。

夢の中の女性はまず女性であること、次に部屋の中をうろうろと迷走した。女性であるというのは、腰が二極化して片方が表に出た存在だ。「21世界」のカードみたいに男性と女性が合体した両性具有者は卵の中に包まれているが、これは腰の二極化されたエネルギーが衝突してそこに空無が生まれた状態だ。

この空無の中に、90度角度で上に上がる第三の力が発生するということだね。「20審判」のカードでは、墓から上がる人物の両脇に男女がいるが、彼らは上空を見つめて拝んでも上がれない。地上でずっと男女の関係を続けてろと言われてるのさ。腰が割れてしまうと、球体の中を、球体とは知らずに、ある方向からある方向にずっと迷走し続けるのだと思われる。視野が狭くなりすぎるので、自分を取り巻く球体を把握することはできないだろう。

H48人間というのは、腰が割れており、さらにふたつをぶつけないで、片方の流れの流木になることだ。ピンクの川は見つからない。彼女が狂ったのは、前の生殖器の方に軸足があったからかもしれない。性器と肛門のちょうど真ん中あたりに、上昇する第三の地点があると主張するヨガ行者もいるよ。

ヨガ行者といいつつ、渋谷で随分と贅沢な暮らしをしているが。

ケスラー　その人に何か奢ってもらったのかい？

カウント　ああ、火鍋をごちそうになったよ。私は甘いのも好きだが、辛いのも好きなんだ。だからたい焼きでは、餡子とショロキアを同居させようという暴挙に出てしまうんだ。

話がまた彷徨う女性に戻ったことでケスラーは話の先を修正しようと思ったが、今日はずっと狂った女性の話に戻り続けるのかもしれないと感じた。

ケスラー　私の頭の中の水晶の地図はいろんなサイトでデータを集めるといいのかな。まずはヘリオセントリック座標の計算はアメリカのサイトで可能だ。それから恒星位置は、これもサイトを探すといいのか。そう労力はかからないね。トータル30分くらいか。

ヘリオセントリックでは、惑星の位置も示されるが、その外に恒星の位置も記入される。で、恒星が黄経で重なった惑星は、特別な役割が与えられるのかい。

カウント　惑星と恒星の違いは、惑星は一方向に移動している。二極化された一つの方向のみしか使わないんだよ。これはカルマを作る。しかし恒星は二極化を統合化した静止点でもあるからカルマは作らない。

例えば、アルゴルはメデューサだが、人を岩にするのと、今度は岩を壊すのと両方兼ね備えている。

時間は一方的でないということは、反対のものもあるわけだから。しかし惑星は一方向のみで反対方向はないのさ。そして慣性とか習慣から抜けられなくなる。

水晶はH96の腹の中にいて、本性は水で、イカの骨のような黒ずんだ芯がH1536だと説明したね。松果腺が水晶的になると、ここにH96の夢の六角柱御殿ができる。そこではH6–H24–H96の連鎖が働きやすい。

Ｈ６はＨ96に16個のパルスを作り出す。そもそも16角形というのは喉のチャクラの形なんだが、喉のチャクラはメッセージを出す。空気を揺すぶって、そこに意図を生みつけるではないか。

空気振動って、空気の素材の中に、波動としての山や谷を作って、事を荒立てることだが、このように空気に不均衡な分布を作り出す力は火のＨ96だね。

星の力は、松果腺の周囲を取り囲むＨ96を揺すぶり、常に「16塔」のカードのように破裂させる。

昔、夢を見て、頭の中に小さな小人がいるのを見た。彼は後ろにあるバッタに身体をもたれかけさせていて、彼の顔を包むヒマワリのような花弁がぱたぱたと揺れると、バッタもそれに合わせて揺れる。バッタは生きていないのだが、この揺れであたかも生きているかのように見える。

まあ、い今は私はバッタと言わず蝶形骨と言うかもしれないが。

ケスラー　六つの回転ドアに割り当てる恒星の選択はかなり難しそうだ。だから惑星と黄経で重なったものだけ選択すると簡単だと思ったんだよ。

カウント　最初はそうしてくれ。複数の恒星のマトリクスを考えるのはまだまだ遠い話だし、空間位置で整合性は持たないのが常だから。

その後は「16塔」のカードのように、大砲で打ち出された弾になってそこに行ってみろ。感覚に支配されたH48人間だとそんなことは絵空事だが、H24人間なら身体が想像力に従うものだろうからいくらでも飛んでいける。

恒星や太陽から降りてきた力は地上には接しないが月の皮膜には降りることができるという点では、私の場合には、月の軌道に置かれた宇宙ステーションに着地点を置き、そこから小型宇宙船で地球の大気にある雲の絨毯(じゅうたん)にまでは行き来できる。

地上生活とは分裂した二番目の自分を構築し、これを地上生活とニアミスさせないことだ。名前をつけてもいいしね。

西欧の魔術師ならば魔法名を持っていた。それが天空から降りてきた人格の名前だ。作家のペンネームなどもそれと同じだね。

ニアミスさせた人間は、すなわち地上生活で力を漏らそうとした人は必ず失敗する。

ケスラー　作家の場合、ペンネームというよりもまずは、作品の中に登場する主力人物が、この星から降りてきた第二の人格ということだよね。それは作品としては作者よりも長生きしている。でもこの主人公はしばしば途中で死んだりしているね。例えばリルケのマルテも、ゲーテのウェルテルも死ぬ。これは地上に関わろうとした結果なのか。

カウント　地上的に死んでも、それはあまり問題はない。そもそも月の都市の住人なんだから。そこではずっと生きている。

ケスラー　この地球の大地は硬いし、人々を閉じ込めているので、この中で唯一許されている活動がフィクションの創作ということか。もっと広く解釈すると芸術ということだ。

これを作り出さなかったら、人間は本当の意味で人間ではない、あるいは人間にはなれないということだね。人間になろうとして、それでも二重性を手に入れなかった人は犯罪者になるケースも多かったんだろうね。

映画俳優とかで、ずっとアルコール漬けで、一度もシラフになったことがないという場合もある。

フロイトの友達は若い頃に死体解剖の授業で、傷口に雑菌が入ってしまい、その後一生傷口が塞がらなかった。その痛みを緩和するためにフロイトが開発したのがコカインで、それがコカインの意義の出発点だから、宇宙的人格を作らないまま地上に閉じ込められた人間が、その苦痛と不幸をまぎらわすために使うというのも想像できる。

H48人間は、地上のすべての人間は自分と同じでなくてはならないと思う。抑圧された人は人を抑圧する。だからH24へ向かう拡大意識とか変性意識は精神の異常とみなして投薬するしね。

ケスラー　ホロスコープは惑星意識を象徴する惑星が複数あり、このすべてに通暁(つうぎょう)することで、トータルな全惑星意識H24に行く手がかりが提供されるので、ジオセントリックも無益ではないよ。

ただ惑星の一つひとつから手を離さないと、レミニスカートの迷走からは脱出できない。占星術は惑星の一つひとつを見て、その人の人生の細かい特徴とかを考えたりするくせに、目的はこの惑星のすべてから手を離して全惑星意識に行くことなのだ。つまり飽きるために取り組むというようなものだ。

退職するために就職する。で、この占星術のホロスコープは、個人の生まれたときに作るジオセントリックのものがあり、その反対に、太陽から降りてきて月に着地するヘリオセントリックがあるが、それ以外に、例えばその日生まれた人のすべてに共通するような恒星パランというのがある。

恒星の力は二極化されたH48には降りてこないが、集団意識としてのH24には降りてくるので、恒星パランのように特定の個人を示さない図では、恒星がどの惑星に降りてくるかという仕組みを考えてもいいかもしれない。

ケスラー　ホロスコープが三つあるので混乱しそうだ。これらを関連づけることはできるのかい。

カウント　基本はできないと思った方がいい。

私は最近の夢で、二つの野球チームが戦っているのを見ていたが、野球チームは数人のメンバーがいるのだからこれは惑星だよね。つまり二つのチームの戦いは、ヘリオセントリックとジオセントリックの試合みたいだが、私はそのとき「田中」という名前だったんだ。「田」という漢字のど真ん中にいる。

私はカメラを持っていて、塔の上の方にいる相手チームの監督の写真を望遠レンズで撮っていた。これは太陽かな。

夢の中では素晴らしい交流があったという記憶が残っているが、そもそも試合はどちらかが出し抜くというものだから、つまり二つの図は最初から噛み合うわけではないという意味だ。

ジオセントリックとヘリオセントリックを両方使いたいのなら、これは同時進行させず野球の試合にしてしまうといい。
モノとモノの隙間にあるものとの戦いだ。楽しいかも。

ケスラー 個人は受け皿にならないが、集団意識は受け皿になるという点では、狂った女性は、自分のH48を捨ててしまえばいくらでも上の階とつながることができるということかな。

ケスラーは自分からまた狂った女性の話に戻したのでしまったと思った。

カウント そう、個人の欲とか利害とかそういうものを捨てればね。
しかし個人の欲とか利害というのは、そもそも個人の視点から発生する。最初から欲があるのでなく、欲は視点によって作られたのだ。
だから誰もこの個人という視点がある限りは欲とか利害意識から逃れることは不可能だ。

ジオセントリックの惑星の位置はそういう個人が抱く欲などをうまく示してくれているのかもしれないね。レミニスカート運動する惑星で記入されているということは、天空にレミニスカートの鍵がかかって出られなくなった人が、いわば迷いの世界の中で抱く願望だ。

例えば、火星が同じ場所に半年くらい止まったりする。12感覚のうちどれかだけ半年も刺激し続けるなんておかしいぞ。しかしH24意識に入れば、これは太陽から降りてくるヘリオセントリックの配置なので、惑星には逆行もなく、ピンク色の川はどこから来たかはっきりわかるし、そもそも自分が川の出どころだと思うだろう。

ケスラー　宇宙図には、ピンクの色の川はたくさんあるのか？

カウント　最初、私が話した桜のピンクの定義からは離れてしまっている話だが、まあいいや。

ピンクも、また違う色の川もたくさんある。

ケスラー　カウント君が一番興味のある川は？

カウント　最近マイブームはアケルナルかな。エリダヌス川の南にあるアルファ星だ。そこから川を北上してもいいが、南の川流れが激しいので、これは危険地帯だといわれている。北緯がマイナス57度くらいだから、日本ではほとんど見えないかな。いや熊本あたりだと見えるのかもしれない。

古代エジプト人は知らなかった星というのが面白い。つまりそこに飛び出す神殿、すなわちタロットカードでいうと「16塔（あるいは神の家）」は作られなかった。

黄経に当てはめると魚座の15度18分あたりだ。地球方向を正面にして、六つの扉のどこにこれがあるのか考えるといい。

私の夢に出てきた狂った女性などをメンテナンスするようなタイプの人間は、このアケルナルが何かの惑星とリンクしているはずだ。

惑星とリンクするというのは地上での活動の何かに結びつき、仕事にしたり、地上でそれに関係した活動をするということなのだから。

しかし、とりあえずヘリオセントリックの力は月の皮膜にまでしか降りてこないので、夢の中ではその活動をしても、金銭授受はしていないケースもある。話は戻るが、ケスラー君は夢の意義についてはどう思っているのかな。

ケスラー　まあ、多くの人は夢の価値についてはあまり詳しくないね。あまり役に立たない、無秩序なものだと考えて、生活の中で切り捨てることも多い。

カウント　だよね。しかし実際には反対だ。人間は霊魂魄肉（れいこんはくにく）という四つの階層でできていると常々説明しているが、私たちが起きて活動しているのは肉、すなわち物質界を示している。で、魄（はく）のエーテル体、魂のアストラル体、霊のメンタル体という三つは、夢として体験するんだ。上位の次元の力はエーテル体にまでしか降りず、物質界には降りてこないという理屈からすると、メンタル体、アストラル体、エーテル体は起きている時にはほとんど接触してこない。そして肉体が仮死状態になって凍結している睡眠中では、この三つは活発に働く。

夢の内容がめちゃくちゃに見えるのは、そもそも時間とか空間の秩序というのは物質界にしかない仕組みだからだ。エーテル界以上では、この時間空間の秩序は明らかにぶち壊しになる。その後は型共鳴のルールが優勢になる。

型共鳴というのは、同じ型ならば千年後にあるものとも共鳴できるというようなものだ。時間と空間の因果律は物質界でのみ成立する。結果が原因よりも前に出てくることはないが、エーテル界以上では平気でそれが起きる。

で、物体の理屈が壊れてエーテル体が広がっている綱の上で、あらためて結晶化するものをアストラル体と言う。つまり非局在的な結晶、すなわち象徴であり、それはどの時間でもどの空間でも、自分と同じ型のものはすべて自分だと思ってしまうんだ。

しかし物質世界で時間と空間の因果律がある世界では、似た型のものでも場所が違うと、もう違うものとみなす。

夢がめちゃくちゃに見えるのは、逆に言えば人間の知性が物質界のルールに従属しており、その枠でしか考えられないということを証している。

ヘリオセントリックは夢で受け止めるのがいい。夢の神殿においては活動をするが、地上ではおとなしい主婦に終始している場合もあるね。

二つの野球チームはどちらも自分だ。

ケスラー　話を戻すが、恒星は二極化していないというのは、狂った女性をメンテするアケルナル人間は、本人が実はそれだという意味だろ？

カウント　そうだよ。地上においては、すべては二極化して進行方向が決まる。だから、地上では、狂っていない状態から狂った状態へ向かうのが狂った女性だ。だが、恒星はこの反対の進み方、つまり狂った女性が狂っていない状態に移動することも含む。

地上でアケルナルを二極化された惑星が受け取るとき、H48人間は一方向でしか受け取れないので、アケルナルの力の半分だけを見ようとする。まともな人を狂わせる人と、狂った人を直す人と。

両方をやれる人間は、既にH48でなくH24人間だ。惑星の一方的な回転にはもう支配されておらず、恒星の力を正確に受け止めることができる。

川に投げ込むか、川から上がるかどちらにも行ける。太陽の昼の顔はアポロン。夜の顔はデュオニュソス。で、デュオニュソスに属していたマイナス教団は、狂ってオルフェウスを殺害した。オルフェウスとエウリディーチェは日本では、イザナギとイザナミのことで、つまりオルフェウスは物質化したもの、粒子化したものを意味する。マイナス教団は形がはっきりしたものを壊そうとするのだろう。でも太陽がアポロンとデュオニュソスに自由に行き来できるならば、マイナス教団はセラピー軍団に変わってしまうね。

ケスラー　私のアケルナルはどこの扉にあるんだ?

カウント　後ろの正面だよ。左から四つ目。右からでも四つ目。

普通のホロスコープのように読むなら、正面の地球の受肉ポイントを1ハウスの始まりとみなす。これは正面の60度の幅の面の真ん中だ。

後ろの正面は7ハウスあたりになり、君の奥さんはアケルナルを象徴しているかもしれない。なぜといって7ハウスは配偶者も意味するからだ。君は背中に狂った女性を背負っているのが好きなんだ。

ケスラー まあ、その気配はあるな。というより正確にはそれに変貌することも可能だということだ。きっと自由自在さ。
しかしさっきの話だと、うちの嫁はセラピストにもなるのか。

カウント もし彼女がH24存在となり、正しくアケルナルとつながるのならばどちらにも行き来可能だ。

ライフセーバーのような仕事をしている人が多いが、彼らはほとんどが川から救い出す方で一方向的だね。

H24のライフセーバーは時には川に落とすこともする。

ケスラー　一番それが怖いんじゃないのかい。

カウント　君はそれに慣れてる。それを遊んでる。奥さんが異常なことを言っても面白がるだろ。

エーテル体の知覚にシフトしてみな。つまりは夢の中で奥さんと会ってみるんだ。すると恐ろしい怪物みたいな存在だろう。エーテル体は身体よりも大きいサイズだね。しかも人の形をしていない。

つまり、物質体からエーテル体に知覚が移るというのは、人間の形が爆発するか怪物化する光景になる。眠るときにみな爆発しているのだが、夢の中で怪物化したか巨大化したものなどたくさんいるではないか。

でもヘリオセントリックは、物質に降りて来ずエーテル体にしか降りないということは、個体維持本能などないのだから、怪物に会っても恐怖は感じない。

私は夢ではだいたい毎日のように、手に負えない巨大なものを扱っているよ。

ケスラー　そういう怪物みたいな存在の恒星はまだあるのか。

カウント　無数にあるじゃないか。人間個体を基準にすると他のすべては怪物だ。ちなみに狂うというのはね、フォーマットが壊れていくことだ。人間の形が壊れていく。

夢の中の狂った女性は、最初ピンクの川の道筋を探してうろうろしていたが、その後狂って異常な行動を始めた。これってエリダヌス川が見つからなかったから狂ったのではなく、見つかったから狂ったと考えることができる。人間の女性としてのフォーマットが爆発したんだ。どういう形に壊れていくのかというと、エリダヌス川の形に壊れる。エリダヌス川を見つけるということはエリダヌス川になるということだ。

エリダヌス川といわれると馴染（なじ）みがないかもしれないが、これはナイル川でもあると考えると親しみを感じる。

南の端で渦が激しく回転し、それに飲み込まれると、人の形がなくなり、川の形に、つまり龍とか蛇とか、筒などに変わっていく。

夜中に音がするので、そっと扉を開けてみると、龍に化けた奥さんを発見できるよ。

エリダヌス川の南に住む生き物は北上してオリオンに行きたいが、エリダヌス川に変貌したら、そのまま頭上にオリオンがあるんだよ。その型そのものを体現する。

えーと、確か京都の神社のお祭りでそういう姿で練り歩くのがあったな。

ケスラー うちの嫁が夜、水晶に囲まれて寝ているとき、もうその怪物になっている気もする。なぜなら水晶というのは中国では凍った水という意味だ。

中層重心は水のH384だよね。だから水の中に囲まれて蛇のように横たわっているのはエリダヌス川に変身しているのか。

カウント オリオンの三つ星は弁財天を表しているが、三大弁財天の一つ、竹生島(ちくぶしま)に関係した能の竹生島女体(ちくぶしまにょたい)では、船を漕ぐ老人が湖に入ると龍に変貌する。

女神をオリオンにして、この女神と龍あるいは蛇がいつもセットなのはミノス文明の拠点とかそれと北緯が同じ江ノ島とかだが、川を上がるとオリオン、川の南の入り口では人は龍に化けるというものと結びつけていいと思うけど。

龍体の女神でもいいし。

ケスラー　頭の中の水晶に宇宙を映し出すというのは、何となく雰囲気がわかった。これからはそれをしてみよう。

できれば、それを夢で受信するといいということだね。

カウント　そう、夢で体験すると一番安全だ。

というのも、起きている物質界のボディで、へたに瞑想したり、変性意識に入るというのは、肉体を傷つけることにほかならないんだから。

もう説明したように、上位の意識はエーテル体にしか降りてこず、物質体に接触しない。つまり、物質体はそれによって高次な世界の破壊力から守られているんだ。

エーテル体は物質体を傷つけることでしか関われないというルールを思い出してく

れ。昼起きているときにビジョンを見てはならないと言ってもいいくらいだ。

聖者の多くは喉頭癌（がん）で死ぬという定説がある。

ケスラー　物質界で生きるときには退屈な俗物とか、人から興味を持たれないようなどこにでもいそうな人格とか、カウント君のように高機能自閉症の色合いがあってドアを閉めたかどうか十数回確認するような人間とかが適切ということか。

私は六つの扉の一つひとつが、どの星雲界、どの恒星に関連しているかをサーチすることに時間をかけることにする。

カウント　そうだ。恒星に飛んでみるとその扉と恒星には通路が自ずと出来上がる。一度でも通路ができると、それはずっと有効で失われたりすることはない。

ケスラー　私のヘリオセントリックでの後ろの正面にアケルナルがあっても、そこに惑星はなくてもいいということだね。

惑星と重なると地上でライフセーバーのようなアケルナル的な仕事をする可能性がある。だが、惑星がないのならば、夢の領域にのみ働きかけ、いわば中空に浮かんでいるものを受け取ることだが、魚座の15度前後に惑星がないのならば、後ろの正面にたくさんある恒星の中で、どれが重要なのかわからなくならないか。

カウント　これは頭脳的に探してはならない。頭脳的に探すとは、物質肉体のレベルで探すことだよ。

夢の意識の中で直接アケルナルがコンタクトしたら、それと自分の関係性を確認してみよう。

ちなみに私の夢の中でピンクの川を探しているうちに壊れ始めた女性は、アケルナルの近くにあるアンカーの力も借りたに違いない。アンカーも南側で、ちょっとアケルナルに近い。ご近所なので助けてもらいやすい。

ケスラー　アンカーって、エリダヌス座ではないね。

確か、私の記憶では、ほうおう座にあるので、フェニックスが象徴だ。

カウント　アンカーは、昔は「光り輝く船」と呼ばれていたりもした。そのときにはザウラクという名前だ。今ではザウラクはエリダヌス座γ星のことで、アンカーとザウラクは違うんだが、それは現代の話であり、神話的には、すなわちエーテル体的には関係があると思ってもいい。

人の形は解体するときにアンカーの船に乗せて川を北上したり、あるいは何度も蘇るフェニックスのように、人になったり、違うものに解体したり、また人になったり。ちなみに12サインは、どのサインでも真ん中あたりは壊れていく場所だ。だから魚座の15度すぎにあるアケルナルも壊れていくことに関係するのさ。

集団意識に接するというのも、実は、個体としての人間の形が壊れることだからね。私は夢の中で巨大ないいようもない力に接する頻度が高くなって困っていることは、それに名前がつけられないからだ。日常の生活でも、人の形でなく集合体とばかり接する。そういう人間は会社を見ても、その中にいる社員のことをもう見てない。

会社全体としての鋳型、キャラクター、アーキタイプを直接見る。そういう人間は会社との相性なんかも出てくるよ。

ある会社とは十年たっても二十年たっても仲が悪い。しかしある会社とはいつも和気藹々（わきあいあい）とかね。

ユングが戦争の時代が始まるときにヴォータンを見たのもそういうことだ。集団を動かす怪物を直接見てしまうんだ。

ケスラー　よく、自分のエーテル体というかオーラを大きく広げたりした人は、いろんな人の病気とかストレスがそのまま入ってくるので、痛みやすいのではないかと言う人がいるが。

カウント　集団意識のレベルでものを見る人は、その中にある細胞としての人H48の細かい特徴を拾わない。だから個体人間としてのストレスに影響を受けることはない。その代わりに、集団意識としてのパワーには反応してしまう。

仏陀はインド全土を覆っていたというがこの仏陀フィードが仏陀の本体であり、個人としての仏陀は、細胞の一つにすぎない。個体としての仏陀が何か癖を持っていたり、特有の行動をしたりしても、それはそんなに意味のないことだが、しかし仏陀フィードの模型として機能することは明らかだ。

リファレンスとしての何千分の1模型かな。この個体仏陀を見て、そこから本体の仏陀フィードを推理できるかというと、H24の人ならできるが、H48だと細部ばかりを見て、何一つ推理できない。そもそもH24人間ならこの仏陀フィィールドそのものを見てしまうので推理する必要もないがね。

H24人間はH24を識別するが、H48人間はH48人間しか見ていない。

グルジェフのことを書いた本で、弟子のウスペンスキーと外を散歩して、グルジェフが町に人ではない死人ばかりが歩いているというシーンがあるが、これはH24から見た視点だ。きっとウスペンスキーは、グルジェフが何を言っているのかわからなかったと思う。

でもH24人間なら、すぐさま死人が歩いているというのはわかる。モノとして生きているが、この中に本質が欠けているんだ。そういう人間は表面的なことに価値を見出して一生を過ごす。

働いて、会社に行って、結婚して、子供を産み、家を建てるかもしれない。そして老後にはそば打ちとかカメラの趣味をして、そのうち死ぬ。

ケスラー　頭の中の水晶をプラネタリウムにして、そこから宇宙に飛び出し、情報を受信するということができると、地上経験で何かしたりする比率は減るかもしれないね。

退屈しないし、することがたくさんできて、すると地上経験に求めるものが少なくなる。

これは健全ではないということではないのか。そもそも、それは地を足を着けた暮らしをしていないということだし。

まあ、地に足を着けた暮らしが良いというのは偏見だということはわかるが。

カウント　地に足を着けた存在は宇宙に届かないし、宇宙から来た人間は地に足を着けられない。この二重的な二つを持つ必要があるが、しかしそれは地に足を着けた生き方は半分でしかないということを強調してしまうので、世の中で地に足を着けた生き方が大切だという人に同意できなくなるだろう。

そもそも地に足を着けるというのは、地球の自転、公転によって、自動的に作り出される時間サイクルにシラミのように張りついて依存症になり、自分で時間を動かすということを習得できないままになるケースが多い。

「自分で時間を動かす？　一体、それは何ですか？」と、理解できないままだ。人間になりたいのならば、時間を自分で動かして、意図や目的を持って生きることだ。

ノストラダムスは、ほとんどの人は自分の運命を動かすことのできない流木のような存在だと言ったが、これは地に足を着けた人の特徴だ。

ケスラー　それについてもう少し説明してくれ。

君はひねくれた言い方をすることもあり、それについて理論的な説明を聞くとたいていなるほどと納得してしまうんだよ。しかしそれを聞かない間はただの奇矯な意見に見えることもある。

カウント　私たちはまず肉体というものの中に生きているが、これは感覚的生き方というものだ。感覚とは繰り返された挙句に形骸化して最初の動機というものが失われたものだ。

シュタイナーは生命は7層、感覚は12あると説明していたが、最初は生命作用だったものが、繰り返した挙句に手抜きして自動化したものが感覚だ。

で、エーテル体は全惑星意識と言えるものだが、エーテル物質は意識に対応する。反対に言えば、意図とか想像力とかが働かないときにはエーテル体はない。残るのは感覚だけだ。感覚は意図がなくても動くし、むしろ感覚には意図には正確に対応しない。

私はよくエーテル体の訓練のために、夢見のために、肉体から外に矢印を想像して、全方位的に、自分が拡大していくことを教える。矢印が広がり、外にちょっと大きな卵を作る。バルーンとも言うらしいが。これは肉体ではなく想像力で作った卵だ。つまり感覚的に存在せず想像力の中でのみ存在する。これがエーテル体の卵だ。

実際には肉体に張りつく感覚が肉体の輪郭範囲から押し広げられて、少し大きな卵のサイズに拡張したとみなしてもいい。すると感覚はいつものバランスというか分(ぶ)からはみ出したので収縮しようとする。

感覚というのは見たり、聞いたり、嗅いだり、味わったりだよね。なので、感覚の膜を意図で押し広げると、感覚はリアクションする。このリアクションが映像とか何らかの印象ということだ。

打てば響くというように、意図の矢印を出すと、そこに感覚の抵抗があるんだ。矢を突き出して感覚の膜を広げるか、あるいは感覚の膜を突き破るとコーヌコピアがやってくる。それを傷口と言ってもいい。

ケスラー　意図を持つというのは難しいね。それはわかる。

というより、おそらくほとんどの人は意図を持つということを理解できていない。

カウント　そうなんだ。地に足を着けて流木のように、つまり地球の回転に流されるまま生きている人は、意図を抱くことができず、既存の印象のコピーをすることしかできない。

例えば、「お前の望みはなんだ？」と聞いたとき、「お金持ちになりたいです」とか「総理大臣になりたいです」と答えたら、これは既にある感覚的印象を持ち出しただけで、意図ではない。

意図は感覚を押し広げて、今までの枠から外にはみ出すことで、感覚を書き換えたり、傷つけたりすることだ。まさに逸脱が意図だ。

金持ちも総理大臣も既存の感覚的印象なので、はみ出しておらず、その中に生きるというのはやはり流木なんだよね。

感覚は変化しないというのが特徴なので、感覚を変容させるというのも意図にしかできない。

ケスラー　意図は感覚から飛び出す。肉体から飛び出す。

で、松果腺はそもそも身体の外にあるものと結びつく本性があるね。猫が感覚では確認できない遠隔地に引っ越した主人を追いかけて数か月してその家に到着したりするのも松果腺の力だ。耳や鼻や目ではこの引っ越し先は見えないのだから。


カウント　太陽の本性は意図の光を放射することだ。

惑星は太陽の光を受け止め、それを受容したり抵抗したりするという点では感覚と考えてもいい。そう考えると、地上から見たジオセントリックのシステムは感覚から始まっており、その成り立ちそのものが奇妙なものだと思わないか。

ヘリオセントリック的生き方をしている人は意図で生きており、ジオセントリック的生き方をしている人は感覚で生きている。ヘリオセントリック的水晶では、太陽系の外の太陽と兄弟的な関係の恒星の力が、その意図を働かせて、意図を太陽系の中に惑星に持ち込むことの地図だ。

それに、人間の側も、身体からはみ出す意図の弾道に乗って、その恒星に到着する。

地球で地に足を着けて生きている人が恒星に行けないのは、恒星に向かう意図の弾道を持てないからだ。

矢印が作れない。なぜなら感覚に閉じ込められ、そこから一歩も出ず、願望といえば、他の人の達成したものをコピーすることだけだ。そして地球の時計に依存し切っていて、時間の進行はタダだと思っている。何かしているつもりでも、実は、それは時計が自動的にストーリーを展開してくれているからだ。

ヘルメスが、惑星の借りを返すという言い方をしたのは、時間を自分で進めることにしたので、惑星が作り出してくれる進行表を返します、という意味だ。

ケスラー　地図を作って、六つの世界の旅をするのは、六つのそれぞれの領域を代表する恒星を特定し、そこに意図の矢印を飛ばして、この筒を通じて恒星の情報が入ってくることをすればいいわけか。

ぜんぜん難しくないな。

カウント　難しいわけがない。

ただし、恒星の振動密度はＨ６なので極めて高速で、私たちの意識Ｈ24やＨ48よりも高度なものだ。低速なものが高速なものに向かって意図を発するというのは理屈として成り立たない。

なので矢印を飛ばしても、この矢印の向きは恒星から私たちへというもので、積極的受容性とも言えるかもしれないね。

恒星から矢印が私たちに突き刺さるというのは、私たちが意図を持つのでなく、恒星が意図を発して、それを私たちは自分が望んだと思い込む。望んだと思い込まされたのにその自覚がないのはＨ６が高次元すぎて、それを私たちは対象化できないからだ。

自由意志でどの恒星にも行けるというような傲慢(ごうまん)な考え方を抱いてはならない。呼ばれたので、自分が行きたいという意志が発生し、私たちはそれが始まりだと思い込んでしまう。

君の奥さんの故郷アケルナルにも、10分以内で行けるぞ。もうアケルナルが周囲の空間に貫通しくまなく満たしていて、アケルナル臭だらけではないか。

ケスラー 小さな点に見えるので、坂本九の歌のように、「見上げてごらん夜の星を、小さな星の小さな光がささやかな幸せをうたってる」という具合に、小市民的イメージと重ねてしまうんだな。

カウント 人間は物質的身体の中に閉じ込められているので、自分の身体を基準に遠近を考え、遠いものは小さなものと見てしまうからね。世界は自分を中心に回っているというのがジオセントリックな見方だから。

時間の進み方を惑星に依存していないなら、進行は一方的でなく、反対方向も可能だし、斜め横断もできるし、蚊が飛ぶように点々と移動もできる。もちろん、時間の推進力は意図によるものだ。恒星までのショートカットだってあるだろう。

惑星の一方的方向性はカルマを作ったり、また人間に時間への依存症を作ったり、既存の世界体験以外は存在しないと仕向けたりする。

例えば、科学的に認められないような体験はできないとか。多くの人が体験したこと以外は体験することはあり得ないとか。

時間体験のリズムを変えて、早くしたり遅くしたりすると、連動している空間性も歪むので、形が壊れたり変容したりする。

今の人間の形を信じている人は、この形は、惑星の回転の時間の中でのみ存在可能な幻像だということを考えない。リズムを変えてしまうとたちまち人間の形は変形するぞ。

ケスラー　するとまた新しい疑問が生じたぞ。

地球上では決まった時間リズムがあり、しかも反対方向はないという点で、決まったストーリーが続き、それを多くの人は書き換えることができないので流木のような人生だというのがノストラダムスの説だとすると、地球上にいる限りは、ここから逃れることはできないのかな。

カウント　地球は12種類のメモリー束があり、電車のレールの切り替えポイントがあるような場所で違うメモリー束に乗り換えることが可能で、乗り換えポイントのたびにシフトすると、全体としては、自分の望みの方向に行くのでは。

記憶はコアとなる意識の振動に応じて変わるという性質がある。

まあ、これも意図は感覚を書き換えるというのと同じ意味だが。

なので切り替えポイントが来たら、そのときにエーテル体の力を発揮するとコースが変わる。でもいつでも変わるわけではない。地球はきちんとリズミカルに回転しているからね。

いつものところでは絶対に変わらない。しかしポイントが来ると方向転換する。で、一番手頃なのは日食かな。地球意識H48が仮死状態になり、意識の連続性が保てなくなるので、このときに擦り込むと、知らない間に切り替わる。知らない間にというのは、意図の不在な存在から見ての話であり、意図のある存在からするとここで意図の一撃があったのだ。

ケスラー　よくＳＦ映画などでいわれるように、歴史を書き換えると、破綻が生じるというような話はないのかな？

カウント　過去を変えると未来が破綻するというのは、理屈としておかしいではないか。その人の意識状態に応じて、記憶が変わるというのは、例えば集合意識が変化するときに、それを象徴するかのような遺跡とか天体が、今までは全く影も形もないと思っていたのにふいに発見されるとか。

つまり今の意識状態によって、記憶はどんどん変わっていき、過去も変わり、破れ目は自動的に閉じられる。自分にとって辻褄が合うような形に整えるし、都合が悪いものは、みな忘却する。

だから、コースを変えると、それに合わせて、あらゆる細部が書き換えられる。新しく作られたコースが最初からあり、それ以外のものは存在しなかったように思う。

意図は感覚の皮膜を推していく。ぎゅっとどこか押すと、それ以外の場所はそのまま連続的につながっているのでそれに応じて調整されてしまうし、破れ目が小さいなら自動的に塞がる。

ケスラー　感覚は12種類あるといったね。

これは占星術の12サインと同じものだと。

カウント　そう、生命あるいは意図は7層で、感覚は12個だ。12サインのように全部蛇のようにつながっているが、一つひとつはギャップがありすぎるのが驚きなんだよ。

例えば、自我感覚の牡羊座は火の元素、活動のクオリティ。次の牡牛座は、土の元素、固定のクオリティ。あまりにも極端な落差だ。飛んでいる鳥がいきなり叩き落とされて、土の中に埋められたようなものだよ。よく気絶しないものだ。

しかし反対に言うと、この感覚の切り替え点は危険な縫合部分で、コースを変えるタイミングとして都合がいい。

ケスラー　昔、流行(はや)ったのは、春分点の移動で、魚座の時代から、水瓶座の時代が来るというものだった。

　これは西暦２０００年という説があったね。あるいは第二次大戦が始まった頃の１９３６年だとか。

カウント　プラトン月というのは歳差運動の２万６０００年を12に分けて、一つが２２００年くらいあるというものだが、その切り替えの時期の正確なところはわからない。

　それと切り替えの調整期間が２２００年の12分の１の１８３年というのもある。水瓶座の時代になるにはまずは魚座と水瓶座の入り混じった混沌(こんとん)が１８３年あるということだ。切り替えの期間はわけがわからないぞ。難破船が累々(るいるい)と積み上がる。

　でも、プラトン月の切り替えは、やはり大きな時代の変化の節目だ。ほとんどの人はこのときに、サインの切り替えに気を取られる。しかしサインは感覚で、この切り替えには、何一つ新しいものはない。ずっと永遠に回転するんだから。

問題は、意図がこの感覚の様相を変えていくということだ。つまり水瓶座の時代がきて自由だ、千年王国だという話にはほとんど目新しいものはないが、この切り替えのどさくさに、意図によって望む方向に変えられるぞというのが重要なのだ。「今までの水瓶座とこれからの水瓶座は随分違うね」という話だ。

もっと小さなタイミングが日食か。小さなタイミングは小さな変化しか起こさない。で、プラトン年が2万6000年、プラトン月が2200年とすると、プラトン日は72年で、これがだいたい人の一生と言われている。

日食のサロスサイクルは18年なので、2倍にすると36年、4倍にすると72年だ。一生は四つのサイクルになる。生まれたとき（0歳)、18歳、36歳、54歳、そして終わりの72歳だ。四つのサイクルはアーシュラマで考えてもいいね。

ケスラー　例の林住期とか遊行期とかか。

以前、団塊の世代が大量定年退職した時期に、今後の林住期をどうするかというのが話題になったね。

カウント　退職後の54歳以後は林住期なのか遊行期なのかよくわからないが、社会的義務を果たし終えて好きなことをする時期だ。

植物性の林の中に住むのだから、エーテル体を意識してほしいね。つまり意図というものを考える。本当の人生の目的をね。

機械時計は腕から外す。その前の社会的に活動する時期というのは集団意識に飲み込まれていく時期だから、人の意志をコピーすることしか許されないし、ちょっとでも外れたことをすると叩かれる。

みんな会社員になるべきだと考えると、会社員になるし、結婚するべきだというと結婚するし、子育てすると言えばそれをする。

でも54歳以後は量産型から外れて、感覚の皮膜を打ち破る意図というものに従った人生を歩むといいのでは。

ケスラー　切り替えのときに、コースをどさくさ紛れに変更するという点では、2万6000年、2200年、72年、その四分割のサロスサイクルというふうに並ぶわけか。

カウント　わかりやすいだろ？

ケスラー　日食はそれぞれ特定のサロスサイクルに従属しているので、さらに細かい切れ目だね。

カウント　細かすぎる場合には大ジャンプなどは望まない方がいい。こまごまと軌道修正さ。

ケスラー　わからないところは、72年が人の一生だとしても、その人が生まれたときは必ず日食ではないな。まあ、中には日食で生まれる人もいるにはいるのだろうが。

カウント　受肉、すなわち感覚性としてのH48人間のスタートは、感覚のスタートでしかないんだよ。

肉体・感覚として生まれる前の日食を、意図のスタート点と考えてみるといいだろう。自分の本体はここから始まった。

エーテル体ボディはここで生まれたと考えてもいい。

実際、生まれる前に、既にエーテル体は母体の上に滞空しているよ。私は目があったことがある。これだと純粋に肉体個人の生まれではないが、そもそも個人の生まれは感覚の生まれであり、それはその人のエーテル体のボディではないのだから、それを最大重視するというのは間違いだ。

私は、特定のサロスのときに、いつも太陽系の外の知性体の訪問を受けている。あるいは、私がそこに出かけている。つまり太陽系の外の恒星の知性体というのは、意図そのもの、メンタル界の意志という意味だね。意図の環境への貫入は、そこでコースが変わることでもある。

ある時期、招かれた恒星に行かなくてはならなかったが、電車がないと怒っていた。そのときにシリウス・アケルナルのマトリックスに助けてもらったのさ。シリウスは輝いたり燃えたり爆発したり解脱したりハードに修行したりするという意味だ。

アケルナルは川に落とす、あるいは川から救い上げる。つまり私は爆発して川にほり投げられて、そのまま目的の恒星に行った。そこは天国だった。恒星は天国以外の何ものでもないからね。

ケスラー　わかった。自分の未来を変える切り替えポイントは、小さなものでは日食、大きなものはサロス、そして人生の四つの切り替え点、このあたりが私としては一番注意する必要があるということだね。

このときに何もしない人を「流木」というわけか。

カウント　肝心の折り返し点で気絶してしまうのさ。時間の切れ目というのは、意識の連続性が途切れることで、そのときに不在になる人は流木以外の何ものでもない。

以前説明したことだが、H48の意識が不在になったところでもH24はその隙間に自分を意識するパルスを持っている。H48の傷口は、H24にとっては自分をしっかり立たせている場所。「ゴルゴダの秘蹟(ひせき)」といわれているときは日食だった。そのとき、イエスはエーテル体になったが、イエスの応身を見た者、イエスの屍体しか見なかった者によって、はっきり未来の方向が分裂した。イエスの応身を見たものは、その瞬間目覚めていたんだ。

ケスラー　ゴルゴダの秘蹟については、そのとき、暗闇になったということが『聖書』に書いてあるのは知っている。

日食だったのか。つまりターニングポイントだ。

カウント　イエスはその瞬間を最大限、歴史上これまでにないくらい大きな転換点にしたのさ。

ケスラー　下の次元においての陰陽が衝突して無化されたとき、そこに上の次元が入り込んでくるというのは、グルジェフの教義とかカバラの図式でも表現されているが、グルジェフのエニアグラムでは、円に九つの数字を記入して、1と2の後に、3で上の次元の介入。次に4と5が続いて、6で上の次元の介入。さらに7と8が続いて9で上の次元の介入という三つの繰り返しの図式だったね。

カウント　あれは三つの繰り返しというよりも、内部にある1割る7でできる142857 1……のラインが絡んでいることに重要性があるんだけど、数字の順番の進行では、シンプルに、陽、陰、中和というのが三回続くね。

で、私が説明したことを思い出してほしい。対立する二つの流れが衝突したときに、90度角度の座標が介入できる余地が生まれるというもの。腰では前後。胸では左右。頭では上下の波動が互いに下の無を仲介にして関係できる。ちょうど三つだ。これはエニアグラムを身体に当てはめた図として考えることもできるかもしれない。

普通に生きる人間の場合、この三つのグループの波動が陰陽のどちらかに偏ったりしているので、すると他の陰陽グループとつながることができないというのが問題なんだ。

ある日見た夢では、私はある円形の建物から外に出ようとした。すると建物の外の敷地に、ゴミの山みたいな場所があり、そこに痩せた男の子が座っていた。男の子にゴミが乗っているのかと思ったら、このゴミに見えていたものは虫だった。で、それを見ているうちに、私の足にも虫が乗ってきた。私は建物に引き返した。
この夢の意味を解釈してくれ。

ケスラー　丸い建物ならそれがエニアグラムか。建物の外というのはこの九つのサークルにどこかはみ出しがあったという話だね。
陰陽が均等に衝突せず、陰陽のどちらかがはみ出すと、それが圏外の荒れ果てた場所に赴くことになる、と。　で、虫が乗った男の子は仏教でいう餓鬼(がき)のことか。

カウント　そうだよ。この陰陽のはみ出しは、頭、胸、腰の三箇所で起こりうるが、足に虫が乗ったという点では、腰の陰陽のはみ出しだ。
軸がずれてしまうので、もう胸、頭につながらない。そして見捨てられた荒れ果てた場所に行ってしまう。

ケスラー　腰は性センターのことだね。あるいは身体性か。

カウント　グルジェフは思考、感情、身体性という三つのグループに分けたとき、さらに身体性を、本能センター、性センター、動作センターの三つに分けた。で、腰にある性センターは中和点だ。動作センターはプラスの側。本能センターはマイナスの側。

「20審判」のカードで、下にいる三人の人物は、それぞれを象徴している。動作センターと本能センターの均衡がないと、性センターの軸つまり性器と肛門の中間点の上昇の場所が手に入らない。

男性的な男性なら、プラス側が過剰になり敷地の外の虫だらけの場所で餓鬼になる。「21世界」のカードの両性具有者にはなれない。

ケスラー　カウント君がそんな状態だとは思えないが。

カウント　もちろんそんな状態にいるわけではないよ。しかし私は知識の世界に住んでいるので、いろんな場所、いろんなケースを探索しようとしてしまうのさ。

だから餓鬼とはどんなものか、餓鬼にもなってみたいと思う。

歴史的に見て、そしてシルクロードのコースを見て、禅の十牛図とエニアグラムは同根と考えているが、すると牛を探して彷徨(さまよ)う第一図の「尋牛(じんぎゅう)」は、この痩せこけた餓鬼の状態だ。それはそれで空(むな)しいことには違いないが、ある意味、楽しいと思うんだけどね。嫌いじゃないいんだよ。

しかし夢の中で無数の虫がたかっているのを見て気持ち悪くはなった。十牛図ではこれは蝉として描かれている。

ケスラー　探求において腰の陰陽衝突が出発点なのか。それとも最終プロセスなのか。

カウント　カバラでは最後に手をつけるプロセスだ。最初にここに手を出すのは無理だよ。下から手をつけるというヨガの手法はどう見ても不自然だ。一番いいのはあちこちを転々としながら調整することだよ。機械の調整ってそんなものだよね。

ケスラーは手元のＩＣレコーダーのスイッチを切った。

ケスラー　今日も満載だった。家に戻ってまとめてみるよ。

夕方になって、少し冷えてきた。彼らは急いで帰路についた。別れ際カウントはケスラーに言った。

カウント　君の奥さんに伝えるときには正確にね。

ケスラー　わかってる。

私の説明が不完全なために悲惨なことにならないように気をつけるよ。

エニアグラム

いつものようにカウントとケスラーはカフェで会っていた。

このカフェは、カウントの好きな蜂蜜が置いてあり、それをコーヒーに多めに入れる。ケスラーは持参のブランデーをコーヒーに0・5㎜の高さ加える。熱いコーヒーからはブランデーの香りが立ち昇るが、今のところ周囲の客に気づかれたことはない。

ネット記事ではこのカフェの客には年収一千万円以上の女子が多いという噂で、ケスラーはどの客が一千万円以上なのだろうかと周囲を見回す。

このカフェではのんびり休憩しようという人はほとんどおらず、たいていスマホかパソコンに集中するか、ノートに何か書いている。ケスラーはこのカフェに立ち込めるお勉強の雰囲気が好きなのだ。その中でこっそりブランデー入のコーヒーを飲むのは快感だ。とはいえ、0・5㎜では何の抵抗にもならない。

席のあちこちにパソコン用の電源タップがついているが、そもそも、今どきのパソコンはバッテリーが長持ちするので、コンセントにつなぐ必要があるとは思えない。だからここで電源を使う人はパソコンを充電し忘れた人なのだ。

どういう理由で充電し忘れたのだろうか、前から気になっていて、さまざまなシチュエーションを想像する。

そんなことを考えているうちに、カウントがいつもの話題に引き戻した。

ケスラー　ところで、君は花見のときの会話でエニアグラムを持ち出したね。エニアグラムはグルジェフが西欧に持ち込んだ図で、そもそもはスーフィの宇宙法則図だという話だが詳しいことはわからない。というよりもエニアグラムが真に宇宙法則図ならば、地上でどういう経緯で伝わったかなど意味のない議論になる。

宇宙法則図が普遍的なら、それはローカル色に染まらないのでどこにあっても同じだ。グルジェフより数世紀も前にこれと似たものが仏教伝来の経路で日本にも持ち込まれているし、日本以外でもあちこちに伝わっていると思うが、君がそもそもエニアグラムの話を持ち出したのはどういう理由だったっけ。

ケスラーは周囲を見回すのをやめてカウントの目を見た。

ケスラー　それはね、腰の前後に走る陰陽の力が衝突して、中和のインターバルができると、縦に走る力線が発生し、これが頭で衝突することになる上下のエーテル線の下の側を担当するというクンダリニにも通じる話をされて、これはエニアグラム体系に再編成することができるのではないかと思ったのだ。胸ではさらに左右の力が真ん中で衝突する。

この頭の上下、胸の左右、腰の前後という力線の方向は、フレミングの左手の法則みたいだね。中指が電流で、人差し指が磁場で、親指が推力というそれぞれが90度で交わる図だ。

カウント　フレミングの法則と同じものではないぞ。なぜって腰でも前後にストレートに力が走っているわけではなく、前からの力と後ろからの力が衝突してゼロ地点が生まれ、そこにより上位の次元が関与するポータルが発生するということが、胸でも頭でも生じているということだからだ。

つまり一つの力線では、実は反対のものが衝突して、あるときは片方が押し切り、あるときは押し返され、この煩悶こそが波動を作り出すからだ。フレミングのはエネルギーがただ一方的に走るだけのラインの組み合わせではないか。

フレミングの法則と似ているといえば、たんに違いが90度の関係になっているというだけだ。

ケスラー　しかし、君は、いつも一方的な流れは宇宙には成立しないというよね。コーヒーカップに手を伸ばすとき、実は、コーヒーカップからやってくる流れがあり、それに誘われて手が伸びるのだと。行動がAからBに向かうとき、意図はBからAに発射されているのだと。

一つの線でもそこには双方向的にベクトルが働いていないと線は成立しないという

話だと思うが。

カウント　なるほど。私の説明の矛盾点をうまく突いたように見えるね。

電気とか磁場とかの話になると急に退屈になるので、私は私の理論の説明に、物理学の話を引用するつもりはないんだよ。

むしろギリシャ哲学のような理念で話をしたい。するとConnotationの作用が働き具体的な一つの事象を決まった説明に独占させることがないからね。物理学の領域では強烈な二律背反的な原理が働くのでどこにも脱出の口がなくなってしまう。

しかし、ケスラー君は電気少年なのでそういう資質も悪くはないと思っている。

物質の世界は二律背反の原理が働いていると割り切れば、そこはそこで独自の法則が働いているのだと考えてすっきりできる。

ケスラー　二律背反の牢獄（ろうごく）から脱出できる導きがあれば、物理学とかにはもっと未来があるかな。

カウント　まあ、その未来があるとか、過去から未来へ時間が進むというイメージそのものが二律背反なんだがね。

で、エニアグラムを考えるなら、まずは素朴なところから出発して、エニアグラムだけが持つ性質がどこにあるかを考えなくてはならない。つまり、なぜ、今ここでエニアグラムでなくてはならないかということだ。

で、ないのならエニアグラムを使う意味はない。

エニアグラムを使うとエニアグラムの持つ性質に染まっていくので、人生はエニアグラム色になるよ。それは日本人としては適していない面もあるのではないかと感じることがある。日本人はベタだから。

エニアグラムは一言でいうと合法則的不規則性で、矛盾しているけどきちんとしているというか。

ケスラー　日本人は矛盾を併せ持つというのはどうだ。

とはいえ、今日の日本人ならばもう平面的になっているので、この良さは消え去っているかな。

カウント 中江兆民の日本人に信仰なし、決まった思想も考え方もなし、という姿勢にならば、矛盾は受け入れ、エニアグラムのシステムには少し親近感は持てるかもしれないね。

決まったドグマに支配されると合法則的不規則性は理解できない。

ケスラーはひと息ついて筆記用語を机の上に出した。今日も三菱ジェットストリームだった。

しかし黒と赤の2本を取り出した。ノートはほとんど埋まっていたので、近いうちに新しく買わなくてはならない。

ケスラー 合法則的不規則性が理解できない人は、エニアグラムについては一滴もわからないということだね。

単純な頭の人からすると複雑系はただの出鱈目（でたらめ）だ。しかしオクターブは自力では進めないということをうまく説明していると思われるので、私は、エニアグラムは真実だと感じるんだ。

その昔、ヨガ道場に行って、チャクラを一つずつ下から上に目覚めさせるという修行の真似事をした。しかしこのチャクラを下から順番のままに進めるというのは、オクターブは自力では進展できないということを考慮に入れていない考えだ。結果的にそのまま行こうとすると必ず決まった場所で壁にぶち当たり、そこから一歩も進めなくなり、気がつくと出発点に戻るというグルジェフ説はなかなか説得力がある。チャクラは手の込んだやり方をしない限りは全開通にはならない。それにエニアグラムを使うといけずの性格になるというのはわかる。

カウント　いやいや、それは違う。「いけず」の性格というのはほんとに「行けず」とか「活けず」だが、エニアグラムだと行き止まりを突破するんだからイケイケの性格になるんだよ。

人生はままならないと多くの人は思っている。が、エニアグラムを使う人はままならないものはないという結論に至る。

ドランヴァロ・メルキゼデクは人類の大半は下から三つのチャクラしか目覚めさせることができないといっているが、これはオクターブの行き止まりで停止しているということだ。

ド、レ、ミ……と進んで、ミとファの間にある隙間を越えることができないのさ。これって、大半の人は心が開けず、恐怖と攻撃心の中に住んでいるということでもあるがね。

アメリカで銃規制しないのも、この恐怖と攻撃心を肯定しているというか、下から三つの間を堂々めぐりせざるをえない人の弱さを認められないことから来ている。その弱さを、むしろ強さだとすり替えているところが怖い。

ハーレーに乗るワイルドな男は実はいつも怯えているということを認めない。

ケスラー　エニアグラムはわりにシンプルな図なので、これを壁に張ってどういう意味があるのだろうかと考えている時期もあったよ。ほとんどわからなかった。

しかしグルジェフの主張では、参考書は読んではならないし、知識はこの図から取り出さなくてはならないという話だったね。

砂漠にエニアグラムだけを持って行けと。"パーマー・エルドリッチの三つの聖痕"だと、砂漠にペットボトルだけ持って踏み込むことが書いてあるが、水も持っていけないのか、と。

カウント　花見のときの話では、まずは出発点として、腰、胸、頭に、それぞれ対立するプラスとマイナスの力が働いていて、このプラスとマイナスの衝突が起きると、それぞれの場所で中和の静止点が発生するということから考えた。するとそもそもエニアグラムでなくても、ゼロを頂点に下にプラス、マイナスが並んだ三つの三角形を考えればいいという話になる。
カバラの生命の樹とかは、この陰と陽と中和という三角形図式が複数組み合わされている。一番上の三角形は中和のケテルを頂点にしたもので、下のビナーとコクマーは父と母みたいな位置づけかな。

二番目の三角形は反対に配置されており、上にケセド、ゲブラーがあり、下に中和点のティファレトがある。どうしてひっくり返っているのかな。

三番目の三角形は、ネツァクとホドの並びの下に、イエソドという中和点があり、これも二番目と同じく反対に配置されているんだ。あるいは上のティファレトに従属していると考えてもいいけどね。

私は個人的には、生命の樹はエニアグラムほどの普遍性がないと思う。ローカルな工作が加わると、特定の人々とか特定の地域にしか使えない法則図になる。エニアグラムみたいに円でなく縦に立った樹だからだと思う。樹はどこかの地に立ち、すると特定の地域性から逃れることはできない。大地に立つ樹は自立性がない。つまりトータルでない。

ケスラー　なるほど。しかし陰陽と中和という三角形の連鎖という点までは普遍的な法則なわけだね。三つの三角形は人間の脳の働きに対応させてもいいよね。

頭と胸と腰は、新脳と旧脳、古脳すなわち人、羊、虫の三層構造の体躯投影。

カウント君の夢では餓鬼が虫に取り囲まれていたという話だが、一番下の三角形の中の一つの点の暴走であったわけだよね。

カウント君が似ているといった十牛図の第一図「尋牛」は、下の三角形の中の一つの点を提示しているはずだ。虫は古脳のことを表すことも多いし。

三角形の一つの点が暴走すると、三角形の正常な働きがうまくいかないので、結果的に中和の無のポイントが作られない。この中和の無はより高次な領域へとつなぐための接点なのだが、下の陰陽だけが働くレベルでは全く見えてこない。つまり虫に囲まれた餓鬼はどこにも可能性を見出せない。

この可能性を見出せないという虚しさは、確かに十牛図の「尋牛」で、何か乾いた虚しさというものをとても実感的に伝えてくる。


カウントは自分の見た夢の映像を細かく思い出した。

カウント　下から二番目の三角形である牛を見つけられないのだからね。あの夢の映像は鮮明だった。

生命の樹もシンプルに改造してもいいのではないかと思うんだがな。

たいていの生命の樹では、喉の位置に当たるダートという中枢を記入しない。これが間違いのもとでは。

二番目の三角形では、ダートをあらためて取り上げてダート、ケセド、ゲブラーという上向きにしたい。そしてティファレト、ネツァク、ホドという上向き三角形ね。

ダートを隠した理由は、一番上の神の三角形、すなわち造化三神のケテル、ビナー、コクマーを下の階層からは断絶させ、隠されたダートの位置に深淵という穴ぼこを掘りたかったからだ。

中和の点は常に上とのポータルになるという意味では、ダートを置くと、下の階層のセフィロトはそのまま素直に最上位の三角形とつながってしまう。

しかしダートを隠蔽（いんぺい）してそこに深淵を置くと、下に生きている者は上に行く前にみんなここで死んでしまう。この溝は下の階層にも反映されて、エーテル体を示すイエソドと物質界を示すマルクトの間にも溝ができた。

つまり生命の樹は法則図ではなく、太陽と地球の間には異例に距離ができてしまったという地球現状図なんだが、エニアグラムとの整合性を持たせるなら改造しなくてはならないね。

なぜといって、エニアグラムは純粋な法則図でローカル性がないんだから。

エニアグラムはある意味、地球の現状については認めていない。特区など存在しないと主張している。

ケスラー　そういう特例を認めないエニアグラムを採用する人の人生は変わってしまうのかい？　地球では地球的特殊性が普遍性と考えられているのだから、エニアグラムで生きる人はちょっとおかしな人かな。

カウント　そう、もちろんもちろん。
エニアグラムにしても生命の樹にしても、これらの図はロゴスだ。それは原初の言葉といってもいい。世界はこのロゴスの言葉の中に生まれてくる。神が昼と夜を分けたというとき、神はそう考えたということだ。すると神の腹の中に内包されたすべての存在は昼と夜があるという思考から逃れることはできないし、どこに行っても昼と夜がある。昼と夜があるのは現実だと思うようになってしまう。

違う神の腹の中に入ると、昼と夜がない世界もあるんだよね。ずっと夕方という世界があるんだ。

ケスラー　原子があるという最初の思考は、あっという間に、実際に原子はあるんだという現実を作り出したからね。

視覚は思考の反映だという君の言葉の通りにね。

カウント　いや、それは私の言葉ではなく、シュタイナーの言葉だ。

三角形の話をしばらく続けよう。

数字のマトリクスとして曼荼羅（まんだら）みたいな九つの枡目（ますめ）の枠を作り、上段右から

１２３、次の層に４５６、一番下に７８９と並べる。
すると三つの層で共通した陽というかプラス性質は１４７、陰と表現されるマイナス性質は２５８、真ん中のゼロ地点、中和因子は３６９になる。

三つの三角形を縦に並べて、この図を背中に背負うようにして身体対応させると、左側をプラス、右側をマイナス、中央を中和というふうに配置するのが生命の樹の基礎構造だ。

神道なら、このプラスを幽の柱、マイナスを顕の柱とかにするかな。

一見、左を能動のプラスに割り当てるのは間違っているように思われるかもしれない。これはたんにイメージの持ち方による違いだな。

プラスは基本的に積極的で波動的で形になりにくい。マイナスは受動的で形に固まっていく。プラスである陽は外に弾けたいが、マイナスである陰は内側に閉じ込めたい。

まあ、右と左の解釈についてはずっと何十年も、あるいはもっと長く議論が続いた。

で、それぞれ単独の三角形のままに配置してもいいが、しかし１４７の陽グループの中では4が偶数、258の陰のグループでは5が奇数になる。

空間配置でマイナスとプラス、すなわち陰陽の柱が立つ並びは、数字の奇数、偶数の並びとは合致しないということだ。たいていホロスコープでも12サインの奇数は男性的でプラス、偶数は女性的でマイナスと定義されていて、これは単純で疑いようがない。九つの数字のマトリクスでは数字の奇数と偶数のセットを陰陽だと定義した場合には、空間配置の中での陽の中に陰が入り、陰の中に陽が一つ入ってしまうということだ。その結果として、それぞれ陽のグループも、陰のグループも単独で閉じることができなくなり、敵陣に人質を置いているような光景にもなる。

マトリクスの真ん中の層を身体では胸に対応させると、胸の心理的な面で逆転が生じる。

ケスラー　それぞれのグループが単独で閉じることができないというのは、君がよくいうレミニスカートみたいに、途中から引き返して、反対回りをしながら、あらためてまた元の流れに戻るみたいなものかな。

カウント　ああ、ちょっとだけ似ているかもしれないね。

レミニスカートは外から見たものと、内から見た視点の違いをいつの間にか入れ替えるからね。

家の中にいると思ったらいつの間にか外にいて、外にいると思ったらいつの、間にか家の中にいる。二つの円が交差している真ん中の点では意識喪失するので、いつ切り替わったかわからない。

点は意識を成り立たせることができないんだ。

なぜなら意識はある方向へと射出したときだけ成り立つ。点には方向性がない。しかし方向性がある線の中で点というのは存在する。

レミニスカートの中心の点は、線に違う線が割り込んできた結果の点なので、それまでの流れ作業が止まる。一瞬の意識喪失だね。

ケスラー君、エニアグラムの図を思い浮かべてみてくれ。

ケスラーは言われた通りに、ノートにエニアグラムの図形を描いた。

空で覚えているので、すぐに描くことができた。

カウント　エニアグラムの場合、円の内側に線が引かれているが、1を7で割った循環小数の順番である142857１……という流れが作られている。数字の進展は二重化されているんだ。

なので1が2に進もうとしたとき、裏では1は4に走る。2は3に行こうとすると同時に8に行く。

この仕組みで、陽グループはいつの間にか陰グループになり、陰グループはいつの間にか陽グループに入れ替わる無限ループができる。

二つの三角形はもう互いに知らんふりして存在することができないというわけだ。

でも、369の三角形は孤立している。

いわゆる宇宙の七つの法則というのは、142857１……という二つの陰と陽の三角形のことを示している。外側では数字は1、2、3……と進んだときには、陽の性質の奇数と陰の性質の偶数は交互に並ぶが、内部の線では偶数の428グループが固まって列をなし、次に奇数グループが５７１と列をなす。つまり外では交互なのに、中では奇数チームと偶数チームがそれぞれたむろってしまう。

今日の朝、夢の中で、数人の女性が横に列を組んで丘の上に立っているのを見たよ。女性だから数字でいえば偶数で４２８チームだが、私はビートルズの『フール・オン・ザ・ヒル』を思い出した。

学校のクラスでいえば、碁盤の目のように男女が交互にお行儀よく座っているが、授業が終わって休憩時間に入ると、互いに仲のいい連中で固まってごそごそと話をしている。

ケスラー　ちょっといいかい？　話を戻すようだが、何で偶数だと女性なんだい？

カウント　それは男は尖（とが）り、女は凹（へこ）んでいるという性器の形から採ったものだろ。リンガとヨニだ。あるいは原子核と電子かな。

ピュタゴラス派は偶数を流動的なものと決めていたが、まあ、柔軟性ともいえるな。今日の夢で横並びの女性が出てきたのは、このエニアグラム内部では偶数、奇数がそれぞれ徒党をなすということを、今日の話題に取り上げてほしいからだよ。外では公平に奇数と偶数は均等なのに、内輪では結局女子会に男を入れたくないと言い、外では決して口にできないような内容が取りざたされている。

親父たちは親父たちで、一緒に仲良く居酒屋に行って、互いにちゃんづけで呼び、男にしか通用しない話で盛り上がる。外側の数字の羅列は時間の進行だ。

それに比較して、内側は空間的な親近性とか、型共鳴というようなものかもしれないね。

つまり内側の線は時間の因果律には従わない。

時間の進行と空間の配置はぴたっと噛み合っているわけではないということを意味しているのではないかな。

内通者は1割る7の秩序に従うということでは、外側は足す、内側は割るということか。外は足して増やすが、内側は内部分割している。

占星術の12サインは内部分割で、決して足すものではないね。

一時イギリスの天文学者の単純な誤解で、「13サイン」というのをしようという話があったが、実際の星座を考えるなら13どころかもっと増やさなくてはならない。12サインは星座とは何の関係もないものだし、円を12に内部分割した数理システムだ。

ケスラー　でも、このそれぞれの内輪チームは、４２８の後は5につながって奇数の５７１に交代するね。５７１はその後、４につながる。

ということは、敵陣に晒されるのはいつでも4か５だ。

カウント　そう、勇気を持って敵に接触し、相手側に取り込まれる。

この二つは奇妙だ。

空間的に配置した陽の１４７チームでは、陽に属する4は偶数だし、反対に5は空間的に配置した陰の２５８の中では奇数で突出している。

なので数字の4と5に関しては、長く議論してもいいかもしれないよ。

なかなか性質が決めにくい。

ケスラー　こういう数字のことばかり扱い続けると次第に退屈するね。

カウント　感情が働かないからだ。

しかし、ここでの数字はピュタゴラスの時代の、数はロゴスであるという考えのものなので、現代のように表層的頭脳活動で扱うようになっていない。なので、一つずつじっくり取り組むと、とても実感的で生々しいものだよ。新脳、旧脳、古脳が連動するようになるとそうなる。ロゴスを切り離した数字を扱っていると、人間はだんだん神経不安症みたいになるぞ。三つの脳をばらばらに使うことになるのだから。

カウントがシュガードーナッツを食べ始めた。このカフェには、生クリームの追加などはないらしい。もしスターバックスコーヒーならば文句なしにカウントは生クリームを二つ追加したはずだ。

いつもようにシュガードーナッツも周辺から食べ始めたのを見ながらケスラーが質問した。

ケスラー　以前、生命の樹のセフィロトを、そのまま立方体の六つの壁に当てはめ、さらにユングのアーキタイプをそのまま対応させたね。

そういう法則図形の配置の応用をするというのは、カウント君が最も得意なものだよね。

カウント　おお、なんぼでもやってやるぜ。

以前は世界中の体系を全部集約させようとした。今は強引にしたくはないし、するとしても緩くやりたい。

このような対応が好きなのは、資料的根拠というものを度外視できるからだ。

過去の具体的なデータがどうあれ、それらはみな正しいとは限らないということを前提にするわけだね。

具体的な資料とかはあまりにまばらで気まぐれではないか。それをあてにするのはそうとう変だね。

日本の記紀だって原型は30％も残ってないね。

アーキタイプ対応は、上にオールドワイズマン、つまり天なる父、下にグレートマザー、つまり地の母。胸の左右をそのまま右にアニムス、左にアニマとする。そして前にペルソナ、後ろにシャドーにしていく。右と左については議論が生じると思われるので、右にアニマ、左にアニムスにしたいという人もいるはず。ずっと昔は小さな箱に入ってもらって、内側の六つの壁に絵を描いてもらうセミナーをしたことがある。みんな汗だくだが、そういうやり方で探索すれば、体験的に右と左の配置も確定する可能性はあるね。

ケスラー　それで、こないだの花見のときの話だと、前後は腰の位置に対応するという話だった。

グルジェフは、古来からの考えと同じく、思考の頭、感情の胸、身体性の腰というふうに三分節にするが、身体性の腰をさらに三つに分けていたね。これで合計五つのセンターだと。

腰の部分が陰陽中和という三つに分かれるのならば、この身体性を示す場所をグルジェフのセンター説に従って、動作センター、本能センター、性センターをそのまま立方体の前と後、中和的な場所にあてはめていいかな。

カウント 当てはめのプロとしては、このあたりから慎重にしなくてはいけないと言っておくよ。

そもそも、グルジェフの身体工場の図では、動作、本能センターなどを示すH24物質は、三層工場では腰と胸の中間くらいにあてはめられているようにも見える。さらに進化した性センターのH12は腰に配置される。これは身体の空間配置の話で、立方体のマッピングとは異なる。

立方体の配置は基本として概念として考えるというものだ。

概念の図と空間的な形の図にずれが生じるのは当たり前のことであって、これは動物系知覚つまり目で見るものと、植物系知覚すなわち心臓で知覚するものの違いだ。例えば、目で見ると腸は体内に収まっている小さな区画かもしれない。しかし、腸の働きをトレースするという視点からすると、とても身体の中に収まらず、テニスコートの大きさになってしまう。実は、腸は身体より巨大なのだ。これが物質的視点とエーテル体の視点の違いでもある。

物質的な自分のサイズを基準にして、自分をプロテクトし、何でも他人事で見てしまうことと、そのターゲットの内側に入り込み、その視線を追いかけていく結果、自分の身体サイズから思わずはみ出してしまうという違いだ。

猫を可愛いという人は、人としてプロテクトして、猫を外部的に見ているんだよ。もし猫の内面に入ると、可愛いという言葉からはあまりにもかけ離れた現実に気がつく。テレビで動物と会話できるという外人女性が話題になっていたが、すべて人間の言葉になっている。猫も犬も人ではないのに。

こういう歪曲は動物系知覚がいつもすることだ。エーテル体にシフトすると、腸のように身体から爆発するようにはみ出して、大きく翼を広げてしまうのさ。

つまり、狂った人に寄り添うと一緒に狂うしかないというようなものかな。

ケスラー　物質体とエーテル体では、視覚というものも全く違うものになってしまうんだね。

カウント　かなり違うものになってしまうよ。

物質体からすると遠くの星は取るに足らないくらい小さい。しかしエーテル体知覚からすると、遠近、大小という物質的視点の制約から解放されて、遠くの星の存在意義そのものを内側から見るようになる。これが局在に縛られた物質の視点と、非局在へとつなぐことの可能なエーテル体の知覚の違いだ。

昔の星の神話は、科学技術がない原始的な人が思いついたものだと信じている人が多いが、星に内側からアプローチした。このエーテル体知覚で行くと何万光年離れた星でも一瞬で到着する。

今の科学ではとうてい追いつかない、ハイレベルな知性を使って神話を作ったと考えてもいいね。

ロゴスがミュトスを編み出した。

ケスラー　動物系と植物系の二つの考え方を平面的に結びつけてしまうと、意味の混乱が生じるね。

カウント　そこは明確に分けて考えてほしい。

それと、そもそも物質としてはＨ１９２以下しか認められないので、それ以上のものはみな身体の空間的な位置には対応させられないので、グルジェフの身体工場は、実は、やっかいなものだ。

ヨガのチャクラとかも物質的身体の位置とはそりが合わないので、身体の位置を決めるは怪しい。細かく位置を決めようとする人は、肝心なことを理解できなくなっている。理念や概念は本来空間位置とマッチしない。

ない。

「高天原はどこの地域にあったのか？」という議論をする人がいることが信じられない。

それを意識しつつ点検してみよう。

グルジェフの身体工場では、口から入れた固形の食べ物Ｈ７６８と水分Ｈ３８４は腰で吸収・排出される。つまり腸などに関係した場所だね。飲食をして、固形物と水分を排泄する。

取り込んだ食物は体内で進化して気体のＨ１９２になり、そこで吸い込んだ外気のＨ１９２と衝突して熱のＨ96に変換され、これらは身体の三層の真ん中、内臓とか胸がある位置で処理されている。

それから思考Ｈ48成分に進化して頭に移動する。粗雑な成分は精妙な成分になり、精神活動とか印象物質に変換されるのだ。ここでは腰で食物の吸収と排出のやりとりがある。

胸で外気とのやりとりがあったように、印象とか考え、思考などのやりとりが生じるので、私とケスラー君がカフェでああでもない、こうでもないと話をしている中でさらに精度の高い物質へと進化していくだろう。腰での食べ物のやりとり、胸での空気とのやりとり、頭での印象のやりとりはかたちがとても似ていて、振動密度は違うがやってることは全く同じ。

ここまでは順当に、腰、胸、頭と上昇進化するんだ。

次にＨ48は進化してＨ24になると、あらためて身体を降りてゆき中層に向かう。太陽神経叢（たいようしんけいそう）とかそのあたりだ。

さらに進化して性センターのＨ12成分になると性器あたりに向かう。Ｖの字を逆にしたような形で進行するんだよ。

でもこのあたりの話を続けると、長くかかってしまうな。

ケスラー　私とカウント君が、老人ホームに入居して、そこに哲学カフェを作って、Youtubeで発信するということを思いついた。先週にね。

老人ホームにいる全員を巻き込んでね。なぜなら、彼らはみなアーシュラマでいう遊行期にいるのだから、社会の役に立たない哲学世界に浸るのにふさわしいからだ。

東浩紀はオンラインの哲学カフェではワインで泥酔していたが、これは過剰ストレスからだ。これは家住期にいながら、遊行期みたいなことをしようとするからだと思うんだよね。

年寄りはそんな間違いはしない。ワインくらい軽く乗りこなすぞ。

カウント　いいアイデアだね。私は老人ホームに入るような金力はないが。

身体を医学的に考えると、先ほどの話のように物質はＨ１９２のものであり、それ以上のものは物質として認識できないので、存在しないものを追いかけるはめになる。概念論とか意味論でアプローチするのが正しいので、身体も医学じゃなく哲学で取り組むのがいい。

哲学カフェでは、餡子と生クリームの哲学的な相違について語るというのもいいね。

動作・本能センターはＨ24で働き、性センターはＨ12で働くということをいったん忘れてもらって、ケスラー君がするように、概念的に下層の場所を動作・性・本能の三つのセンターの働きに対応していると強引にあてはめると、動作センターはプラス側、本能センターはマイナス側、それを中和するゼロ地点でもあり高次な力が関与してくるのが性センターだ。
このように三つのセンターを下に配置して考えるのも悪くはないなと思う理由は、「20審判」のカードで、下に男と女と墓の中に立つ人物の3人と結びつけてみたいからだ。タロットはほんとにうまく描かれているんだよ。
こんな知恵を持った者とは、一体、誰なんだ。

ケスラー　不思議なことに、タロットカードを毎日見て記憶しようとしても、細部が覚えられないのはどうしてだ。

カウント　それは物質的な目で見たものと、エーテル的な知覚の両方にまたがって見ているために、忘却作用が働くんだよ。タロットはそういう代物（しろもの）だ。
物質的に記憶したものはエーテル領域では忘れてしまい、エーテル領域で記憶したものは物質領域では忘れてしまう。

かぐや姫が月の都市に戻ると地上体験のすべてを忘れてしまうように。

つまり、忘れたのではなく、裏に仕舞い込まれたんだ。

タロットカードは物質世界と夢の世界を行き来するツールなので、普通の記憶作用では扱いにくいということに特質がある。


ケスラー　まあ、これからはいつでも持ち歩くことにするよ。

そして君が「20審判」というと、取り出してじっと見ながら話を聞くことにする。

そうすれば忘れない。


カウント　それがいいかもしれないな。

きっとこのカフェでも、他の客はわれわれがタロット占いをしていると思われてしまうね。二人の男が、タロットの1枚引き占いをしている光景は、面白く映るかもしれないね。

で、性センターについては、解釈は難しいぞ。普通の知能では理解できない。普通の知能だとこれをすぐにセックスに結びつける。しかし性センターの働きと性的なものは開きがある。

ケスラー　それは楽しみだ。普通の知能では理解できないものほど興味をそそられるものはないからね。

私が「解釈せよ」と言われた君の夢の虫に囲まれた餓鬼(がき)は、この中和という軸から逸脱した、孤立的なプラスの側、動作センターに対応できると考えた。

カウント　たくさんの虫がたかっていて、痩せこけた黒い少年だったが、身動きしていなかったので、動作センターでありつつ、動作を足止めされたものかもしれない。虫のサイズは大きくて三葉虫のような形かな。

腰は性センターが中心の立ち位置で、それに合わせて均等にプラス、マイナスが配置されなくてはならない。

例えば、電圧でいうとプラスが10V、マイナスが2Vなら、中点は6Vだ。つまりプラスとマイナスの両側から見ての中点としてはゼロということで、外から見てのゼロではないんだよね。

三角形は三つの関係性で自立するもので、外から見てはいけないんだ。外から見て6Vでも、働きとして中和の0Vになるのだ。

外から見てはいけないというのは物質的に見てはいけないということでもある。性センターを存在の立脚点とすると、これに従って動作センターと本能センターが機能するといいが、夢の中の黒い餓鬼は暴走した動作センターで、虫は本能センターを象徴していたのかもしれない。

性センターの軸から逸脱すると自己喪失し、どこに行っていいかわからない孤児になる。本能センターが強すぎても同じことが起こる。どちらも性センターの中点が見つからなくなる段階で進化の可能性が失われる。

プラスとマイナスをぶつけて中点が生まれるというよりも、中点を二極化することでプラスとマイナスになると考えた方がいいかもしれない。

時間を逆にたどることだが。

ケスラー　プラスとマイナスが均等に衝突して、初めて無の中点が発生するという話だったよね。これはプラスの側から見ても、マイナスの側から見ても、存在しない場所だ。つまり二つの側からすると忘却にあるもの、振動が上昇してしまうので同じ場所からは見つからないということだろ。

カウント　そうだ。陰陽が均等だと振動が上がり容易に中点は見つかる。しかしプライスとマイナス側の力関係が同じでないと見つからない。このことは重要かもしれない。

人によって簡単に見つかるもの、永遠に見つからないもの。ここはかなり微妙で、毎日コンディションが変わっているような気もするが、それは陰陽比率が毎回変わってしまうからだ。

食べるものによっても変わるかもしれない。

腰は物質性を象徴するのだが、中点を見つけると、目に見える物質的映像まで変化してしまうしね。これは不思議な体験だ。

中点が確立されたとき、この世界とは違うところの映像が目の前に出現する。

彼らが座っている席と反対にある席では、日本人サラリーマンが外国人から英会話の授業を受けており、カウントは興味津々で見ていたが、外国人と目が会うとすぐにそらしてケスラーとの会話に戻った。

カウント　私はこの性センターの軸から外れた要素を「汚れ」と説明する。性センターにはそもそもその人のアストラル体、つまり魂が乗る。私が語った頭の上から来た光ともたとえられる。あるいは「20審判」のカードなら天使あるいは天使のラッパだね。

性センターはその足場、スノコ、ミツエシロだ。

性センターは植物の茎の頂点に乗った花みたいなものだが、そこに崇高なものが降りてくるのさ。

アストラル体が持つ個性こそ、神話的な意義を持ち、その人の本当の意味での個性だ。神話的元型は非局在的で、どの時間にもどの空間にも行くことができる。しかし地上生活をしていると、限られた時間、限られた空間の中で、地上生活での習慣によって作られた付帯物が本能センターに蓄積される。

例えば、地上で正しいと思われている教育もしばしば汚れ要素になることもある。それはその人の魂、アストラル体が持つ性質の発揮を阻むことがあるからだ。地上的な意味での人間の個性は個性ではなく、癖であり、カルマ要素だ。

地上的なものとは限られた時間、限られた空間にあるものなので、普遍的なアストラル体の個性はしばしば捻じ曲げられる。

神話存在は世界共通だが、国によって性格描写が変わる場合もあるし、それも汚染だ。この汚染は繰り返しの中で自動化した慣性的要素となり、それを記憶した本能センターは思考よりも速度が早いので、思考によってはどういう調整も改造もできない。

H12ほど普遍的ではないが、それでも惑星上においては不死という普遍性を持つ。つまりは時も所もわきまえず発揮されてしまう。

その人の動作、思考、感情の癖は、だいたい似ているが、背後にある本能センターの傾向が動作センターの特性にバイアスをかける。動作センターも速度が早いので考えても直らない。下の三角形が整えられていないと、存在の軸が見つからなくなり、結果的に上位の次元と結びつくことができなくなり、腰、胸、頭、すなわち身体と感情と思考はばらばらになってしまう。

私が見た夢の黒い少年は父も母もいない。あの虫はかなり大きいものだった。最初、ごみ捨て場に座っているのかと思ったら、全部、虫だったのさ。紙とボールペンがあれば虫の形を描くことはできるがね。

ケスラーはカウントが紙とボールペンを暗に要求し、虫の話をしばらく続けたがっているそぶりを見せたので、話の矛先を変えることにした。

ケスラー　腰にある前と後ろのベクトルは、立方体の部屋では前の壁と後ろの壁だが、前の壁は生殖器に関係し、後ろの壁は排泄器でもあるのかな。ここまで当てはめるといきすぎかな。いきすぎならば訂正する。

排泄器は体内にある不要なものを外に吐き出し、その後は吐き出したものを顧みない。食物の吸収、排泄の比率とか選別はその人なりの基準があり、それでいて自動的に本能的に排泄するわけで、その都度考えて選別しているわけではない。その人のアストラル体の神話的個性によって、食べるもの、吸収と排泄作用も違うものとなるが、本能センターが余計な癖を身につけると、この本性に沿っていないものを食べたり、おかしな吸収・排泄をしたりする。

食べるべきでないものを食べて下痢したり、あるいは便秘したりするのかな。

カウント　エニアグラムのインターバル三角形である３６９は互いに関連しているので、食物、呼吸、印象活動は反映し合う。

思考の癖は、感情の癖、動作の癖、食べる物の癖、呼吸の癖だ。

ケスラー　やはりユングのアーキタイプのペルソナとシャドーを前の壁、後ろの壁に対応させたら、そのまま動作センター、本能センターも対応させても間違いはないと思う。

ただし、これらは同じではないと十分に注意しながら仮説を立ててみるよ。

カウントは二度頷いて続けた。

カウント　仮説を結論に導く必要はない。

結論とは一つの考え方に決着させるわけで、すべてを局在化させてしまうことで、多くのものを見失う。

動作センターというのはそもそも前進する。前に進むというのは膨大な可能性がある中で、特定の方向を切り取り、自分をその限定されたものの中に没入させる。そこで捨てられた可能性は、すべて視野の外、あるいは背後に回る。

人間は自分の後ろを見ることはできないからね。これがシャドーになるというのは納得できる。

占星術でいうと乙女座は視覚だが、視覚は何かを見て、何かを見ないという選別をする。乙女座の視覚は影をたくさん作り出してしまうんだ。この影の中に実はたくさんの未知の可能性がある。それは当たり前の話だね。

腰に重ねると、何かを食べて、不要なものは排泄する。この排泄したものの中に、実は、宝があるかもしれない。

しかし自分の歩む方向に夢中なので、そのことは眼中にない。

ケスラー　少年にたかった虫については、少年はそのことに気がついていないかも。自分がどうして足止めされているのか、全く理解できないかもしれない。

カウント　そうなんだ。

ケスラーはカウントの説明の線にそって自分が作っていく仮説に楽しみを感じ、とうぶんこの路線で考えてみようと思った。

ケスラー　で、君は以前、前を見ている人は、自分が後ろの壁に押しやられ、後ろを見た人は、自分が前の壁に押しやられるといった。

それは本人が対象化して見ているからだ、と。意識は射出する対象がないことには働かないからだ、と。

ということは、唯一上位のものとつながることのできる無の中和点は、前でも後ろでもなく、その真ん中にあるけど、この中和点は、何かを対象化して考えているときには見つからないものだったということだよね。さらに加えて、前提となる前と後ろの均等な比率がないと、真ん中を探すのはさらに絶望的になる。

で、本能センターに蓄積された無意識の癖、カルマ要素などはそもそもシャドー的でもあり、本人はほとんど自覚ないまま自動的に繰り返されるので、自分を探求しようという人が自力でそれを見つけ出すことは難しいね。

しかし人の指摘によって気づきがあるかどうかと考えたとき、相手の指摘するものも、その相手本人の癖に埋もれた中で指摘しているから、的外れの忠告になる。

カウント　ああ、そうだよ。性センターは自分から見てゼロ点であればいいと言った。それは他人から見ると6Vで、明らかに偏っているように見えてしまう。個性は他人から見ると嫌な癖に見えることもある。それはその他人が持つ癖がそう感じさせてしまうのだけどね。他人はそれをそのまま口に出すのだよ。

すると、真に受けた人は困惑したり悩んだりする。

ケスラー　ＳＮＳでの批判などそうだね。自分のストレスをそのままぶつけてしまうので、本気にするとわけがわからなくなる。

虫だらけになるということか。

カウント　ともかく人は批判しかしないし、ミスリードしかしないものだと思うと正しいのかもしれないね。自分の場所で動物的知覚で発言するからだ。

で、性センターというと性的なものを思い出すのは、男女に分岐したところで考えているからだ。二極化されていないものを二極化の視点で見るとかならず誤解する。それは惑星の上に立つ人が、恒星の作用について確実に勘違いするのと同じだ。

性センターってその上にアストラル体、その上にメンタル体すなわち恒星意識が乗るんだよね。性センターは中立なので、男にも女にも関心を持っておらず、完全な無関心の中にあって、自らの個性を示現させて存在するということが本質的な意義なので、そのエッセンスは神話的ボディでなくてはならない。

神話、すなわちミュトスには良い悪いは全くないだろ。

二極化された地上の人はそれを良いとか悪いとかいう。性センターが望んでいることは上位の世界へ結びつきたいということだ。星を夢見ているのさ。これがクンダリニの上昇の通路を作り出す。しかし自らは上がれず呼ばれないことには動けない。

「20審判」のカードでは、下の3人は上に憧れても、結局、上がれるのは天使のラッパに召喚された真ん中の性センターだけで、左右の男女は取り残されるが、彼らはそのことに不満があるとは思えない、横の陰陽の活動がとても忙しいので気が紛れるのさ。

しかし無関心な性センターは地上の忙しい活動で気が紛れることはほとんどない。

外界に無関心だと、気が紛れる刺激がないことになる。

テレビのドラマにも映画にも全く興味を示さない。

ケスラー　地上においてほとんどの人は、本能センターを書き換えないのも、この本能センターの作用は、自然と呼ばれるからだね。それはとてもよくわかる。
本能センターに蓄積されたカルマ的要素は、掘り下げていくと、歴史、伝統などでもあるし、そもそも人間が人間の形をしているというのもカルマであり、汚染だと解釈してもいいね。

カウント　極論すればそうだ。これは性センターが夢見る最終的達成地点がどこにあるのかで決まる。

太陽系の外の恒星に行きたいのならば、太陽系の中にあるすべての特徴、伝統、物理原理、習慣はすべて汚染でありカルマだ。

性センターを二極化して動作センターと本能センターに分割するなら、性センターが夢見る神話的個性はそれにふさわしいものだけを本能センターにストックしなくてはならないし、正常な存在ならば、住んでいる環境で余計な付帯物がつこうとしてもそれを跳ね除ける強さは持つことになるよ。

「掃き溜めの鶴」みたいに周囲の環境の影響に染まらない人間がいるが、性センターが求めている理想が明確でいわば高望みだからだ。

でも近所の神社で、もともとは恒星から来たのに、地方色にどっぷりと浸かってしまった祭神などを拝んだりしていると、こてこての地方色の強い人格になってしまうね。そして本能も動作もすべてその通りの鋳型にハマる。

何をしても、気持ちも考えも行動の癖も見た目もすべて統一的な田舎者になる。美という概念が全く通用しない。

ケスラー　例えば、理想の舞踏があるとする。

それはアストラル体からそのまま引き下ろされた個性を持つものだ。その人の癖は本能センターに蓄積されたものであり、それが動作にそのまま歪みを与えてしまうので、これを訓練所で徹底して矯正し、動作の癖を無くしていくと、アストラル体の個性がそこに宿る更地が用意され、この更地でないとアストラル体は降りてこないということか。

ちゃんとピアノ演奏するには、当人の癖を矯正しなくてはならないということだね。思考によって矯正はされないので、繰り返しによって、それを自動化されるまで刻み続ける必要がある。

カウント 矯正に向かうと、それまでの〝自然な〟感情とか思考は必ず抵抗するよ。訓練を受ける意義を感じないとか、嫌なことが起きたり忘れたりする。バスが遅れて開始時間には間に合わなかったとかも。

ケスラー 演奏や舞踏は癖があったら、真の意味での芸術を表現するのに邪魔なだけだと思うのだが、でも昔の名演奏家はたいてい芸術性とともに、本人の妙な癖も多いね。これらが不可分に結びついている。

例えば、クナッパーツブッシュのブルックナーにしても癖が強い。道の探求においては、これも許してはならないということだよね。

カウント　その人の中点も他人から見ると6Vということを忘れないでくれ。現代の演奏家の技術は昔に比較すると精密かもしれない。しかし同時にアストラル体の個性も降ろせなくなっていることもある。

これはどうしてだと思う？

ケスラー　中心的理念をはっきりさせていないからだろ。下の技術面は完璧。しかし肝心の中身がないことも増えている。

カウント　音楽を感覚的音楽、音楽的音楽に分けたとき、感覚的正確さと音楽的正確さは違うと見た方がいいね。

それに癖を矯正する学校も、長い時間の中で、集団的主観性に染まっていることもある。それに汚染されるかされないかは、本人の志や意図の問題だね。

何を目指しているのか。宇宙のどこにまで行きたいのか。


ケスラー　ところで、六つのアーキタイプが配置された立方体を、エニアグラムと結びつける根拠は、プラスとマイナスをぶつけるとゼロ地点ができて、それはプラスとマイナスが働いている平面では見えてこないが、上位のものを下ろすインターバルになるということで結びつけようと思ったんだが、エニアグラムは陰陽、中和の点を作るということを3回繰り返した図で、これよりもシンプルにすることは不可能に近いと思うけど、自分が見た夢を今、唐突に思い出したよ。

部屋の中に7人くらいの男と一人の女がいて、みんなが活発に元気に交流しており、このダイナミズムが素晴らしいと感じた。元気なんだがそこには秩序があり、暴れているわけではない。楽しいし笑いもある。

これってエニアグラムの円の中の線が、外側の順番の数字とうまく協力し合いながら、エニアグラムそのものが機能していることを見たということだよね。

強い充実感を感じた。自分はこのように生きたいと思った。

カウント　その通りだね。

エニアグラムは総数９の図で、これはどこかの場所に決して住み着かない。決まった場所に住み着くのは総数10の生命の樹だ。

つまりエニアグラムはローカルな土地に拘束されるつもりはない。特定の民族、特定の土地が捕まえようとするとウナギのようにするっと抜けてしまう。

なら部屋をエニアグラムにするということにチャレンジしてくれ。

ギャッベを置くときには自分の母アーキタイプに似たものを。

ケスラー　エニアグラムでは、三つの層それぞれに存在する中和原理を結びつけた三角形は破線で描かれて、３６９ということだね。

ということは、立方体の壁に対応させると、前後の真ん中、左右の真ん中、上下の真ん中ということで、立方体のど真ん中に、この三つが重なっているということだ。

それは壁からは見えずに、裏で糸を引いているものなのかな。

カウント そういうことになる。

この三つのどれかが少しでも陰陽のどちらかに肩入れしていると、立方体の形は歪んだ立方体になる。

昔、大塚で歪んだ3畳間に住んでいたことがあるが、これはなかなかすごかったよ。陰陽中和の点は、常に外か、あるいは9の数字が示すような上の宇宙とつながる扉であるという点からすると、トム・ケニオンは、この真ん中の点を通じてアルクトゥルスとつながることができると主張している。

ケスラー いやいや、その前に、大塚の部屋はどんなにすごいんだい。

カウント 立方体の性質である、均衡によって一つの世界を守るという働きがうまく果たされていなかったんだよ。

私はそこで、毎日のように体外離脱したし、いろんなものが侵入してきた。悪夢のような暮らしだが、実はそれは私からすると、とても楽しいものだった。箱が歪んでいると中心点も歪むので、正確にアルクトゥルスにはつながらないと思う。

北極星が交代するように、違う恒星に行くと思う。

ケスラー　なるほど。私もそういうのは体験してみたいね。自分で作ればいいのか。私の家にはちょっとした庭があるのでそこに建ててみるといいか。

カウント　心身バランスはかなり崩れるぞ。なので、まともな暮らしはできないだろうな。まあ、何がまともか、というのはこの世では誰も知らないことだけどね。

立方体の中心点がアルクトゥルスという説は、つまりはこの宇宙の中心点はアルクトゥルスであるといっている話だね。しかしアルクトゥルスがこの宇宙の中心点ではなく、この宇宙にとってさらに外の宇宙とつながる場所がアルクトゥルスということだ。均衡の場では常に外との扉ができるということでは、中心すぎてしまうアルクトゥルスはこの宇宙の前の宇宙とつながってしまうんだよ。それでは困ると思うんだよね。だから中心はこれ以外のものにしたい。穴が開いたままの宇宙は、傷口の塞がらない身体みたいなものだし。

これが原因でアルクトゥルス人は、身体を持つことができない存在が多数だ。

自分で言っててちょっと話がおかしいね。

身体を持つことができない存在が多数なんてあり得ないな。身体を持つから多い少ないがいえるのに。「非局在は何個あるんですか?」というようなお馬鹿質問だね。

ケスラー　エニアグラムの中和の三角形以外の、１４２８５７１……の六つはすべて壁に対応するので、通し番号つけるとしたら、前と後ろが１と２、右と左が４と５、上と下が７と８……。

カウント　通し番号であるなら、この数字に数霊的な意味は考えないでくれ。生命の樹に打たれている数字はあきらかに数霊的な意味が意識されている。が、ここで君がいう通し番号は、現代人が使う数字としてのロゴスなき数字だ。

ケスラー　ああ、わかってるよ。どうしてこうしたかったのかというと、エニアグラムの142857１……の順番を、壁対応させると、郵便局で番号カード持った人のように番号呼んだらどこかわかるからさ。

カウント　どうせなら、あらためてエニアグラムの循環の方向を反対に考えてほしい。ほらエニアグラムって、時計回りに１から８へと進むよね。オクターブをそのように対応させ、曜日をそのように当てはめるのが通例だ。振動が下から上に上がる配置だ。しかし生命の樹では、数字の多いものは下にあり、つまり分裂の果であり、原因的なものは１から始まり、それは上にあるのだよ。生命の樹は創造的な力が降下する図だ。エニアグラムは左右対照なのでどちらにも使えるが、グルジェフの本で示されているものは右回りで上昇・進化の流れだ。なので、反対にして、天井を1に、床を2にした方が、数霊的にマッチしやすし、生命の樹とも合わせやすい。

エニアグラムからするとどちらでも気にしないものではあるがね。

ケスラー　なるほど。天の父は1であり、地の母は2なのか。その方が自然か。物質界は結果の世界であり、となると数字が多くなる7とか8の方がふさわしいわけだ。前の壁は7で後ろの壁は8と。

カウント　生命の樹の数字は数字のロゴスを意識しているが、しかし疑問があるのは、最初のケテル、すなわち外宇宙との扉であり、また中和的な場所に1の数字を入れてしまったことだ。

1は最初の能動的な作用だね。その後、この造化三神的な三角形の下の陰陽であるコクマーを2、ビナーを3にした段階で、この三角形の意味がわからなくなる。だから実際には、０、１、２とした方がいい。

日本では頂点にある人は何もしない。積極的で能動的な人はその後に続く１の場所にいる。

西欧的発想では頂点にあるものが既に能動的だ。それは危険な世界を作るんだよ。頂点にいる人が将軍みたいなものだ。

頂点が陰陽中和の無というのは、つまりは、何もしない天皇がいるみたいなものだね。


ケスラー　右と左の壁のアニマとアニムスは、４と５に対応させる。

そういえば７は性器、８は肛門という定義もあるね。

「８正義」のカードでの裁定とは何を吸収し、何を排泄するかを天秤にかけて決めているのか。

最近、私は納豆とチーズを消化できなくなっているんだよ。丸ごと排泄していて、全く吸収してないみたいなんだ。

カウント　それは違うんじゃないのか？　たんによく噛んでないんだよ。

でも、よく噛んでいない納豆とチーズが結託して塊になると大きい石のようになり、排泄できないだろうな。

便秘で死んだ女性がいるらしいが、排泄が困難な人間は食べるものを慎重に選ばなくてはならないね。これは人生の一大事だ。

君の手にかかると、それが「8正義」のカードの女神が決めることなのか。これは宮殿の中に入れる。これはうんちとして追放。

でもこの立方体のエニアグラム対応に、タロットカードの数字まで重ねてしまうと、そうとうに誤解が増えそうだが。

ケスラー　でも面白い。
「7戦車」のカードの御者には全く意識できないが、強い支配力を発揮するシャドーをいいようにコントロールするのが「8正義」だ。シャドーという定義はペルソナ、すなわち限定された方向に自分の人格を決めた側から見た話で、シャドーはこの限定を嫌うが、行動するには限定しなくてはならない。全方位に行動するという話はないからね。

「7戦車」は背後の「8正義」の決めるままに走らされ、彼女が決めるままに停止させられる。

テレビ番組で、危機管理弁護士のドラマを見た。彼女たちはSNSの噂などを作って印象操作しながら目的を果たすんだよ。

「8正義」は陰険だし、「7戦車」はこの手が読めない。

ケスラーはノートに図形を書きながら、一つひとつをペンで示し語った。

ケスラー　生命の樹の数字を整理してみると、頂点のケテルを0、その下を1と2にして、隠されたセフィラのダートを3の数字に当てはめ、胸は4と5。そしてティファレトを6にして、ネツァクを7に、ホドを8にすると、これで多少とも生命の樹とエニアグラムは整合性を持つ。

あるいは、いっそのこと外との扉の意味を持つ9の数字をケテル、イエソドにあてはめるならば、生命の樹のローカル性は薄まる。

数字のイメージを膨らませると楽しいね。数字だけを扱うと退屈だが。

カウント　それはメンタル界にアストラル界がまとわりつくということだよ。骨に肉ができる。意味にイメージとか象徴性が張りつくことだ。肉が太りすぎて、骨を痛めつけることもある。

肥満して骨格が歪んでしまうことだが、まあ、ケスラー君がそこまで暴走したのは見たことないので、適当に遊んでくれ。

で、タロットカードは下から上に上がるという順番と、上から下に降りるという要素を混在させているので、当てはめには注意が必要だ。双方向進行だということを意識しないとタロットは扱えない。

生命の樹のパスにタロットを当てはめたものがあるが、ケテルからマルクトに向かってタロットの数字が進んでいくんだよ。これは降りれば降りるほど、物質は上昇してくるという図式で、エレベーターで地下に降りると、地下の光景がせり上がってくるのと同じだ。

ケスラー　了解。

で、今一番気になるのは、右と左の壁である4と5なんだよね。

1 4 2 8 5 7 1……という内線からすると、右のアニムスは、天井のオールドワイズマンの1とつながっている。しかしその後、すぐに床のグレートマザーへと接触する。その後、背後のシャドーの8へと。

これはどういうことなのかな？

カウント　まあ、その前に数字はロゴスであり、そこに具体的なイメージを張りつかせると、だんだんと数字の純粋な意味が曲がるということを忘れないでくれ。

例えば、日本の子供に絵を描かせると、家の屋根の三角形は父、その下の四角形は母になる。頂点が一つの山は父だが、連山になると母になる。

西欧では、タロットでも3は女帝で女。4は皇帝で男だ。

家を守るのは女だといわれるのは4を女にすることだが、タロットカードの「3女帝」は家を守りそうにないし、トラブルをどんどん起こす。子供は育てないで産んでばかりだ。

ケスラー　わかった。イメージは固定しないようにする。

エニアグラムの基本中の基本の思想は、光と闇とか、能動と受動という二つの勢力は、対立するままではなく、必要に応じて交流し入れ替わったりするということだったね。

入れ替わるということは、それぞれに固定的な席決めはしにくいということでもあるのか。

カウント　そうだ。エニアグラムに馴染(なじ)むと生活が変わる。

私はエニアグラム人間なので、例えば何か宣言すると、その直後に反対の体験をするよ。あれは嫌いだというと、その直後にそれに接近して親しんだりする。

エニアグラムは全体性に回帰するための迷路なんだよ。

で、夢の話みたいに、女性が横に並んで立っているのを思い出すと、428と続くので、右の壁と背後の壁と床が仲間だということにもなる。

アニムスはせっかく天井の1であるオールドワイズマンの小型として発達してきた理性的、知的存在なのに、その後、いきなり後ろと下の女性陣営に引きずり込まれるんだ。それでいて4の偶数だから、これはアニムスという男性なのか、それとも実は女性なのかよくわからない。

私は十牛図とエニアグラムは同じだという説を提唱していたが、すると4は牛と人が引っ張りあって葛藤(かっとう)する図になる。

4は1と2の合間で振り回されているね。

そもそも4の数字というのは、縦糸と横糸を撚り合わせて十字にしていくので、なかなかストレスフルだ。

ケスラー　あ、君の夢で、胸の前で、二つの黒板消しを合わせていた話を思い出した。どちらも反対方向にこすっていたので、布でできた底部は摩擦で動かなくなっていたんだっけか。

カウント　それは右と左をぶつけて中和させるのだから、むしろ立方体の真ん中のことだろ。

左右の壁は、両腕のことだよ。

ケスラー　下の陰陽、すなわち前と後ろをぶつけると、中和点が見つかるが、これはもう一つ上の胸の部分の中和点につながるというよりも、下の中和はその上の階の陰になるのでは？

というのも、三つのグループの中和点がそのまま三つともすんなり通じてしまうのならば、世界は単純すぎて、エニアグラムが示す、いけずの特性は出てこない。

上の三角形の陰の側が、下の世界では中和になる。やっと中和に行ったかと思うと、上の段では陰の側に組み込まれている。

カウント　下の三角形の頂点の中和が、上の陰になるというよりも、三つの階層のインターバルが、全く同じものではないということに注意してくれ。

三つのインターバル三角形の中では、それらが陰と陽と中和の三つ組のようになっている。しかし、それぞれの三つの層の陰陽から見ると、いつも中和に見えているということだ。

このあたりからエニアグラムは何か複雑に見えてくるね。

３６９は単独で成立しており、この内部で互いに影響を与えるといったね。だから、食物、呼吸、印象活動のそれぞれの領域での動きは他の二つにも密接に絡み合う。インターバル三角形はいわば抽象的な三角形だ。

しかし3と9は奇数で6は偶数だ。図形としては頂点に9があり、これはエニアグラムの外の宇宙につながっている。

エニアグラムの9は二つユニゾンのように重なっていて、上の9は外宇宙や恒星に行き、下の9は人間が体内に取り込むべき食物が外からやってくる。

毎日何か食べるたびに、このインターバル9の扉が活用され、身体の外にあるものが、身体の中に入ってくる。

上の9も下の9も占星術でいうと、両方、冥王星の割り当てだ。上はH6で恒星と見てもいいし、下はH768で食物繊維とか、木とかに対応する。

三角形は下に3と6があり、奇数は吐き出すが偶数は受容する。

しかし、この陰陽中和の三角は、それぞれの陰陽の対の世界から見ると、常に中和なんだよね。したがって、一番下の領域が二極化統合したとき、そこでやってくる中和的な扉は、もう一つ上の領域では陰陽の陰の側に近いようにも見えてくるとしても、インターバルが陰に見えることと、二番目の層の陰は同じでないことは明らかだ。

アニメなどのドラマでは、戦いを終わらせるために平和の象徴として女神が降臨することもあるかもしれない。しかし、男と女の戦いが終わったのに、どうして女神なわけだ？　と。

男女の中和が女性的に見えてしまうのは、インターバル6の数字の性質から来ているかもしれない。とはいえ、第二階層から第三階層へシフトするときの救済者は、今度は3なので、能動的で男性的にも見えてくる。

これはエニアグラムの数字の順番が反時計回りの場合の話だが。

ケスラーはこの議論にかなり息苦しい思いをした。つまり箸休めがないのだ。しかしそれはカウントの能力の故であり、それについていくにはときどき脱線しながら追いかけていくのがよいのは前からわかっていたので、ケスラーはカフェのカウンターに行き、ブラウニーを注文した。

席に戻って、カウントの前に皿を置いた。

カウント　ジャリジャリ50%増というのを食べてみたいが、これはなめらかだね。

食べるカウントを見ながらケスラーが質問した。

ケスラー　カウント君が、エニアグラムを使うときに、上からでも下からでも使えるが、部屋に当てはめるときには、上から1、2、3と降りる反時計回りの配置にしてくれということでは、上から降りるエニアグラムのインターバルの3は、下から上がる場合には6になるという対比が興味深いと思った。

足すと9になるのだが、二つの中和のインターバルは、3のときには流れが逆流する側では6と解釈され、6のときには3だと解釈される。

常に9は、3と6に分割されるということは、表では3のとき、裏では6ということだし、表が6のときには裏では3ということだよね。

カウント　色のスペクトルを数字に当てはめてみると、1は紫色、2は紺色、3は青色、4は緑色、5は黄色、6はオレンジ色、7は赤色というふうになると思うが、3と6は青色とオレンジ色の対比になる。これは補色か。

心臓に戻る血は青く、心臓から出る血は赤い。オレンジ色ではないけど。

与える側では赤色に見えていたものは､受け取る側からすると青色に見えるという。

これは上から見ると、これから自分は限られた狭い世界という赤色に向かうのに、下から見ると青い空のように広く公平なものに見えてくるということだ。

救済者が地球にやってくるとき、例えばマイトレーヤみたいなものがやってくるとして、彼は自分がこれから濃くて息苦しい闘争の世界に入ると感じる。ところがマイトレーヤを迎える側からすると、果てしない広がりを持つもの、感情的には何一つこだわりのないものがやってくるように見えてくるということかもしれない。

ケスラー　4も上下反対の流れでは5になり、5も反対の流れでは4になる。

ともかく足すと9になるということか。

つまり、全体性を表すものの裏腹、表裏一体ということかな。

降りるオクターブは、上がるオクターブと面と裏の関係にあって、実は両方を意識しないといけない。

グルジェフのエニアグラムでは、時計回りの進化の側だけが取り上げられていたが、きっとグルジェフは反対の流れも説明したかったかもしれない。

というか、違う場面では説明はしているか。

カウント　4のアニムスと5のアニマは入れ替わって、4はアニマになり5はアニムスになるかもしれない。

ユングのアーキタイプとか心理学では、アニマとアニムスは固定的なイメージだが、それは違うだろうな。

というのも、男性グループと女性グループの重大な交流の接点なのだから、両方が入り混じったものになりやすい。

タロットカードでは、この胸の右と左、すなわちケセドとゲブラーのパスは、「11力」のカードに割り当てられていて、ここではライオンと女性が対峙している。女性が正しいという人もいれば、ライオンの方がより高次な力の受け皿として正しいという人もいる。

例えば、日本では神社の眷属（けんぞく）の動物は神聖だ。だが、西欧では、動物とは人よりも劣るもので衝動に従う生き物だとみなされている。まあ、狼を野に放とうということをいう人たちはそう考えないかもしれないがね。

アニムスが人で、アニマが動物なのか、それともアニマが人で、アニムスが動物なのか。

シリウス人は動物の姿で現れることが多い。シリウス人は進化した人なのか、それとも動物なのか。

カウントはせっかくケスラーがのんびり話をしようと思って用意したブラウニーを食べながら、畳みかけるように話を続けた。

カウント　4をアニムスの側に当てはめてみるとして、1と4はロゴスの精神が通じている。

君が言うようにタロットで考えてみると、「4皇帝」は理念を全土に広げようとしており、その場その場で感情的に反応するようなキャラクターではない。

その前に注意するべきなのは、1の数字は1なるもの、「1魔術師」、十牛図の第一図「尋牛（じんぎゅう）」など、全く意味が違うので、どの1なのかは考えてほしいがね。

4は1をより地上的に展開したものだ。これはピラミッドみたいに、頂点の1が大地の4の正方形に均等に展開された。しかしピラミッドが大地に設置するということは、2の闇へ転落しているということだ。

1は自分が降りる気はないので、その代わりに4を落とした。

グレートマザーって要するに、グノーシス文書での湿潤なるフュシス、世界の根源ということだね。

で、いわばアントロポースとしての人間は、世界造物主の技に好奇心を抱き、好奇心を抱いた瞬間に、もう世界の中に、湿潤なるフュシスの子宮の中に取り込まれた。これが14から2へという流れかもしれない。

1はまず4を作った。そして2の地へ送り込んだ。

このカフェでは、近所の会社のスタッフが数人まとめてやってきて、会議をすることが多い。だんだんと人数が増えてきたが、それらを見るとカウントはますます元気になった。

カウント　そう、神のそばにいた神の子としてのアントロポースは何故か、世界の中に入り込んだのだ。神のそばにいるはずだった子供がどうして世界の中に入っていくのか、全く謎に感じる。

神は世界の外にあるというよりも、まだ世界が作られていないところに神が存在する。『創世記』では神は昼と夜を作った。つまりそれまでは最初の二極化である昼も夜もなかった。神はその場所にいたんだ、つまり世界の中に神がいたわけではない。もう説明したように世界とは、その内部において陰陽が働くものであり、陰陽の活動がないのなら世界はない。でも神は陰陽分極していない。神は暗闇（くらやみ）を作った。すると子供は暗闇の中に落ちた。つまり親が作ったものに没入してしまった。

神と子が相似形ならば、アントロポースは世界の暗闇の中に落ちないぞ。世界は限定され、特定の場所にしかない。これは生命の樹のビナーの子宮だね。

アントロポースはそこに落ち込むと、小さな存在にならざるを得ない。湿潤なるフュシスとアントロポースは抱き合った。つまり等分のサイズになってしまったんだ。

なのでややこしいが、神と子は同じ形だが、子は小さい。そして小さい神の模型を作るために、子は世界の暗闇の中に落とされた。

話の順番として神のそばに最初からアントロポースがいたのでなく、アントロポースが生まれてくるという事情そのものに、アントロポースは世界造物主の作った世界に落ち込んだという事実が重なっている。

ケスラーは思わず、違うケーキを頼みたくなった。しかしカウントは気にしない。

カウント　2の次の8は背後の壁シャドーだ。

これは母の2との仲間だ。母は洞窟とか祠、卵の中とか子宮といわれる。暗闇が支配し、そこにシャドー的要素が盛り込まれている。

闇が母だとすると、影がシャドーかな。

光がないことには成り立たないのが影で、闇は光がなくても成り立つ。永遠の闇というのはあるからね。

まあ、細かくいうと、光と闇は互いに支え合う二極化のもので、神は光でもないということにもなるが。でも、闇と影を対比させると、闇は大きく、この中で切れぎれに光が差し込んだとき、そこに不均等に現れてくるものが影だ。

無を示す神と光のアントロポースの関係と似たものとして、闇と影があるのかな。アントロポースが世界の中に理性を持ち込みロゴス的に生きようとすると、母の腹の中では影が片っ端からディスっていく。オールドワイズマンはそれを面白がるが、この小型のアニムスは困惑させられているね。秩序を持ち込もうとすると反秩序がどんどん出てくるんだから。

これは確実に生活の上では影を落とすことになる。何をしようとしても反対勢力が出てくるからだ。

高邁（こうまん）な理想に進もうとするほど、下劣な妨害が強くなる。

しかし、世界の中には理念に対立するものがたくさんあると感じるのは、そもそも、世界の中に理念を持ち込んだからだ。持ち込まなければ対立するものは生じない。アニムスがおとなしいと抵抗も少ない。

ケスラー　でも後ろを忘れないと前に進めないだろ。これはオルフェウスに、エウリデーチェがいる背後の闇とか冥界を振り返ってはいけないというようなもんだね。あるいは、イザナギに後ろのイザナミを見るなというような。

しかし、後ろを忘れて前に進もうとすると、むしろより強く影が足を引っぱり、いつか前進は不可能になる。アインシュタインの理論はそんなものか。前に進むことと、後ろに引っ張られる力が均衡を保つと、中心点が見つかり、それは上位の次元につながることができる。

社会の中で、前向きに前進しますと宣言するケースは多いにしても、これらは、まあ、たいていつぶされると考えるといいかね。

人間は、最後は必ず負けるといわれている。つまり、誰もが最後は死ぬからだ。

生物として人間の形は異常だ。目は前しか見えず、いつも後ろはわからない。立方体の部屋がトータルな世界であるという点からすると、本来は前を見ていると同じくらい、後ろを見ていないといけないんだ。

神は全体であるとすると、その小型版で限定存在となったアントロポースは、世界の一部しか見ないことで世界の中に閉じ込められる。世界全体を見てしまうと、その世界の中にいられないということだよね。

つまり世界とは幻想なのか。

カウントは首を横に振った。

カウント　これはインド式の同意の姿勢だ。

オルフェウスは竪琴で、動物も人も催眠状態に誘い込むと言われている。世界の中に連れて行く存在だということでは。

12サインの乙女座は12感覚では視覚に対応しているが、これは一部しか見ないという性質を表している。木を見て森を見ずというのが乙女座だが、人間の目は、脳が好奇心によって前に飛び出したんだというのがシュタイナー説だ。限定された存在へと没入し、もともとの場所を忘れてしまうのだ。

1から2へという進行が始まったので、もう止められず、崖を落ちるように数字は進展する。まあ、これは時間が始まったということだね。この中で1、2、3……と進んでいくのだから。

シュタイナーは、アストラル体は物質界に対する執着心を取り払えないといっていた。存在は、常に自分を忘れて、偏ったものへ、下の世界へと転落していきたい欲求を持っている。

アントロポースが世界に好奇心を抱き、これを覗きたいと思ったことがすべての始まりで、その手前にあるそもそもの発端は、神が世界を作った、あるいは神は世界を作った造物主の技を許したということだ。

造物主のイアダルアバルトは、神に対して対立しているが、神から見るとそうでない。つまり、イアダルアバルトの思い込みだ。

『聖書』では世界は神が作ったと書いているが、神は世界を作らない。神が世界を作ってしまうと、もう神ではいられない。神は世界を作る造物主の技を許した。でも、この動きがあるために、あらゆる存在は限られた時間、限られた空間の中に入り込んで、自分を小さく小さくしてしまう方向にいかざるを得なくなり、グノーシス者たちはこれを食い止めたかったということだね。

ケスラー　でも、異なる宇宙に行きたいというのも、実際には、この世界の中に潜り込みたいという欲求と同じだね。

一つの世界に飽きたので、今度は違う場所というか。

世界の中に閉じ込められるという苦しさを多少とも緩和するには、たくさんの世界を想定し、この世界に順番に入り込むことだよね。

神を七つの世界に分けたとしたら、この七つを順番に移動すれば、限定的でありつつ、全体性を思い出すものとなる。

で、世界の中に入ったときというのはどの世界であれ、前方しか見えない生存形態にまた入ることにもなる。限られた存在であるということが、前しか見えない存在であるという意味なのだから。

動物は餌を取るために自分が動けるようにした。しかし餌の方向に前進することは、自分を分割して狭くて小さなものにしてしまう。

世界とは、二極化作用によって保たれているから、この片方に走るということを避けられない。どこにいっても、これは避けられない。

ケスラー　いつも前に進むときに後ろを意識して、それを調和させようとすると、何もしないということになるね。

カウント　存在するというだけになってしまう。

存在するだけで儲けもの。

なので、地上で行動したり動作したりするときには、それを続けるとか、達成すると考えるのではなく、むしろ反対勢力を呼び出すためにしているのだと考えてもいい。そして反対勢力と合わさって、真ん中をみつけ出すこともいいかもしれないね。

ケスラー　それはだめにされるために運動しているようなものだが、ちょっと方針を整理しないとね。

例えば、多くの人は、この地球世界の中に入って、この中で自己実現したり幸せを追求する。これは世界の中に没入したいという意志が主眼だという点だ。

でも、カウント君が前からいっているグノーシス者たちは、世界否定論で、目的は世界から抜け出して、神のそばのアントロポースの位置に戻ることにある。なので地上でどんな行為をしても、それは間違ったことで、汚れていると解釈する。

これは仏教で言う無為論だ。無為は特定の原因や条件とか因縁によって作りだされたものには依拠しないので、カウント君のいう性センターの上に立つアストラル体の原型だ。あるいはその上にいるメンタル体かもしれない。

因果関係の上に存在するのは有為だ。これ日本語では「ウイ」と読むね。『ウイ・アー・ザ・ワールド』という歌は、世界の陰陽の因果関係の中に飲み込まれて、自立できない人たちのことを意味しているということだね。

カウント　つまらないダジャレいわないでくれ。
アストラル体は動物に似ていて世界の中に前進する。メンタル体は考えるだけで手を汚さない。汚れ仕事はすべてアストラル体にさせる。世界に対する欲望を抱き、ついには小さな存在と化してしまう運命にある。

しかし川の上流にあって、原型的なアストラル体をキープする存在もいて、それはひたすらメンタル体に張りついて、その洋服になろうとするのだ。メンタル体は古くなった洋服をカンボジアに送ろうとするが、アストラル体はそばから離れず、脱げない密着衣服になろうとする。

ケスラー　でも空海がいうように、純粋な意識は感覚ではないが、感覚を通じてしか発見できないというように、あるいは意識は射出するターゲットが働かないと機能しないという点からして、この世界で無為になると意識は朦朧（もうろう）として、進化もしないね。というか、ターゲットへの働きかけがなくなると、もう存在そのものがなくなるね。

カウント　世界は陰陽でできているという点で、陰陽活動をやめてしまうとすぐに死ぬよ。

すべてのものは挫折し消え去ってしまうことはわかりきっているのに、行為したり、運動したりする。

プラスとマイナスが衝突するが、この揺れ運動は、中心点を見つけ出すためのトレーニングで、何もしないと中心点が見つからない。

エニアグラムは、世界の中に突入して、自己喪失する危険の中で、運動してもとに回帰するという、極めて矛盾したことをしているように見えるシステムだ。作ったり壊したり、捕まるよりも早く移動したり。世界の中に没入しつつ、世界の支配から自由になるということだ。

失敗するとわかっていることを、意欲を持って取り組むということを嫌がらないということかもしれない。だからエニアグラムは妙なのさ。

グルジェフは世俗の中にいながら、聖人のような達成に至ることができるとして、それを「第四の道」と呼んでいたが、エニアグラムがなければ決してできなかった話だ。

結局、エニアグラムは自立するということが大きなテーマになっているんだ。

ケスラー　そうなのか。エニアグラムのすごさが徐々にわかってきた。で、１４２８と来ると、次に左の壁の５へとつながる。アニマの場所だね。さっきの上からの創造の流れ、下からの進化の流れとで入れ替えてしまうと、アニムスにもなってしまうが。アニマはそもそもグレートマザーの娘だ。ギリシャ神話で毎度登場する三女神は、マザー、アニマ、シャドーだね。

この２５８という女性グループ、夢の中でのフール・オン・ザ・ヒルのチームだが、数字の５は能動の奇数なので、陰の思想を積極的に押し出すということでもあるのかな。金毛九尾(きんもうきゅうび)の狐は、仏法を滅ぼすためにやってきたといわれていて、百済(くだら)の亡命者たちが、山口県の下松(くだまつ)市に持ち込んだといわれている。下松の「クダ」は百済のクダらしい。

でもさっきの合計が９という点からすると、８は裏に１がある。１をひっくり返したものということか。

カウント　二極化すると、８は裏側的に１の意志を反映しているのさ。

カウントはさらに継いだ。

カウント　例えば、理性に対して対立する概念として、快楽に走るというふうに考えると、5は快楽主義とか楽しむということを理性よりも重視した姿勢だね。快楽って、前にいった自然性、過去に蓄積された習慣的な資質に従い、それに溺(おぼ)れるということだ。でも楽しいというのは、まあ、2種類あるかもしれない。

一つは分割された存在が元に戻り統合化されるときに、エネルギーが強くなるので、この快感に我を忘れるというものがある。

結婚して嬉しいとか恋愛で感動するというのは、二極化が統合化された喜びだね。しかし、もう一つは自分の自然性に盲従し、考えることをやめてしまうということだ。理性は考え、考え、考え、考え、考えに考え続けることで強化される。理性が自分を守るためには感じることをやめて考えるといい。

まあ、これは古い時代からのテーマになりやすくて、マスネーのタイスというオペラは、僧侶と娼婦(しょうふ)の関係を描いた。ヘルマン・ヘッセの知と愛もそうだし。

私は中学生のときに知と愛、ナルチスとゴルトムントにはまってしまったが、中学生にしては刺激が強すぎた。中学生の頃はヘッセの頭の単純さには気がつかなかった。だから今ではもう読めない。アポロンとデュオニュソスにしてしまうかな。

タロットカードでは、ライオンと人間の女性だ。アニマは常にどこか破壊的だよね。それでないと魅力がないとも思われている。

例えば、権威ある人は、ある日、気まぐれなアニマに出会って、そこで経歴の危機を体験するよね。指揮者のカラヤンは23歳のザビーネ・マイヤーをベルリン・フィルに入れようとして楽団員からボイコットされた。同じようなことはマーラーもやっている。

でもこのアニマとアニムスの対立ということを考えている人たちは、みな自分がエニアグラムのすべての数字を持っているということを忘れ、アニマを外部にあるものとみなしている。アニマに魅力を感じるというのは、自分の中にアニマがあり、それでいて記憶喪失したからそう感じているわけで、何か懐かしんでいるというようなものでもある。だから意識の裏側に入り込むと、自分がアニマになってしまうことにも気がつかないといけない。

まあ、夢の中では、女性がアニムスになったり、男性がアニマになったりするからね。勢力図としては、壁の右と左のアニマとアニムスは常に反対の姿勢でないといけない。対立しているから初めて二つが衝突すると中点ができる。片方だけを自分とみなしている人は、中点は見つからない。固定的対立でなく、相対的対立だ。

ケスラーは数字を考えるときには、やはり何か絵のイメージのような肉づけがあると考える勢いが強くなることを、ますます実感した。

ケスラー　アニマが性的なものを刺激してエロスとタナトスのうちのエロスの側をプッシュするなら、これは１４２８５７１……のうちの５７ラインでは？

人は欲情で前に進む。タナトスは後ろの８に引きずり込む。つまり、エウリデーチェに。若者が社会参加するにはエロスの誘発が必要だ。それは限定への道、物質界への誘いだ。

ここでエニアグラムの内部では５は７に進む。フール・オン・ザ・ヒルの５７１チームは内部で通じているからね。しかし時間進行という外側の縁では、５はミの音で行き詰まり、６で何か仲介者が来ないことには先に進めないね。

カウントが貧乏ゆすりをした。これは話を少し違う方向に持って行こうとするときの合図だということをケスラーはよく知っていた。

カウントによると貧乏ゆすりは、足の血流を健全にするための健康法なんだという。特に下肢静脈瘤（かしじょうみゃくりゅう）の予防にはいいらしい。

飛行機でエコノミークラスの客は全員が貧乏ゆすりをするべきだと主張していた。

カウント　ところで、壁の上下、左右、前後は、互いの陰陽の相対的な関係性が支えになって成り立っているので、それらはどこから見ても互いの陰陽の位置は固定されている。

で、建築を考えるときに使われているという図形に、立方体のうちの一つの点を中心にすると六角形に見えるという作図は興味深い。

ここでは点を取り囲む三つの面がある。で、この面はどれも菱形だ。正方形は対角線が同一だが、菱形は二つの対角線のどちらかが長く、どちらかが短いかもしれない。

9は何を食べるかだが、上の9は何に食べられていたかだ。私たちはこの太陽系に食べられて、この腹の中にいるが、違う怪物が私たちを食べようとしたとき、相似象として、その怪物を象徴とする食べ物を食べるんだろうな。

里芋宇宙に飲み込まれるとき、私たちは里芋を食べる。すると内部には芋虫宇宙が広がる。数字の9は上と下がユニゾン共鳴するんだから。

異なる世界に行くというとき、立方体では中心に配置された369のインターバルのうち、外界との接点を持つ9が重要だが、これは抽象的すぎて、とらえどころがないというよりも、私たちの意識では対象化できない。

で、世界は点、線、面へと展開されるという点では、まず点に戻り、違う世界に入ってまた線、面へと展開すると考えたとき、立方体を六角形の図にしてしまうというのは面白いと思ったんだよね。

中心の点の背後には、インターバル369が全部重なっているし、さらに対角線上にある点も背後に重なる。点というのは、ターゲットとの関係が線だとすると、この射出の関係も意識できなくなり、無になることなので、気絶すると思うが。

シフトには気絶が必要だ。

さらに9で、違う宇宙に食べられていくということが必要だ。シフトした後は、ゆっくりと六つの壁を構築する。

あ、その前に点は無ではないというのが、古い時代からの議論だったね。


ケスラー　立方体のどれかの点を重視して、そこで立方体を六角形に組み替えてしまうと、安定性が奪われ、それは違う世界に入っていくスイッチになるという話か？いつも六角形は呼吸するように反応する図形なのか。

カウント君が言っていた頭の中の水晶も、六角柱の回転ドアなら、それは一つの世界にじっといるのではなく、あちこちに移動するか違う世界を見るということそのものを表しているものね。

定着しようとしたら、それは立方体に化ける。

カウント　そうだよ。花見のときに言ったじゃないか。頭の中の六角柱は、六つの世界に移動するものだと。そして、常に異なる世界を切り替えるには、まず点に戻り、そこからあらためて違う面に降りていくことだと。

夢の話をしたいな。

どこかの場所にグループが立っているんだ。どこかの野原にいるんだ。で、彼らはテレポートテーションしようとしている。このグループはどうやら三人ずつで固まっていて、二つのグループになっている。

テレポーテーションには自立性とか独立性が必要だと説明していた。それは当たり前だね。環境から独立していない人間なんかテレポーテーションできるわけがない。でも、私にはこの独立性は、それぞれ一人ずつの独立性なのか、それとも三人ずつがまとめて発揮するものかわからなかった。

グルジェフのエニアグラムの説明だが、自由性を発揮できるのは369だけであり、142857……は機械性に支配され決して自由にはならないというものだ。

私はこの機械性というのは、関連性に縛られるというふうに解釈している。互いの数字の関連性だね。だからこの１４２８５７１……は自分では違う世界には決して行かない。でも夢では三人ずつは固まっている。

つまりこの機械性グループは４２８と５７１に分かれていると見てもいい。

この対立するグループは混じり合うが混じり方には特性があり、この特性を変えてしまう原因は３６９のインターバルだ。人生においても自由性を発揮できるのはごく僅かで、食べるもの、呼吸、印象の持ち方の三つで組み換えが生じる。

立方体で考えると、中心点にある３６９が変化を与えて、二つのグループは三人ずつで固まってテレポートする。

中和原理は、陰チームと陽チームの間に割り込んで、両方に影響を与える。結果的に、この１４２８５７１……の数字チームは、特定の壁の位置にも固定されていないし、また違う立方体にテレポーテーションする。

それぞれの階層の陰陽は、中和が管理しており、この中和が自己分割することで陰陽ができる。つまり３６９が移動すると、他の数字チームは引きずられる。そして９は外に出ること。

次に9はどこかの世界に行くと、この内部で、自分を3と6に分割する。9は大きな宇宙に食べられているので、それを対象化できない間は、どこか違う宇宙には行けない。

立方体の外の八つの点のどれかに中心点を肩代わりしてもらって、そこに部品が全部集結するような仕組みかな。夢の世界は物質世界が持つ時間の順番とか、空間の位置などの定形性を持たない。だからこそ、夢では型の共鳴というものが主流になる。

この夢の世界特有の時間からも空間からも自由であるというのは、いわばテレポーテーションできるということであり、夢の身体が物質肉体に染み込んで、物質界を支配するようになると私たちは現実にどこにでも行けるということにもなるね。

142857１……は機械性、すなわち因果性に支配されている。この因果律に支配されているフールたちを、三人二脚で、歩くように交互にシフトして、違う世界にテレポートさせる。

エニアグラムの特徴は、世界の中に没入させつつ、それを打ち砕き、偏ったものの中に支配されないで、7人がトランポリンで遊ぶように運動し、互いは依存し合って独立できないが、全体としての独立性があるという点だ。

例えば、ほとんどの人は、自分のアーキタイプを誰かにか環境に投影する。そのことで身動きが取れなくなるが、そのときにはエニアグラムはそれを打ち砕き、ゲームに戻す。

エニアグラムを使い始めると、このぐるぐるに入ってしまうよ。

生命の樹は一つの神に奉仕するために、この全体性に回帰することで世界から出るという移動の方法を奪ってしまった。一つの神が支配する図式で、そのために図を加工した。

しかし、このテーマはまたずっと後に持ち出すことにするよ。このカフェで語り尽くすのは無理だ。

でもテレポーテーションというのは、時間と空間の因果律からの逸脱だから、いわばショートカットだ。私の読書みたいだね。私は最初から終わりまで読むという読書ができないんだよ。だいたい数ページに一行しか読めない。なんだか目がちらちらするんだ。おかげで一冊の本を読むのは数分程度だ。

物質世界においての因果律というのは、電磁気的相互作用のおかげでもある。これが人生の意味とか、人との縁とか、人生の物語とか、あらゆるものをべたべたした飴が伸びたような形態にしていて、この飴は大地に張りついて離れてくれない。中心点は自由だ。そして周囲の壁は、互いの相対的な関係に縛られて身動きとれないので、相対的な関係を保ちつつ、グループごとに独立性を発揮して、特定の壁から離れるといい。これは一気に離れるのでなく、交互に動いていくということだ。瓶から中身を取り出すときに、一気に取り出すのが困難ならば左右に上下に揺すりながら引き出すと早い。あ、この話はまた後日するはずだった。

ケスラー　わかった、それはこういうことだね。

ケスラーがカウントよりも早口に喋った。

ケスラー　二つの足が交互に前に出て、どこかに飛ぶのだが、立方体の端にある八つの点を軸にするといいが、もし、ここで立方体の中心にある369連合を軸にすると、どこの宇宙でもない、底なしの、向こうの宇宙に通じているアルクトゥルスに行ってしまう。

旅行しようとしたら、いきなりその向こうの虚空につれていかれるのは楽しくない。オーストラリアに行きたかったのに、気がつくと無の虚空だ。なので外側の八つの点のどれかを重視するというのがいい。

タロットの「17星」のカードでは、天空に八つの星が輝いている。真ん中の大きな星はグレートセントラルサンで、七つの恒星を取り仕切っている。

立方体の八つの点は、点だからこそ、日常ではこれは完全に無意識なので、自分が八つの星に関与しているということを全く知らないままだ。八つの星のどれかがグレートセントラルサンを当番制にしているのかな。

ところで、自由性のインターバルは、人間においては食べるもの、呼吸、印象の持ち方の三つだという説明だが、性器と肛門とその中間に割り当てる。

何を取り込むか。その結果として、何を排除するかということになり、これが影の作用の性質も決める。
選ぶ基準は性センターが握っているという図式だったね。

カウント　腸の作用は乙女座の排他的選別機能に関係した。それは視覚にも関係する。あるものを見ることは、違うあるものを見ないこと。

つまりあるものを見て、違うものをみないように排他的選別をしないと、視覚というものは生じない。

全部見ようとすると、何も見ないことになってしまう。

ケスラーはカフェの天井をじっと見つめながら答えた。

ケスラー　壁のシミに、何かを浮き出して見るというのはそういうことだろう。ある部分をオンにして、違う部分を意識の外に追いやる。

私たちは何の気なしに何か見ているというのも、もう選別が生じていることだね。

カウント　強い選別が起きていて、私たちは人、都市、車、お店、机などを選んで見ているが、これらを見るためには、違うものをすべて識域外に追い出さなくてはならない。

君のそばに、今、ある宇宙人が立っているのだが、それを君は見ないようにしている。そのことで、初めて、この目の前に机があり、コーヒーカップがあるというのに専念できる。

視覚の乙女座は腰に配置されている。

どの宇宙にチューニングするかという部分だ。目の前にどの宇宙の光景を見ていくか。

エニアグラムのインターバル9は、食物を食べるという意味だが、上の9ではより大きな宇宙に食べられている。小さな世界では私たちは何かを食べるが、それはそっくり自分が食べられていることになる。

ヴュッフェで何を選び食べるかというのは、どういうものを目にすることになるかであり、それは他を排除していることだ。

君は宇宙人を切り捨て、コーヒーカップを選んだ。上の宇宙がそれをさせているという見方もできる。

ケスラー　しかし、私は宇宙人を切り捨て、カウント君を選んだんだよ。前に聞いたことがあるが、カウント君は何を食べるかを気にしておらず、それよりもいつも吐き出すことに重きを置いているのだとか。排泄マニア？

カウント　そうだよ。食べることが三割だとすると、排泄に七割くらいのウエイトがある。

ケスラー　それは中点の性センターを重視している結果としてそうなるのか。たいていの人は食べることを重視して、排泄を意識しているのは少ないと思うのだが。

「美食家」という言葉は聞いたことがあるが、「美排泄家」は聞いたことがない。

カウント　排泄をメインにする考えも偏っているのでは。

何を食べるか、そしてどう排泄するかを両方考えた方がいい。排泄ばかり考えると、それは死ぬことと見つけたりみたいだ。

性センターの上にアストラル体は立つ。アストラル体は世界に対する欲望に満ちており、特定の世界の中に入りたいと思っている。その命令によって、アストラル体の地上代行者である性センターは世界の映像を作り出す。

食べて、しかし排泄できない人間は、この意志が明確でないんだよね。違う世界に行けなくなってる。

視覚をコントロールできなくなっており、この世界に飲み込まれて、息も絶え絶えだ。便秘している人は影に黒々と支配されているんだ。

食べられることは、小さな世界では食べることに通じるというのは、地球が大きな頭蓋(ずがい)の内部なのに、私たちが見ている地球は外に向かった球体だということも意識した方がいいのかも。

私はある時期、夢の中でグルジェフからインターバル9のイメージを見せられたことがある。人は完成すると地球が嫌がってその人を外にぺっと吐き出すんだ。それは光り輝く中で飛び出すみたいな光景だが、これは逆転映像からすると、頭の上から光が降りてきたことでもあるね。

エニアグラムを地球、あるいは立方体の部屋とみなしたとき、ハブキにされ、するとより大きなコスモスからすると、食べるということだ。

卵のような形をぎゅっと押すと何か飛び出したので、それを食べた。

ケスラー　私たちは外宇宙の恒星のどこにいくかは、自分では選べない。恒星から指定される。

全く行き先がわからないのに旅に出るようなものでもあるね。

これはタロットカードの「9隠者」にも似ている。彼は自分がどこに行くのか知らない。しかし到着してみると、ここに来たかったことを自覚する。

カウント　視覚は選別だが、この視覚が物質世界に侵入するというか、アストラル体の視覚が地上界に浸透すると、目に見えるものはみな象徴になるということでもあるね。
つまりアストラル体のやりくちで、選んだ映像を処理している。

カウントはケスラーの反応を待たずにさらに続けた。

カウント　それは妄想の投影ともいえる。
熱海の方に寝仏山があるね。この山は仏陀が寝ているんだと。
アストラル体の侵入は、世界を魂が統一するという意味で、世界の中のバグ、すなわち虫が減って、アストラル体と物質の世界が重なる。するとどんな山を見ても、それは誰かの顔、何かを象徴したものと見える。なぜなら、山というのは横から見て三角形で、それは生産性を象徴するし、ピラミッドでもあるからね。秩序を示したものだ。

ケスラー　アストラル体の侵入は、性センターの働きを正常なものにするとそこに降りてくる。すると世界は余計な本能センターのカルマが粛清(しゅくせい)され、世界の映像はすべて象徴が形になったものとみなされる。
でも、このときに上位の9のインターバルも働き、デコポンを食べているときに、上では自分がデコポンになって、外宇宙から食べられているということだね。

カウント　軸がぴったり合うというのはそんなものでは。

ケスラー　君が見た虫にたかられた少年は、バグだらけで、自分そのものが維持できなかった。アストラル体と自分の身体が合致できなくなったということか。
これもよその宇宙に行くことができないという前に、まずはこの世界の中で中点を見つけ出せない、自己を見つけ出せないということか。

カウント　さっき話した、世界否定でなく、この世界に没入したいという意志の人は、六つの壁に張りつき、その二極化の片方にへばりついて、足りない方を外界の事象に投影し、これを自分ではないとみなすので、それによって世界の中にじっとしていられる。つまり拘束具をつけているのだ。

中には死ぬまで中心など考えもしないという人もいる。孫ができて、孫が可愛いと思うと、それで生きることができるのかもしれないね。

ケスラー　私には二十歳の娘がいるが、生きがいにならないな。もう二十歳なんだからあとは勝手に生きなさいというところだよ。もし彼女がコカインを使っても、私はそんな話知らない。

カウント　それが正しい考え方だね。

壁との固定的な関係を作ることで、中心点は忘れる。誰もが扉はそこにあるのに、気がつかないで、世界に閉じ込められているように感じている。

正しいか正しくないかにこだわる人は判断力を失う。

天を思う人は地の果に落とされる。

これは中道論と思われるかもしれないが、しかし私は「中道論」というタイトルで思い出す龍樹の考え方は大いに間違っていると感じるから、中道論というと、龍樹の本をアマゾンで買おうとするような姿勢は勧められない。しかし参考までに読むのはむしろ悪くないかもしれない。

そろそろ彼らは帰ることにした。

カフェには注意書きとして2時間以上は滞在しないでくださいというのが書かれており、既に大幅に超過していたのだ。

店を出る間際、カウントはつけ加えた。

カウント いつか3人チームの二足歩行システムについて、もっと細かく議論しよう。

ケスラー そうしてほしい。今はお腹いっぱいだ。

カウント ああ、わかってるよ。

ハヌマーン

カウントとケスラーは新宿東口にあるトルコ料理店にいた。

カウントは偏愛するフュムスだけを注文し、お店に特別に用意してもらったジョロキアをふりかけて、スプーンでちびちびと食べていた。

ケスラーはお店のお勧めを注文し、興味なさそうに食べている。

偏食者と食べ物に関心のない二人組は、このお店からするとあまりいい客ではないようだが、実は常連なので店主はこの二人についてはよく知っており、いつも何かとサービスしたいのだが、二人はどうもそのことを意に介しておらず、余計なものを持ってこられると拒否するのだ。

カウント　花見のときの話で、歴史や人生のコースを変えていく節目について大から小まで説明したね。

とりあえずの大枠として歳差活動の単位である2万6000年、これは「プラトン年」といわれており、12分割して2200年を「プラトン月」。今度は「プラトン日」として72年が、だいたい人の一生に相応すると説明したね。

さらに細かく分割するとサロスサイクルとして18年があり、これを倍にした36年とか54年などの節目はアーシュラマの切り替えとしても使える。

で、さらに細かくしたのが日食で、これは半年に一回くらいあり、さらに細分化して新月は28日くらいのリズムでやってくる。

四つに分けると一週間単位で、節目はいつも日曜日になる。

長いものから短いものまで連鎖しているが、もちろん期間の短いものほど節目としては小さいサイズなので、そう大きな転換点にはならないが、小さな部品を結んで作った大きな建物も大から小まで同じ構造が貫いているのだから、2万6000年単位で働くインターバルの意図は、日曜日にまで入り込んでくるだろう。

そもそも、エーテル体においては、空間や時間の大小はどうでもよくなる。物質肉体があるからこそ、それを基準に空間や時間のサイズとか因果律を意識しているが、肉体から離れた知覚であるエーテル体は、局在を非局在につなぐための触媒みたいなものだから、長い時間、短い時間の区別をしない傾向がある。

つまり日曜日にかかる負荷ショックは、2万6000年の範囲に匹敵するものを持ち込む場合だってあるんだ。

大きい話、小さな話の区別がないとなると、壮大な大河小説も、ニコルソン・ベイカーのナノ小説も違いはないことになるね。


フュムスの小さな粒をじっと見ながら食べているカウントを見て、ケスラーは、彼がニコルソン・ベイカーを好んでいることを知った。

このままいくと、フュムスの一皿に数時間かかるのではないかと思った。

しかもカウントはフュムスとジョロキアの配分比率を正確にしようとして、ジョロキアの粒をフュムスの大地に植え替えているのだ。

どうやらカウントは、ジョロキアにインターバルの役割を担わせたいようだということを推理した。

ケスラー　節目の瞬間に、本人の意志、意図、目的などを打ち込むことで、人生は目的の方向に進んでいくという話だったね。

節目ではない場所では、いかなる変更も加えることはできないのだと。

で、節目で意図を抱かない存在は運命を支配できないし、人類は流木のようでただ流されるだけという話だった。

カウント　仏陀はいつでも悟ることができるといった。

これは横の時間の因果律に対して、いかなるときにも割り込みできるという90度のインターバル意識の関与だが、しかし機械的に動く時間と、インターバルの瞬間の配置には、エニアグラムの図のような関係性が成り立っているということは、仏陀のいうことは間違っていることになる。悟ることができないでこの世の対人関係と縁と因果律に縛られているところでも、時間の特定の場所にふっとそこから抜けていく隙間があるんだ。

でも、もう一つの点では仏陀のいうことは正しい。それは大きなサイクルでも小さなサイクルでも、この地上の時間の飴のように伸びる因果律には支配されないという非局在的な原理だと、2万6000年の時代の切り替えで体験するようなものは、あるときの晴れた日曜日の午後に持ち込むことができるということだ。


どうやらフュムスの上へのジョロキア粉の再入植は、ある程度、満足したらしい。カウントは目を上げた。すると、厨房から彼らをじっと見つめるトルコ人店主と目があった。

店主は指をYの字にしてカウントに問いかけた。

これはヨーグルトを食べるかどうかという質問だ。

ヨーグルトはトルコが発祥といわれていて、ヨーグルトの味にうるさいカウントは、しばしばこの店で自家製ヨーグルトを頼んでいた。

メニューにはないが、店主に隠し持っているはずだと主張して、無理に提供してもらい、それ以後メニューに加わった。

カウントは親指を立てた。それはヨーグルトを持ってきてくれという合図だ。

それと同時にいつものように説明を続けた。


カウント　オクターブの進行が挫折する瞬間こそ、意図をそこに埋め込むことが可能な瞬間なんだが、オクターブの進行という機械的要素に自分の自我を置いている人は、この挫折の瞬間には気落ちしたり、脱力したり、無意識になったりするので、肝心なタイミングを見逃す。

グルジェフは要所要所に犬を埋めるといったが、「犬」って何だろうね。

犬は境界線の外と内にいて、境界線の近辺にしかいない。

地球に関与している宇宙種族は3種類いるという噂だが、3種類を人、蛇、犬とたとえると、犬族はシリウス系といわれている。

シリウスは蛇ではないが、エデンの楽園に入ってきた蛇はやはりシリウスと考えた方がいい。

彼らにはアルファベットで「G」という言葉がよく使われているらしいが、グルジェフも頭文字がGでシリウス系だね。

おおいぬ座にはいくつかの犬がいるが、私は吠える犬のムルジムの影響も受けていて、だからずっと書いたり喋ったりするよ。生きることは喋ることである。だからケスラー君がいて助かる。

聞き手がいないなら、独り言をいう、危ないおじさんでしかない。

ケスラー　君はムルジム宇宙人なのか。

カウント　いや、違う。

しかし影響は大きく受けている。

ムルジムはむやみに吠えるわけでなく、伝えたいメッセージを持っているという意味ではアナウンサーに多いらしいぞ。

夕方のニュース番組では、今、一番視聴率が高いのは日テレの「エブリィ」らしい。

しかし私は途中からTBSの「Nスタ」を頻繁に見るようになった。というのも「エブリィ」は食べ物ニュースが多すぎて、確かに以前のやない&坂田アナウンサーの食レポが楽しいと感じた時期もあるが、やはり普通のニュースの比率を増やしてもらいたくて「Nスタ」にした。

視聴率が最低なのはフジテレビの「プライム・ニュース・イブニング」らしい。フジテレビは朝のニュースを見ても報道には向いているとは思えないし、自分の局の好みで走っているだけなので、まあ、多くの人はそう見たくはないのかもしれないね。ただ、どちらにしてもスポーツの報道が多すぎる。スポーツは見るものでなく、やるもんだ。この時間は減らした方がいい。見る暇があったら道端を走れと言いたいよ。

私はアナウンサーというと反応してしまうのだが、ムルジムのせいかな。きっとそうに違いない。

物語を書いたりするのはカストール・ポルックスだが、ムルジムの場合、インフォメーションなんだ。何が違うかというと、カストール・ポルックスの物語は情感の連続性が必要で、時間の中で横にずっと伸びて続く。

インフォメーションは、「今、ニュースが入りました」というように縦にざくっと割り込むんだよね。それはいつものドラマを中断してもニュースを割り込ませる。アボリジニはカストール・ポルックスに関係している種族だが、だからソング・ラインというようにつらつらと続けるんだよ。

やはり犬は危険領域とか境界線の近くに住んでいるのだ。

ケスラー　それまでの連続する時間の上で自分の存在性を保っている意識からすると、上位の介入は見えないものなので、理屈からすると、肝心なときに気絶する流木民はいたしかたないのでは。

インターバルで自分を意識することは、連続する時間の中で続く自分を捨てるに等しいね。

しかもこの構造はより高次な領域でも通用するわけだから、あるレベルで目覚めている人も、より上の階層の宇宙ではボケまくっているということになるね。

カウント　一つのコスモスの陰陽活動の平面からはインターバルとしての中和のときに入り込んでくる意識は見えないが、それでも人生を自分で舵取りしたいならば、それまでの意識状態、それに付随する価値観、考え方、思い方から手を離して、上位の意識にシフトすることが大切だが、これまでの価値観から手を離すためにそれまでの人生が挫折してダメになるというのが最大のチャンスになるということに気がつく人はいるね。

破産して何故か気分がすがすがしくなり、「わははっ！」と笑ってしまうような人だ。洪水で家を失って最高の気分になったりする。

ここで意図を打ち込む側に成り代わった。

今日はたくさんの人が折り返し点を超えられないという夢を見た。猊鼻渓（げいびけい）みたいなレジャーの場所で、たくさんの人が坂を歩いて上がっていたが、ある段階で進めなくなっていたのだ。折り返し点が崩れていていてそれを超える手段がないのさ。

日曜日は仕事しないで安息日にして、一週間を見渡せるような高台にいるのが正しいが、仕事が忙しくて日曜日に仕事を持ち込こんだ人は、大切な時間を失ったのだね。

ケスラー　このサイクルをもっと細かくすると、一日の中ではやはり日の出、夕刻が切り替えのときなのかな。

カウント　古くから、一日の中での切り替えはアーシュラマみたいに四つに分けて、日の出、正午、日没、真夜中にする。

この中で陰陽が中和され、外からの力が介入するポイントは日の出、日没だ。だから春分に御来光(ごらいこう)を見るというふうに一年の臍(へそ)と一日の臍を重ねてインターバル効果を高めるという狙いをする人もいるわけだ。

ケスラー　危機が来たときに瞬間に手を放すということが大切なら、これは自動車事故で自分が死の危機に際したときに、上空からそれを見ている自分がいたという報告があるが、あれは正しいことなのだね。

カウント　それに対しての周囲の人たちの対応は極めてよくないことで、そういう臨死体験というか体外離脱のようなものを認めないケースは多い。

つまり、インターバル地点で90度角度に関与する超越意識のショックを認めないというのは、飴のように伸びた横の時間の流れの断絶を認めないということだ。

特定の信念体系の世界は、その因果律でずっと続くと信じており、いかなる隙間も認めないが、この連続する信念体系の世界観の中では隙間とは傷口にほかならないので痛むんだよね。痛みを感じないように忘却していくので、何か変わったことがあっても、時間の経過の中でそれはなかったという話になっていく。

私は交通事故で骨折したが、入院している時期はとても楽しかったよ。

そこでは天使が行き交っていた。東北から来たヘルパーのおばちゃんたちだが、ハッピーな雰囲気をまき散らしていた。

店主がヨーグルトを持ってきた。

カウント　ヨーグルトはブルガリア発祥と言われているが、あれは根拠がないんだよね。

トルコがルーツだよ。

店主は同意し、「そうです。あまりにも大切なので、メニューは出していませんでした。それに日本人の口に合わないと思っていたけど、カウントさんが酸っぱいヨーグルトをくれといってくれたので、安心して出すことができました」と応えた。

スプーンは二つ用意されたがケスラーは遠慮した。

カウントは続けた。

カウント　例えば、72年という単位は人の一生だと説明した。

その節目で人は生まれたり死んだりするということだ。連続性が断ち切られて、その人はとてつもなくぼうっとしているどころか、完全に不在になってしまうよね。実際には死ぬ瞬間に意図をはっきりさせなくてはならない。生きている連続性の時でなく、死ぬ瞬間こそインターバルなんだから。

生きているときの体験の集積で、その人の生きる目的がはっきりするのかというと、全くそうでない。

原理として下にあるものは上に影響を与えられない。上にあるものは無条件で下に入り込める。

死ぬ瞬間の意志の一撃によって、その後、転生があるとしたら、自分を意図の通りに運んでいくことができる。しかし生きている間は人生の中に埋もれているので、そんなことは考えられない。生きている人は、死後のことについては想像することも手がかりをつかむこともできない。下の次元に埋もれているのだから。


ケスラー　これをうまく活用することができたら、そして人に教えることができたら、それだけでセミナーができそうだね。一生それで食っていけるような気がする。

夢を実現するというのは節目ごとに打ち込みをするということだ。

節目は複数あり、その瞬間を見極めて、正しいインターバル負荷ショックをかけることだね。なおかつ節目とは、信念体系を打ち壊す場所だ。

その人が信じているものを打ち壊すためのセミナーでもあるね。ぜんぜん感謝されないぞ。

カウント　老人ホームで哲学サークルを作るんなら、全員が死ぬ瞬間の一撃に備えるといい。

自分の寿命をまずは2万6000年に想定しよう。これを1年とすると、今の人生は1日で72年前後。

多くの人は自分の人生に埋もれているのでパイロット波を持てない。72年の切れ目に目覚めていられるのなら、複数のプラトン日を連結して、プラトン月の2200年までは生き延びることが可能かもしれない。

日本ならこの一つのプラトン月は室町時代からスタートしているが、室町時代からずっと生きている存在は、私の人生に強く関与した。この存在と私が対等な関係ならば、私は少なくとも2200年の寿命を持つ生き物だ。

しかし寿命というのは、特定の振動レベルに自我を持つことで、その振動レベルが持つ世界の終端まで生きるという意味なので、自我をシフトすると、もっと果てしなく長い寿命にもなるね。

２２００年生きる存在を見て、私はそれが情動でしか生きていないと感じたが、それをはっきり言うと彼女は怒るだろう。でももっと高度な意識を持ち、そこに自我を移動させると、２２００年単位から超越することになり、情動で生きているときの愛着、楽しみ、その世界でのみ通用する価値観は奪われる。

情動が好きなんだから、その大きさの長屋に住んでいるんだよ。そのことをはっきりさせたら、自分は何の不満もない生き方をしていると理解するだろう。

今日の夢では、私は折返し点で、黄色のひらべたい風船みたいなものにぶら下がって越えた。つまりインターバル地点では上空にいろということだ。その後、上から下に降りて、山の下り坂を歩いた。

で、私は18年ごとに、つまりサロスサイクルの節目では、いつも宇宙人に接触しているんだ。この宇宙人は、上空からやってくる意図そのものを象徴していると思わないかい。

ケスラー　何といきなり宇宙人の話か。実際に宇宙人なのか、それとも象徴としてのものなのか。

私は実は昔、宇宙人研究サークルに所属していたことがある。本部は分倍河原にあった。

そこに所属していた主婦は、いつも河原で身長が90㎝の宇宙人に会っていたと主張していた。ガラス玉みたいな宇宙船に乗ってくるらしい。

それって、ヘリコプターの頭みたいだよね。

カウント　トンボの頭かな。ところで実際ということと象徴というのは同じものだ。だが、地球は特殊な場で、九つのカテゴリーでは一番下のカテゴリーにあり、現実と多くの人が考えているものと、象徴的なものは違うのだと考えられている。

この考え方は、ある種の精神病のようなものなので、多くの宇宙人たちはいつも首をかしげている。

ケスラー　エニアグラムでは、内部にある因子はそれぞれの相対的な関係の中にあり、ときには依存関係でもあるが、全体としては独立性を発揮すると説明を受けた。
　ということは、エニアグラム的に生きると、内部要素としての頭と胸と腰のそれぞれの陰陽因子は密接に関連し調和して、これは別の意味では象徴と物質も互いに緊密な関係になるということだね。
　何故なら頭は象徴を扱う。腰は事物に関係する。そして胸はその結びつけとか調整のために休みなく息をしているのだと。

　数日前のメモを探しながらケスラーはまるで独り言のように話していた。

カウント　そうだね。息を吐くことと吸うことは、象徴が事物に張りつき、また離れたりすることにも関係するかもしれない。
　空気はH192だが、これ以下が物質として認識されていると説明した。つまりH192とは思考や象徴、概念が、物質に接触する境界的領域だ。その上にある火のH

96はＨ１９２の空気の流れに異変をもたらす。これはまるで空気に象徴を埋め込むようなものだね。

Ｈ１９２はぎりぎり脱力して、意識が抜けていくところだね。

物質って、つまりは精神が興味を失い放置したものだ。放置されたものは冷たく硬くなる。

精神が興味を持つと流動化して輝くようになり、モノはモノノケになり、象徴化していく。物質は意識に冷たくされて、かたくなになった姿だ。

まあ、想念の言うことを聞かなくなるのは当たり前だね。それまで無視されていたのに、ある日従えと言われても、誰も言うことなんか聞かない。

野良犬みたいになってしまった。

ケスラー　錬金術の話にはそういう寓意(ぐうい)がたくさんあるね。ものに閉じ込められた精霊を解放すると精霊はお礼をしてくるとか。

錬金術とは心理的なものの例えなのだといった代表はユングかもしれないが、それはなかなかの勘違いだね。というか、心理と物質が分離していない時代の産物だから、近代的な自我を持つユングが誤解してもしようがない。

錬金術はきっと事物を象徴の変種であるとみなして取り組んだ体系だ。

私はゾシモスの妹の本が好きだったな。で、ガラスペンで絵を描いていたよ。


カウント　そりゃそうだ、なんせヘルメス学だからね。

話変わって、今日は、私が若い頃に出会ったオリオン方向から来たという宇宙人の話をしたいが、私が18年ごとに会う宇宙人はこれとは別だ。

というのもオリオン方向の宇宙人は、この18年サイクルの節目ではないときに来たからだ。18年ごとに出会う宇宙人は毎回違うのだが、全部関係しているのは言うまでもない。

彼らはインターバルで打ち込まれる負荷ショック、上位のオクターブのドの音そのもので、私の人生はその意図の方向に進み、決して脱線しない。

ケスラー　カウント君のように事物と象徴を分けない考え方だと、宇宙人はナットとボルトで作られた円盤に乗ってやってくる事物的存在であることと、神話の中に出てくる神のような存在とが区別がないということだよね。

カウント　もちろん、その二つの間の切れ目はない。

宇宙人は「いるのか、いないのか」という議論は100%無駄なことになる。「いるのか、いないのか」という二つの判断法がある限り、事物と象徴は歩み寄ることはないので、不毛な議論が続くだけだ。

「いるけど、いない」あるいは「いないけど、いる」、というのがやはり正しいね。

ケスラーは我が意を得たりという顔で、少し声が大きくなった。

ケスラー　私はエササニ星に住むバシャールという宇宙存在が、集合体であるというのを読んで、これは明らかに、存在するのか存在しないのか曖昧(あいまい)なところにあるなと思った。
彼らはいるのかいないのか、事実かフィクションか。どちらかに寄ると誤診になると思うんだよね。

カウント　あるかないのか、というのはそれを判断する人の意識水準によりけりだね。その人の水準によって、どちらかに転ぶ。つまりきっぱりとだれにも通用するような事実と嘘の境界線は決まっていないんだよ。

集合体という点では、まずは私たちも集合体だよ。幅数十cm、縦1・8m前後の袋の中に、いろんな組織や細胞が集合しており、この部品の一つひとつがそれにふさわしい知性と知覚を持っており、これらの集合に支えられて私たちの意識が存在している。

しかし私たちは、この部品たちの知性を理解しない。

また部品たちも、自分たちが人間という大きな空洞の中にいることを知らない。

胃は自分が人間の中にいることを知らされると驚くだろう。

この構造を拡大して考えてみると、たくさんの人間が複数のドットとして集合したものが社会とか集合意識というものだが、個人の意識に住んでいる限り、細胞が人の中にいることがわからないように、この集団意識を知覚することはない。

で、地球人が個人という知覚意識にこだわって見る限りにおいては、バシャールは存在していない架空のものだ。それはケスラー君が言う通りに、集合体の宇宙人とは、もしかしたらフィクションの宇宙人かもしれないということだね。

宇宙人を調べようとする人々は、そもそも人間個体の視点として見ようとする。特に科学的に調査すると言い張る人は、徹頭徹尾、肉の目で見ようとする。すると集合体とかもっと上のレベルの存在は存在しないと言わざるを得ない。

でも、インターバルのショックとは、こういう見えない上位意識の介入を示しているんだよね。

もし、18年ごとに私が会う宇宙人がナットとボルトの円盤に乗ってきた肉体的な存在だとすると、私にとって節目にやってきた重要な意図の一撃にならないので、正直、会いたくない。重要性がないからだといってしまうと言いすぎかもしれない。なぜなら私がいったオリオン方向の宇宙人はそういうレベルにも抵触している複雑な存在だからだ。

ケスラー　バシャールが集合体だとすると反対に気楽にもなるね。彼らは物質的に存在しておらず、証拠もなく、だからチャネリングでコンタクトして、気ままなことを言っても、それらのすべては嘘とはいえないという話になってくる。

カウント　そうだ、気の向くままにコンタクトするといいんだよね。童話とかフィクションの領域だ。

キリストを信じるために、「奇跡を見せてほしい」と要求した人々がいた。「でないと信じない」と。そういう人々を相手にしたキリストって、ほんとに大変だったと思うんだよね。自分の信念体系を人に何とかしてほしいと訴えるくらい依存症なのか。ある女性が私に言ってきたことだが、彼女からするとバシャールが黒く見えているときは邪悪で間違った情報しか得られず、彼らがだんだんと白くなってくると本物のバシャールになるという話だった。そこまで勝手に扱うのか。ちなみにバシャールはいつも黒い姿かもしれないし、白くなることはないだろうね。

で、集合体というのは、その内部においての部品同士、すなわち一つ下の階層では互いにコミュニケーションしている。私たちが人同士で話をするように。宇宙人の集合体の中にある単独の宇宙人たちは、テレパシーで意思疎通するとしたら、彼らは互いに物質的に近づく必要性を感じなくなる。

百人くらいのメンバーがいたとして、彼らが一つの星雲界に広がっていて、互いの距離が数万年光年くらいあっても何の支障もない。互いに一度も会ったことがないかもしれない。そして彼らは個体を自分だと思っておらず、一つ上の階層にある集合体というアメーバ状態の知性レベルを自分だと認識しているので、個体の維持にどのくらいこだわっているかわからない。彼らが互いに意思疎通できるのは、自分たちがこの集合体ベースにいるからだと認識しているからだ。個体にこだわった瞬間に孤立するんだからね。

私は20代の頃に彼らから教育を受けていたが、いつも出てくるイメージとしては若い男性の二人組で黒い服に紺色の縁取りがあった。しかしこれは私が勝手に作ったイメージか、あるいは彼らが私の信念体系に合わせて造成したものだ。

彼らが個体を必要とするなら、それは個体だけが拾うことのできる範囲の情報を拾うセンサーを内蔵したのだと考えるといいね。そのレベルの情報を必要としなくなったら、個体としてのドットを全部撤去してしまうだろうね。

彼らはある時期、四次元から五次元にシフトするという噂があった。すると個体を捨てる可能性はあるが、それも何の問題もないのは、彼らが個体を捨てたら、ネットワーク形態として、今度は別の個体の集合が下に着くからだ。

彼らが私にコンタクトして、私の強化本部長とか爺やになったのは、私を個体センサーとして使っていたのかもしれないね。となると、ウィンウィンの関係かな。

ケスラー　宇宙人がいつか地球人にコンタクトする日はあるのか。

カウント　ずっとコンタクトしているではないか。

ただ、物質的にコンタクトして政府と話したりすることがあるのかという点では、そういう物質的宇宙人も少数いるのでありうるかもしれないね。

しかし、本来、彼らは地球人に物質的には接触できないものだよ。地球人に接触できるのは地球人だけで、つまり同じ振動密度の物質をまとった生き物同士の横の連絡であり、この平面のところに宇宙人に来てほしいというのは、水の中に住んでいる魚はどうして道を歩いていないのだというに等しい。

どうして宇宙人は地球に来てくれないのか。

それは彼らが宇宙人だからだ、というほかはない。

そもそもが、この宇宙の中で限界集落みたいな僻地（へきち）の地球に、何故、わざわざ来なくてはならないのか。そういう物好きがどのくらいいるのかということを考えなくてはいけないね。

ここは意思疎通というインフラが整っていないので、電波の届かない奥地みたいな場所だ。

ケスラー　自分たちは進化しているという、根拠のないプライドが問題なのかね。

この根拠のないプライドは、中世に人は神に等しい存在であると考えたことが原因かな。でも、そう考えたことで暗黒の時代が始まったんだよね。

18年ごとに出会う宇宙人はどんな感じなんだい？

そのグループとオリオン方向宇宙人の両方についてインタビューしたい。


カウント　18年ごとの来訪者たちは恒星レベルからやってくる。

前から言うようにこの存在は、地球の大地に降りることができないので、月の被膜にまでしか降りてこない。

でも、私たちだって、靴を履いたり、その中に靴下を履いたりして大地に直接触れることはないね。月の皮膜、すなわちエーテルレベルまでは降りてくるが、大地に降りるほどには足を汚さない。

というのも、大地に触れると、今度は戻れないからだ。

で、私が18年ごとに会うのはいつも違う存在だが、共通点としては、彼らは私のどこかに触ることなんだよ。

私はスピカ宇宙人を地球に連れてきたことがあるが、地球に降りるときにタンデムで私の背後に乗っていたので、両手を私の肩にかけていた。この感触は今も忘れない。ここまで軽く爽やかなものは初めてだ。

また、黒い巨大な怪物のような宇宙人と接触したときには、それは私の右手をさすった。彼らは私に触ったので、彼らの肉体素材の何かが、肩とか手に入ったと思われる。こういうものはまるでウィルスのように、私の身体に入り込んで増殖をすると思う。時期を待って潜伏しているのかもしれない。

原理としては、振動の高いものは低いものに浸透しすみずみまで広がるのだから、私の肉体は彼らに打ち勝てず侵入されるままだ。私に抗体はない。

ケスラー　宇宙人コンタクトで宇宙人が触るというのは異例のことなのか?

カウント　危険だと思う。

違う宇宙に住んでいるということは物理法則が違うということだ。

地球ではどこの宇宙でも光とか磁気とか電気とか物理法則が同じと考えるかもしれないが、それは地球意識の投影で、これをステンドグラス効果という。

例えば、私たちの身体は原子が詰まっているとして、原子の概念の存在しない宇宙人が来て腕をつかんだらどうなるんだ。

外来生物が在来種を食いつぶすようなことが起こるのでは。

カウント　でも、月の皮膜としてのエーテル体までしか降りてこないので物質的に肉体には影響は及ばないよね。

ケスラー　いや、そうともいえない。
地球だからこそ、エーテル体と肉体は分離しているが、宇宙知性はそもそもエーテル体と物質が分離していないところに住んでいて、つまり事物と象徴は切り離されておらず、そういうものは地球ルールの隙間を突いて物質的に侵入してくる力があると思うんだよね。

原子の隙間はすかすかで、これは高いオーディオ装置を買ってみたが、蓋を開けると、中は八割が何もない隙間だったという感じだ。

彼らの身体は私たちの肉体を貫通するが、貫通というのは抵抗しないこと、気がつかないという意味でもあり、もし、注意力が、このことに抵抗体を持つと、つまり気がついて捕まえると、私たちの肉体は彼らの肉体と正面から対峙することになり、がつんとぶつかるね。

そもそも、彼らが私の肩に触ったり、腕に触ったりしたというのは、私の注意力がそれを意識したということだ。気がついた。なら影響がないというのはあり得ない。でも、私のどこかに触ってくるというのは示し合わせてやってることで、私が希望しているのかもしれない。

ケスラー　なるほど、何か意図があるわけだね。

18年ごとにやってくるインターバルショックは、みな共通した大きな意図のもとにあり、短い期間になるほど、この意図を細かく分割したものだということだね。

カウント　18年ごとのものを統括しているのはその4倍の72年、人の一生ということだね。そこにメモリーされたものが18年ごとにケーキを切るように分割されてナイフの切れ込みになる。

サロスサイクルくらいだと一生の目的を意識した刺激が持ち込まれるということでもあるね。この人生の目標だ。

ケスラー　その意図が宇宙人というイメージで割り込んできたというのはなかなか興味深いね。それはどんなものだろう?

カウント　まあ、単純なものだ。

さて、オリオン方向の宇宙人の話をしよう。

オリオン方向ということはオリオンではないのかもしれない。オリオンってあまりにも広いからね。

谷岡ヤスジの漫画の「千駄ヶ谷方面に去る」という言葉は、千駄ヶ谷駅に向かうわけではないしね。

ある朝に、私のそばにある生き物が立っていた。茶色の円錐形の身体を持ち、まるで埴輪（はにわ）のようだった。身体素材は煙みたいな感じでもあり、私はエスプーマなんじゃないかと思った。手は非常に細く小さいものだった。首がない。ともかく円錐だ。

あるときには「トリスのおじさん」とも呼んだ。彼は「(私の) 腰が悪いのは自分の責任だ」といい、私の腰を治そうと手を伸ばしたが、私は彼の手を払いのけた。「自分が治すからいい。それにこれは私にとって楽しみだから」と答えたんだ。

彼が見せてきた映像では、地球の１万１０５０年前に、あるいは１万１１５０年前に、この年数については後になってだんだんと記憶がはっきりしなくなったのだが、集団ヒステリーに巻き込まれて彼は死んだ。石を投げられた光景が見えた。それを私が目撃して、そのショックで私の腰がおかしくなったのだといった。

しかし、最近、この解釈は間違っているのではないかと思った。別に悪い体験じゃないんじゃないかと。その解釈の変化は彼にコンタクトしてから30年くらいしてからだ。

ケスラー　また随分時間がかかってるな。

しかし夢の解釈にしてもそのくらいで変化するものはあるね。意味を与えるもの、意味を与えられたものは対になっているので、意識が変わると事象の記憶と解釈も変わってしまうのは当然か。

そもそも記憶というのは、思い出す都度、再構築するらしいので。やってるうちにビット落ちを起こしたり、何か追加されたりする。

注文されたらチンするだけというのでなく、最初から料理を始める良心的なレストランみたいなものだね。

カウント　カフナの先祖はある時代に、エジプトに黒い勢力が広がることがわかって逃げ出したのだとロングはいうが、これは1万4000年前らしい。

黒い勢力の拡大といっても、邪悪なものでなく、物質的に重くなる世界が始まるという意味だ。

私が思うに、これはこと座のベガが北極星になった時代だと思うのだが。

そういうところにオシリスの子孫ともいえるカフナの先祖たち、まあ、日本なら出雲族ともいえる人々かもしれないが、安定して住むことができない。そこで自分たちに適した場所に移動した。

となると、オリオン方向の宇宙人も、集団から石を投げられて死んだというのは、重くなる地球が石の世界になるのだと見立てて、そこからオリオンに移動したんだよ。

私がオリオン方向というのは、彼はオリオンの方から来たが、いわゆるオリオンではないといったからだ。地球からは決して見えない星だと説明していた。この地球から見えないというのも、それは何かの影になって見えないのではなく、地球の物質の基準からすると不可視の星だということだと気がついた。

何かと暗喩(あんゆ)で説明するから理解するのに何年もかかってしまう。

ケスラー　その体験は前にも聞いたことがある。
話す都度、内容が変わるというのが正しいわけだね。

カウント　それもそうだし、昔とか今はあまり関係がない。

地球では惑星の回転によって時間が自動的に進む。過去になったものはもう取り戻せない。

しかし、そもそも時間というのは自動的に動くものでなく、時間体験をするには歩くように進まなくてはならず、このコンタクトの体験は、過去でもなく、ある意識レベルに付随して保管されているものなのだから、自分でクランクを回して引き寄せたものだ。

つまり引き寄せようとしたら、またクランクを回せばいい。

ケスラー　18年ごとの接触も同じじか。
でも、その前にこと座のベガが北極星になったら、どうして暗黒の時代なのかな？

カウント　リサ・ロイヤルというアメリカのチャネラは、宇宙種族はこと座から始まったと主張している。

この宇宙種族というのは、個体として見ることの可能な存在という意味だよ。それ以前でも知性体は多数あるのだから。こと座の琴は音を奏でて、人々を幻想の中に引きずり込む。

ヘルメスが波打ち際で拾った亀の甲羅に七つの弦を張った。それをアポロンはオルフェウスに与えた。七つの音が作り出す世界がここから始まった。

リサ・ロイヤルの宇宙種族の話では、分裂やら戦いが多数語られているが、分裂や戦いは個体として存在する種族が体験しがちなものだ。なんせ存在は限定されたので取り合いも起こるだろう。非局在的存在には想像もつかないことをしでかしてしまう。

元エジプトに住んでいたカフナの先祖たちは、この個体で考えていくというパラダイムシフトに耐え切れなかった。

個体で考えることで地球は物質的になり重くなり、そしていがみ合いも始まるだろうから、彼らからすると暗黒の時代の到来だ。それ以後は個人の主観というものが成立するのだから。

ケスラー　個体で生きる宇宙人の始まりだとすると、1万4000年前とか、こと座が北極星の1万1000年前というのは、随分、最近の話で、宇宙人の歴史はものすごく短く聞こえる。

カウント　エーテル世界の基準で考えてみると、時間も空間の因果も極めて相対的で、すべては型共鳴で成り立つので、地球においての歳差の時計という小さな枠の中に、型共鳴で、宇宙の大枠の物語をコンパクトに封じ込めたんだよ。つまりはダイジェスト版が降りてきたと考えるといい。

こと座宇宙人がその頃作られたのではなく、この構造が地球においてはこと座が北極星になったときに地球風に再現されたのだ。

ケスラー　わかった。何万年も前の話とか、一億年前の歴史とかは、尺度が地球の上でのみ成り立つということか。

この時計から外れると、時間の経過というのは、むしろ空間配置みたいに扱う必要があるという点では、ゲーテが建築は凍った音楽だというのに似ているね。

カウント君がオリオン方向宇宙人に会ったのも、30年前か、今日か、それとも石を投げられて死んだ1万年前前後のシーンも、今見たことかもしれないということだね。


カウント　時計合わせしないと話は通じないということだが、しかし型共鳴の考え方なら時間とか空間の差異を計測する必要はなくて話が通じる。

それと物語は時間の因果があればＡＢＣと進むが、この時間の因果律から自由になるとＣＢＡになったりＢＡＣになったり、結果が原因よりも先に出たりすることになるので、話の内容はめちゃくちゃになるのでは。

私は映画を見るときにも2時間ずっと見るのは耐え切れない。最後を見て、それから中ほど見たり、最初に戻ったりするが、映画館に行くとそれが許されないので、だいたい脱落してしまう。

ケスラー　話を戻そう。

私も18年ごとの接触があるのかな。

理屈としてはあるはずだが、私はそれを思い出すことはできるのか。

今の段階ではそんなことがあったように思えないので。

カウント　思い出せないはずがない。

というのも18年ごとのインターバルは確実に存在する。そのとき、何かのショックは来ている。そうでないなら、君は18年間で死んでいたかもしれない。その瞬間ボケる人は、自分の意に沿わないかもしれない異なる負荷ショックに侵入されている。それを思い出せないのは、今の自分をつかんでいるが故に見えてこないからだ。

この今の体験の連続性を求めると無時間の隙間に差し込まれた印象を思い出せない。

君が地球にやってきて、君自身がインターバルショックとしてこの環境に入り込む瞬間は、生まれる直前の日食にあった。それも思い出してほしい。肉体の始まりでなく、エーテル体としての始まりだ。

今の自分が同一化しているものから離れたら、いかなるものも思い出すよ。

今の自分の存在状態の連続性が他のすべての記憶を隠している〝膜〟なんだから。膜というよりカーテンという方がいいか。薄いレースのカーテンもあれば、分厚い遮音性、遮光性のカーテンもある。それは表面を覆って、背後に何があるのか全くわからなくしていく。

ちなみに、72年が一生の単位だとして、その前後にあるインターバルショックの意識を思い出すことができたら、複数の72年単位をつなぐより大きな範囲の記憶が蘇る。これは2200年単位の記憶というよりは、まずはプラトン一週間、つまり72年の7倍で500年くらいのスパンの記憶が蘇るはずだ。自分は500年生きてきたと思うはずだ。


ケスラー　そうか、なかなか楽しみが増えるね。

私は自分でも知らないたくさんの思い出を抱え込んでいるわけだね。

それなら牢獄(ろうごく)に閉じ込められても退屈はしない。

話が面白いので、続けてくれ。

カウント　そうだね。

ある時期、私はヘミシンクをしていて、いつもオリオン系統の存在が出現していたので、これを「ガイドにできないのか」と、あるリーダーに聞いたことがある。リーダーというのはアカシックリーダーというようなもので、読み手ということだ。すると彼女は「それは無理」といった。このオリオン存在は私の身体にめり込んでいて、外に取り出すことができないのだと。

組織に絡みついた癌みたいで切り離せない。

ケスラー　それは自分の身体に聞くみたいで、ガイドにはならないのか。

自分の腹を叩いて、その反応を解答にするみたいなものかな。皮下脂肪が少ないと響きは良くないかもしれない。太鼓腹だと響くのか。

カウント　お正月の釜鳴り行事じゃないんだから、私も自分の腹を叩いてオリオンからのメッセージみたいな使い方はしないな。

君はときどきつまらないジョークをいうね。

ケスラー　おやじだからしようがない。

ケスラーは笑ったが、カウントは全く意に介さない様子で話を続けた。

カウント　グルジェフの身体の三つの層で分類すると、オリオン人がめり込んだ場所は胸から腹あたりの第二層で頭ではない。考えたり会話したりするのは頭だよね。だからガイドは外にいて、しかも頭にアプローチしてくれないと困るのでは。私にめり込んだオリオン系統の意識は、私の心とか感情とかにくっついているということだ。あるいは、それそのものかもしれない。

このオリオン系は三人いて、ミンタカ、アルニラム、アルニタクだが、特に関係が深いのはミンタカだ。三人がセットなので、一つだけ取り出すことはできないのだが。

ケスラー　身体にめり込んで対象化できないと言葉にならないので、ガイドにもならないか。

カウント　私はよく夢の中でいろんな人と会話するが、彼女たちの声なんて聞いたこともないぞ。

それは要するに私のことだからかもしれないが、私は実は頭、胸、腰という三つの層ではアルクトゥルス、ミンタカ、そして地球の肉体というハイブリッド種だ。

ギリシャ時代以前には地球にいたが、それ以後、ほとんど地球にはいない種族だ。肉体は地球の食べものを食べているのだから、地球製であることは間違いない。「お前はお前が食べたものでできている」というあれだ。

ケスラー　面白いね。

つまりオリオン方向宇宙人はカウント君の腰を治そうといった。
カウント君はそれを跳ね除けた。
なかなか危ないところを回避したね。

カウント　そうなんだ、この微妙な問題についてよくわかったね。オリオン方向宇宙人は、かつて地球が暗黒の時代に入る頃に地球から去った。それ以後の地球の人間は身体が重くなるから、それに巻き込まれるとオリオン人たちはもう生存はできない。そのオリオン人はもしかしたら、私がいうミンタカの知性だ。というのも私は彼が死んだところを目撃した。つまり仲間だ。そして目撃したショックで私の腰がおかしくなった。

オリオン方向宇宙人を「ハヌマーン」と名づけることにした。というのもタイの空港で金色のハヌマーンの刺繍(ししゅう)があるTシャツを見つけて気に入ったので購入した。それまでは身体の形から埴輪(はにわ)星人と呼んでいたのだが、たぶん輝くと金色になる。彼は集団から石を投げられて死んだが、地球の人間はそれ以後、石のような身体になってどんどん沈んでいく。ハヌマーンは彼らと運命を共にしなかった。なので自分の身体がその領域から分離してしまったんだ。石を投げられたら石の身体になるはずだったのに。

地球人成分を排泄して、残りは自分が同化できるオリオンに引き寄せられた。だから、彼が私の腰に触ると、彼の物質構成が私の腰に入り込み、彼がいう治療とは、私をまるごとミンタカに連れていくことだ。

私の胸がミンタカ製ボディ、そこから下の腰から地球製品だと、地球の素材が重くなるほど、私は腰の部分で分裂する。それが腰が悪くなる原因だ。

ご存知の通り、地球と宇宙は断絶しているので、頭、胸と、腰下がうまくマッチングできないんだ。

多くの人はこの分裂をしないのは、頭、胸、腰を地球製に決めているからだ。

ケスラー　君はいつも腰のトラブルに悩まされているね。

中学生のときにサッカーで溝に足がはさまって、かかとの骨を砕いた。それから交通事故で派手な骨折をした。

最近もまた大腿骨がおかしくなっている。すべて君から聞いた話だが。常に腰から足が傷つき続けている。理由はミンタカ胴体と、腰下が地球という板挟みにあることが原因か。

カウント 素材の違うものを接合しているみたいなんだよ。

これをスムーズに解決するには、歴史をギリシャ時代以前に戻すというアイデアもある。

もちろん、地球人全員を巻き込んでそんなことをするのでなく、パラレル地球を作って、そこに移動すればいいのでは。その世界に同意する人々は一緒にシフトしてくれるといい。

今までの地球がいいという人は、そのままの世界に残る。こういうふうにパラレルな未来を作って、それぞれの人が分岐していく分岐点は、もちろんインターバルのポイントにある。死んで移動するというのは72年サイクルでの生死のインターバルを岐路にすることなので、移行としては一番自然に見える。

これよりも小さなサイクルとは四分割したような18年のサロスサイクルで、18年ごとの切り替えが、そのまま全体として72年の節目と連動するといいわけだよね。連動しないと悲惨な話だが。四つのボディがばらばらだ。

ケスラー　この72年ごとの空白に、ぼうっとしていると、どうなるんだい？

カウント　まずその前に、72年の単位の内部で働く意識だけで生きている人は、もちろん死後の生は存在しない。

72年範囲内の陰陽活動に支えられて自我を作っているのだから、それよりも一つ大枠のレベルにはそもそもその人は存在しないので、死ぬとそこで終了というのは理屈として当たり前だ。

それよりも長い、例えばプラトン週意識に自分の自我を置いて、そこで目覚めている人で、なおかつ72年インターバルでぼうっとして新たな意図を撃ち込まない人は、教科書的に作られた輪廻コースをたどる。これはお勧めメニューを食べていくというようなものだと考えるといい。

このシステムは七つの星のプレアデスが作り出したマニュアルだ。

七つの星の連合を、小さな太陽系、地球時間サイクルの中に持ち込んで箱庭を作った。つまり時間の中に構築された箱庭だよ。

エドガー・ケイシーのいうようなシステムは七つの惑星を巡回する輪廻を体験する。ケイシーは金星に過剰にはまりすぎて、土星が弱かったらしいので、やり直しをしたらしい。

まるっきりこれって学校ではないか。進級したり落第したりする。

ケスラー　ケイシーのいう輪廻コースは、赴く土地まで決まっているような感じだね。

カウント　だって旅行はパックツアーがあるよね。買い物するお店まで決められて、自由時間はこれ、ホテルはこれ、観光する山とか海、丘、教会はこれと決まっているけど、それは安心ではないのか。つまり自分の意図を撃ち込むのにちょっと自信がない人はこれに依存する。

ケスラー　死後が存在しない人。もう少し目覚めているが、まだ自分で決められずお勧めコースでツアーする人。さらに輪廻に入らずに、行き先を自分で決める人、変種として、マルチ地球に移動する人など、いろいろなのか。

カウント　すべてはインターバルのポイントをどう扱うかによって変わってくるということだね。

ギリシャ以前、あるいはエジプトの星信仰の時代くらいまでは、かろうじてミンタカ星人は地球に住めていた。

今の時代だと、地球が重くなりすぎているので、ミンタカの肉体に戻るか、それともミンタカを切り離して、純粋に地球人になるかというものしかない。マルチ地球に移動する以外にいい方法が見つからない。

ケスラー　で、自分で治療する楽しみがあるということは、要するにマルチ地球への移動コースを調整することにあるわけだね。

カウント君はそれを趣味にしていると。オリオン方向宇宙人は、その路線を推し進めるためにわざとやってきたね。

カウント　そうだ。そのために、関係者が18年ごとにやってきて、私の体のどこかに触るんだ。

アルクトゥルスは触る必要がない。これは私の精神にほかならないからだ。

しかし身体になると、最初ハヌマーンが私の腰に触ろうとしたとき、私が右手で跳ね除けたので、私の右手に何か刺さった。

それからスピカ星人を地球に連れてきたときに両肩に触り、アルシオン宇宙人は私の右手をさすった。

実は、これ以外にも、自分でうろ覚えのものがたくさんある。

私はあちこちを触られている。どうも私の身体はツギハギなのではないかと思っている。

プラトンが、地球は上から見ると、色の違う布を張り合わせた鞠（まり）みたいなものだと説明しているが、私の身体も色違いの布の張り合わせではないかと。

ケスラー　フランケンシュタインかな。

手を跳ね除けたとき、右手に刺さったのは何だい？

カウント　通信機みたいな装置だったな。

エニアグラムの説明のとき、全体としては独立的といったが、頭と胸と腰は全部連動しなくてはならない。

で、今のところ、腰以下が地球製品で、上が宇宙製だと連動がしにくいので、まだエニアグラムがギクシャクしているんだ。

ケスラー　ギリシャ以前の地球とそれ以後の地球のはっきりした違いを、もっとリアルに説明してくれないか。

カウント　集団から石を投げられて死んだという光景は、あるとき見た映画のシーンにも似ていたような。

これは『アレクサンドリア』というタイトルだったが、女性天文学者ヒュパティアが、時代の変化の中で、石投げの刑にあいそうになるというものだ。キリスト教が勃興して知識の時代から信仰の時代になった。知識の象徴であるアレクサンドリア図書館が焼き討ちにあうんだよね。

ヒュパティアの「考えるあなたの権利を保有してください。なぜなら、全く考えないことよりは誤ったことでも考えていた方がましです」という発想は信仰に生きるものを怒らせた。

信仰というのは知性を否定することなんだよ。そして感情が知性を偽装する。すると何か仮説を考えたときにでも、習慣的感情はそれにブロックをかけていく。

もし人間のクローンを作るとすると、という仮説でも、それに気分が抵抗して、それは宇宙の摂理を冒涜（ぼうとく）する考えだというかもしれない。そしてそのことを考えることを禁じていく。

今日の人で、この信仰に生きている人が大半だし、純粋な知性ということは認められない。科学も決まったことしか考えてはいけない。過去に確立された理論を全部覆すのは許されない。

ヒュパティアはプラトンとかアリストテレスとかプロティノスを学んでいたらしい。で、石を投げられて死んだのでなく、実際にはカキの貝殻で身体中を削られて死んだらしい。貝殻で身体を削られることと、石を投げられるのはどのくらい違うのだろう。どちらにしても、硬くて重いものが、柔らかいものを壊していくんだね。

ケスラー　知識と信仰は星信仰と太陽信仰のコントラストかな。太陽の光はその背後にあるさまざまな星を隠していく。

カウント　そうだ。

恒星をロゴスとする。たくさんの恒星は、いろんな考え方、思考、知性を表すとみなす。そもそも恒星は二極化されておらず、自身で輝いている。

二極化されていないというのは、否定と肯定とか比較がないという意味だ。否定しないで、それでいて複数の恒星があるというのは、ヒュパティアの、間違った考えを抱いても、考えないよりはましだ、ということに関係しやすい。

もちろん、恒星の観点からすると間違った考え方はない。

間違ったというのは、ある考えと比較して成り立つことだが、恒星はだいたい自分を他と比較しない。自分で輝いているので、他の星の光を借りることはないんだよ。自分に満足している者は他の家のことを非難しない。

太陽信仰になると太陽の光が正しく、それ以外の光は間違っているということになるし、正しい、間違っているという知性の二極化も生じていく。

星信仰というのは、どういう考え方をしても、それらはみな正しいという意味なのだ。で、恒星によって物理原理とか科学理論に共通性もなくなるので、地上で星信仰の人が増えると集団を統率できなくなっていく。

まあ、マルチ地球があるという発想も、全員が一緒の太陽信仰でなく、みんな自分に合った地球に三々五々行ってくれというところだ。

ケスラー　ということは、星信仰の時代には人々は死ぬときのインターバルを使って違う世界に回帰したのか。

カウント　もちろん。自分の故郷の恒星に行く。

しかし太陽信仰の時代になってからは、勝手に自分のルーツに戻ってはいけないという話になった。

神父たちはキリストと同格の人々を殺し、またその家系も根絶やしにしたが、日本でも同じことは起こっていた。

最近になっても、昭和の初期に、天皇は出口王仁三郎を弾圧した。理由は天皇は二人いらないということだった。

王仁三郎は自分は「オリオンから来た」といっていた。天皇はプレアデスの子孫だといわれている。

星信仰の世界ならば、天皇が統括するプレアデスチームと、王仁三郎が統括するオリオンチームは、違う未来を歩んだはずだ。しかし地上ではプレアデス系以外は排除ということになったのだよ。

ケスラー　カウント君は自分にも直接関係している理由を持ちつつ、オリオン方向のマルチ地球に移動するというコースを用意していくということか。

カウント　まあ、理由は単純ではないけど。

私の胸、すなわち感情ボディはミンタカだが、頭はアルクトゥルスで、アルクトゥルスは一つの星系に所属しない。複数を混ぜてしまうのが特質だ。つまりこと座の支配の前に存在していたものでもあるね。

地球時計にコンパクトに縮小したものだと、アルクトゥルスが北極星の時代だったのは6万年よりも前だが、これは基準にはなりにくいな。あくまで地球の鏡に映ったものでしかないし。今後、北極星に回帰する可能性はないらしいよ。なので、私のミンタカ色は、身体の脇腹からミンタカが顔を覗かせているという程度で、ミンタカに飲み込まれることではない。

アルクトゥルスを軸にすると、いくつかの星系の世界をマルチに渡り歩くという感じにもなるかもしれないね。

ケスラー　複数の地球をそれぞれ縁のある恒星とか星系に分類できるのか。

カウント　できる。

私は四つをレイヤーにしてしまうという性質だが、これはアルクトゥルスの複合化という本性が発揮された結果でもある。

で、恒星から来た存在は、地球に降りることはできないと説明したね。

この場合、月にまでは降りることができるので、月の軌道に宇宙ステーションを置き、そこに行き来するというシステムが作られている。複数の恒星の人々は、この月のステーションにはやってくる。そこからマルチ地球に接触する。

今の地球は禿げ地なので、自由に降りることはできない。しかし、他の地球には行き来できる。

ケスラー　私も自分に適した地球に行くことができるのか？

カウント　もちろん。君の奥さんが誘導するよ。

マルチ地球には横移動はできない。

まずいったん上昇して、月のステーションに行き、そこから違う地球に降りる。このマルチ地球なんだが、例のインターバル点は、歳差活動レベルでは、12個に分割して一つを２２００年にしたよね。２２００年ごとに節目としてのインターバルがある。そこに意図を加えると、コースが曲がって違う未来に行くと説明した。

実は、マルチ地球はこのインターバルの曲がり角を通じて、12種類の地球に至るという構造を持っている。この節目は小さな単位で、72年の節目に重なっているので、

72年の節目、すなわち死んだときの負荷ショックを通じて、切り替えるというのがスムーズだ。

だが、これよりも力業として18年のサロスサイクルの切り替えを使ってシフトするというのがキリストとか、ノストラダムスとか、グルジェフとか仙人とかだ。

どうして72年単位の隙間にせず急いだのか、理由がいまいちわからないかもしれないが、72単位だと、誰にも知られないではないか。

あの人は死にました。そして多くの人はそれ以後のスパンにある意識を持たないので、死んだ後どうなったら知らない。これだとキリストもノストラダムスも全く目立たない。

「私を見て見て！」というためには、72年周期よりももっと早く応身に移る必要があるともいえる。まあ、これだけの理由ではないが。

私式ならば、18年周期でやってきた宇宙人が連れ去るという展開もある。その都度、腕をつかまれたりするので、そのままにしておくと、連れ去られる。だからここにいるためには、手をぱんっと跳ね除けなくてはいけない。

サロスサイクルの切り替えを使った羽化は18歳とか36歳とか54歳とかの節目に姿を消すケースが多いのではないかな。人々が日食でぼうっとしたときにいなくなる。ゴルゴダの秘蹟(ひせき)のときには、復活したイエスを目撃した人もいたが、これは一つ上のインターバルを意識した、つまりそのレベルに抵抗体を作ることができた。彼らはもう二度と普通の人生を歩めない。つまり日常の意識の連続のカーテンの上であぐらをかけない。絶対にイエスの後追いをするよ、イエスによって大きな傷を受けたのだから。

ケスラー　以前、2200年ごとに時代が切り替わることについて、この切り替えによって魚座とか水瓶座などに切り替わることは重要性がないといったね。

カウント　それは毎度同じ繰り返しをしているわけで、壁紙の色を変えただけだ。この節目のインターバルショックを利用しない人々は、自分では何もせず、壁紙の色が変わることを楽しみにするしかない。

コースの変更はインターバルのときのみ可能で、虎視眈々と狙っていなくてはならない。

ケスラー　で、今は大まかにこの切り替えの時代なんだろうか。

カウント　シュタイナー式には切り替えの時代ではなく、２２００年単位の真ん中あたりにいるかもしれない。つまり変更不能な機械的進行をしている時期だ。だが、違うグループにおいては、今はまさに切り替えの渦中でもあるね。これらの複数サイクルが成立するのは、クラスターが地球にやってきた時期によるのではないかな。

例えば、シュタイナーをリゲル族と見たとき、同族はシュタイナーのいう年代記が適合する。時代が変わるとか、そういうことが大切ではなく、この変わり目に意図が投げかけられなくてはいけないといったが、これはこの時期に夢見をすることが大切だ。地球の時計、すなわち自転や公転に依存する人々は、この夢見ることがほんとに苦手だ。ただひたすら受動的に生きようとする。苦手というより一つの世界の陰陽活動に張りついているので、それ以外のことを想像することができないわけだね。これはまるで岩に取りついたカキみたいだね。

一つの世界に張りついていると、その隙間のインターバルで気絶するのだが、そのときに意識があるということそのものが、この一つの世界とは違うものを夢見ることをさしていて、この夢見は日常の生活の平面に並ぶかたちでは存在しない。

例えば、日常の地球生活をH48とみなしたときには、隙間はH24で、表向きこれは対立している。H48はH24の否定で、H24はH48の否定だ。日常の生活で作られている欲求を、この隙間で満たそうとしても全く合ってない。お金持ちにとか、ドバイに住みたいとか、モナコでカーレースに参加したいなどは、みなH48の平面でのみ成立する願望なので、むしろH48世界に住んでいるために植えつけられた「備えつけ」のものなので、これは隙間に対する耐久度がなく、重すぎてH24領域に浮上してこない。

たいていH48から見てH24は、日常ではあり得ない大それたもので、中二病みたいになりやすい。多くの人は、こういう大それたことをいうのを禁じるとか、恥ずかしがるとかすると思うが、妙なことをいうとモグラ叩きみたいに叩く。

なので、隙間が来たとき、もう夢見ることもできなくなってしまう。これはお互いに隙間を封印して、互いをこの地球に縛りつける太陽信仰、感情が知性を偽装することを表している。知性を大切にする時代ならば、願望なんだから、何を思うのも自由、間違ったように見える考えも抱いていいということだ。

神になりたいという人がいても、「あ、そうなのね」で驚かない。

ちなみにH24人間は、一番下っ端だとしても神に属する。グルジェフのいう人はこの神に属するもので、一般の人は、グルジェフの表では哺乳動物のことだね。で、毎日の夢を思い出せないのは、昼の時間の意識のカーテンが覆ってしまうからだが、慣れてくるとだんだん大それた自分の夢を思い出すようになるだろう。するといろんな宇宙人と接触していることも気がつく。

ケスラー　ギリシャ時代以後の特徴がわかってきたね。時代として幅がありすぎるので、ギリシャ時代で分けてはいけないのかもしれないが。

カウント　きっぱり決まった時期で分けることはあまり意味がない。

星信仰と太陽信仰という区分けで考えてもいいが、前と後ろが重なって徐々に比率が変わるとか、エニアグラムの考えだと、他の時間軸が干渉してくることもあり、つまり他の時間進行の力をインターバルショックとしてレンタルすることもあるのだよ。

歴史は決まった時間枠で進んでいると思われているが、これほどいいかげんなことはないと思う。とはいえ、これは日常の意識の平面に閉じ込めて、なお全員同意させなくてはならないという上での記録だね。

今は、みんなで石を投げる時代が続いている。

あるとき、ある女性研究者が画期的なことを主張したね。するとその研究所が総勢で袋叩きにした。で、その主張は間違いだという話になった。でもその成果を奪ってちゃっかり海外の会社が名前を変えて特許を取得した。まあ、そのために研究所にそう仕向けて、研究論文の写真も差し替えたりしていたんだが。ともかく、穴を塞ぎたいんだ。

これはいかなる自由意志も許可しない世界と考えるとよい。日本なら、あの東日本大震災の後のことを考えてみてほしいが、国民全員、思うことも同じでなくてはならないという圧力があるのは目立ったね。何か息もできない恐ろしい世界だと思うよ。

ちなみに夜眠って見る夢だが、寝てしまうというのは例の72年の人の一生が終わったところと似ている。つまり眠っているときの夢見は、それそのものが実人生に対するインターバルショックのものであり、それによって前の日と次の日のつなぎ目が変わってしまい、人生がどんどん違う方向に転んでいく。

ときどき前の日のことを思い出すのに苦労することがあるだろう。

今日の夢はいきなり大きな唇が出てきて、私の口を塞いだので驚いた。これは何だろうね。巨大化して突進してきた。

ケスラー　どんな形の口だろう。

カウント　分厚い唇で、深紅で、濡れていた。

しまう。

ケスラー　象徴として読むのが難しそうだ。私なら解釈できない。そのままに読んで

カウント　身体の三つの区分でいうと、口は食べ物を食べて、一番下の層と関係する。息を吸ったり吐いたりで、第二層に関係する。そして何か語るので、一番上の層が関係する。三つの層がすべて連動している。

エニアグラムでは、食物を取り入れる9の数字の位置に関係しやすい。それは外宇宙との扉でもある。べたっと張りついて吸い込むみたいな感じで、私に迫ってきた。

これは今日、私が宇宙人がいつも私を触っているのは目的が明確であると説明していることにも関係しているね。濡れているというのは、接触するという意味だね。水の元素は一体化する性質である。

今までスピカは肩、アルシオンは手の甲、ハヌマーンは手のひらで予定としては腰のつもりだった。今まで首の上というのはあまりなかったんだよね。しかし、これは首の上というよりも、三つの層すべてに関わるところの口が接触してきたというのが

重要なんだろうね。

ケスラー　なるほどね。今までの接触とは何か違う総合的なものなのか。

カウント　しかも二つあったよ。今の記憶では一人は深紅の唇。もう一人は朱色のような。

ケスラー　その雰囲気からして、例えば金星人かな。これは安易かな。赤とか朱色の口紅で女性とみれば、占星術では金星が意味するところだね。

カウント　確かにそれは安易だ。だがハズレでもない。今はマルチ地球への移動の話をしているのだから、これをもっと具体的に話せという指示だよ。

金星人は案内者に名乗りを上げている。口は内臓へ通じた井戸みたいだ。内臓は私にとってミンタカだ。これは私にとっては金星・ミンタカのマトリックスかもしれないね。

金星はしばしば七面観音に関係するが、ミンタカも弁財天に関係しており、そもそも弁財天って、食べ物をたくさん作り出すよね。それを食べる口と関係する。貝の殻の中から生まれたヴィーナスの絵があるが、ヒュパティアは貝の殻で身を削られた。貝の殻の中にある部分は生き延びて、そこからはみ出したものは外化された。

ケスラー　唇だけをそこまで解釈していくのか。

カウント　いつもならそこまで解釈するわけがない。ただ印象として、急激に迫って大きくなり、しかも深紅の色が極めて鮮明で、ほかの夢がセピア色だとすると、ここだけいきなり強調した色になった。しかもだしぬけの襲撃のように、連続する印象群を切り裂いた。

こういうことを見ておくことが大切だよ。

あ、言い忘れたが、それは女性の唇を見たわけでなく、唇だけが出現したんだよ。「ホルスの目」というのがあるが、あれは目だけが飛んできた。それでいえば、唇だけが飛んできた。実は、これは宇宙船だ。

そもそも私のそばに常駐している宇宙船は、赤い帯が入っていて、どんぶりをひっくり返したみたいな形をしているので、私は冗談で「中華どんぶり」といってる。で、張りついてきたのは、「飲み込むぞ」といってるわけで、宇宙船の中に入ってくれというものだ。乗組員はみな身体が細くてエノキ茸みたいだから、私は「エノキ入りどんぶり」といってるが、私は今までその円盤が近くにいることは把握していても、中には入りたがらなかった。

昨日は、近くに見ているのでなく接触してきた。ちなみに昨日からあるグループに練習のために赤い三角形を思い浮かべることを提案していた。それに赤い三角形はわりに宇宙人と接触しやすいと。自分ではこれを実践しなかったつもりだ。他人事だと思っていたら、私のところに来たわけだ。しかも宇宙人との接触ではなく、宇宙船との接触であることを訂正してくれといわれたわけだよ。

ケスラー　その宇宙船の内部構造はどんな感じなんだい。

カウント　この太陽系に入るときには、太陽系の構造を模写する。つまりは型共鳴で入ってくる。真ん中に光の塔があり、その周囲に乗組員がきれいに並ぶ。そもそも円盤と生物は同じものなので、つまり生物とは円盤なので、機械装置があるというよりも、体組織があるといった方がいいかもしれない。

で、移動は乗組員が立っている配置を変えることでなされる。原始的といえばそうだし、高度なものだといえばそうかもしれない。でも、私は中心に光の塔があることが気に入らなかったが、彼らは太陽系の中ではそうだが、よそにいくとその構造ではないといった。

この円盤は地球の大地の近くには降りることは不可能だが、ぎりぎりまで近くに行こうとチャレンジしている。それはなかなかリスクが高いと思うのだが。

彼らはアンドロメダ人で、アンドロメダは水際まで来るというのが特徴なんだよ。というのもどこにでも行けるというのが、彼らのプライドだ。

月の軌道と地球の中間くらいまでは行けるのではないか。アクロバットみたいだ。

ケスラー　地球の科学に貢献するような宇宙人ではないのかな。

カウント　あまり貢献はしないだろうな。

この地球というのは、12個の地球の中で最も重たいもので、ここでの科学法則はよそでは通用しないし、このローカルな世界のシステムに貢献できる知識を誰が提供できるのだろうか。

でも、マッチングを取って地球の科学に貢献できるような類似知識を持つ宇宙種族は、少数だが、いないわけではない。私は彼らに詳しくないし、ちょっとワイルドなので近づきたくない。それこそ地球に近い火星だとどうだろうね。

金星はほとんど役に立たないが、宗教という面では地球に貢献できるか、あるいは少しだけ共通点があるのかもしれない。ほんのわずか。

仏教とは縁が深いね。

ケスラー　円盤が昼お化けで出てくるのは何か不気味だ。

宇宙人を見た人はしばしば隠蔽記憶として、ありきたりのイメージに変えてしまうということを聞いたことがあるが、それは心を保護するためだと聞いた。

しかし、カウント君は慣れているので、ここで心を保護するために円盤を昼お化けに変換する必要はないよね。

カウント　ないよ。むしろ宇宙人は非局在的なところにいると考える。

で、地球人の特徴とは、特定の時間、特定の空間に切り取られた存在だということだ。非局在の存在が局在の存在に接近すると、象徴と事物の関係はさまざまなパターンで組み合わされていくし、それについて彼らは気にしない。

しかし、地球人からすると時間と空間が限られた価値を持つことになるので、どんな事物も決まった意味があり、それを違うものに適用できない。つまり円盤なのか昼なのかということを気にする。

私が知っている限り、アンドロメダは結構、ジョークを使うんだよね。それは彼らがあちこちに旅できるからだということだ。アンドロメダは、時間と空間の順列が地球とは違うので、彼らの思考を連続的に追跡できないよ。

ミルキーウェイはお魚の世界と考えている。すると水の中で、連続性があり、横につながる。しかしアンドロメダは全く別角度から突入してくる鳥みたいだ。

ケスラー 円盤を唇お化けにするのは、考えてみるとそう奇異ではないか。日本で九州とか富士山近辺にいたミトラ教では見者というのは、空中にホルスの目みたいなものを見るらしいね。これは宇宙人の母船だろう。必ずしも葉巻型ではないらしいが。

母船というのは集団意識という意味だね。それはグルジェフ式にはH24で、円谷プロが作っていた話では要するに怪獣だよね。空中に巨大な目を見るのと、空中に巨大な唇お化けが来るのはそう違いはないか。葉巻型母船は母という名前がつきつつファロス説もあるし。

カウント　いやいや、昼お化けは母船ほど巨大ではない。

ほんの数人が乗っているので、列車と自動車の違いがある。目の母船はもちろん観察とか偵察が目的では。昼お化けは、食べるとか、食べられるかとかが特徴ではないか。で、ちょっと歳差を12分割した話に戻ると、エニアグラムは時間の流れとして１、２、３……と進むが内部的には蚊が飛ぶようにとびとびに移動する。つまり時間の進行通りには進まなくていいという流れがある。

２２００年の単位は、時間的に連続しているように見えて、実は宇宙からやってくる人々からするとそのように見えていない。つまりフュシスとしての一本の蛇があるが、この中で頭から尻尾まで連続的に生きなくてはならないと思っていない。

対人関係は横のつながりで息苦しいし、ここから抜けることも困難になるが、例えば海の中で魚は横に泳ぐ。で、いきなり上空から鳥が来て魚を捕るというのは、インターバルの関与のことでもあるが、蛇を鳥がついばむように、円盤は時代のあちこちを飛び、連続的にはいない。

連続的に生きているのは土地に根づいた人類だ。

で、私がエニアグラムの9の位置が食べる、食べられるというような説明をしていたのだから、エニアグラムを体現した宇宙船が唇お化けで出てきたんだ。魚座の時代の後は水瓶座などという蛇の移動で考える必要はない。つまり宇宙種族はこれらの時代を連続した時間とみなしておらず、時間も要するに空間を扱うようなものとなり、12個の地球の時代は、12個がそれぞれ独立した空間としての地球という見方をすることも多い。

シュタイナーは12個のうち7個しか使わず、後は捨てるという考え方をしているのは知ってるか。これはシュタイナーが生命は七つであり、感覚はそれを形骸化させて12になると考えているからだ。

エニアグラムの中では七つとは1 4 2 8 5 7 1……と9を入れた七つであり、それが音階の七つなのだが、これらは互いに依存し、しかし全体として独立する。さらに大きなスパンでは、それぞれの数字が単独で独立し共鳴的な関係として互いに依存するということを考えてみると、12個の時代の中で、エニアグラム式にある場所についたり、また離れたりする。つまり時代はあくまで地球の時間の流れに張りつけられたもので、地球内部からしか確認できないもので、外から来たものは必ずしも時間の進行という地球式の過ごし方をする必要などないのだ。

昼お化けを統括しているのはアンドロメダだが、アンドロメダは水際にいて、水に入ったり出たりはしない。地球に生まれる人とは水の中に入った人だ。

で、私はまず地球の、ミンタカ族が住んでいた時代に行くことになるので、ワープするようにそこに行く。この円盤が運ぶだろう。そこなら外への通路があるので、そこからよその宇宙に移動するということも可能だ。

例えば、スピカはアトランティス時代には地球に関わっていて行き来していた。こうした通路もある。

ケスラー　12個の時代、あるいは12個の地球はシリアルにでなくランダムに入り込むことが重要なのか。

カウント　問題は飴のように伸びる時間に対して、90度角度で割り込みを入れるには、時間の一方的な流れに対して、反対の時間をぶつける必要があるのだ。そのことで初めて割り込みが可能だ。

陰陽の衝突で空白ができると、中和の視点が入ってくるという重要法則によってだ。この90度の割り込みは、横の因果律に縛られず、仏陀のいう「いますぐ悟ることができる」ということでもあるのだが、これは民族の連続性も壊す。

人々は不死に憧れながらそれがかなわないから、子孫を作って、近似的に不死の存在性を作ろうとしているんだ。死なないのなら子供は生まない。

宇宙船でやってくる宇宙人は唐突に、民族の流れとか地上の連続性を無視して割り込んでくる。

ミンタカが住めなくなった地球とは、要するに横の連続性でインターバルの傷を封じてしまったので、なかなか割り込みできなくなっているのだが、前にいったようにエニアグラム的に生きる人間にとっては、この扉は開くのが好ましいし、全体としては地球環境から独立するという性質を作り出すので宇宙人コンタクトは他の人よりはしやすいだろう。

既に二人はトルコ料理店からは出て、東口の広場にいた。だんだん暖かくなってきたので、外に長時間いてもそんなに気にならない。

ケスラー 私が会ったハヌマーンは人間の形といえば、まあ、そのグループには属するかな。円錐型も、肥満したらそれに近くなるし、腕が小さいのも、そのような形の人間はいないわけではない。

でも、腕や足をどんどん小さくして、胴体を均等にするとやがては蛇族になってしまうね。

煙のような身体はやはり地球人とは身体の密度がかなり違うといえると思う。

こういう形を夢で見たことは?

カウント ない。夢に出てくる人はたいてい人間の形どころか、知り合いにそっくりなケースが多い。

ケスラー　夢は身体から離れて、非局在的な意識になっているところで見たものなので、人間の形という局在性から見た上でのみ成り立つ異質性というものがなくなってしまうのだ。

柔らかいのでどんな形にもなるという意味だね。

だから、私のように異形の存在を見るには、むしろ限られた時間、限られた空間にほんの一瞬しかいられないという、肉体的なレベルで見るしかないのかもしれない。

このあたりがわりにパラドックスだ。

ハヌマーンが私の夢に現れたときには、彼はどこかの外国人という程度の違いしかなくなってしまい、私は彼を見分けられなかったかもしれない。

だから夢でなく、私が起きているときにやってきた。起きているときといっても日常意識ではなく、ちょっとしたトランス状態だったがね。

こんなトランス状態はワインを飲んだ程度でもなってしまうがね。

カウント　それは何となくわかる。

夢ではどんな遠くから来た宇宙人も、きっと近所の知り合いの顔形に化けてしまうだろう。

象徴と事物がいったん切り離されて、象徴だけで見ると、そこに本人の記憶が張りつくことを防げないからね。

本来は魚といわれても、純粋に象徴で見ると、魚の形はしていないかもしれないし、戦闘機のＦ35に化けてしまうかもしれない。

魚の形を思い浮かべるのはローカライズだから、これは偏りにほかならない。

ケスラー　アースしないと、いろんな浮遊物が取り憑くという感じかもしれないね。とはいえ、象徴をそのまま受け取る能力を鍛えるには、この地球にアースして落とし込むという習慣をやめなくてはいけないが、まだ地球人は大地に依存しないかたちで象徴をそのまま受け取るだけの独立性はない。

限られた時間、限られた空間にしか生きていないので、地方色やお国柄から離れることはできないんだ。よりかからないと生きられないというのはしようがない。

ケスラーはこの新宿東口広場が好きだった。ここにはくるくると円状に回る風がある気がした。感覚として受け取る風なのか、それとも見えない風なのかはわからない。しかしどちらでもいい。

カウントはこのケスラーの思いを知っているかのようだった。ふっと笑って話を続けた。

カウント　生き物の形の問題だが、プレアデスの惑星エラから来たというセムジャーゼは、エドアルド・メイヤーに自分は人間の形はしていないが地球人を驚かせないように、地球人と同じ姿をしているといった。しかもセムジャーゼは地球人が見るような形では地球人を認識できないといった。

宇宙人の3種類のうち、人型をノルディックというらしいが、その中に分類されるセムジャーゼでさえこんなところだ。

人型も思い切り幅を広げなくてはならないが、アダムスキーが金星人を美しい地球人女性そっくりに描写した結果の弊害かもしれないね。

このあたりで宇宙人には地球人とそっくりの形の存在がいるという話が広まってしまった。まあ、かつて神は自分に似せて人を作ったという記述があるのだから真に受けたのだろう。

ケスラー　そうだね。地球人の形は地球にいるのだから、それ以上に外の世界にまでそれを求める理由はないね。同じように物理的原理も、地球外に同じものを認めるのはおかしい話かもしれない。

バラエティと楽しさを追求するのならば、地球と同じものが外にあってほしくはないな。

海外旅行して、どこの国にも日本と同じビルがあることには失望する。

ジャカルタで日本車ばかりが走っているのを見てうんざりする。

カウント　バラエティを求めるのを、占星術では双子座根性というのだよ。これは風の元素、そして柔軟のサインで、いろんな違いを楽しみたい。あらゆるものを分解してばらばらにしたい。
双子座は感覚では言語感覚だ。言語には同じものは何一つない。

ケスラー　私は双子座に三つくらいの惑星があるぞ。そのことか。カウント君から占星術の話をいろいろ聞いて、アストロドットコムで、ホロスコープを出してみたんだ。面白そうなので、どこかの教室に行ってみたい。もちろん、カウント君は私に占星術を教えてくれる気はないだろうから。概念は教えてくれても、細部については何もいわないよね。

カウントはいつものように、ケスラーの問いかけに対して気が向かない場合には、答えないまま話を続けた。

カウント　私たちの身体のうち、私たちが認識できる人型は同心円的に重なる層の中でのある層であり、もっと薄くて、つまり振動が高くて範囲の広い領域を見ると、私たちは卵型の人体をしている。どの層にチューニングするかは、自分の同一化している存在状態によって変化する。

セムジャーゼは地球人を人型でなく、この卵型の方を見ているに違いない。彼らからするとそれが当たり前のもので、地球人は地球人の黒ずんだ骨の部分を見ているというような感じだ。

自転車に興味がいくと、町の中で自転車ばかりを発見する。それまであたかもなかったかのようなものなのに。

人は自分が見たいものをあちこちに発見するのさ。

グルジェフは、人は自分のエニアグラムしか見ないといった。で、注意力は多数のエネルギーの流れの中で、特定の部分に抵抗し、抵抗によって流れを止めてしまうことでそれを知覚し、その後、視覚化すると考えられる。

だから、私たちはたくさんの情報の渦の中で、ある部分だけを認識して見ており、それ以外はすべて抵抗しないで受け流している。

ラカンは、幼児は自分の身体を認識できない状態にあり、鏡に映る自分に対して、母親が容認の合図をし、このことで、この映像と自分を初めて同一化すると説明しているが、これはおかしな話だね。

幼児の段階では、肉体の自分という輪郭をまだ切り出せない。たくさんの模様が交じり合っている中で、肉体の形という部分をクローズアップするには、特定の振動に自分の注意力を強く集中しなくてはならないから、肉体を自分と認識するという段階に至る前に、まず鏡に映る肉体というものを発見できないはずだ。

ケスラー　そういえば、君は生まれた直後、あるいは生まれる直前の記憶があるといったね。

記憶する、意識するということは、意識が何かに向けて射出され、対象から跳ね返りを受けないと実現できないわけだから、物心つく前に自分を意識できて記憶しているというのは、何か特別な対象が設定されていたのかい。

カウント　その話はまた今度にしよう。

でも、幼児のときには、ものの形というのはまだはっきりとわからないと説明しなくてはならない。そしてそれでも認識力は十分に働く。

幼児は沈殿した肉体よりも、同心円のもっと外の振動の被膜をとらえているので、人を光の塊のようなものとして見ると思う。

見ると思うというのでなく、私はそのように見ていた。

自分がそれだと思うと、他の人を見ても、その部分でしか見ないので、人はみなその形だと考えている。母親もその形をしており、もっとずっと大きな光だ。そして母親が動くとその軌跡も残るので、長く伸びた光の蛇のように見える。

ハイハイする幼児を観察してみるといい。目の前の障害物を乗り換えて前進するが、おそらく目の前の障害物は見えてないはずだ。

波動的な意識は、ものに同化しないので、自動的にものを避けていく。避けたことに気がついていない。

そして、幼児はまるで蛇みたいにハイハイして移動する。

ケスラー　カウント君はその記憶があるのだね。だから道端を歩く猫を見ても、何か人と違う見方をしているんだね。

カウント　私には猫はツチノコに見えるからね。

それはともかく、幼児はこの地球世界にもっと入り込もうとする。そこで視覚の輪郭をもっと沈着した振動の物質レベルに合わせ、曖昧(あいまい)でぼんやりしたエッジを見ることをやめて、やがてこの肉と骨でできた肉体を認識できるようになる。

自分と同じものしか見ないという点では、光の塊として見ているときには、人をみなそれとみなしていくが、これは惑星意識48というより全惑星意識24に近い。

ドットを見るのでなく、ドットが集まったアメーバを見るので集合意識を意識しているのだが、集合意識を視覚化する人は、大きな怪物のような形で見る。

幼児はまだそれを見ているんだよ。

視覚は排他制御をする感覚で、同心円のどこかの層を視覚化することで、同時にそれ以外の層を見ないようにしていく。

ケスラー　君の教えだと、このＨ24の全惑星意識を見るには、身体感覚にとらわれず、深くリラックスし、さらにリラックスするとそこに至るという話だったね。

人間は寝ているときには、身体感覚から離れているので、夢はみなこのＨ24のエーテル体を基盤にした体験だと。

カウントは、東口広場の近くにあるケバブの屋台をしきりに見ていた。さきほどまでトルコ料理店にいたので、気になるらしい。しかし肉嫌いなので買いに行くまでには至らなかった。

ケスラー　代わりに何が？

カウント　綿菓子があるといいけど、このあたりにはなさそうだね。ああいう実体のない食べ物って好きなんだよね。まるっきり実用性のない雰囲気だけで食べさせる食物だ。

ケスラー　クレープはどうだい。

カウント　髙島屋には本場のクレープあるね。そば粉で作るらしいが、しっかりしすぎて、実体のない雰囲気だけの食べ物とはいえないな。しようがない、今日は諦める。

綿菓子を諦めたカウントは、気分一新して説明を続けた。

カウント　で、12個の地球があるというとき、これもタマネギ状態に重なっているとみなしてみよう。というのも、植物的知覚、すなわちエーテル体では、空間的な差異、時間的な差異は簡単に入れ替わってしまうし、植物知覚は動くという概念がないので、異なる場所に行くという考えがない。

型共鳴理論としては、あちこちに何かあるのでなく、すべて同じ場所に重なっているんだよね。つまり物事の違いとは振動差による違いとみなし、空間のあちこちに散らばっているわけではない。

異なる地球にシフトするときも、シフトしたことを確認するには、地球人をこの肉体の被膜の部分で認識するのでなく、セムジャーゼが見るように、もっと外の球体として認識するようにシフトすることで果たされる。

地球的な輪郭は、少しシフトすると、火星の軌道とか金星の軌道とかにシフトしやすいと考えてみよう。隣にあるから移動しやすいんだ。

となると、複数の地球も、あたかも異なる公転軌道にある他の惑星の集まりに似ていると考えてもいいかもしれない。

反対にいうと、たくさんの惑星があるからこそ、地球も複数の地球があると考えてもいいのでは。

地球は外や内に引っ張られて、いくつかのシャボン玉のようにわかれたんだ。

視覚の排他制御機能によって、同心円のいくつかの皮が複数の惑星とか複数の地球を作り出してしまった。

ケスラー　宇宙のあらゆるものはここに重なっているわけだね。それは行動することの嫌いなカウント君からすると、まことに都合のいい考え方だね。

カウント　私は宇宙の樹だといったろ。ハヌマーンは濃い煙でできた埴輪（はにわ）のような形をしていた。私がそれを視覚化したというのが問題なんだよね。つまり多くの人は無数に宇宙人とすれ違っているはずなのに、私はその中の一人のハヌマーンを捕まえて視覚の領域に引き込んだ。そこに抵抗体を作った。

人は自分がある形になると、他の人をすべてその形で見るということを説明したという点では、私に視覚の亀裂というか、違うものを認識するような隙間ができたことになる。するとそれは徐々に侵食してくる。

あるコンタクティは、ハヌマーンに似た宇宙人と何度も交流した挙句に連れていかれたといわれているが、これは肉体が同じになってしまうので当たり前だ。連れていかれた男には地球の思い出もあるだろうから、宇宙人からすると地球の情報を知ることができるいい辞書を手に入れたと思うかもしれない。宇宙人たちは彼の思い出話を聞きたがるだろうね。

円盤が特定の時空にチューニングするには底部の装置を使う。この底部を三つにわけるとしたら、軸と、性器、排泄器の三つだ。

プラトンは地球は色違いの布で縫い合わされた毬(まり)に見えるといったが、これは地球の腰を覆うパンツでもあるのかもしれない。

エーテル体は植物性質なので、パンツは木綿なのかも。色違いなのでとても派手だが。

派手という点では赤ふんというのがあるね。しかしこれは男性的な要素を強調したもので、ここでは陰陽のどちらが強すぎても軸が不明になるということで、男性的なことを強調すると、円盤がどこかの世界に行くというものになる。性器は近づく。排泄器は去る。軸は座標を決める。

前にもいったが、この腰から上がる力が松果腺にぶつかってくると映像として見える。

昨日も夜に眠る前に、頭で白い光があった。今回はなぜか横に広い四角形の窓が光っていた。すると身体が振動して電撃が走り、全く別の世界の映像に包まれたよ。

ケスラー　カウント君はパンツとか靴下でたとえるので、宇宙的な話が妙に身近なものになってしまうね。

カウント　異なる地球に行くには、今の地球からすると、外の被膜にしか見えない、ちょっと輪郭がずれた場所に同調して、そこを視覚化するとともに、これまで視覚がチューニングしていた場所をオフにするということだ。

私が地球の外側の月の軌道にあるステーションといったのは、これは地球の輪郭から少し範囲がずれた場所にある円形の場ということで、都合がいいんだ。視覚化された地球の輪郭をオフにして、この月の軌道を視覚化すると、つまりレンズのピントをずらすと、そこからいくつかの地球にシフトできる。

上がって降りるという具合に。金星的地球は、そのまま金星にも行きやすい。つまり地球の中にある金星内通者が手引きするのだ。そこから太陽系の外の金星に関与する恒星とか星雲にも通じる。

ハトホルはシリウス金星マトリクスだが、金星的地球からは行きやすいといえる。月の軌道に同調すると人間は今の形ではいられない。

スケルトンの風船の形になること人も多いね。

ケスラー　一気に移動する前に、味見としてちょこちょこ移動してみるのがいいね。

カウント　たいていは重なったまま体験するね。

気楽にシフトするには、例えば、しばらくの間視覚をオフにするのもいい。1か月くらい暗闇で暮らすのはどうかな。いや、1か月は長いかね。

二極化された昼と夜ということが視覚を釘づけにしているわけだから、昼と夜の区分ができない暗闇の中にいると視覚に頼ることができず、気の感覚、すなわち拡大された触覚に頼るしかなくなる。

この拡大された触覚、すなわち今の身体の輪郭からは拡大した触覚に、今度は視覚がついてくることになる。

視覚は乙女座で触覚は天秤座だ。隣り合わせだが、これが円盤の底部を意味しているのだから。暗闇の中に二人でいると、相手も暗闇の中では、球体を感じるしかなくなる。

で、毬(まり)と毬が弾き合うように圧力で会話することになるね。

視覚意識の支配はだいたい2時間暗闇にいると緩和されるらしいので、一日とか二日程度の練習でもいいかもしれない。

拡大された輪郭を、あらためて光と闇に分けると、ここで新しい視覚映像としての肉体ができるが、視覚ってこのように二極化が激しいんだよね。何を見るかは、何を見ないかということをはっきりと示している。

12感覚の坂

ケスラー　ところでカウント君は、乙女座は視覚に対応すると説明していたね。今日はこの12感覚について、もう少し詳しく教えてほしい。

そもそも感覚は本質ではない。

意識とか生命というものが本質だとして、それを包み込む重たい被膜みたいな質量性が感覚だとすると、それは受動的で中身がないものなので、感覚の意見を聞くことなく一方的に改良したり変えたりすることも可能だということだね。むしろ、そうした方がいいと。

彼らは新宿中央公園に散歩に来ていた。カウントはあたりを見回してつぶやいた。

カウント　最近、ここにはホームレスがいないんだよね。

でも、都が生活支援をした結果、ホームレスがいなくなりましたというのは全くの嘘で、彼らは昼には隠れているだけだ。都の職員はうわべだけ見ているのでそのことをわかっていない。

ホームレスは繁華街とか都会にしか住めないので、田舎にホームレスはいない。なので出ていかない。

以前は、ここによく散歩に来て、ホームレスがたくさんいたのを見ていた。いなくなると寂しいもんだね。新宿駅までの通路にはもっとたくさんいた。夜になると戻ってくるらしいが。

私は、ホームレスは嫌いでないが、夏場のあの匂いだけは敬遠だ。

ホームレスは自分個人の家を持たないで、東京都とか新宿区全体を家にすればいいいだけだ。ある意味、それは正しいことなのではないか。

個人の生活を確保するのが最も重要というわけではないよね。仏陀は個人の生活を確保していたわけではなかったと思う。

そういえば、シューベルトも一生自分の家はなかった。友達の家を渡り歩いていたんだ。

ケスラー　カウント君はホームレスが好きなのかい。

私はちょっとそこに目をつけたことがないので、自分ではどう判断していいのかわからないよ。

しかし興味を持てというのなら、そこに注目してみようとは思うが。

カウント　好きというより、自分も同じだからだよ。

数か月前に見た夢では、自分が手にしているノートの周囲だけが明るく、周りは漆黒の闇だった。で、どこからか声で、「それはあまりにも危険すぎないか」と聞こえた。

私の周囲には立方体の箱がない。で、自分の生存を維持するには、ノートに言葉を書き連ねていくしかない。その瞬間はノートが明るくなる。箱なしはホームレスだ。

ケスラー　ということは、カウント君はミニマリズムを実践できるね。必要なのはノートと筆記用具か。
それ以外は必需品でもない。

カウント　まあ、今の時代なら、ノートと筆記用具はノートパソコンだね。音楽を聴きたいなら、イヤホンを持ってパソコンで配信音楽を聴けばいいわけだから。
私はヴィトゲンシュタインが好きだったのだが、彼は部屋に机と椅子とカップ程度しか置かなかった。で、分析哲学の文章をつらつらと書き連ねていた。
自転車の発電機みたいに、書いている間は灯りがともり、止まると真っ暗。

ケスラー　12感覚の話だが、カウント君はこの12の感覚は連続しており、一匹の蛇のようだと説明していたときがある。
どこかの感覚を規定の基準よりも拡張すると、それにつれて他の感覚も追従する、と。

あるいは、たいていの場合、他の部分が抵抗することで、いつもの自分に戻るということだったかな。

カウント　そうだ。12感覚全体が世界ということだ。世界とは感覚であり、意識は本当の意味ではこの世界に縛られているわけではない。私たちがこの地球世界にとどまるには、この地球世界の感覚というものをいつもメンテナンスして、いつまでも新鮮に維持しなくてはならない。

目の見えない人も、耳の聞こえない人も、この地球にいたいのなら、代替的な感覚をエーテル体で用意する。

耳の聞こえない人は、相手が何か言おうとすると声が出る前の衝撃波を感知するらしい。そのビームがぶつかってくるんだと。この衝撃波を受け止める人は、普通に耳が使える人よりも察しがいい。

ケスラー　で、12感覚は占星術の12サインと対応しており、というよりもそれそのもので、そこからそれぞれの感覚の特徴などについても細かく掘り下げることができるのではないかという話だった。

カウント　わりにしつこくいっているが、12感覚という感覚は感覚であり本質ではなく、つまり形骸化したもので、そこに心を奪われてはならないということだ。心を奪われてしまうと、その人はその世界に縛りつけられ、身動きが取れなくなる。他の人とコミュニケーションを取るときも感覚を道具にして意思疎通するが、ときどきこの感覚のほうに心を奪われて、意志疎通の目的を忘れてしまうことがあるね。

ケスラー　しかし、この地球世界にずっと住んでいたいということならば、感覚に没入しても構わないのではないだろうか。

カウント　人として、という点でいえば、それは間違っている。

神の子羊、つまりこの世界から決して脱出しない哺乳（ほにゅう）動物としてということなら、それも悪くはないかもしれないが。

意識でなく感覚の側に没入すると、人間のレベルとしては平行線をキープして生きることはできなくなり、徐々にあるいは急激に停滞し、物質の中に閉じ込められるぞ。意識は上昇し、感覚は下降するのが本性だ。

シモーヌ・ヴェイユはこの二つを重力と恩寵（おんちょう）と名づけたが、それは車の車体とエンジンの関係でもあり、いつでも少しだけ恩寵ないし意識は質量性よりも優勢でなくてはならない。少しだけ優勢な状態でやっと横ばいがキープできる。均等だとだんだんと沈んでいく。

みんなよく、「自分は変わりません、相変わらずです」というが、それは自分が停滞していることに気がついていないだけだ。

ケスラー　12サインを12感覚とみなしたとき、蛇のどこかの部分を境界線から外に飛び出させる際に、目安として12サインを考えると、かなり細かく理解することができるね。

例えば、1度ずつ性質が違うと説明するサビアンシンボルなどだ。これに関する本を読んで、少し興味が出たんだよ。

カウント そうだね。

例えば、牡羊座は自我感覚で自分を世界の中に突き出す。決して世界の外ではないことに注意してほしい。まずはこの世界の中に自分を押し込みたいのだから。理由もなく自分を主張させなくてはならないんだ。

しかし、その力が行きすぎると、この世界の感覚の被膜を突き破って、違う世界に自分を突き出してしまうんだ。

このパワー過剰が露骨になるのは24度で、どのサインも24度とはエスカレートしてはみ出す。

反対にある天秤座は触覚で、24度は入り込まれすぎるということだ。

牡羊座と天秤座は１８０度でセットになっていて、入り込む、入り込まれるという運動をする。

入り込む楽しさと、入り込まれる楽しさは牡羊座と天秤座の趣味で、彼らはそのことをよく知っている。

で、この牡羊座と天秤座の始まりの部分は春分点と秋分点で、よその宇宙との出入り口は春分点、この世界のどん底が秋分点でその先はない。

この2点が感覚皮膜の中に穿たれた極点であることに間違いはない。

ケスラー　どん底の秋分点の手前にある乙女座は視覚で、これは世界の中にその人をロックするという作用だね。

人間は視覚に最も支配されるのだから。

乙女座の最後で、この視覚は天秤座の触覚と結びついているので、見て触ってという行為の中で物質世界に閉じ込められる。

24度はその春分点や秋分点からずれた場所だが、それはどうして？

カウント　多分、春分点は、この世界に入ろうとして、行き着くターゲットを秋分点に置いている。そこが自分の死ぬ場所だ。

自我感覚を跳ね返すのは秋分点から続く天秤座の触覚で、牡羊座は、がつんと抵抗されることを世界に入ったことの目安に決めていると思う。意識は抵抗がないと自分を自覚しないということだからだ。

なので、牡羊座の初期は、世界に入ることが主眼なので、はみ出して外に行ってしまうなどということは論外だ。24度のはみ出しは気がつかないうちにやりすぎてしまったんだ。

25度ではやりすぎてしまったために自粛して、ちゃんと調整し、牡羊座の本分を取り戻す。24度は「調子に乗りすぎてしまいました、ごめんなさい」というところだ。

反対の天秤座の24度も、触覚の被膜の耐久性が疲弊して、限界を超えられてもあまり気がつかない。防衛心がへたってしまって、もうどうでもいいと思ってるんだよ。バネが馬鹿になってるような感じだ。

サインというのは、もう終わり頃になると、そのサインをすることに疲れてくる。サインに新鮮な興味を抱くのは15度までで、それ以後は「ちょっとこれどうなの?」

と思い始めている。

ケスラー　最近、カウント君が、頭の上空で光が出て、その後身体が電撃を受けたように振動して、するとこの世界とは違う映像の中に取り囲まれているといってたのを記憶している。

違う世界の映像というのは、もちろん、乙女座の視覚感覚の変化でもあるから、今までの乙女座の皮膜よりもはみ出した乙女座の幕ということだね。で、この体験が徐々に頻度が高くなっているという話だったね。

カウント　そうだ。いずれは毎日になってしまうかもしれない。

身体に12サインを対応させている図は昔からあって、これを「ゾーディアックマン」と呼ぶ。

頭が牡羊座、腰が天秤座で、エビのように人体が折り曲げられている。で、頭の光というのは、春分点から入ってきた意図、意志、光だ。すると腰にあるものが跳ね返して、つまり腰に眠るシャクティが目覚めて飛び跳ねて、意図の通りの世界の映像を身体の周囲にプロジェクションマッピングする。

ただ理屈として、春分点は、この世界に入り込むという扉なので、この世界以外の世界をお披露目することは少ないと思うのだが。それは目的が外れてしまうことなのだから。

ケスラー つまり春分点に、いつもより過剰なものが、外から入り込んできた。すると、それはこの世界が受け止めきれないもので、その過剰なものにふさわしい世界がアクセスされるということだね。

今の世界の外側に作られるのかな、あるいは内側かな。

いずれにしても、このは二重包装みたいだね。

強いプラスは、同じくらい強いマイナスを呼び、絶対値においてはお似合いということで、春分点に入る力が三つあれば、世界はマトリョーシカみたいに三つ重なる。

カウント　そう、頭上の光にふさわしい世界が、この世界の向こう側にある倉庫から呼び出される。

で、このときに激しい振動が生じるのだが、振動とは煩悶とか、押したり引いたりの運動だといったよね。ごしごしとタワシでこするような感じの運動をしながら違う世界を引きずり出してくるという感じだろう。

簡単には引きずり出せないので揺すぶるのさ。

これは前から説明しているように「20審判」のカードの、天使がラッパを吹くことが下降する光であり、それに呼び出されて、墓の中で死んでいたものが蘇生する図式だ。呼び出されるのは太古の時代の世界かもしれないね。墓なんだから。現代の人はもうずっと前に忘れていたようなものだ。

ただ地球に住んでいる人は、もちろん地球に住むことをキープするので、頭上の過剰な光を歓迎しない。それは世界を破壊してしまう光なのだから。ちょっと弱い光はいつも受け取っている。いつも少しだけ質量よりも強い恩寵だ。

ただこの恩寵が重力よりも弱いと、その人は世界の底部に沈没して浮かび上がれない。

ま、地獄に落ちた人々というような言い方をされていたが、これもひどい言い方だね。

食べ物にハマった人も、感覚の地獄に落ちた人だ。

ケスラー　カウント君の説明を聞くと、異なる世界に移動するのはとても簡単なことに見えるね。

頭の光が押し寄せて、すると、世界が腰から幕を引き上げるように上がってくる。

カウント　もちろん、簡単なことだ。

しかし簡単でないように見えてしまう理由は、たいていの人はこの世界の12感覚をつかんで放さないということだと思う。

自分と感覚を混同しているんだよね。自分を感覚だと思い込んでいるんだ。

例えば、ある人は自分の思考を自分そのものだと思い込んでいる。だから自分を維持するために考え事にしがみつく。利害、愛着、この世界での目論見、考え方などをつかんでいるのだから、感覚がシフトして違う世界に入ろうとすると、あたかも自分を失うかのように感じて恐慌状態になるのは当たり前だ。

でも、この世界に住む理由があるんだから、無理して違うところを覗(のぞ)く必要なんてないと思う。

世界というのは常に経験の場であり、そこで何か習得したら、誰でもいずれはそこから去る。

例えば、この世界での対人関係が楽しいなら、通信機としての感覚のあり方を維持しなくてはならないね。話したり触ったり。この世界の中のどれにも思い入れと愛着がないのならば、異なる世界に行くのは楽々だ。というより、手を離せばそのまま吹っ飛ばされる。今すぐにでも、だ。

仏教分野では、この世界での体験を終わった人、7回の輪廻(りんね)が終了した人は、道端で「殺してもいいか?」と聞かれると、「いいよ」と答えるらしい。

食餌解脱派は、そのように問いかけて同意した相手を殺して食べるらしい。身体全部を食べるのでなく、頭蓋骨(ずがいこつ)の隙間にあるエッセンスを食べるんだ。他はジャッカルにあげるのかも。すると不老不死になるといわれている。

ただ、この世界においての不老不死でないよ。この世界においては誰もが生存期限が決められていて、それ以上に長い逗留（とうりゅう）は許されない。

不老不死は正確にいえば、この世界での生存をきっちり終えて、これより一つ次元が上のＨ24世界にシフトすることだ。そこでの寿命は、この世界みたいに短くない。

多分、そこに解脱する準備のある人間のエッセンスを食べて自分がそこに行こうとするという意味では、そうとうに甘え症だね。人の力を借りているんだから。

ダキニ派の教団は甘えんぼう集団だ。まあ、殺されて食べられた人は、余裕があるので、食べられても気にしない。

ケスラー　三輪山（みわやま）の巫女（みこ）は小さな蛇に驚いて陰部を突いて死んだという話だが、三輪山は、確か「太陽の道」というレイラインの線上にあったね。で、この小さな蛇とは、レイラインを走る紐、もっと近づいて見ると筒のことだね。オオモノヌシという名前だそうだが。

カウント　このレイラインはエジプトまで直通だよ。

私の好きなホータンもその途中にあるので行ってみたいが、ダンダンウィリクにどハマリして、そこから動かなくなる危険性を感じるので行かないことにする。

巫女(みこ)さんがメッセージを言葉として受け取るとしたら、言語感覚として双子座を使っている。感覚の輪がこの世界からはみ出して、外にある異次元の世界に触れるようになると、その異次元世界の圧力を言葉として受信する。

私たちはこの世界の言語感覚をつかんで離さないので、いきなりどこかの世界の言葉が聞こえてくることはない。しかし物質世界でなく地球のエーテル体としてレイラインに触れていると、それは地表としての地球感覚世界からわずかにはみ出したものなので、それにばっかり関心を向けると、その力を双子座感覚は言葉として受け取る。

とはいえ、これは双子座が得意な人であり、視覚として乙女座の方が強いと、言葉よりもビジョンという映像で受け取るだろうね。

いつもは双子座の言葉も乙女座の視覚も、地球情報を受け取っているが、12感覚の蛇がちょっと外にはみ出すと、違うものを拾い始める。

ただ、他の感覚が異を唱えて、それを遮蔽（しゃへい）する可能性はある。「自分たちはいつもの場所からどきたくないんだ！」と。

ケスラー　で、巫女が死んだのは良くないことのように書かれているが、これはカウント君の話だとむしろ巫女が望んだことを果たしたということだね。

実際に、君からその話を聞いたことはないが、多分、そう解釈するだろうと踏んでいる。だいたい、いつもそんなことばかりをいうから。

カウント　君は何でも私のことがわかってるんだね。

巫女はオオモノヌシのところに行きたかったから行った。なんせ結婚したんだから。で、現世に住む人にとって最も大切なことは、この現世的な世界に居座ることだから、そこからすると去った人の悪口をいうのは当たり前だね。

巫女はちゃんと自分のしたいようにしたのだし、なかなか立派だと思うんだが。

ケスラー　この場合、「陰部を突いて死んだ」というのは意味があるのか。

カウント　暗喩(あんゆ)なんだから、もちろん、汲(く)み取らなくてはならない。ただし歴史の中ではいいかげんな説話に変えてしまうこともあるのだから注意深く。

世界中にある三輪山型は、例えば、アモールとプシュケの場合、正体を知られた神は去り、妻はその後、神を夫として受けいれる。そして自分も神となってこの世から去るというものだね。

で、腰は、性器と排泄器が陰陽対になったもので、これをぶつけてゼロ電位にした場所に性センターがあると説明した。

異なる世界に移動するとき、宇宙船の底部の乙女座、天秤座がいろんな宇宙や世界へチューニングする装置だといったが、箸墓(はしはか)の名前の由来となった箸で陰部を突いて死ぬというのは、オオモノヌシのエーテル体に同調することで、自分の性器というか腰の振動をシフトさせたということでは。オオモノヌシは細い蛇。箸もそのミニチュア。異なる世界に移動するには頭の精神とか胸の感情とかだけでなく、腰の身体性をそこにチューニングしなければ行くことはできない。
例えば、巫女さんみたいに言葉やビジョンだけで受け取る人は、頭とか胸だけで受け止め身体は地球人のままだ。
しかし腰までオオモノヌシに貫通されると、もう丸ごと移動するんだよ。彼女も神になった。

ケスラー　で、カウント君みたいに、電撃が走って異なる世界に取り囲まれる体験をしている場合、この地球世界に安定してじっとしているような生き方の人とはもう違ってくるわけだから、それは不安定な生き方だね。
それをホームレスといってるのか。

カウント　ノートしかなくて浮遊しているんだから。
違う世界に行く可能性は高いね。というよりもいくつかの世界を中途半端に行き来するのだと思う。どこにも定住しない。なんせ立方体の箱がないんだから。

この世界にとどまるのに、例えば美食家は、たくさん色とりどり食べることで自分を安定させる。

私は音楽が好きなので、音楽を聴くことでこの世界にとどまれるのかというと、聴覚というのは身体から外に解放してしまう感覚なんで、現世に縛るにはさほど効果がないかもしれないね。

ベートーヴェンを聴いて「生きててよかった」と思うのは難しいかもしれない。なぜならベートーヴェンはもうこの世界だけの存在ではなく、彼は普遍的で不死だ。違う世界にも存在する。

ただ韓国の仙人で一度羽化して空中に消えたが、「忘れ物をした」といって戻ってきた導師の話がある。彼は経典を全部書いてなかったのを思い出して、書き残しを書いた。それから消えたらしい。その手もあるんだよね。

ケスラー　それはよかった。

つまりカウント君は、スターピープル回帰マニュアルとしてのタロットカードの経典とか宇宙法則の教えとか、エーテル体の秘密などを書くまでは消えないというのもできるね。なんせノートだけがこの世界に生きている動機だから、「それを書くまでは死んでも死にきれん」と。

カウント　最近、ラビたちがタルムードを書き続けるのはどうしてかわかった。休みなく書き続けることで存命可能なんだ。書き終わるとそのラビはもうこの世にいない。

何ともムルジム的だとは思うが、ずっとしゃべってれば生きているんだよ。

彼らは公園の中を歩いた。カウントは公園の端にある熊野神社について何か言いたそうだったが言わなかった。つまりいずれまとめて話すということなのだ。それまでは話を振らない方がいいとケスラーは判断した。カウントは思い出したように言った。

カウント　そういえば、今日見た夢なんだが、ほんとにごく日常的な意識で、夢の世界の映像を動かしていた。ところが、この世界はこの世とは違うもので、何とも説明しようがない光景だった。ちょっとクリーム色がかっていたな。

今までは夢は消極的参加型というもので物語は動くが、それを見ているという感じが多かった。しかし今日のは夢の光景を自分で仕切っていて、映画監督みたいにここでこう回すかなどと考えていた。

ケスラー　世界はそもそも私たちから見て動かないものだね。だからこの中で体験していくことができる。

でも、そのカウント君の夢は、世界そのものを自分の意識で回しているので、これは想念が世界を作るというもので、今の地球人には許可されていないという話を君はしていた。

カウント　なぜなら不安な人は世界をどんどん不安にしていくからね。

ケスラー　感覚は形骸化している。これが世界を安定させている理由だ。意識の命令には従わない。

でも、今日の夢だと世界は意志に従うわけか。それは新しいステージなのか？

カウント　何のステージだ？

こういうふうに意志に従う世界というのは、「20審判」のカードで考えてみると、天使は異なる世界をアクセスできるということは、反対にいうと、天使が介入してくると世界は安定性がなくなり、墓場も容赦なく掘り起こされるということだよ。

で、多くの人は安定した世界に住むために、この墓場としての腰については触らない。しかしそこに光が届くと爆音とともに墓が暴かれ、流動的な世界になる。そして新しい世界に安住するには、また腰を眠らせなくてはならない。

一度柔らかくして動かし、またそれを眠らせるということだね。「雨降って地固まる」というが、みんな固まることを希望している。

ケスラー　安定した暮らしをしたいのなら、決して、クンダリニを目覚めさせるなということだよね。

カウント　そう。性センターをあらためて二極化させて、その世界においての陰陽活動を作り出すことで地は固まる。他のことに一切無関心で、自立的な性センターを、男と女に分けて、自分をどちらかが担当し、もう一つを世界に投げ出し記憶喪失すると、その人はその世界に縛りつけられる。

この回路を作ったのはセラフィムだが、この実験は、当時、あまりにも残酷だとしてさんざん非難された。地球にやってきた生命体たちは、一瞬世界に入り、また抜けたりしていたので、もう少し長時間世界の中に住むには、こういうふうに二極化するといいのではないかということから、二極化プロジェクトがスタートした。

でもこれって、最初はこと座で青写真は作られていた。だからセラフィムが首謀者ではない。彼はただ実践しただけなので、セラフィムが非難されるのはお門(かど)違いだ。

ケスラーがカウントの言葉をメモしているときに、カウントは手を打った。

カウント　そういえば、今日の夢を思い出した。私に対する悪評が斜め上から降り注いでいるというものだ。斜面があって、上の方で私に対する悪口が盛り上がっていたのさ。

ケスラーは顔色を変えた。

ケスラー　それはまた困ったものだね。私が思うに、カウント君はそんな悪評を作り出すような人物ではないよ。何を勘違いしたんだろうね。

カウントはケスラーが大げさに反応していることを面白がっていた。

カウント　悪評があっても、それは気にするものではないのでは。

人の言うことを気にするのは、まどう星である惑星意識の特徴だ。

悪評にしても、相対的な価値観で決めたり撤回したりするので、それは当てにならない流木の意見でしかない。一点でも気にしてはいけないよ。

まあ、私に対する悪評というのは思い当たるふしはある。というか、そのきっかけはわかる。

実は、昨日、カフェでパソコンを打っていたんだ。そのときに、私はイヤホンでブルックナーを聴いていた。で、イヤホンで音楽を聴くと、キーボードを打つ音が聞こえない。すると、私は気分のままに早打ちになり、またピアノを弾くように強くキーを打ってしまう癖があるんだよね。

向かいの席にいた若い女性がモーニングセットを食べていたが、いやに早く席を立った。隣の女性もすぐにいなくなった。

で、「変だな」と思っていたんだよ。すると、しばらくして、カフェの店長が私のところにやってきて、「他のお客様がキーボードの音がうるさい」といわれています、と。ま、悪評のキーワードはこれだ。

最近、ヨドバシカメラで買ったレノボのパソコンがキーボードががちゃがちゃうるさいタイプだったんだ。前も違うカフェでマックブックプロの最新型で打ち込んでいたとき、と隣にいた中年男性が何か叫びながらコップを机に叩きつけて出ていった。つまり「うるさい！」といってるけど、その人は人にやさしいので、お店にクレームつけず、ただひとりで去って行ったんだよ。でも意志表示したいので、一応、コップをがんと叩きつけた。

マックブックの最新型はパンタグラフのキーボードだが、うるさすぎて、カフェとかでは使い物にならないことは多くの人が指摘している。

故スティーヴ・ジョブスなら、それも考慮しただろうが、後任のクックはそれを考えるようなタイプではないのかもしれないね。人に対するコンプレックスが強いのかもしれず、わざわざ配慮しないという姿勢をプライドにしているのかもしれない。

まあ、こんなことをしていると会社は傾くだろうね。

ケスラーは呆れた顔をして問いかけた。

ケスラー　君はカフェではそんなにうるさい人なのか？

カウント　私が思うに、キーボードがうるさいというよりも、私の打鍵速度が速すぎるのだ。

朝ゆっくりとモーニングを食べているときに、私の奏でる音を聞くと、心臓がばくばくするのさ。胃の消化を促進させるには副交感神経が優位にならないといけないが、私の鍵盤の音を聞くと、交感神経が刺激されて、それでなくても朝9時になると仕事しなくてはならないのに、こんな早い時間から、神経を逆なでしないでよと文句をつけているんだ。

音がうるさいというより、速度が不安だと。

私は新幹線でも、あちこちのカフェでも、そのような迷惑な人と認識されている。

これが私の黒歴史なのさ。

しばらくはおとなしくしていたのだが、レノボの新製品がうるさいことを意識していなかった。

ケスラー　なんと！　で、キーボードがうるさいので、他の客が怒ったということが導因になって、君の夢で君の悪評が広がっているという話になったわけね。で、君は何がいいたい？

カウント　私の悪評は坂の斜め上から降り注いだ。私は夢の中で、この発信地点を特定したかった。前に頭の中の水晶の座標を決めるために12サインを借りると説明したよね。なので、坂の上とは、つまり経度的な座標ではどこか考えた。悪評というのは恒星でいえば、アキュレウスとかアキュメンかな。蠍の尾で毒を発する。この恒星が惑星とリンクしている。つまり恒星パランで関与している人は、世間から非難されたりスキャンダルになったり叩かれたりする。マーガレット・サッチャーが代表だ。

しかし前にも説明したように、恒星は両極性を持っている。だから叩かれるという説明は正しくない。

恒星は二極化されていないが、惑星から見ると二極化の一面だけが取り上げられる。毒で痛めつけられるというのは、反対に毒で痛めつけるという働きかけの側にもなる。

黄道の位置だと、アキュレウスは射手座の25度44分、アキュメンは射手座の28度43分だ。この二つは近いから同じだと考えてもいい。

坂の上が射手座の終わりあたりだとして、これは身体のどのあたりかな、と。

夢の感じでは、右後ろの高台という感じかな。そこに若い女性がいて、私に怒っていた。モーニングを食べている女性なので「モーニング娘。」といってもいいのかもしれない。キーボードがうるさいので、モーニングセットが消化できない。あまりいいパンではないと思うがな。つまりゆっくり食べても、ちゃんと消化できないと思うんだよ。胸やけしたらキャベジンとか飲まないと。

ケスラー　君は前に、頭の中の水晶では、正面を地球ポイントにしてくれといった。この尺度とは違うのか？

カウント　今回の夢の場合、おそらく、春分点を正面にしてほしいらしい。つまり公共的配置だね。

ケスラー　それはどうしてなんだろう？

カウント　今回の悪評ポイント、アキュメン・アンド・アキュレウスのブーイングコンビは、右あるいは右後ろとなると、きっと前面は春分点の牡羊座0度に設定している。つまりヘリオセントリックの起点でなく、春分点から始まる配置にしてくれといっているんだ。

それには理由がある。

ケスラー　今日も時間があるのでゆっくり説明してくれるか。暖かいと、いつまでも公園にいられるので楽しいね。日の光が明るい。すがすがしいよ。ちゃんと帽子は被っているしね

ケスラーはカウントがかぶっているワイキキと書いてある野球帽を見た。きっとハワイに旅行したときに空港で買ったに違いない。以前カウントから、ホノルルマラソンに参加したと聞いたことがある。そのときのものではないか。

カウント　私は頭の上が牡羊座で、腰が乙女座と天秤座を挟んだ秋分点だと説明した。このゾーディアックマンは12サインを縦に配置しているが、しかし、そもそも12サインが当てはめられている黄道は、赤道面に対して傾斜しているよね。つまりゾーディアックは斜めにあるんだ。

ゾーディアックは、フラフープみたいに腹回りの横にも当てはめられるし、ゾーディ

アックマンみたいに縦にも当てはめられる。

斜めというのはこういうふうにどちらにも使えるんだよ。

ケスラー　わかった。そこに重大な鍵があるのか。

カウント　そうそうそう。

鳥って、高いビルの屋上位置に上がるのに、垂直に上がるには力不足で、その場合、ぐるぐると回転しながら斜めに上昇するんだよね。

私はこの鳥の動きが好きで、いつも塔の窓から見ていた。

で、頭のてっぺんの光が輝いたとき、腰から上がるものがあり、やがてこの世界とは全く違う世界の映像に取り囲まれるのだが、これって、直接垂直の動きではなく、鳥が上がるように、斜めに上昇しているのではないか、と。

ケスラー　あ、君がずっと前に、タロットカードの「21世界」のカードの真ん中にいるアンドロギュノスは腰ふりダンスをしているといってたね。あれだ。

カウント　アンドロギュノスが腰ふりダンスをするのってなかなか妖しいね。タイだとやってそうだ。

私が20代の頃、プラブッダ山手氏、つまり山手国弘氏に手紙を書いたら返事はなかった。で、二日くらいして、夢の中で山手氏が女装して腰ふりダンスをしていたのを見て、その頃の私は知恵が足りなかったので理解できていなかったが、これが手紙の返事だったんだ。

ケスラー　そうか。ちゃんと山手さんは答えてくれたんだ。まあそれは当たり前か。正直で誠実な人なんだから。

カウント　そうなんだ、私は山手氏をいつでもリスペクトしている。

赤道に対して黄道は斜めに傾斜して関わっている。赤道は地球肉体の象徴だ。黄道は魂の象徴だ。物質的生活をしている人は赤道を横這いする。何の向上心もない。ただひたすら怠けて生きている。

だが、魂、すなわちアストラル体は、この横這い的な暮らしに対して、ジャンプしろと要求している。ただしいきなり垂直に飛べないならば、斜めにぐるぐると回転してもいいと。重力に逆らって上に上昇しろ、と。苦しいのなら横這いのふりをして、少しずつ上がれ、と。ビリーズ・ブートキャンプみたいだ。「怠けるな!」といいつつ、「苦しいなら少し休んでもいいぞ!」と。

ケスラー　まあ、下に降りろというのもあるがね。

カウント　あるがね。ははは!

ケスラー　地球の赤道を横這いすることには対人関係の影響が強いとカウント君は説明していた。人との関わりができると、共同体では、誰も足抜けさせないぞと。共感を求めて、孤立させず、同じ気持ちを持つことで、この坂を上がることを妨害するわけだね。

確かに、向上心のない人が仲間になると、向上心を持つ人の行為を否定するだろう。邪魔する人は、いろんな言葉をこねくり回して、自分の正当性を理由づけするはずだ。困った人に気持ちは寄り添うべきだ、とか。

カウント　そうだ面倒くさいね。

で、地球以外の惑星が、この坂にあって、しかも公転周期が違う。つまりは地球時間の横這いに対して、これらの惑星は、少し逸脱する余裕を与えてしまうんだ。惑星意識にぶつける違う惑星意識だ。

こうしたいくつかの異なる周期に入り込むことを、タロットカードでは「10運命の輪」で表現している。異なる惑星時間に入ることに対して、常に世間の攻撃はあるよ。地球の時間に合わせていると、それは大地に生きていることになる。少しでも違うとそれは地に足を着けていないことだ。

「10運命の輪」では、輪を回すクランクに誰も手を触れていない。で、輪は猿とかテュフォンが支配している。つまり意識的に時間を回すクランクは確保しているが、まだ誰もチャレンジしていないのだとね。

「10運命の輪」の進化段階では、坂の途中にある異なる惑星の時間をぶつけて、地球の時間を相対化するが、そのあたりで精いっぱいで力尽きるのさ。

時間を意識的に回すというのは、「11力」のカード以後の課題だ。

ケスラー　カウント君がいった、頭の光と腰の映像の上昇は、恩寵と重力ということで均衡を保っているという説明だった。光にふさわしい世界がアクセスされると。となると、この上と下の交流が斜めになっていて、しかもこの斜めラインとしての黄道にいろんな公転周期の惑星があるとすると、光を微調整することで、例えば、金星の映像とか、火星の映像とかをアクセスすることができるということなのだろうか？

金星をアクセスするには、金星にふさわしい恩寵の光が差し込むといい、と。

カウント　そうだ。

例えば、地球感覚に張りつくのが天の赤道の度数だと象徴すると、赤緯が高いところに惑星があると、その惑星世界に即応した光を上から持ち込めばいい。

地球に張りついた生活の中では、この異なる惑星の影響は地上での活動での何かに例えられたり、心理的なものとして現出する。これが占星術だ。

だが、上からのものと下からのものが衝突して、そこに世界が現れるとなるとその惑星の世界にそのまま行ってしまうということだね。

内面的な現れでなく、その外の世界に飲み込まれていくと。

これは小周天と大周天の違いだね。

富士山を思い浮かべると、富士山にいたという。

ケスラー　確かに、行き来できるのでは。

カウント　もちろん、地球生活で今後も何かしたいという場合には、坂の上にある惑星の影響は地上の何かに反映されるだけで間接的に味わうことになるが、地球での活動テーマが終了すると、今度は生でその惑星世界に行くだろう。
根源的な自発性の基準は太陽にあるのだから、そこから相対的に比較してそれぞれの惑星は上下に配分されている。
最近、この赤緯について、1度ずつ意味を解説している本があるらしいよ。

ケスラー　どこで手に入れるんだい？

カウント　サイトで探すか、あるいは日本語の翻訳はアマゾンのキンドルで出ている。で、私の水星は赤緯の3度あたりらしく、これは「迷路」という名前がついている。水星とは言葉とか情報だ。私はミルジム男なので、果てしなく書いたりしゃべったりする。で、たくさん書くものだから、多くの人は混乱するかもしれないね。それは迷路かもしれない。水星や双子座は情報を分解して多彩化する。
なので、単純なもの言いでなく、それをあれこれとたくさんの表現にしてしまい、統合的知性のない人は、この言葉一つひとつに迷わされるのさ。

精神世界の初心者はワンネスにこだわって、細かく記述する人は間違っているのだと勘違いする。でも、ワンネスが浸透している人は、地上の細かいことにもワンネスの精神を沁み渡らせようとするので、いちいち細かいことをさらに細かく書いていく。

初心者は、これを迷いでありワンネスに至らない人の言葉だと思い込むので、グルジェフとかシュタイナーは体系が緻密で細かいので、トータルなことがわかっておらず、これは悟っていない証拠だという人がいた。真実は単純で何も語らないことなのだと。たんに頭が悪くて応用力がないということを認めたくないだけの話だが、初心者はだいたいそういうことを言い出すんだよ。

それでいえば、赤緯の3度は言葉によって人を迷わせるのかもしれないよ。で、私も最近はわかるように説明することに力を使うのを減らして、なぞなぞを言うのがいいと思った。ほら、ムラナスルエディンみたいに、どんなことも狼と羊のたとえにしてみたいな、とか。

ケスラー　あはは！　なんせたくさんしゃべるからね。
言葉の端だけにこだわる人は霧の中に迷い込むだろうな。

カウント　霧の深い森にどうぞ、と。
3の数字はたくさん生産するんだ。言葉が言葉を生み出す。私はまだ生きているとしたら、なかなか暇はあるので、そのぶん、もっといろんなことをいうよ。

ケスラー　たくさん話してほしいな。しかし謎が多すぎるのは勘弁してほしい。
私はそれをまとめて語録にしようと思う。

カウント　語録でなくタルムードにしてくれるか。
斜めの黄道は、人を安眠させない。
常にお前は間違っていると語りかけ、坂を上がれというんだ。
ただし、いきなり垂直に上がらなくてもいいと。3度だと坂の下の方だね。

紀伊国坂の入口あたりかな。地球の赤道に近いということは、地上活動でこの水星を使ってくれという意味だ。仕事とかに生かすべしと。

地球では、これが説得力を持ったり力を持つことになるということだね。あるいは社会参加の道具だと。

ケスラー　カウント君が、頭では上下のエネルギー、つまりエーテル体が衝突するといった。

で、胸は左右で衝突すると。この上下左右に対して、斜めというのは別種類のものなのかな。

カウント　斜めを振り分けると、上下と右左になる。あるいはまた上下と左右を結びつけ、関連づけるのが斜めともいえる。

斜めというのは振動が変化する坂であるというのが重要だね。

で、胸は横といったが、胸の陰陽関係は実のところ斜めの関わりだよ。黄道傾斜は

23度くらいかな。

ドンファンは、左の端を超えるとゴミ置き場があり、右の端を超えると同じくゴミ置き場があるといった。まあ、人間のフィールドであるアダムの境界線を超えた場所には、人間には有用でない極端なものがあるということだ。

これはカスタネダが宗教的で崇高な感情に打たれたときに、ドンファンがそれをからかって、左のゴミ置き場に行ったのだと説明したものかな。

左の端には福祉があり、右の端にはエゴがある。ケセドの端とゲブラーの端だ。

ケスラー　世間の中に飲み込まれると、もう息もできないようなところに閉じ込められていると感じる。そのときに、アンドロメダみたいに垂直に飛びぬけるのでなく、斜めに少しずつ脱出するのはごまかしの技術か。気がついたらいつの間にかいない。でも平面から脱出できるということがわかれば、それだけでもすぐに自殺したりしなくて済むね。
向上心のない人々の中で、向上心を持つことは罪だと考えなくていいんだ。

ドンファンの教えだと、このごまかしの技術が第一の注意力か。

カウント　そうだ。第一の注意力は物質界で、第二はエーテル界とアストラル界の合体。第三の注意力はメンタル界だ。私の場合、地球に生まれてきたときにデネボラが加勢してきたから、地球社会では、いつでもアウトサイダーでいられるし、そのことに自信もある。

そういう場合、向上心の坂を使う時も、社会に合わせつつ調整するという気づかいの比率は少ないな。適当に無視して勝手にするさ。

私がデネブの影響も持ち込むと、孤立集団を作り、それを育てるということをするので、するとみんなで坂を上がると怖くないというものになってしまうね。

ちなみに、私が生まれたとき、金星は北緯17度で、さらに木星も重なりパラレルだったので、坂を上がっていくと17度のところに金星がいて、それは木星のおかげで、派手で力強くカラフルで、17度には渦巻きという名前がついている。

ぐるぐると巻き込み、ここからどこにでも行くことができる。自分でそれはわかっている。金星世界に行くにはぐるぐるぐると鳥が旋回するように行くことになり、また金星から他の星系に行くのは難しくない。

ケスラー　生クリームは金星かな。

カウント　牛から取るし、牛は牡牛座で支配星は金星なので、ミルクと金星は関係する。

仏陀が悟ったのは､若い女性が牛の乳をごちそうしてくれたときだった。若い女性、牛、乳。これらはみな金星象意だ。仏陀は自分がオリオンから来たということを本人がいっている。なので、金星バイパスのオリオンだね。本質を思い出したのが金星を通じてなんだから。

ケスラー君は、私がスターバックスコーヒーで、一つ30円の生クリームをときどき三つ頼むから、これは木星のパラレルの過剰な金星の象意だと見ているわけだろ。行きすぎた金星だと。

ケスラー　ああ、そうなんだ。

あのとき、お店の人も三つも頼む奴がいると知って、スタッフ全員が君のことを見ていたね。

キーボードがうるさいという点とは違うところで目立っていたよ。

カウント　でも、私の金星が派手だといっても、洋服は志茂田景樹みたいじゃないよ。洋服に気を使ったことなんて一度もない。

私の金星趣味は、まあ、音楽とかに出ていると考えてもいいかもしれないね。音楽に関しては見事なまでに悪食だから。

酒飲みはどんな安い酒でも最後の一滴まで飲もうとするというのに似て、私はどんなにつまらない曲でもいちおう聴こうとするんだよね。ＣＤ屋さんに行くと「この棚全部ください」といいたくなるし。

ケスラー　カウント君が森山良子の『この野原いっぱい咲く花を』という歌が好きだ

と知って、野原いっぱいの花って過剰金星だと思ったよ。

木星は増やす天体だから、花を増やしすぎたのさ。

エドガー・ケイシーが、前世で金星的な快楽主義に深入りしすぎて、土星が足りなくなって人生やり直ししたという話があったが、これは金星に肩入れしすぎ、ということで、金星過剰とは違うのかな。

カウント　そもそも、全惑星意識を作るには、すべての惑星が均等に獲得される必要がある。

で、金星に肩入れしすぎというのは、反対に土星が弱いとみなすわけだ。なぜって快楽にはまる人は、我慢しないという意味だから。土星は我慢惑星だ。

全惑星意識を獲得するのには不足があると物言いがついたんだよ。

それは学校システムからすると、全部の授業に出席せず、美術にだけハマっているみたいなものだ。

私の金星はむしろ、それを他の世界に入り込むための渦巻きドアとして利用するということが設定されているので、坂の途中にお稲荷さんの祠（ほこら）があるようなもので、木星とのパラレルは、実は、広告塔にするというようなものだ。

はっきりいって、私は広告塔だと思うよ。

宇宙船が深紅の唇お化けで出てきたといったじゃない。どぎつい化粧の円盤だが、「私ってきれい?」と聞いてるんじゃなくて、「みんな飲み込むぞ」といってる。

唇の形というよりは、あれは17度の渦巻きの形かもしれない。食紅で彩色したナルトだ。どんぶりの中にナルトがあるんじゃなくて、ナルトがどんぶりになったか、どんぶりを飲み込んだ。

ケスラー　でもこれは赤緯の話だから、地球から見て、黄道に張りつけられた12サインについていっているわけだよね。

つまり、普遍的な12サインの性質でなく、地球肉体から見ての定義であり、地球から離れてしまうと全く無意味なものとなる、と。

カウント　12サインという12の区画のシステムはロゴスの図形であり、それは地球だけでなく、もっと広範に使われていく。それを地球に張りつけたので、これは落とされた12サインとか、地方でのみ通用する12のシステムということになり、手垢のついたものだ。穢（けが）れを含んだものだ。

でも、地球人はまずは地球に閉じ込められており、ここから宇宙に拡大するには、この落ちた12システムというものを梯子（はしご）で使えるのでは。純粋なロゴスが地球に適用された。その経過が全部記録されているのだから、宇宙に戻るには、これを逆にたどるといい。だからこれは良い教育システム、教科書として利用できるのではないかと私は思うんだ。

テレビの12星座占いにしても、そこには1％くらいは道の痕跡があるかもしれないということだ。見つけられる者は見つける。ほとんどの人は見つけられない。12の感覚を調整していく。少しずつシフトしていく。精妙なものに変えていく。そして故郷となる宇宙に戻ったり、あるいは新しい地球に移動したりと、それぞれの人の選ぶ権利というものが与えられているのだ。

ケスラー　占星術を経典に使うのか。
でも、カウント君はタロットカードもスターピープル回帰マニュアルとか、あるいは仙人になるための指南書といっていたね。

カウント　占星術とタロットカードは同じ種族が用意したもので、太陽系の中では金星、その先にはシリウスというものが関与している。

ケンタウルスも協力したし、もちろんオリオンが関与しているのは間違いない。で、今のタロットカードも占星術もローカル的になって歪曲されているものだが、先ほどもいったように堕落の経過はそのまま記録されており、反対にたどると、金星そしてシリウスという方向に上昇することができる。

シリウスは銀河の中で駅なんだよ。ここからさまざまなところに行くことができる。私はよく、シリウスとは上野駅みたいなものだと説明していた。もちろん、東京駅ではない。東京駅はこの太陽系の太陽だからね。

この太陽系の太陽とシリウスは兄弟みたいな関係だといわれていて、互いに回りあっているという説があるが、東京駅と上野駅は兄弟かな。

確かに、アメ横は私は大好きだ。大好きといっても頻繁には行かない。

シリウスは色とりどりで、シリウスの性質については決めつけてはいけないよ。たくさんの特徴が内包されているんだから。

でも、もっと大きな駅はアンタレスだ。シリウスが「青い狐」と名前をつけられて銀河の中であちこちに行く駅だとすると、アンタレスはもっと異質な宇宙にも接続する。

シリウスが上野駅でアンタレスはヒースロー空港かな。

ケスラー　東京駅は人体にたとえると心臓だね。

で、アンタレスは蠍の心臓といわれている。シリウスはこの範囲の真ん中の範囲の駅か。それは何の心臓とたとえられている?

カウント　あるコンタクティは、グレートセントラルサンは、これまではアルシオンにあったが、今後はシリウスになるといっている。

グレートセントラルサンとは、七つの恒星を集めた全太陽という軸だ。地球から見ると、星雲界にしても、アルファ星とかベータ星とか一つの星座に集合しているのだが、でも地球から離れたら、この地球から見た星座の中の恒星の集まりなどは有効性がないことに気がついてしまう。

で、全く関係のなさそうな恒星がグループというかクラスターを作る。で、シリウス駅は、ある連合においてはそういう役割になるだろうね。

しかし、違う連合では扱いが変わってしまう。地球からはこの複層性は理解できない。複数の時間軸、複数の空間軸が成り立つし、それをアンドロメダはもっと迷路にしてしまうので、まあ、空に見る星座とか恒星の配列はあまり有効ではないということにはなるだろう。

ケスラー　地球に住んでいる限りは、そしてこの肉体を持っている限りは成り立つ主観性の中での宇宙地図ということか。

カウント　そう、一時的にしか成り立たない座標だが、肉体を持っている間はぎりぎり架け橋として利用しようということかな。

ケスラー　物質的生活の中では、外との接点はいかなるところにもないので、そういうときには、カウント君のお勧めでは夢の中で探索するということだったね。

物質生活。

次は12サインなど占星術を使ってみる。

次は夢の中という段階か。

カウント　眠るときに人は身体から離れる。

身体から離れるというのは、身体が持つ時間の因果律、空間の秩序というものがなくなっていくことだ。

人は非局在的な存在になる。こういうところで認識する空間とか時間は、より普遍的なルールに従うもので、地球ローカルから見たものではない。このことについては、私が夢で説明したね。

アキュメンとアキュレウスの角度について夢の中で確認しようとしたのは、身体から見てではなく、夢空間の中での角度を知りたかったのだ。前面は地球ポイントでなく、牡羊座の0度から見てくれということだった。

夢の中であちこちの角度、方向とかを探索して、そこに向かって旅するということができればいいのではないかな。地上で目覚めているときにはこの探索は不可能なのではないかと思う。

もう説明したように、限られた時間、限られた空間、そして自分の身体から見た方向とか時間があり、この局在としての主観性の中に閉じ込められているので、どこにも出口なんかない。

占星術も、この閉じ込められた中で空想と希望を膨らませて使うことも多いので、こうなると地球の内部生活には影響があっても、宇宙との通路にはなりにくいが、少なくとも実生活よりも息抜きはできるので、発狂を防ぐ力はあるのでは。

ケスラー　外に通じる12サイン、閉じ込められた12サインなどを区別するといいのか。

カウント　それは使う人によってさまざまだ。

で、今日見た違う夢の話をしようか。

私の昔の知り合いに、マヤの教えについて本を何冊か出している男がいる。例の13か月とか、マヤ暦などを日本に紹介した男だ。

で、夢の中で彼からもらい受けた平べったいCDプレーヤーのような通信機のような電気製品を私は触っていた。どこかを押すと電源ランプはつく。でも使い方がわからない。

そのうちに、部屋の中に数人のあるいは十数人のマヤ人たちが侵入してきた。この電気製品の電源を入れて、あちこち触ったので呼び出されたのかもしれない。彼らは床に白い粉をこぼしたり、家具を倒したりして、困った行動をするんだ。

なので、どうやって追い出そうかと考えていたが、ふと、これは彼らが異なる習慣で生きているので、私のところでは無作法に見えるだけだと気がついた。

で、もっと親密なコミュニケーションをしようと考えたのさ。やはり一番の壁は彼らの言葉がわからないことだった。

ケスラー　夢として、それは刺激の強いものだったかい？

カウント　もちろん刺激が強い。

朝起きて、こんなに楽しいことはないなと感じた。私は夢で元気になる。夢がないと死んだ気分だ。

非局在的な意識の中に入る夢では、実際にこの部屋にやってきたマヤ人たちは現実のものだ。マヤの人々は、ある日、忽然（こつぜん）と地上から姿を消した。シリウスにいっせいに移動したという話があるが、それは真実だと思う。取り残されたマヤ種族は、やはり急激に文明が衰退した。つまりエジプトと同じことが起こった。

で、考えたのだが、地上からシリウスに移動したマヤの人々は、つまりシリウスへの通路を持っているということでもある。

その通路を反対に使って地球に入ってくることができる。

ドロレス・キャノンのＱＨＨＴでセッションを受けていたフィルは、シリウス宇宙人たちが、地球人を移送させるための太陽系外惑星を既に用意していると話した。マヤのときと同じことが起こるわけだね。

シリウス宇宙人たちが移送できるのは、地球に住んでいるシリウス系の人々だ。しかも全員でなく少数だ。おそらく私の夢にマヤの人々が出てきたのは、このことを思い出して、シリウス系列には、異なる惑星に移住するチャンスもあるよと、あらためて喚起してほしいという話だと思われる。お知らせしなくてはいけないんだ。

ケスラー　さまざまなシフトがあるとして、そういうふうに惑星移動することもあるのだとすると、それはなかなかに興味深いね。私はそこに行きたくないが。

カウント　この夢で思い出したが、12サインのはみ出しを使って、フラフープ回しながら外に移動することもあれば、反対に侵入されて、そのまま連れ去られることもあるのだよね。夢の中でマヤ人たちとコミュニケーションできれば、そこで型共鳴が起こる。

すると、型共鳴によってそのままシリウスに瞬間移動できると思うよ。

この侵入されるというのは、もちろん天秤座の手法だ。働きかけるのでなく働きかけられる。この場合、受動的かというとそうでもない。むしろ積極的受容性といえばいいだろう。やはり信念体系を打ち破る必要があるのだ。

これは、例えば、私の今日の夢であれば、これは夢であり現実でないと思うことが地球的信念体系に縛られることだ。まさにシリウスに移動したマヤ人たちが現実にやってきて、床に白い粉をまいたのは現実だと思うことが、それを現実にしていくのだよ。

ケスラー　ん？　白い粉は重要なのか？

カウント　ははは！　それは白い粉の誘惑なのさ。

アボリジニーはドラッグを常用してドリームタイムに入ったね。古い民族ではサボテン使ってミトテしたりと当たり前の話なんだ。

だから床にぶちまけたの見て、私は彼らが無作法で、現代ではなかなか合わないと感じたんだ。床にまくということは、足元、物質世界を白い粉でコーティングするので、いわば幻想世界に足を乗せるというようなことかな。

ウィリアム・ブレイクのいう植物的大地、エーテル体の絨毯(じゅうたん)だ。

で、続く夢があった。

それはカフェの店員の女性が、私につき合ってほしいと迫ってくる内容で、私はどうやって断ればいいか困っていた。もしかしたら、断らないのかもしれないと思って混乱していた。さあ、どういう意味でしょう？

ケスラー　あ、それならわかるぞ。

地球上の横のつながりとして、男女関係という陰陽的な作用に深く巻き込まれると、シリウス人たちも入ってこれないし、別次元に移動するきっかけが失われる。
カウント君は宇宙に飛ぶか、それともしばらく地球にとどまるかを躊躇（ちゅうちょ）している。
だからきっぱり断り切れない。

カウント　ご名答。

地上においての陰陽活動に引き寄せようとしている力が働いている。それは求められること。つまりこの世界で何か活動してくれという話でもあるね。で、夢の中に入ってきたマヤ人たちの異質感というか、馴染めなさはかなりのものだった。

外から入ってきたものは、この違和感というのは強いに決まっている。しかも、異性関係みたいなものは、彼らには全くなさそうな気配だった。大きな子供という感じだった。

ケスラー　箸墓の巫女のオオモノヌシとの結婚というのは、地上の陰陽ではなさそうだね。

段差のある陰陽関係を利用したのか。

彼女は三輪山のネットワークを通じて宇宙に飛び出した。この場合、地球のエーテル体ともいえるレイライン、惑星グリッドに、身体を捨てて入り込むことでそれを達成したが、このグリッドの地球外領域へ通じている部分を研究して、そこから外に飛び出すことも可能なわけだね。


カウント　エーテル体は局在と非局在のつなぎなので、惑星グリッドも、そのまま惑星外グリッドに地続きだ。

ボン教では、それを天国への糸といった。かつて存在していた糸は、ある時代から壊れたといっているが、壊れたのでなく地球人がそこから脱落したのだ。何も変わっていないので、それを手繰り寄せるといい。

地球上の生活においての横のつながりはこれを妨害し、後ろから大地に引きずり込もうとするが、それは何となく誤魔化(ごまか)して抜け道を探すといい。

ケスラー　抜け道を探すのは刑務所からの脱獄みたいだね。

カウント　そうだよ。

映画の『ショーシャンクの空に』というのを見たことがあるだろう。あの刑務所は地球そのものだよ。

地球刑務所説は昔からあるが、これは嘘ではない。地球にやってくるボランティアというのは、実は、収監されたのだ。

で、この場合、脱獄は試験でもあり、もし脱獄できたら、それは刑務所から出る権利を得たということなのだ。脱獄は放置され、出たらそのままもとの場所に戻ってもいい。

だから、私は脱獄の手引きをいくつかの種類で用意する人だともいえる。まあ、客観知識としては、脱獄手段はたくさんあるわけではなく、数種類という程度に絞られていくが。

邪魔するのは宇宙人でなく地球人。これは芥川龍之介の『蜘蛛の糸』に描かれているが、天国からの糸を垂らして、カンダタがそれに捕まるが、糸が切れた理由は同じような仲間が糸につかまり、それをカンダタが振り払おうとしたことにある。

地上の物質主義で考えると、細い糸に捕まるのに多人数だと負荷がかかりすぎて切れてしまうと思うかもしれないが、エーテル体の糸はむしろ集団意識として集団で取り組んだ方がより太くなる。だからカンダタは、仲間を引き連れて糸をつかむとよかった。物質主義というのはこういう錯誤を作り出してしまうのだ。

地上においての資本主義は搾取の性質から免れることはできないが、これも物質の特質に従うからそうなるほかはない。資源は限られている。

だから勝者とか敗者とか、資本家と労働者などが作られてしまう。こんなもの地球以外には存在しないよ。

ケスラー　地球世界の横の関係に飲み込まれないというのは、いろんなやり方があると最近わかった。

世界で最も醜(みにく)い哲学者といわれるソクラテスは、今でいうディスクリの元祖、あるいはクレーマー元祖だね。つまり否定によって、横関係の癒着から離れるのだ。彼は幼少期からダイモニオンを体験していたらしい。いつも声が聞こえるらしい。で、その声は常に何かを禁止するだけで勧めたりすることはない。「そこは行くな」、「それはするな」というものばかり。

この否定ということが、彼の哲学の根幹にある。自分は無知であることを自覚しているので、無知の癖に知ったふりする相手を論駁するときに、自分の存在価値を実感する。

で、言葉で聞こえるという点で、12サインの蛇の双子座部分が外にはみ出していて、このはみ出しによって違う世界に移動できるわけだし、またこの世のあらゆるものを否定し続けることでこの世に縛られないようにするということだ。

彼は敵だらけだったが、それは地球的12サインに癒着しないという有利さを作り出した。容貌が醜いというのも喫茶店の女性店員に言い寄られないという有利さを持っている。

彼の妻も悪妻すぎた。ソクラテスの人生には砂糖成分がなさすぎるのだね。

カウント　そう、生クリーム成分がないな。糖新生体質かもしれない。

真理を探究する哲学者は、常に質量性として感覚を否定し続けなくてはならない。否定し続けても、感覚が消えることはない。否定するという姿勢こそが、感覚との正しいあり方なのだ。

ヒプノセラピーで、エジプト時代に自分は女王で、それはシリウスとの通路だったというのを思い出して、それに喜びを感じている人がいた。

地球的感覚の外側に、今度は宇宙的感覚があるが、それに満足するのは愚かしいね。宇宙的自分を思い出しても否定するのがいい。

感覚は常に意識を限られた世界に沈めてしまおうとする。その感覚が地球的な枠よりもはるかに大きなものだとしても、とことんそれを否定するべきだ。同意しない、共感しないことをつらぬくのが哲学者の正しいあり方だ。

まあ、つまりはアストラル界を押しのけてメンタル界に回帰するという意味だがね。私は高望みなので中途半端なところでは妥協しないのよ、と。

ケスラー　現象界のすべてを否定するのが哲学者の正しい姿勢というのはわかる。逃げても逃げても追いかけてくるので、ずっと逃げ続けることをやめないというのがいいわけだね。

疲れて逃げるのをやめたときが、世界と感覚に飲み込まれて滅びるときだ。

カウント　そうだ。

で、私は今、地上に近い方の架け橋をもっと詳しく説明するべきかどうか迷っている。つまりマヤ人がシリウスに移動したという階段では、シリウス側でなく、マヤ側に近い方の話題を増やすかと。

私は個人には関わらないと決めたので、この個人肉体から宇宙へという通路について、肉体に近い側についてはあまり関与したくないと思っていて、そのためにケスラー君とだけ話をすることにしていたのだが、夢の中ではマヤ人たちと話が通じないことに私は興味を持っていた。

話が通じる人々、すなわち地球に閉じ込められた人々。話が通じない人々、すなわち地球から出ていく準備ができている人々、あるいは地球とは違うところに住んでいる人々。しばらく私はどの位置にいるべきかな、と。

ケスラー　マヤ人たちの夢を逆にして、カウント君の前に、カウント君の話が全くわからない人たちを連れてくるのはどうかね。君が部屋に割り込んだマヤ人になるんだよ。

カウント　あ、それも面白いかもしれないね。私は売人にはならないが。私の話がわかるようになったが最後、私は彼らとは会わないことにする。ケスラー君は誰か連れてくるつもりなのかい？

ケスラー　そうだよ。カウント君が地上に近いところの橋について話をしてくれるのならば、シュリンプ連れてくるのはどうかなと思う。

カウント　うーん、シュリンプかー。彼女は地に落ちて記憶喪失した金星人だよね。いかにいい洋服を買うかということしか考えてないけど、地球に落ちてきた滴仙の記憶は今は再生していないが、いつ思い出さないとも限らない。

ケスラー　思い出しかけたら、あとは知らんぷりすればいいではないか。

カウント　了解。ケスラー君の好きにしてくれ。
それでは今日はここから去ることにするか。

ケスラー　オーケー、それではまたね。

エピローグ

私が書いているものは内容としては連続しているものが多く、途中からある本を読むと、意味がよくわからないということもあります。

今回は対話篇として、占星術の12の数字とか、3や4の数字の意味などについて書いていますが、12サインとかは、占星術で使う基礎的要素であり、これを生活の上での具体的なイメージなどに結びつけることで、12サインの本来性の意義は徐々に壊れていきます。

12サインを、12の数字のシステムとして、抽象化して扱うと、もともとの姿を取り戻します。

同じように、今、書いている本書の続編となるタロットカードについての対話篇でも、カードを地上から切り離すということを考えています。人間の自我は、地上に立つところで作られるのでなく、中空に浮かんだところで作るのが理想です。

これは禅の十牛図では、第七図の段階で、地上に立つ自己というものを確立しますが、第八図ではそれを解体して、主体と客体の関係を流動化させ、その後、第九図で、天空から作り出す自我を再結晶化するというプロセスでも説明されています。これは環境依存しない自立的な自我、すなわち、クロウリーがいうような「すべての男女は星である」というものになることです。

どこかにこういう資料がある。それをもとに考察するというのは、大地に立つ姿勢で、ここでは正しい判断は生まれません。

占星術は、宇宙法則を示したものであるという点で、これを具体的なことに結びつけずに考えることで、このシステムの優れた要素というものをたくさん発見することができるでしょう。

私は、いつもは朝、オープンしたばかりのカフェに行き、そこでノートパソコンで原稿を書くのですが、最近買ったばかりのパソコンのキーボードがうるさい音を出すもので、それに気がつかず、イヤホンで音楽を聴きながら打っていたので、お店の人から「他のお客様からうるさいと言われています」と注意され、これは事実上の出禁ではないかと判断し、カフェで仕事をするのはやめました。

すると、カフェの開店時間に合わせる必要もなく、事務所で朝の4時半とか5時から原稿を打つことにしました。しばらく仕事して、それから近所のコンビニで、コーヒーを買い、そこのミニカフェで飲むのですか、コンビニのコーヒーは、カフェのコーヒーよりも品質がいいということに気がつきました。

カフェで仕事するのは、作業に集中できるというものでしたが、昔から、このカフェで仕事をするということに依存していることに気がつきました。

物書きの人が、ホテルで缶詰めになろうとするのも自宅では仕事できないと思うからで、これも依存です。というわけで、事務所でもいつでも仕事に集中できるように訓練している状態です。

集中力の発揮は自発的なものであり、環境には頼らないということです。事務所のデスクトップのパソコンは、65インチの４Ｋテレビをディスプレイに使っていますから、文章を書く時に、目の前に巨大なフォントで表示されたものを見ながら入力しており、これは快適なものかもしれません。

今回、対話篇の形式で書いたものを、説話社ならびに編集担当の高木利幸さんに承認していただき、嬉しいものです。たんにやりたい放題のことをしているだけ、という感じがします。

いつもながら感謝しております。

Mr.Kessler

Mr.Count

松村　潔（まつむら・きよし）

1953年生まれ。占星術、タロットカード、絵画分析、禅の十牛図、スーフィのエニアグラム図形などの研究家。タロットカードについては、現代的な応用を考えており、タロットの専門書も多い。参加者がタロットカードをお絵かきするという講座もこれまで30年以上展開してきた。タロットカードは、人の意識を発達させる性質があり、仏教の十牛図の西欧版という姿勢から、活動を展開している。著書に『完全マスター西洋占星術』『魂をもっと自由にするタロットリーディング』『大アルカナで展開するタロットリーディング実践編』『タロット解釈大事典』『みんなで！　アカシックリーディング』『あなたの人生を変えるタロットパスワーク実践マニュアル』『トランシット占星術』『ヘリオセントリック占星術』『ディグリー占星術』『本当のあなたを知るための前世療法　インテグラル・ヒプノ独習マニュアル』『三次元占星術』『完全マスター西洋占星術Ⅱ』『ボディアストロロジー』『アスペクト解釈大事典』『タロットの神秘と解釈』『マンディーン占星術』『トランスサタニア占星術』『夢探索　夢から力を引き出す本』（いずれも説話社）、『決定版!!　サビアン占星術』（学習研究社）ほか多数。

http://www.tora.ne.jp/

西洋占星術哲学

発行日　2019年12月23日　初版発行

著　者　松村　潔
発行者　酒井文人
発行所　株式会社説話社
〒169-8077　東京都新宿区西早稲田1-1-6
電話／03-3204-8288（販売）03-3204-5185（編集）
振替口座／00160-8-69378
URL http://www.setsuwasha.com/
デザイン・イラスト　市川さとみ
編集担当　高木利幸
印刷・製本　日経印刷株式会社

ISBN 978-4-906828-58-6 C 2011